DEVOCIONAL

PARA TODO UN AÑO

Sal y Luz

DEVOCIONAL
PARA TODO UN AÑO

Sal y Luz

365 lecturas inspiradoras
que te van a equipar y animar para
vivir tu llamado en este mundo.

Chris Tiegreen

PATMOS

Sal y Luz: Devocional para todo un año

Publicado por Editorial Patmos,
Miramar, FL 33025

Publicado originalmente en inglés por Tyndale House Publishers, Inc., 351 Executive Dr., Carol Stream, IL 60188, Estados Unidos de América, con el título *The One Year Salt and Light Devotional: 365 Inspirations to Equip and Encourage You to Live Out Your Calling in the World.*

Traducido y editado por Grupo Scribere
Diseño de portada e interior por Adrián Romano

ISBN: 978-1-64691-235-3

Categoría: Vida Cristiana / Devocional

Impreso en Colombia | *Printed in Colombia*

{ Introducción }

En nuestra época, algunos individuos creen que la religión y el cristianismo son los elementos más dañinos de la sociedad; mientras que otras piensan que son los más constructivos. Escuchamos afirmaciones exageradas como: «la religión es culpable de la mayoría de las guerras»; y otras demasiado ingenuas como: «los cristianos son los autores genuinos de casi todos los hospitales, los refugios para personas sin hogar, las normas educativas, los valores tradicionales, la ética laboral, los principios democráticos y los éxitos económicos de la nación». Bueno, existe un punto intermedio entre ambas declaraciones y ahí precisamente se encuentra la verdad. Claro que nosotros como creyentes queremos aprovechar y aumentar al máximo nuestra influencia. Las Escrituras nos llaman a ser la sal de la tierra y la luz del mundo. Debemos preservar, aromatizar, iluminar y animar no solo a la comunidad, sino también a quienes nos rodean. El reino de Dios es maravilloso y adondequiera que vayamos o estemos necesitamos testificar y ofrecer vislumbres del mismo.

Parece que algunos creyentes saben cómo hacerlo con naturalidad, gracia y eficiencia. Mientras que otros actúan movidos por heridas pasadas, explotan ante los conflictos, siguen la ley de ojo por ojo y diente por diente e intentan ganar almas denigrándolas. En tanto, la mayoría de los cristianos expresan su fe cada domingo, pero desconocen cómo llevar su espiritualidad privada a las interacciones públicas. Entonces la sociedad secular, con buenas razones, no pierde tiempo en marginar la fe. Las personas anhelan saltar la brecha y marcar la diferencia, pero ¿cómo lograrlo? Este devocional sugiere formas creativas, pacíficas, respetuosas y efectivas para alcanzar dicho objetivo.

Nos esforzamos por ser una fuerza positiva para el reino; sin embargo, notamos contradicciones al hacerlo. Por un lado, Dios aparta a su pueblo para que le sirva y sea conformado a su imagen. Por otro, nos envía a esta tierra a actuar e influir. Estamos «en el mundo, pero no somos del mundo». Si ponemos más peso en una de estas dos verdades, de cierto, perderemos la estabilidad y nos equivocaremos. Si nos apartamos para el Señor y nos recluimos, no podemos marcar la diferencia; pero si nos mezclamos, entonces ¿en qué seremos distintos a los demás?

Gran parte de este devocional es para mantener tal equilibrio, conservar nuestra «salinidad» sabrosa al paladar y nuestra «luz» resplandeciente a toda hora. Vamos más allá de compartir la fe. ¿Cuál es el objetivo? Un estilo de vida que comienza de adentro hacia afuera. El mensaje del reino de Dios florece mejor en un clima en el cual sus realidades y valores están presentes; y el entorno es de vital importancia. Muchas veces, como creyentes, nos tocará establecerlo. Nunca lo lograremos por completo hasta que Jesús regrese porque la plenitud del reino viene con su Rey. Sin embargo, estamos llamados a obrar, a extenderlo, a asociarnos con Cristo para hacerlo crecer.

Notarás que algunos temas se repiten en el texto: la visión a largo plazo versus el enfoque a corto plazo; un estilo de vida más allá de las palabras; la necesidad de encarnar las verdades del reino de Dios y el carácter del Rey; lo que significa vivir según su imagen; y cómo servir como agente o catalizador de sus bendiciones. Hay una oración al final de cada lectura. Son sencillas y algunas, en apariencia, superficiales. Pero no tienen que ser profundas para que el Señor las conteste. ¡Solo hay que decirlas! Exprésalas siempre, úsalas para orar con más intensidad, hazlas más extensas y verás cómo él responde de maneras increíbles.

Así oro por ti mientras lees: que el Señor te aliente, te conmueva y te use en gran manera para bendecir al mundo con su sabiduría, poder y amor. ¡Tú ya posees esas bendiciones! La gente a tu alrededor añora verlas. ¡Que fluyan en tu vida de forma más abundante cada día!

La luz que asciende

El Señor es Dios y brilla sobre nosotros. (Salmos 118:27)

Desde la creación en Génesis hasta el juicio final en Apocalipsis, las Escrituras están llenas de destellos de luz. Por supuesto que conocemos su fuente: el Padre de las luces (Santiago 1:17, LBLA), que se complace en bendecir a su pueblo con sus bondades. Aquellos hombres que reconocen esta luz verdadera con frecuencia llegan a irradiarla. Es por eso que Isaías animó al pueblo del Señor a levantarse y resplandecer con su gloria (Isaías 60:1-3), y Jesús les dijo a quienes lo seguían que, efectivamente, él era la luz del mundo (Juan 8:12), pero que también ellos lo eran (Mateo 5:14). En la oscuridad que día a día nos rodea, el Padre celestial llama a las personas por medio de agentes humanos que titilan con su refulgencia.

Claro, aunque es duro admitirlo, bien sabes que nuestro fulgor es imperfecto. Una rápida mirada a la historia y a la cultura en que vivimos revela que el pueblo de Dios solo ha dejado su huella en este planeta cuando ha demostrado una sabiduría, un poder o un amor extraordinarios. Los tres son atributos esenciales del Señor, y nuestro impacto como agentes de sal y luz deberá necesariamente reflejar al menos uno de ellos. Constituyen el fundamento de la fe cristiana y, de alguna manera, revelan algo de la personalidad de Dios a quienes nos rodean.

Este es un llamado extraordinario que sobrepasa con creces nuestras habilidades naturales. ¡Pero ese es el plan! Si mostramos la sabiduría, el poder y el amor de la gente común, ¿quién se impresionará? Sin embargo, cuando estos recursos divinos fluyen a través de nuestro ser y van mucho más lejos que nosotros, entonces ocurren cosas extraordinarias. ¡Y los demás lo notan! Nos convertimos en testimonios de una verdad más grande de lo que nuestros propios ojos finitos pueden ver y las mentes logran comprender.

Haz tuya dicha misión. Busca esos dones que no proceden de ti, sino de lo alto. Decídete a vivir en la luz, para que irradies la gloria de tu Padre de una manera diferente a lo habitual entre los humanos. Alcanzarlo será todo un proceso, pero al viaje lo acompaña una promesa: ¡que la luz de Dios, que brilla en ti y a través de ti, cambiará este mundo!

Señor, lléname con la sabiduría, el poder y el amor de tu presencia. Así como yo también recibí tu luz, permíteme reflejarla para que otros la vean. Que me inunde por completo el amanecer de tu gloria y resplandezca a través de mí cada día. Amén.

Mateo 28:18-20

Fructifiquen

Vayan y hagan discípulos de todas las naciones. (Mateo 28:19)

Jesús envía a sus seguidores al mundo con un mensaje, y tanto el envío como el mensaje siguen sin ser negociables hoy en día. Sin importar hasta qué punto nuestra sociedad relativice sus versiones de la verdad, o que de continuo la gente nos diga que no andemos por ahí divulgando nuestras creencias, o cuán escépticos sean los demás respecto a la fe que profesamos, el imperativo permanece. Es cierto que no debemos tener obstáculos para cumplir con las reglas formales e informales de la colectividad, y para respetar la diversidad cultural de nuestra nación y de las personas que la componen; pero, aun así, somos responsables de influenciar, en cierto modo y en ciertas áreas, la vida de alguien.

Entonces, ¿cómo lo hacemos? Algunos de nosotros somos atrevidos en nuestras conversaciones, mientras que otros exhiben sus fortalezas con ejemplos de amor y fe. Los hay que enfatizan en la apologética y el debate, a la vez que otros se centran en las obras de misericordia y compasión. ¿Y qué decir de quienes buscan las demostraciones de poder espiritual? Bueno, de todas ellas, ¿cuáles son las mejores formas de transmitirles a las personas el mensaje de la verdad y el amor?

Probablemente todas, e incluso algunas que no se nos han ocurrido todavía. Lo esencial no radica en la precisión del método, Dios creó multitud de personalidades y repartió diversos dones espirituales; sino más bien en nuestra intencionalidad y disposición para actuar. Las personas que se basan solo en los principios desarrollan una relación con estos y no con Dios. Jesús, en todo su ministerio, demostró cómo obraba de diferentes formas según la problemática. Su carácter no es circunstancial, pero sus maneras sí. Y estamos llamados a seguirlas al ciento por ciento.

En Génesis, al comienzo del relato, Dios le dijo a la primera pareja que fuera fructífera y se multiplicara, que llenara la tierra y ejerciera influencia sobre ella (Génesis 1:28). Las palabras de Jesús a sus seguidores son la versión espiritual de esa misión. La forma en que cada uno de nosotros salga a interactuar con el mundo dependerá de la dirección de nuestro Señor, pero el mandato de ir es para toda la cristiandad. Cada creyente está llamado a procurar una vida fecunda, se vea el fruto o no. Dediquen sus corazones a esta tarea con la plena confianza de que él está con ustedes, los guiará, los fortalecerá y los bendecirá dondequiera que vayan.

Jesús, ¿qué propósitos tienes conmigo? ¿En cuál rincón del mundo debo ejercer influencia? ¿Cómo quieres que te represente a ti y a tu mensaje? Muéstrame Señor, guíame, lléname. Yo respondo «sí» a tu llamamiento hoy y siempre. Amén.

3 DE ENERO
Hebreos 11:13-16

Extranjeros y nómadas

Todas estas personas murieron aún creyendo lo que Dios les había prometido [...] Coincidieron en que eran extranjeros y nómadas aquí en este mundo. (Hebreos 11:13)

DURANTE LOS PRIMEROS TRESCIENTOS AÑOS de la historia cristiana, los seguidores de Jesús eran muy conscientes de su condición de extranjeros en este mundo. Nuestros antepasados espirituales habitaron, a menudo, en terreno hostil entre personas que los ignoraron o los rechazaron y que, a veces, los persiguieron de manera activa.

Ellos habían creído en el Señor Jesucristo, por lo tanto, ya no eran extraños y desconocidos para Dios y sus promesas (Efesios 2:19), pero sí lo eran para el mundo y sus costumbres. Los ciudadanos del cielo vivieron como proscriptos en la tierra. Esto no es algo trascendental en la historia del pueblo del Señor. El exilio es una de las primeras escenas de nuestra historia: la humanidad caída es expulsada del Edén. La historia de la redención es un ciclo de expatriados y de remanentes: cautivos en Egipto y Babilonia, vagabundos que buscan un lugar donde vivir, gente que retorna con la intención de reconstruir las paredes rotas de su existencia, corazones que anhelan su verdadero hogar. Incluso hoy, se nos recuerda que estamos en el mundo, pero que no somos de él; constituimos un remanente íntegro en constante expansión que se convierte en un vasto y eterno reino. Como herederos de una patria celestial que viven en territorio ocupado, sabemos que nuestra historia no ha llegado a su fin. Eso significa que nos hallamos inmersos en dos procesos extremadamente importantes: 1) estamos creciendo en el ambiente de los cielos y experimentando los caminos de Dios; y, 2) vamos aprendiendo a entablar relaciones e influir en el mundo que nos rodea. Ambos se complementan, pero a la vez se contraponen. ¿Nuestro crecimiento espiritual nos separará de nuestra cultura o la atraerá?

¿El Señor nos envía al mundo o nos libera de él? ¿Estamos, como dice el refrán, volviéndonos tan celestiales que ya no funcionamos bien en la tierra? O, como debería ser, ¿buscamos la mentalidad de lo alto para beneficiar a nuestro prójimo? Todo nómada y extranjero debe plantearse dichas interrogantes. Hemos sido amados, elegidos y llamados, y es importante que cada aspecto de nuestra vida muestre por qué.

Padre, enséñame a relacionarme con tu mundo y el mío. Ayúdame a cumplir la encomienda que me has dado. Hazme embajador de tu reino mientras sea un peregrino en esta tierra. Amén

Sal y luz

Ustedes son la sal de la tierra [...]. Ustedes son la luz del mundo. (Mateo 5:13-14)

JESÚS NUNCA MINIMIZÓ EL PAPEL de sus seguidores; jamás les dijo que no tuvieran grandes aspiraciones. En ninguna ocasión les recordó que eran simples mortales, y menos aún le restó importancia a su potencial como seres llenos del Espíritu, a los que Dios ayudaba directamente. ¡Al contrario! Los llamó sal y luz; agentes de sazón, preservación, crecimiento y luminiscencia, enviados no solo para traer las buenas nuevas al mundo, sino para hacerlo florecer.

Juan Crisóstomo, un padre de la iglesia del siglo IV, comprendió que estas palabras colocaban a los discípulos de Jesús en un nivel más elevado que los profetas de la antigüedad. Este ejemplo de creyente afirmó que los partidarios de Cristo están destinados a preservar la nueva vida que recibieron, detener la corrupción del mundo y resplandecer con la luz divina en cada rincón de tinieblas. Ser sal y luz: ¡qué colosal empresa!

Pero este llamado no está exento de advertencias. Jesús sugiere que la sal puede perder su sabor o utilidad y que la luz puede esconderse y volverse inútil. La sal debe ser salada; la luz debe brillar, no para su propia gloria, sino porque el mundo precisa adquirir, urgentemente, las bondades de la sal y de la luz. Cada seguidor de Cristo está hecho, investido y llamado a satisfacer dichas necesidades. Se supone que debemos estar presentes y activos sin ser orgullosos; eficaces sin ser dominantes, e influyentes sin buscar el poder. Eso significa que, hasta cierto punto, estamos en exhibición y el mundo, curioso, nos observa.

Eres alguien que proclama la persona del Señor Jesús, por tanto, estás llamado a darle sabor a este planeta con tu sal y a alumbrarlo con tu luz. Es posible que rechaces un papel destacado, o que ni siquiera desees la responsabilidad de anunciar su nombre porque consideras que no eres digno de hacerlo, que no das la talla.

Pero se te confiere de todos modos la responsabilidad de llevar su nombre, y para bien o para mal; expondrás su testimonio ante la humanidad. Sin justificaciones de ningún tipo, las palabras de Jesús comisionan a sus discípulos para que sean agentes de su reino. Tanto para los seguidores de entonces como para los actuales sus frases entrañan un enorme llamado: ¡sean exactamente lo que el mundo necesita!

Señor Jesús, ¿podré estar a tu nivel? ¿Cómo puede alguien como yo representar genuinamente tu persona? Aun así, me has llamado y me has capacitado. Ay, que yo pueda servirte bien, transformando este mundo que amas. Lléname de poder y luz hoy y todos los días. Amén.

Deléitate en su amor

Nos amamos unos a otros, porque él nos amó primero. (1 *Juan* 4:19)

Una de las verdades fundamentales del evangelio es que Dios es amor; y él te llama a amar a los demás (1 Juan 4:8, 16). Fue precisamente este sentimiento el que lo llevó a enviar a su Hijo (Juan 20:21). Si queremos representar bien a nuestro Padre, debemos saber amar, y hacer obvio dicho amor ante nuestros congéneres. Las palabras, los milagros y el conocimiento no son suficientes. Si lo hacemos todo bien, pero nos olvidamos de llenar nuestras obras de amor, no somos más que címbalos ruidosos (1 Corintios 13:1-3). Amar a los demás es un fruto del Espíritu y la esencia del mensaje que creemos.

Sin embargo, muchos cristianos se centran tanto en brindarles amor a las personas (sin lograrlo) que olvidan cuál es el origen primario de este sentimiento. Si en primer lugar no recibimos el verdadero y profundo amor de Dios, ¿es posible que luego podamos reflejarlo? De seguro desmayaremos en el intento. Nuestros esfuerzos por ser altruistas pueden conducirnos al descuido y entonces no tendremos nada que ofrecer. Antes de saber amar, tenemos que aprender a ser amados.

Tu habilidad para amar al mundo depende del grado en que comprendas y percibas que el Padre te ama. Tal vez te parezca egoísta reconocer cuánto Dios te disfruta, pero ¿sabes qué? Poco o nada le brindarás al mundo si todavía no lo entiendes. Nosotros amamos porque él nos amó primero. Así es como funciona. Únicamente puedes compartir lo que ya tienes. Si no has recibido amor sobrenatural, no puedes regalarlo. ¿Cómo podrás deleitarte en tus prójimos de manera que los transformes si no has asimilado cómo él se complace contigo? Lo mejor que puedes hacer por quienes te rodean es sumergirte tú mismo en el amor del Padre. Solo entonces fluirá de ti y atraerá a otros a sus brazos abiertos por siempre.

Padre, permite que me vea como tú me ves. Abre mi corazón para apreciar la anchura, la longitud, la profundidad y la altura de tu amor. Báñame en tu deleite y seré entonces capaz de deleitarme en los demás con tu amor. Amén.

1 Pedro 4:10-11

Ocupa tu posición

Dios, de su gran variedad de dones espirituales, le ha dado un don a cada uno de ustedes. Úsenlos bien para servirse los unos a los otros. (1 Pedro 4:10)

Cada cristiano ha recibido el encargo de amar, servir, bendecir y ejercer sus dones. Esto no es nuevo para nosotros. Los fieles, hablamos mucho sobre el llamado y el ministerio dentro de la iglesia y más allá de sus límites. Pero ¿cómo aplicamos este llamado general individualmente? ¿Cómo sabemos dónde quiere el Señor que estemos y qué desea que hagamos? ¿Cuál posición nos corresponde?

El escritor y predicador Frederick Buechner contesta estas interrogantes: «El lugar al que Dios te llama es aquel donde convergen tu más profunda alegría y el hambre más profunda del mundo».[1] En otras palabras: existe una intersección entre tu sentido del propósito y los rincones de esta tierra que necesitan ayuda. Sea cual sea el área de dicha confluencia, será allí donde encuentres la productividad y la satisfacción. Acaso el llamado no sea siempre sencillo y puede que los frutos no resulten visibles. Lo más probable es que enfrentes dificultades y estaciones secas, pero servirás con toda confianza porque la obra se desarrolla de acuerdo con los dones y los anhelos.

La belleza de este equilibrio entre «tu más profunda alegría» y «el hambre más profunda del mundo» es que corrige dos desviaciones espirituales: la idea de que el servicio a Dios debe *ser* siempre sacrificial y doloroso; y la falacia de que, si experimentamos complacencia, estamos descuidando egoístamente a los demás. La voluntad del Señor y la tuya confluyen para cumplir sus designios y satisfacer tus aspiraciones. Sí, su llamado entraña autonegación, pero conduce al gozo. Eso lo vemos en Jesús (Hebreos 12:2).

Aunque es posible pasarse la vida tratando de conocerse a uno mismo, ello no significa que toda gratificación sea egocéntrica. Muchísimos salmos lo expresan. Es Dios quien trae plenitud al alma, es él quien sacia por completo cada deseo. Tu corazón fue creado para encajar en un lugar de este mundo, y allí te sentirás realizado; allí le darás gloria a tu Creador. Busca esa necesidad específica que te agrada satisfacer, y de seguro encontrarás tu vocación.

Señor, te seguiré dondequiera que me guíes. Pero en mi servicio, condúceme al regocijo. En mi sacrificio, santifícame. Me has hecho con un propósito: que mis ojos estén siempre abiertos para verlo. Amén.

A su imagen

Por lo tanto, imiten a Dios en todo lo que hagan porque ustedes son sus hijos queridos. Vivan una vida llena de amor, siguiendo el ejemplo de Cristo. (Efesios 5:1-2)

«ME GUSTA TU CRISTO. No me gustan tus cristianos. Tus cristianos son muy diferentes a tu Cristo». Esta cita, que muchas veces, quizás por error, se le atribuye a Gandhi, refleja una objeción común sobre el cristianismo: que el comportamiento y las actitudes de los cristianos son un pobre reflejo de Jesús. Ciertamente es fácil objetar algo así, pero ese no es el verdadero problema. La gran pregunta sobre Jesús es si expresó la verdad, no si sus seguidores lo hacen. Si él es admirable y digno de alabanza en comparación con aquellos que le siguen, entonces ¿por qué no creer en él? Carece de sentido rechazarlo tomando como ejemplos casos históricos de cristianos que se comportan mal. Pero muchos recelosos prefieren centrarse en las faltas cristianas y evitar por completo el asunto de Jesús.

De todas formas, la crítica tiene su fundamento. A lo largo de los siglos, un gran número de creyentes han representado a un Padre de compasión en un espíritu de juicio o a un Padre de paciencia en un espíritu de ira. Hemos convertido el evangelio en palabras y doctrinas antes que en actitudes del corazón. Nos hemos centrado tanto en enseñar la verdad que nos hemos olvidado de vivirla.

Este enfoque erróneo ha obstaculizado el anuncio de las buenas nuevas. En la historia, vemos que la iglesia comienza con evangelismo y adoctrinamiento, y luego trata de demostrar amor, compasión, misericordia y gracia. El ejemplo de Jesús revierte el proceso. Primero revela la naturaleza de Dios y después enseña sobre él. Fuimos creados a imagen del Padre y él nos está recreando a esa misma imagen por medio de Jesús, la imagen exacta de Dios (Hebreos 1:3), por el poder del Espíritu. Eso significa que nuestro objetivo principal, por encima de todo, es reflejar el corazón del Señor: labrar la tierra del reino de Dios mucho antes de que tratemos de plantar las semillas de nuestras palabras en ella. Sé como tu Padre si quieres que tu mundo lo conozca. Represéntalo bien y da testimonio con tus palabras.

Señor, la gente dice que de tal padre tal hijo. Yo quiero ser como tú en cada momento y reflejar tu verdadera personalidad. Transfórmame en lo más profundo de mi ser porque anhelo que tu Espíritu fluya a través de mí. Amén.

Juan 4:7-26

Tu primer objetivo

Jesús le dijo: Yo soy, el que habla contigo. (Juan 4:26, LBLA*)*

CUANDO JESÚS SE ENCONTRÓ con una mujer samaritana en el pozo de Jacob, no compartió el evangelio con ella, al menos no de la manera que la mayoría de los evangélicos de hoy en día describirían «el evangelio». No le mostró el plan de salvación ni un conjunto de leyes espirituales ni la oración de un pecador. No le explicó la caída de la humanidad, la brecha entre nosotros y Dios, ni la forma en que planeaba cerrar esa división por medio de la cruz. Por supuesto que vemos indicios de esos elementos en su diálogo, pero los guardianes de la espiritualidad de hoy criticarían a Nuestro Señor por usar tales sutilezas y desaprovechar una oportunidad perfecta para comunicarle la verdad.

Podríamos aprender mucho de esa conversación; sin embargo, Jesús demostró con acciones lo que frecuentemente olvidamos: la verdad es una relación. Para los cristianos, la verdad no es un objeto; sino una persona. Cada detalle del diálogo de Nuestro Señor con la mujer samaritana la condujo hacia él. La fe siempre va primero; la comprensión viene después. Cristo la guio a tener un vínculo con la Fuente de toda la verdad.

Al tratar de compartir el poder transformador del evangelio con otros, muchos cristianos de hoy se centran primero en disuadir a la gente de sus visiones del mundo, por ejemplo, en la política, la evolución o el aborto. Este enfoque puede suscitar el diálogo, pero rara vez es fructífero y con frecuencia causa predisposición. El objetivo básico de los fieles no es ganar a las personas para que adopten una determinada cosmovisión, sino invitarlas a relacionarse y comunicarse con Jesús. A partir de ahí, podemos confiar en que Dios los lleve a dondequiera que vayan intelectual, emocional y espiritualmente. El enfoque que pone la doctrina en primer lugar es casi imposible, mientras que aquel que sitúa a Jesús en primer lugar sienta las bases para que todo lo demás venga en el tiempo del Señor y a su manera. Nuestros planes para el prójimo son, a menudo, erróneos; los suyos son del todo confiables y nos colocarán exactamente donde debemos estar.

Espíritu Santo, tú conoces el camino hacia cada corazón humano y posees un lenguaje para cada mente. Ayúdame a recordar que no es mi responsabilidad convencer los corazones y las mentes con mis puntos de vista, sino presentarles a mi Salvador. Abre puertas para que yo les muestre a Jesús. Amén.

En su lengua nativa

Sí, con todos trato de encontrar algo que tengamos en común, y hago todo lo posible para salvar a algunos. (1 Corintios 9:22)

En la era de los descubrimientos, cuando los europeos se familiarizaron con Asia y exploraron las Américas, los jesuitas llegaron a tener reputación por ser buenos estudiantes de idiomas. Lograron manejar admirablemente no solo muchas de las lenguas más habladas del mundo, sino también una enorme diversidad de otros menos conocidos, y difundieron el evangelio en lenguajes nativos. No obstante, cuando se aventuraron en la cuenca del Amazonas, se encontraron con una increíble variedad de idiomas aún ignorados. Un buen número de dialectos africanos que habían arribado a la colonia de Brasil en los barcos del comercio de esclavos, agravaron el desafío. El contexto idiomático superaba con creces todo tipo de expectativa lingüística.

Algunos monjes jóvenes se sintieron intimidados por la multitud de lenguas recién descubiertas y prefirieron enseñar el portugués y el español a los amazónicos y africanos para predicar su mensaje. Por otro lado, António Vieira, un sacerdote jesuita, orador y escritor, los desafió con un sermón sobre la obra del Espíritu en Pentecostés y los instó a seguir relacionándose con las personas en sus idiomas nativos. Los misioneros tendrían que ser creativos y trabajar duro, necesitarían expandir su perspectiva porque la misión era clara: los mensajeros del evangelio están llamados a alcanzar a la gente en sus términos y en su propia cultura.

Eso precisamente es lo que Dios hizo con la humanidad. Se vistió de carne y dejó el trono del cielo para acercarse a nosotros en nuestros propios contextos. Por ello, nos envía a su viña en los mismos términos. Si queremos tener alguna influencia en el mundo de los negocios, las artes, la academia o cualquier otra esfera cultural, tenemos que: 1) estar dispuestos a ser influenciados por los demás y aprender de ellos; y, 2) entrar con humildad en otras culturas e idiomas, tanto literal como figurativamente. Lograremos bastante poco si esperamos una conducta «cristiana», y limitamos las ideas de aquellos que no piensan o creen como nosotros. El Señor habla nuestro idioma, entiende nuestros problemas y abre sus brazos. Esa es exactamente la óptica y el comportamiento que él nos llama a adoptar en nuestro peregrinaje por esta tierra.

Padre, tú eres Señor de los mutuos acuerdos, y siempre sabes cómo establecerlos. Cierra la brecha entre mis compañeros y yo; dame un corazón agradable y establece vínculos que conlleven a relaciones saludables para el bien de tu reino. Amén.

1 Corintios 9:19-23

No rechaces la cultura

A pesar de que soy un hombre libre y sin amo, me he hecho esclavo de todos para llevar a muchos a Cristo. (1 Corintios 9:19)

HUDSON TAYLOR, el conocido misionero en China a fines del siglo XIX, causó un alboroto mayúsculo entre sus compañeros expatriados británicos cuando se vistió de chino y se dejó crecer el cabello para adoptar el estilo asiático. Algunos de ellos consideraron que su comportamiento era escandaloso y rechazaron con fuerza sus intentos por encajar. Le aseguraron que jamás nadie lo percibiría como chino, porque su tez blanca y sus rasgos faciales delataban su procedencia europea. De todas formas, consciente de las limitantes, Taylor hizo todo lo posible para conectarse culturalmente con los asiáticos. ¿Por qué? Porque ya de por sí el evangelio es un obstáculo espiritual. Eliminar los escollos culturales contribuye mucho en la apertura de los corazones a su mensaje.

Este misionero solo seguía el ejemplo del apóstol Pablo, quien afirmaba: «A los débiles me hice débil, para ganar a los débiles; a todos me he hecho todo, para que por todos los medios salve a algunos» (1 Corintios 9:22, LBLA). A su vez, el apóstol seguía el ejemplo del Padre, que se convirtió en un conocedor de la cultura de su propia creación para llegar a aquellos que tenían oídos para escuchar su voz. ¡Cuán trascendentales las declaraciones que hizo Dios con su encarnación! Una de ellas fue lo lejos que llegaría en la búsqueda del amor de los seres humanos. Jesús constituyó la estrategia del Señor para eliminar los escollos culturales entre el cielo y la tierra, para superar las barreras y lograr que el mensaje se escuchara. Los profetas habían dicho la verdad, pero los habían rechazado. Jesús la encarnó y, aunque muchos no lo aceptaron, otros sí lo recibieron. La verdad atrae a algunas personas únicamente cuando llega vestida con ropas familiares.

Eres luz, y mientras brilles, aprovecha el valor de toda conexión con el mundo circundante. No te amoldes a sus filosofías. ¡Eso nunca!, pero tampoco deseches la oportunidad de habitar en él. Elimina cuantos obstáculos innecesarios te sea posible. A menudo las influencias culturales más transformadoras son las que vienen de adentro.

Padre, tú has permitido que viva en este contexto con un propósito. Ayúdame a usar mis similitudes con los demás para marcar una diferencia en sus vidas. Vísteme espiritualmente de Jesús y culturalmente de los lugares que necesitan tu amor. Amén.

¿Cuál cristianismo?

Entre ustedes deben tener las cualidades de la sal
y vivir en paz unos con otros. (Marcos 9:50)

MUCHA GENTE RECHAZA EL CRISTIANISMO sin saber exactamente qué cristianismo están despreciando. Es un problema de percepción, porque consideran que la enorme variedad de creencias y prácticas cristianas son, en esencia, lo mismo. La gente se remonta a siglos pasados de la historia para culpar a todos los creyentes basados en el mal comportamiento de ciertos representantes de otras épocas: «¡Miren las guerras que los seguidores de Cristo han comenzado!». «¿Quién no conoce lo corrupta que ha sido la iglesia?». «¿No se han opuesto siempre los cristianos a los avances en el conocimiento?». Y así una y otra vez.

El problema es más complejo que culpar a toda la cristiandad por errores aislados. El mundo no cristiano tiende a equiparar el cristianismo nominal de los poderosos con el trasfondo del verdadero cristianismo basado en lo espiritual, es decir, confunden la iglesia institucional con la iglesia devota o, como lo expresan algunos académicos, la Iglesia del poder vs. la Iglesia de la piedad.[2] Durante mucho tiempo los poderosos, quienes a menudo medran hasta posiciones elevadas sin convicciones genuinas, han explotado las estructuras cristianas. El resultado es una fe distorsionada que a menudo aleja a la gente de Jesús.

Tu trabajo en este mundo es mostrar la diferencia. Tu fe cristiana no provocó la violencia de las Cruzadas, ni estimuló la devastación del colonialismo ni perpetuó la esclavitud. Las dos corrientes principales del cristianismo que se desarrollan a lo largo de la historia: el hambriento de poder y el piadoso, no son lo mismo. ¡Tienes la oportunidad de demostrárselo a aquellos que te rodean! Los comentarios políticos, el sentido de superioridad y la ira hacia perspectivas opuestas no alcanzarán ese objetivo; pero una vida llena de amor y paz sí lo obtendrán. Conoce las discrepancias, e incluso al expresar tus opiniones, recuerda el corazón de Dios. Su Espíritu no intenta competir con las personas, sino atraerlas.

Espíritu Santo, hazme tan hermoso como tú. Dame el amor del Padre y el favor de Jesús. Que mi corazón, mis palabras y mi vida atraigan a la gente hacia ti. Amén.

Comparte tu regocijo

Estén siempre llenos de alegría en el Señor. Lo repito, ¡alégrense! (Filipenses 4:4)

La alegría es contagiosa, pero el desánimo también, ¡por desgracia! De hecho, casi todas nuestras actitudes influyen en la gente. Los estudios han demostrado que las emociones de un individuo pueden afectar las de todos los demás en una sala, aunque no se haya dicho ni una sola palabra. Una persona agitada propaga la agitación; una enojada, la ira; una pacífica, la paz; y para bien o para mal, cada contagio afectivo continúa extendiéndose a otros. Los patrones se establecen, no en dependencia de cuál emoción es mejor, sino cuál es más fuerte. El portador de la actitud o el sentimiento más potente influye a aquellos en su camino.

A primera vista, tal investigación nos remite a todas las veces en que individuos con personalidades dominantes nos han influenciado. Pero también nos ofrece enormes oportunidades. ¿Te das cuenta? Si la paz dentro de ti es fuerte, puedes entrar en una habitación inestable y pacificarla. Si la alegría en tu interior es mayor que la decepción de los que te rodean, eres capaz de sacarlos del desánimo sin siquiera abrir tu boca. Déjame expresarlo con esta metáfora tan utilizada: tienes la oportunidad no solo de ser un termómetro que mide la temperatura, sino un termostato que la fija.

Posees más influencia de lo que te imaginas y ante ti está el mandato bíblico de usarla para el bien corporativo. Las Escrituras ordenan gozarse, y aunque tus circunstancias no sean gratas, ahí está la oportunidad de disfrutar al máximo del Señor y del ambiente de su reino. No solo tú te beneficias de la certeza del gozo de Dios, sino que la gente que te rodea también sacará provecho. En efecto, tu júbilo puede ser la primera visión verdadera del reino que experimentarán y su puerta de entrada a experiencias más profundas del mismo. ¡Vive en la plenitud del reino!, en su alegría, paz, amor, satisfacción y mucho más; porque ese es el mayor testimonio que ofrecerás de su genuina existencia.

Señor, confieso que mi mal humor y mis actitudes negativas han tergiversado tu reino y han desviado a las personas de tu verdad. Renueva mi corazón. Lléname de paz, alegría y amor. Crea el clima de tu reino en mí para que pueda establecerlo ante los que me rodean. Amén.

¡Pon los pies en la tierra!

Le pido a Dios, fuente de esperanza, que los llene completamente de alegría y paz, porque confían en él. Entonces rebosarán de una esperanza segura mediante el poder del Espíritu Santo. (Romanos 15:13)

«¡Pon los pies en la tierra!». Eso es lo que decimos cuando queremos dejar atrás un sueño imposible y reconocer una circunstancia para nada alentadora. La frase indudablemente refleja un admirable deseo de autenticidad, expresa una admisión honesta de que la vida no siempre es como debería ser, muestra la verdadera vulnerabilidad ante las batallas que enfrentamos y propicia el debate con otras personas. Es lo opuesto a la hipocresía.

Pero ¿acaso nuestro deseo de poner los pies en la tierra refleja la realidad? Bueno, en términos de lo que experimentamos humanamente, quizás sí. Ahora bien, desde la perspectiva del Señor, que por definición es la realidad, tal vez no. De hecho, lo auténtico en cuanto a nuestros propios pensamientos y sentimientos es con frecuencia una expresión de desánimo o de desencanto que aleja nuestra mirada de la realidad del reino de Dios.

No hay que avergonzarse de experimentar o expresar la decepción. La cuestión es cómo podemos pasar del punto A al B, de la falsa realidad de nuestra experiencia a la verdadera certeza del reino de Dios. ¿Fingir hasta lograrlo? ¿Armar un buen espectáculo? No, nada de eso lo conseguirá. Esas son las hipocresías que debemos evitar. El único camino hacia la gran certeza de la esperanza, la alegría y la seguridad es experimentar la transformación interior, una especialidad del Espíritu, que el Señor de toda esperanza, nos ha enviado a los creyentes. Es un proceso, por supuesto, y no siempre es indoloro. Pero es auténtico. En última instancia, deberíamos ser capaces de decirles a los demás que nuestra esperanza, regocijo y paz (la experiencia que tenemos de la *shalom* de Dios) es la mayor verdad que hemos experimentado y un testimonio de cómo redime y restaura el corazón humano. Solo entonces ese «¡pon los pies en la tierra!» significará algo completamente vivificante y nuevo.

Señor, ya conoces mis luchas y cómo se las he compartido a otros. Por favor, no me dejes en el campo de batalla; úsalas para transformarme y enseñarles tu poder de transformación a quienes lo necesitan. Elévame a las más altas realidades de esperanza y satisfacción. Amén.

¿Un cercado o una puerta?

Aplastan a la gente bajo el peso de exigencias religiosas insoportables y jamás mueven un dedo para aligerar la carga. (Mateo 23:4)

Sin importar la religión o la denominación en la que se presente, el espíritu farisaico, siempre se va a los extremos. Su mayor prioridad es descubrir y hacer cumplir las restricciones que el Señor nos ha «impuesto». Jamás se pregunta: ¿qué permite Dios? ¡No, qué va!, siempre está centrado en: ¿qué prohíbe Dios? El resultado es un énfasis constante en el pecado y el fracaso.

Por desgracia, este es uno de los puntos de vista más comunes que muchas personas han apreciado en el cristianismo a lo largo de la historia. Perciben la fe como un código legal de pensamientos y conductas prohibidas que Dios nos impone para que no nos vayamos de cabeza al infierno. En parte, nuestro instinto religioso interpreta todo en términos legales, y la iglesia ha contribuido bastante a fomentar dicha mentalidad. Durante siglos, numerosos maestros cristianos han expuesto las demandas religiosas y han tratado de hacerlas cumplir. Incluso hoy en día, se dice que los cristianos son más conocidos por aquellas cosas a las cuales se oponen que por las que apoyan.

Este tipo de actitud marca una línea divisoria profunda entre la verdadera y la falsa espiritualidad. Es cierto que el Señor prohíbe algunas cosas. Él quiere que reflejemos su imagen y que nos ajustemos a su carácter. Pero enfatiza más en la libertad, no en las restricciones. Él ama a sus hijos y nos dio su Palabra, no para poner un cerco alrededor de nuestras vidas, sino para abrir una puerta hacia la morada eterna en los cielos. La entrada al reino es estrecha, ¡por supuesto!, solo tenemos un único Salvador; sin embargo, los campos en su interior son vastos y abiertos. Este es el mensaje más importante de todos los que el mundo necesita escuchar. Dios no es un dador de cargas ficticias, él nos libera de ellas.

Claro, eso no significa que vivas de manera irresponsable. Quiere decir más bien que tus compromisos te traerán descanso y libertad a ti y a los demás. Cuando leas la Escritura, percíbela como una invitación divina a reinos inexplorados. Abre esa puerta para que invites a otros a entrar por ella. Dios no oprime el corazón humano, él lo liberta.

Padre, perdónanos por centrarnos en las limitaciones. Abre nuestros ojos para ver tus oportunidades. Llévanos a tener experiencias contigo y atrae a muchos, a multitudes, hacia tu infinito deleite. Amén.

La iglesia del Nuevo Testamento

Queridos amigos, no se sorprendan de las pruebas de fuego por las que están atravesando, como si algo extraño les sucediera. (1 Pedro 4:12)

INNUMERABLES VECES EN LAS ÚLTIMAS DÉCADAS los cristianos y los líderes eclesiásticos han expresado: «Queremos ser como la iglesia del Nuevo Testamento» con la esperanza de recuperar la emoción y el poder de los primeros creyentes que se aprecian en el libro de los Hechos. Anhelamos romper con todos los aspectos de la tradición y regresar a la simplicidad de esos días iniciales después de Pentecostés, cuando los apóstoles ministraban con señales y maravillas; a aquellos tiempos en que los creyentes se comprometían de manera desinteresada con la verdad y con sus hermanos en Cristo. Deseamos volver a la fe original.

¿Lo añoramos de veras? Es posible que nuestros corazones busquen la simplicidad espiritual y el poder del Espíritu, pero nuestro comportamiento sugiere lo contrario. La iglesia neotestamentaria estaba muy familiarizada con las leyes, la política y la cultura que iban en contra de sus prácticas y creencias. Sus miembros entendían la adversidad, oraban con valentía en las pruebas y perseveraban en la persecución. Soportaban voluntariamente los abusos e ignoraban los insultos, sin quejarse de que la sociedad los marginara y los desvirtuara. No lucharon contra el entramado de la cultura, sino que se convirtieron en luces radiantes dentro de ella.

A ese tipo de espíritu del Nuevo Testamento es al que debemos aspirar. Muchos cristianos desperdician gran parte de su habilidad para relacionarse quejándose de la pérdida de valores y de los males sociales, en vez de vivir en el poder del evangelio. Pero el poder espiritual nunca depende de las condiciones políticas ni las tendencias sociales. De hecho, es mejor vivir en medio de ellas. La iglesia primitiva prosperó en circunstancias adversas, demostrando así la bondad de Dios en un mundo conflictivo. La secularización, el paganismo y la inmoralidad no la afectaron. Se convirtió en un faro inamovible ante los mares tumultuosos.

¿Quieres influir en tu mundo? Es así como tendrás que abordarlo. La iglesia del Nuevo Testamento es un modelo que Dios nos mostró, así que los cristianos del presente tienen mucho que aprender sobre las distracciones y la perseverancia. No te lamentes por los ataques de una cultura adversa, no es personal. Resulta una oportunidad para poner en evidencia la naturaleza del Señor.

Señor, abre mis ojos para que yo vea tu obra en el mundo. Dirige mi atención a las oportunidades que se me presentan. Ayúdame a proseguir, no con queja o desánimo, sino con confianza y fe. Me has dado todo lo que necesito para seguir adelante. Amén.

Apartado

Daniel estaba decidido a no contaminarse con la comida y el vino dados por el rey… (Daniel 1:8)

Cuando el pueblo del Señor vivía en los reinos de Israel y Judá, sabían lo que se esperaba de ellos y establecieron su propia cultura espiritual y social. Pero cuando él los dispersó en otros lugares por medio de los asirios y los babilonios, se enfrentaron de pronto a diversos rituales y estilos de vida que iban en contra de los suyos. Los israelitas recibieron nombres paganos y fueron obligados a trabajar para amos idólatras. Muchas veces ni siquiera podían elegir su propia comida o ropas; y ciertamente se les impedía adorar en su propio templo, que estaba en su lejana tierra natal y que a la postre fue destruido. Tenían que vivir como pueblo de Dios entre gente que no lo conocía.

El libro de Daniel narra cómo él y sus amigos hicieron esto al mantenerse firmes en la oración y las restricciones dietéticas. Textos como Esdras, Nehemías y Malaquías sugieren distintas maneras en las cuales los israelitas lucharon con dificultades relacionadas con las leyes de Moisés y los matrimonios mixtos con extranjeros. El libro de Ester no menciona ninguno de dichos temas (ni tampoco a Dios), pero en él se inaugura una nueva celebración, Purim, que todavía se lleva a cabo. En otras palabras, parece ser que los judíos abordaron la vida en tierras extrañas de diversas formas, guardando, en circunstancias adversas, costumbres, tradiciones culturales y mandamientos que el Señor les había dado.

El asunto es que los judíos de la diáspora tenían que averiguar cómo vivir como una minoría dentro de una cultura mayoritaria, así como los cristianos de hoy tienen que hacerlo en muchas partes del mundo. Algunos alientan una separación extrema y se mantienen firmes contra las corrientes de las culturas, mientras que otros se acostumbran a su entorno. En todos los casos, bíblicos y modernos, la cuestión no es el grado en que los creyentes se adaptan, sino el espíritu con el que lo hacen. ¿Es por influencia o por compromiso, por fidelidad o por apatía, por amor al Señor o por adhesión legalista a las reglas? Conoce la diferencia en tanto que permanezcas en este lado de la eternidad. Sea como sea que te distingas, hazlo por las razones correctas: caridad, devoción y testimonio personal. Dondequiera que te halles, opta por ser quien Dios te hizo y te llamó a ser.

Padre, me has apartado del mundo, pero también me has puesto en él. Dame la voluntad de obviar lo que no es importante, defender lo que sí lo es y discernir claramente la diferencia entre ambas cosas. Amén.

Un espíritu generoso

¿Quién eres tú para juzgar a los sirvientes de otro? Su amo dirá si quedan en pie o caen. Y, con la ayuda del Señor, quedarán en pie y recibirán la aprobación de él. (Romanos 14:4)

HUBO ÉPOCAS EN LAS QUE LOS CRISTIANOS más dedicados consideraban cualquier participación o interés en los deportes como la tolerancia de toda una serie de influencias impías: el juego, la bebida, el materialismo, el orgullo y muchas otras. Hubo momentos en los que la iglesia suprimió los préstamos con intereses por considerarlos como usura. Existen sitios en el mundo de hoy donde los cosméticos resultan escandalosos entre los cristianos porque insinúan la inmoralidad. En otras palabras, lo que es comúnmente aceptado en un lugar o tiempo puede ser prohibido en otro; lo que para una persona es una pasión, para otra constituye un ídolo. Aunque todos los verdaderos creyentes nacen del mismo Espíritu, hemos tenido puntos de vista muy distintos sobre las prácticas culturales y hemos experimentado nuestra fe de variadas maneras.

¿Cambia la moralidad a través de continentes o tiempos? ¡Por supuesto que no! ¿Son diferentes nuestras percepciones de la moralidad? ¡Claro que sí! Nos resulta difícil trazar líneas nítidas entre la dirección externa y la convicción interna, o entre las normas culturales y el compromiso espiritual. El asunto se complica aún más cuando entendemos que Dios trata con sus hijos individualmente y aborda ese mismo problema el cual para uno es algo profundo del corazón, mientras que para otro es solo un simple entretenimiento superficial. Sus prioridades para sus hijos no son iguales; él sabe en cuáles áreas cada uno de nosotros necesita trabajar y en qué orden debemos hacerlo. Aquellos de nosotros a quienes nos gustan los principios aplicados de manera uniforme, nos convertimos en pésimos jueces del comportamiento ajeno.

De ahí el mandato de no juzgar. Dios y las Escrituras nos instan a tener un espíritu generoso hacia otros creyentes, y nuestra actitud hacia los no cristianos debería serlo aún más. El mundo está lleno de críticos mordaces y no debemos estar entre ellos. Hemos sido invitados a vivir bajo la gracia y estamos llamados a extenderla a otros.

Padre, tú siempre me has mostrado un corazón generoso; mi camino hacia tus brazos ha estado lleno de muchas fallas y percepciones erróneas. Te agradezco tu gracia. Llena mi alma con esa misma generosidad hacia los que me rodean. Amén.

Mateo 6:9-15

Un patrón de misericordia

Y perdónanos nuestros pecados, así como hemos perdonado a los que pecan contra nosotros. (Mateo 6:12)

A PRIMERA VISTA, Mateo 6:12 parece una petición sencilla: una rogativa para ser perdonados y a la vez asimilar que debemos hacer lo mismo por los otros. ¿Pero qué si esta plegaria encierra mucho más que eso? ¿Y si, en lugar de entender el perdón de Dios para uno mismo y para los demás como dos misericordias separadas pero similares, esta oración en realidad une las dos? ¿Y si es una oración para que Dios nos perdone *de la misma manera* que hacemos a los que nos han ofendido, como si el perdón de Dios dependiera del nuestro a los demás?

De hecho, esto es lo que Jesús explica unos versículos más adelante (14-15) y luego otra vez en la parábola del deudor perdonado (Mateo 18:23-35). De alguna manera, nuestra capacidad para recibir la misericordia de Dios está directamente relacionada con nuestra voluntad de mostrar misericordia a quienes han pecado contra nosotros. La sugerencia es clara: si no perdonamos a los demás, no seremos perdonados. Eso le da mucha importancia a nuestra capacidad de exponer la gracia.

Lo que él quiere manifestar es que no podemos vivir disfrutando de la gracia en nuestra relación con Dios, pero olvidarnos de ella al tratar con el prójimo. Si no somos indulgentes, es poco probable que hayamos recibido o comprendido en realidad el perdón que se nos ha conferido. Quienes han sido lavados en la misericordia del Señor la comparten de forma natural con los demás. O, como dijera Jesús en otra ocasión: «¡Den tan gratuitamente como han recibido!» (Mateo 10:8). Aquellos capaces de entender el peso de las deudas que se les han quitado a través de Cristo, es muy difícil que salgan y pongan esas mismas cargas sobre las espaldas de otros.

Elige vivir en la gracia, no solo en tu relación con Dios, sino también en tu vínculo con el mundo que te rodea. Por una parte, no se pueden separar las dos cosas; por otra, no hay otra manera en la cual el mundo aprecie el corazón generoso y perdonador del Padre que experimentarlo en quienes lo aman. En su misericordia, tú has recibido visión del reino. Deja que los demás lo vean a través de ti.

Padre, he recibido mucho de ti, y quiero convertirme en una expresión de tu misericordia. Ahora mismo perdono las ofensas que he recibido, así como tú has perdonado las mías. Amén.

La imagen en el mundo

… Dios creó a los seres humanos a su propia imagen… (Génesis 1:27)

En la antigua Roma, las imágenes de emperadores en monedas y esculturas representaban su autoridad y presencia en todo el imperio. Al principio, era la forma en que los súbditos honraban a sus gobernantes. De esa manera, trataban de ganarse el favor del soberano y elevar su prestigio creando estatuas y monedas a su semejanza. En el siglo III d. C., esta distribución de la imagen imperial comenzó a expandirse desde el centro del imperio hacia las afueras en la medida en que los emperadores probaban su popularidad en cada rincón del reino. Las muchas representaciones de la cara del emperador estaban destinadas a recordar a las personas cuán benéfico era su gobernante.

Dios hizo algo similar en la creación, pero de una forma mucho más natural y auténtica. Creó a los seres humanos a su imagen y los exhortó a llenar el mundo como sus representantes. Como sabemos, la caída en Edén hizo añicos esa imagen, y nos convertimos en pobres reflejos de nuestro soberano. Pero entonces él envió a su Hijo, la fiel imagen de lo que él es (Hebreos 1:3, NVI) y comenzó a conformarnos a ella por el poder de su Espíritu (Romanos 8:26-30). Ahora él nos envía como embajadores de su autoridad y presencia en cada rincón de su reino. El rostro de Jesús en nosotros y a través de nosotros tiene por objeto recordarle a la gente de todas partes la bondad de su Rey.

Eso entraña una gran responsabilidad en cuanto a la manera en que vivimos y, a primera vista, puede suponer una gran presión. Sabemos que no lo representamos perfectamente. Pero representarlo como un objeto de su misericordia es importante, y todos los fieles califican como tal. Aún más importantes son aquellas ocasiones en las que reflejamos el corazón de la ternura, la paciencia y la bondad de nuestro Padre hacia los que nos rodean. Podemos olvidarnos de hacerlo en el curso de nuestras ocupaciones normales, pero desde la perspectiva del cielo, esto es lo que deberían ser nuestras actividades cotidianas. Más allá de nuestros listados de tareas, todas nuestras relaciones son, ante todo, oportunidades para demostrar la naturaleza de nuestro Padre. Fuimos hechos, engendrados y reconstruidos a la imagen de un excelente Rey.

Padre, solo tú puedes rehacerme a tu verdadera imagen, y te ruego que lo hagas. Dame oportunidades de expresar tu naturaleza; recuérdame en los momentos críticos a quién represento. Ama tu mundo a través de mí. Amén.

2 Corintios 3:4-6

Libertad y realización

... la letra mata, pero el Espíritu da vida. (2 Corintios 3:6, LBLA)

ERIC LIDDELL, UN ATLETA QUE REPRESENTABA A Gran Bretaña en las Olimpiadas de París de 1924, estaba listo para correr los 100 metros hasta que supo que la clasificación para la carrera era un domingo. Si participaba violaría su práctica de descansar el *sabbat*, pero si no lo hacía traicionaría la confianza de sus compañeros de equipo y las esperanzas de su país. Muchos pensaron que su negativa a competir era un acto de legalismo, mientras que otros lo vieron como un admirable signo de devoción. Unos lo consideraron un insulto, otros lo tomaron como un hermoso testimonio.

Por lo general esa es la forma en la que las personas que nos rodean perciben la devoción. Produce el desconcierto en algunos y la admiración en otros. También suscita el debate entre los cristianos, ya que hay quienes ven la adhesión a los principios como legalismo mientras otros la valoran como un compromiso inquebrantable. Desde cualquier perspectiva, el punto central en este asunto es el motivo. ¿La acción se hace por amor o por deber, por compromiso con Dios o por esclavitud a la ley, por devoción personal o por las expectativas de los demás? Si el Espíritu es quien la infunde, entonces produce vida. Si se hace bajo la esclavitud de la ley, entonces mata. En la mayoría de los casos, los motivos tras nuestros actos de devoción, con el tiempo, se revelan por la cantidad de alegría y gozo que nos provocan.

De una forma u otra, tu diario accionar forjará positiva o negativamente un testimonio, sea sobre Dios, el poder de su Espíritu, una imagen que has creado para tu persona, un estilo de vida, una filosofía o cualquier otra cosa. Si tu testimonio es para mostrar cuánto amas al Señor, con certeza vendrá acompañado de algún sentido de separación del mundo, es decir, algunas convicciones y compromisos visibles que te marcan como su propiedad. Pero si esas creencias y compromisos se hacen por obligación, producirán un testimonio diferente: uno que señala los aspectos limitantes y restrictivos de la religión. La película *Carrozas de fuego* honró el testimonio de Liddell, proveniente de una devoción genuina y en el contexto de una vida libre y plena. Si tus compromisos provienen de ese tipo de amor, reflejarán bien la libertad del reino de Dios.

Señor, quiero estar atado a ti por amor y nada más: cautivo de tu amor, libre en todo lo demás. Tu espíritu me da vida. Que mis convicciones produzcan satisfacción y sean un testimonio de tu bondad. Amén.

Cambia tu entorno

... el Espíritu que vive en ustedes es más poderoso que el espíritu que vive en el mundo. (1 Juan 4:4)

TÚ ESTÁS LLAMADO A CAMBIAR el ambiente dondequiera que vayas. El Espíritu dentro de ti no se amolda a actitudes negativas, multitudes inquietas, culturas tóxicas, o cualquier otra situación contraria en la que te puedas encontrar mientras llevas a cabo tus actividades diarias. Su deseo es trabajar en y a través de ti para cambiar el entorno que te rodea, y de este modo aportarles un destello del reino, un bocado de *shalom*, a aquellos con los que te encuentres. Tus actitudes, palabras y acciones son poderosos transformadores del mundo.

Sin embargo, no puedes afectar tu entorno, si antes no te has sumergido en el ámbito celestial. Eso, en primer lugar, significa mantenerse en profunda e íntima comunión con Dios. En cuanto empiezas a entender y sentir el trato recíproco de la Trinidad, la abnegación, el respeto y el amor mutuos, la plena franqueza y entendimiento, y la completa ausencia de maldad entre el Padre, el Hijo y el Espíritu, asumes la naturaleza de Dios. Al hacerlo, entonces comienzas a impartirla a quienes se relacionan contigo. Quizás no sean capaces de expresar por qué se sienten distintos a tu alrededor, pero lo harán, simplemente porque están teniendo un vistazo del cielo. Tu inmersión en el reino de Dios te permite llevarlo a todas partes.

Eso significa que el mejor regalo que puedes entregarle al mundo comienza en un lugar muy personal: tu comunión con el Padre, el Hijo y el Espíritu y el ambiente sagrado de su amor. No te volverás perfecto en los atributos divinos y el ámbito celestial, pero debes seguir creciendo en ellos. ¿Por qué? Porque no puedes dar lo que no tienes. Cuanto más fuerte crezcas en el Espíritu, con mayor potencia influirá en tu mundo a través de ti. Si le permites modificar por completo la atmósfera dentro de ti, entonces el entorno a tu alrededor cambiará inevitablemente. Y tu influencia como sal y luz en este mundo acercará a otros corazones al Espíritu que te llena.

Espíritu de Dios, satúrame en el carácter del reino, el ambiente de los cielos, la plenitud de tu amor y tu poder. Hazme un puesto de avanzada de los asuntos celestiales. En tanto llevo tu presencia a este mundo, otorga a otros una muestra de quién realmente eres. Amén.

1 Juan 2:15-17

El mundo

... cuando aman al mundo, no tienen el amor del Padre en ustedes. (1 Juan 2:15)

El Evangelio de Juan es el único que registra la conocida declaración de Jesús sobre el gran amor de Dios por el mundo; ese que le hizo enviar a su Hijo unigénito para que pudiéramos tener vida eterna (Juan 3:16). Años después de que Cristo dijera esas reconfortantes palabras, este mismo Juan nos advirtió que no amáramos al mundo. Si lo hacemos, escribió, el amor del Padre no está en nosotros. Por un lado, el Señor ama al mundo; por otro, amar al mundo es una señal de que no amamos a Dios. ¿Cómo es eso?

Bueno, él simplemente no corre el riesgo de que su amor por el mundo se convierta en un ídolo, pero nosotros sí. Existe una enorme diferencia entre el amor sacrificial de Dios por el mundo y el encanto que el mundo ejerce sobre los afectos de nuestros corazones. Sin embargo, debemos aclarar que el «mundo» posee diversos significados en los distintos contextos de la Escritura. Es cierto que el Señor ama a su creación y anhela redimirla. No obstante, los sistemas del mundo: sus corrupciones tan profundamente arraigadas, sus tentaciones de pecar, sus estructuras de poder que oprimen a los pobres y excluyen a los de corazón puro, sus redes económicas, políticas y culturales que se sirven a sí mismas, se oponen a la naturaleza de Dios y a la dirección central de la historia. Estamos llamados al tipo de amor sacrificial que él siente por las personas del mundo, pero a la vez necesitamos alejarnos del orgullo y los deseos corruptos que llenan este reino caído a punto de finalizar.

Acércate al mundo con el mismo tipo de amor que Dios tiene por su creación y por todos los que están hechos a su imagen. Si sintonizas tu corazón con las palabras de Juan 3:16 serás como tu Padre. Cuídate de la competencia en tu propio corazón. Elije cuidadosamente cuál amor disfrutar. Un apego egoísta a los caminos del mundo te alejará del amor del Padre y de su amor por el mundo. En cambio, deja que el Padre te envíe con el mismo amor que envió a su Hijo para entregar su vida.

Padre, ayúdame a amar el mundo como tú lo amas. Envíame como enviaste a tu Hijo. Redime cada centímetro de mi vida de sus falsos amores y úsame como instrumento de redención. Amén.

¿Cuál es tu misión?

Pues el Hijo del Hombre vino a buscar y a salvar a los que están perdidos. (Lucas 19:10)

JESÚS HIZO VARIAS DECLARACIONES que reflejaban su misión. Vino a buscar y salvar a los perdidos (Lucas 19:10). No vino a ser servido, sino a servir (Marcos 10:45). Vino a ofrecer vida abundante (Juan 10:10), a predicar el reino de Dios (Lucas 4:43), y a testificar la verdad (Juan 18:37). Citó un pasaje mesiánico en Isaías para declarar que él era el cumplimiento de promesas por tanto tiempo esperadas (Lucas 4:16-21). Estaba al corriente de su misión en este mundo. Pablo tenía un sentido similar del encargo. Sabía que había sido llamado como apóstol de los gentiles (Hechos 9:15; 22:21; Romanos 11:13), embajador de Dios y ministro de reconciliación (2 Corintios 5:19-20), y siervo de Jesús (Romanos 1:1; Filipenses 1:1). Su ministerio tuvo varias etapas y a veces lo llevó a lugares inesperados, pero nunca perdió su perspectiva. Conocía perfectamente para qué había sido enviado.

No todos nosotros viviremos con ese grado de claridad; pero resulta importante tener un sentido de misión y articularlo (discernir cómo nuestros dones se ajustan mejor a las necesidades del mundo) nos ayudará a seguir avanzando hacia él sin distraernos. Aunque Dios orquesta nuestras circunstancias y dirige nuestros caminos, y su Espíritu puede variar nuestra dirección tan misteriosamente como cambia el viento (Juan 3:8), un buen número de cristianos viven de modo pasivo. Saben *de qué* se salvaron, pero no saben *para qué*. La evaluación, acompañada de oraciones, de la vida, la posición, la carrera, las relaciones, los hábitos y todos los demás componentes relevantes de un llamado, te ayudarán a cumplir con la encomienda que Dios te ha dado.

Tómate algo de tiempo para preguntarle a Dios cuál es tu tarea en este mundo. ¿A qué te está llamando? ¿Con qué propósitos te creó, diseñó, redimió y restauró en su reino? Escribe una declaración de misión personal que te mantenga en el camino, aunque necesite ajustes en el futuro. Vive intencionalmente, sabiendo por qué estás aquí.

Señor, tú eres el director, el renovador, el orquestador de mi vida. ¿Qué propósito quieres que cumpla? ¿Cómo quieres que use mis dones? Dime, ¿qué quieres que haga en el mundo? Dame una dirección clara y ayúdame a seguirla fielmente. Amén.

Visión renovada

«Se ha cumplido el tiempo —decía—. El reino de Dios está cerca. ¡Arrepiéntanse y crean las buenas nuevas!». (Marcos 1:15, NVI)

«ARREPIÉNTANSE Y CREAN». Estas instrucciones parecen bastante sencillas, ¿no es verdad?

Sin embargo, el término *arrepentimiento* lleva siglos andando por el mundo y el vocablo *creer* posee hoy infinidad de significados, que van desde una opinión relativa hasta una convicción celosa. Las interpretaciones hebreas de estas palabras[3] enfatizaban en un cambio de comportamiento, mientras que las griegas lo hacían más bien en una transformación de la mente. Bueno, entonces, ¿qué fue lo que Jesús y el Espíritu Santo quisieron decir? ¿Cómo deben ser el arrepentimiento y la fe en nuestra vida?

Ambos sentimientos afectan nuestra conducta, pero el evangelio jamás nos ordena comportarnos mejor. Esa no es la prioridad. Como se vislumbra en el Antiguo Testamento y en nuestra propia experiencia, las leyes y las normas de actuación no bastan para transformar nuestra vida; por eso Jesús vino a esta tierra. Pero si aprendemos a ver de otra manera, si nuestra perspectiva de Dios, de nosotros mismos, del mundo y de nuestra situación cambian, entonces nuestra vida se transformará de adentro hacia afuera. El cambio externo no dura a menos que sea la consecuencia natural de uno interno. Cuando Jesús dijo a sus oyentes que se arrepintieran y creyeran porque el reino se había acercado, con seguridad se refería a una reorientación completa en todos los ámbitos de la vida. Pero lo más fundamental en esa reorientación es un nuevo par de ojos y oídos, una nueva forma de percibir, un sentido diferente de expectativa y una visión de lo que Dios está haciendo en el mundo. Para que se reciba el reino, las personas deben tener una mentalidad del reino.

Si deseas trasformar el mundo tienes que cambiar tu forma de ver. Es importante que tu perspectiva abarque más allá de lo personal, algo que limita a muchos cristianos. Su reino está repleto de inmensurables horizontes de amor, de restauración y de misericordia inmerecida destinados a entrar en los corazones de las personas. Tú eres copartícipe de su misión. Deja que tu mente se ensanche, que tu alma se abra por completo y que tu fe se extienda. Enrumba tu vida y encuéntrate con la novedad de este reino.

Jesús, ayúdame a arreglar lo que sea necesario para que tu reino venga a mi vida y a la de quienes me rodean. Dame, Señor, una vista y un entendimiento renovados para ver y percibir mejor. Amén.

En su presencia

Me mostrarás el camino de la vida, me concederás la alegría de tu presencia y el placer de vivir contigo para siempre. (Salmos 16:11)

Quizás leas pasajes de la Escritura como los Salmos y veas allí reflejadas tus propias carencias. Sí, la verdad es que una buena parte se escribieron con ese mismo espíritu. Muchas veces los primeros versículos son un grito de desesperación. Por supuesto que no es malo que encontremos un estímulo personal en su mensaje. Pero también es posible, y en ocasiones necesario, leerlos con la mirada puesta en aquello que los demás buscan y requieren de ti. Las palabras de la Biblia no te llenan solo para que reboses, sino además para que te desbordes. El gozo del reino de Dios está precisamente diseñado para ello. Sentirte satisfecho y realizado es un llamado divino.

¿Pasarás por momentos difíciles? Claro que sí, eso es normal. Algunos cristianos tienen ataques de depresión a largo plazo, ya sea por la química del cerebro, patrones de pensamiento negativos o sucesos trágicos de la vida. Pero el plan del Señor para ti, como creyente, es que seas capaz de vencer, de ver las realidades mucho más grandes por sobre el duro escenario al cual te enfrentas, de ampliar tu enfoque y situarlo en una perspectiva más alta. Tal elevación y alegría permanente son, de hecho, posibles, porque forman parte de tu herencia como hijo de Dios.

Todo lo que necesitas para anunciar y establecer su reino en esta tierra lo encontrarás en su presencia. ¡No lo busques en otra parte! Algunas traducciones de Salmos 16:11 hablan de «dicha eterna» (NVI) y «plenitud de gozo» (LBLA) como resultados de estar en comunión con Dios. Es imposible que un hijo suyo se encuentre con él, sienta el calor de su abrazo y el aliento de sus promesas, y luego se vaya sin esperanzas. ¡Si algo necesita el mundo de hoy es eso!: esperanza. Requiere con urgencia el testimonio de personas llenas de regocijo. Precisa con desesperación que te satures del ambiente del Padre, ese que vivifica, que conmueve y que transmite esperanzas.

Padre, lléname de gozo. Satisface en mí la promesa de tu Hijo: que yo experimentaría una vida abundante, como tú lo deseas. Alegra mi corazón, para mi bien y para el de quienes me rodean, esos que necesitan con urgencia saber que la satisfacción y la alegría sí son posibles. ¡Qué la luz de tus placeres eternos brille en mí! Amén.

Romanos 8:29-30

La clave del cambio

Pues Dios conoció a los suyos de antemano y los eligió para que llegaran a ser como su Hijo, a fin de que su Hijo fuera el hijo mayor de muchos hermanos. (Romanos 8:29)

¡Los leopardos no cambian sus manchas! Este tipo de frase pesimista goza de mucho reconocimiento, pero no tiene nada que ver con el mensaje de Jesús ni con la esperanza de nuestra vocación. El centro del evangelio es precisamente el cambio. Si las personas no se transforman entonces la obra que Cristo hizo por nosotros es defectuosa, no funciona. Y por supuesto que no es así, ya que él es perfecto, por lo tanto, también lo es su obra. Cristo nos ha dado la clave para que nuestros corazones, mentes y espíritus cambien por completo.

¿Cómo se produce esta transformación? Bueno, no hay una respuesta breve; sin embargo, de una cosa sí podemos estar seguros: comienza en la presencia de Dios. Los encuentros con él producen cambios. ¡Eso siempre se cumple! Cuando los seres humanos experimentan a un Dios tan poderoso que no cabe en la imaginación, alguien puro que habita en luz inaccesible, no pueden seguir siendo los mismos. Las vidas de Jacob, Isaías, Ezequiel, Pedro, Pablo y otros son vivos ejemplos de ello en la Escritura. Pablo describió dicho proceso en una de sus cartas a los corintios: «Podemos ver y reflejar la gloria del Señor. Y el Señor [...] nos hace más y más parecidos a él» (2 Corintios 3:18). Juan, incluso, nos dice que este es nuestro destino final: al contemplar la gloria del Señor, llegamos a ser como él (ver 1 Juan 3:2). Si alguna vez vamos a ser sal y luz en este mundo, será porque hemos vislumbrado a nuestro Señor.

El mundo necesita una verdadera revelación de cambio. La creación lo anhela (Romanos 8:19). Tú tienes la oportunidad de ser esa revelación, o al menos un ejemplo de ella. Pero tu transformación no sucederá a través de la autodisciplina, la fuerza de voluntad, el celo, el compromiso renovado o cualquier otra decisión humana, aunque todas ellas juegan su papel. No, el cambio genuino se producirá pasando tiempo en presencia de alguien completamente distinto a nosotros que nos llama a ser como él. Nos convertiremos en la visión que llena nuestros corazones y mentes. Deja que tu perspectiva de Dios sea el poder que te transforma desde dentro.

Señor, muéstrame tu gloria. Moisés te lo pidió y tú le respondiste. Les revelaste tu gloria a los profetas, a los discípulos, y los cambiaste para siempre. Quiero que esa también sea mi historia. Envuélveme en tu presencia y transfórmame a tu imagen. Amén.

Vasijas que contengan la verdad

Era el día del Señor, y yo estaba adorando en el Espíritu. De repente, oí detrás de mí una fuerte voz, como un toque de trompeta. (Apocalipsis 1:10)

Vivimos en un mundo postverdad. La verdad no ha desaparecido; ¡de ninguna manera!; continúa siendo tan absoluta como antes. Pero en términos de percepción, de las filosofías modernas y del discurso, la idea de la verdad perfecta está pasada de moda. La sociedad actual tiene la tendencia a abrirse a diversas comprensiones, perspectivas y las personas reciben calurosamente este proceso. El totalitarismo de épocas añejas no siempre ha dado buenos resultados y ha hecho que muchos incluso dentro de la iglesia hagan juicios severos y lleven a cabo persecuciones atroces como lo fue la inquisición. Aun así, aunque múltiples enfoques a menudo fortalecen nuestros propios puntos de vista, algunos temas no son relativos. La verdad está ahí, sí existe. Y la humanidad la necesita con urgencia.

La gente siente hambre de una verdadera revelación y comprensión, se den cuenta o no, y el único espacio donde pueden hallarla es en la presencia de Dios. Su Palabra revelada es confiable, ¡de eso no hay dudas!, pero nuestras interpretaciones no lo son. No obtendremos un conocimiento real de la Biblia solo con leerla y tratar de averiguar cómo encajan las piezas. Ese es el enfoque que decenas de miles de denominaciones aplican, todas ellas seguras de estar más cerca de la verdad que los otros. Sin embargo, las personas con gran influencia espiritual obtienen su entendimiento al sentarse en la presencia del Señor, al conversar con él y al abrir sus corazones y mentes a las profundidades de su palabra en la Escritura. Al igual que Juan en Patmos, logramos percepciones incomparables cuando adoramos en el Espíritu y nos encontramos con Jesús.

Si deseas poseer mayor entendimiento, enfócate más en relacionarte con Dios y menos en tratar de asimilarlo todo. En respuesta a tu fe, él te mostrará cosas en lo más profundo de tu corazón, las cuales de otra manera no podrías haber comprendido. Verás sus propósitos y a las demás personas bajo una nueva luz. De forma sobrenatural entenderás cuestiones en el interior de tu espíritu. Y estarás preparado para ofrecerle sabiduría y revelación vivificantes a quienes te rodean.

Espíritu Santo, lléname con tu presencia y muéstrame las verdades del reino, tal como lo prometió Jesús. Dame ideas que se conviertan en una bendición para las personas a mi alrededor. ¡No quisiera solo saber la verdad, sino encarnarla! Amén.

La promesa de poder

Pero recibirán poder cuando el Espíritu Santo descienda sobre ustedes… (Hechos 1:8)

Los primeros cristianos recorrían sus ciudades, regiones, incluso más allá de sus tierras natales, para contarles a las personas sobre Jesús y demostrarles una nueva forma y un nuevo poder para vivir. Es verdad que todavía tenían conflictos, pero bueno, ellos eran de carne y hueso. Sin embargo, estaban comprometidos con un evangelio de salvación y de renovación. Después de todo, ese es el contexto de la promesa que Cristo les hizo a sus discípulos cuando le preguntaron por el momento de la restauración del reino. En vez de decirles que eso no era en lo que debían pensar, les dijo que no necesitaban saber esas cosas. Mientras tanto, Dios les daría el poder para llevar a cabo la obra del reino que les había asignado.

En el Nuevo Testamento nunca se sugiere que el poder del Espíritu Santo disminuya o cese, aunque Dios pueda moverse de variadas formas en distintas etapas. A veces, tiende a quedarse en lugares específicos y por un tiempo determinado, lo que nos lleva a clamar por un nuevo movimiento. Y él se mueve. El poder sigue ahí. El mundo necesita personas que estén llenas del Espíritu, que posean su energía. Y, como con todo lo demás de importancia duradera, solo hay un modo de recibir su poder: estando en su presencia.

Sabemos que Dios siempre está con nosotros; y no dudamos de su presencia. Pero su presencia *manifiesta,* ya es otra historia. El Espíritu Santo no nos llena por defecto. Es preciso que estemos en relación, en comunión con Dios y disponibles para sus propósitos, al igual que los primeros creyentes en el Día de Pentecostés. De hecho, él nos invita abiertamente a cumplir sus promesas con fe y constancia. Cuando lo hacemos, y cultivamos el tipo de vínculo que nos hace conscientes y receptivos a su poder, entonces las cosas empiezan a suceder. Se abren puertas. Surgen oportunidades para ser ministros de restauración. Y tenemos los medios para pararnos ante la gente con poder.

Espíritu Santo, me pongo a tu disposición. Dejo mis planes y acepto los tuyos. Abandono mi fuerza y decido apoyarme en la tuya. Me abro a toda oportunidad que me ofrezcas para establecer tu reino, restaurar corazones y expresar el mensaje de salvación en cada área de la vida. Amén.

Cambio genuino

Pero, cuando los guía el Espíritu, ya no están obligados a cumplir la ley de Moisés. (Gálatas 5:18)

LAS PERSONAS TRATAN DE PRACTICAR una vida piadosa de dos maneras, pero solo hay una que funciona. La primera es aplicar estándares culturales o religiosos a nuestra conducta, pensamientos y motivaciones. Se le llama «legalismo» y, normalmente, significa adherirse a la ley del Antiguo Testamento; aunque, además, encierra cualquier esfuerzo por vivir deliberadamente, de acuerdo con normas externas, incluso las del Nuevo Testamento o del propio Jesús. Es un empeño inútil, eso lo puede atestiguar el mundo entero. Quizás algún que otro éxito sea el motivo para mantener dicho enfoque, sin embargo, a la postre, es una batalla perdida.

La otra perspectiva es ser transformados a través de la comunión e intimidad con Dios. Él nos cambia en la medida que lo contemplamos e interactuamos con su persona. Entonces dejamos de forzar un comportamiento piadoso en nuestro diario vivir. Simplemente vivimos sus normas y preceptos. Cuando su amor nos cambia, hacemos aquello que nos nace de modo natural. Su naturaleza emana de nuestro ser porque se ha convertido en parte de nosotros. Claro que es un proceso, y puede haber momentos en los cuales la transformación parezca incompleta. A veces tendremos que rellenar los agujeros con autodisciplina. Pero la meta es una constante renovación interior, una vida que evidencie el nuevo nacimiento. ¡Somos nuevas criaturas!

La historia está llena del primer enfoque, y el mundo está cansado y receloso. Casi todas las religiones dependen de trabas externas, que por lo general han demostrado ser incapaces de convertir el alma de los hombres. El evangelio es diferente. No se trata de estar a la altura de un estándar; sino de estar en sintonía con el Señor. Un cambio que sea solo superficial no convencerá a nadie de que las buenas nuevas del reino de Dios son distintas a cualquier otro sistema de creencias. Sin embargo, la verdadera renovación interna es otra cosa. Si es posible transformar radicalmente la naturaleza del corazón humano, entonces quedan esperanzas. Eso es lo que la gente añora, y necesita verlo en ti. Tu comunión con el Espíritu es uno de los mejores regalos que puedes ofrecerles a tus congéneres. Brinda esperanza y cambia vidas, incluida la tuya.

Espíritu Santo, que nunca tenga que fingir la influencia transformadora del evangelio. Cámbiame desde adentro. Hazme un testimonio de tu poder. Amén.

La mirada que transforma

Pero nosotros todos, con el rostro descubierto, contemplando como en un espejo la gloria del Señor, estamos siendo transformados en la misma imagen de gloria en gloria, como por el Señor, el Espíritu. (2 Corintios 3:18, LBLA)

UNA FORMA DEL CRISTIANISMO de la Baja Edad Media enfatizaba en la importancia de las estructuras y las doctrinas de la iglesia. Muchas veces se consideraba que los hombres con elevados estudios teológicos e importantes posiciones eclesiásticas, eran más santos y dedicados que los demás; incluso cuando sus creencias se mezclaban con la política y resultaban del todo ineficaces. Otras formas de cristianismo, informales y democráticas, cuyos seguidores eran campesinos, mujeres y místicos que quizás no tenían una teología completamente organizada, hacían hincapié en la interacción personal con el Señor. Los enfoques jerárquicos y autoritarios insistían en una teología precisa y un gobierno sacerdotal; los puntos de vista libres se aventuraban en experiencias divinas con Dios mismo.

¿Qué enfoque cambió más vidas? El de la comunión íntima, por supuesto. En realidad, estas diversas formas se cruzan y superponen en cierto sentido. Pero en todos los lugares y épocas, aquellos que pasan tiempo permitiendo que sus ojos espirituales miren a Dios, son transformados, mientras que quienes se vuelcan a estructuras y programas, con frecuencia llegan al punto en que sus corazones, llenos de decepción, están del todo atascados en los caminos del mundo. El alma atestada de actividades puede lograr mucho y recibir elogios, sin embargo, la que descansa en el amor del Padre, el Hijo y el Espíritu, experimenta un tipo de poder completamente distinto y más satisfactorio. La transformación no se obtiene con métodos y éxitos, sino al contemplar la gloria del Señor.

La Escritura siempre apunta en esa dirección. ¡Avancemos hacia allí! Cada una de nuestras vidas, y la historia misma, culminará en un gran cambio basado en nuestra mirada espiritual: «… sabemos que seremos como él, porque lo veremos tal como él es» (1 Juan 3:2). Los manuales y las disciplinas pueden ayudarnos de vez en cuando, pero la forma primaria de nuestros corazones y vidas radica en la perspectiva que tengamos. Si nuestra visión está llena de la naturaleza de Dios, nos volvemos como él. Si no es así, entonces no sucederá. Poner nuestros ojos en su carácter y gloria nos cambia, y a través de nosotros, él transforma el mundo.

Señor, ayúdame a poner mi mirada en ti. Que yo siempre sea capaz de atesorar tu gloria, tu naturaleza y tu verdad en mi corazón. Transfórmame con visiones de quién eres en realidad. Amén.

Como él es

Como Él es, así somos también nosotros en este mundo. (1 Juan 4:17, LBLA)

EL TÉRMINO CRISTIANO NO ERA muy halagador que digamos en los primeros años de la iglesia. Con frecuencia, se hablaba despectivamente de quienes andaban por ahí como «pequeños Cristos». Los creyentes eran conocidos por ser individuos que creían en Jesús como el Mesías y por emular a Cristo de maneras extrañas.

Tenemos una gran vocación, situada más allá de hacer o predicar lo que los cristianos hacen o predican. Es algo superior a obedecer lo que Jesús nos ordenó. Estamos llamados a ser como él en todos los sentidos: poseer su naturaleza, pensar con su mente y poner de manifiesto su amor. Como ya vimos, Juan se refirió constantemente al hecho de amar a las personas con el mismo amor que hemos recibido del Padre, y otras porciones de la Escritura abordan dicha conducta de manera más exhaustiva. La invitación a seguir a Jesús nunca se trató únicamente de aceptar un sistema de creencias o grupo social. Era un llamado a conformarnos a la imagen del Señor en Cristo, para que ostentáramos de nuevo nuestro diseño original, el que Dios nos dio, el objeto de reflejar su gloria en la creación. Eso incluye llevar a cabo las obras que Jesús hizo (y aún mayores, según sus palabras en Juan 14:12), albergar sus pensamientos (1 Corintios 2:16) y ser enviados al mundo de la misma manera en que él lo fue (Juan 20:21). Es una misión integral, e implica no solo lo que hacemos, sino también lo que somos.

Recuerda siempre que estamos creciendo a la imagen de Jesús. Enfócate en todo cuanto ella abarca: su pureza de corazón y mente, las obras milagrosas que hizo y la sabiduría y revelación que recibió. Jamás aceptes la frase «no soy más que un simple mortal». ¡Qué falacia! Como si la mediocridad fuera lo único que podemos esperar. Cristo caminó esta tierra como un hombre y no hubo nada mediocre en él. Es verdad que dejó un estándar altísimo, pero luego nos llamó a seguirlo en su poder. Ruégale a Dios cada día, y que tu petición sea, «más de ti, Señor». Conoce su glorioso propósito y jamás te conformes con menos.

Señor, ¿cómo se refleja Jesús en mí? Sea cual sea esa imagen, la quiero íntegra: más hoy, más mañana y aún más todos los días hasta que mi vida se complete y mi misión se cumpla. Amén.

De un espíritu diferente

Pónganse la nueva naturaleza, creada para ser a la semejanza de Dios, quien es verdaderamente justo y santo. (Efesios 4:24)

El mundo está plagado de conformistas: soñadores cuya desilusión los convierte en realistas cínicos; políticos honestos que al pasar el tiempo caen en la deshonestidad tan común en su profesión; ministros que truecan el encargo espiritual por los negocios dentro de sus iglesias; amantes de la verdad eterna que un día compran las mentiras de la gratificación inmediata. El asunto va más allá de voluntades débiles y de una tendencia al compromiso. Consiste más bien en la incapacidad de superar el espíritu o el *ethos* que predomina en la sociedad.

La verdad es que todos estamos llamados a ser conformistas, pero de un tipo diferente; No se trata de apertrecharnos con una gran fuerza de voluntad y determinación, rasgos del carácter que son de mucha ayuda, sino de portar un Espíritu superior a cualquier otro contrario de la época. Necesitamos mostrar amor, en un ambiente de odio; ante la lujuria y la codicia, precisamos mantener puros nuestros corazones y pensamientos. Frente al miedo, debemos insistir en estar completamente en reposo, confiados, firmes. Después de todo, ¿no nos creó Dios para que fuéramos como él? Si vamos a conformarnos a algo o alguien que no somos nosotros, ¡fijemos nuestra mirada en lo celestial!

Tú albergas una actitud y un espíritu distintos. Entra hoy en tu mundo con la naturaleza de Dios y rehúsate a adaptarte a cualquiera de otra índole. Te toparás con el orgullo, la codicia, el juicio, el miedo y una lista interminable; ¡cuidado!, no flaquees ante ellos: ¡evítalos! En tu puesto de trabajo o en el mercado, el mundo te invitará sutilmente a volverte cínico, ansioso, egoísta o manipulador, pero eso ya no se ajusta a tu condición. Ahora posees la esencia de Dios, y es más fuerte que cualquiera de tus características anteriores. Recuerda lo que dice 1 Juan 4:4: «... el Espíritu que vive en ustedes es más poderoso que el espíritu que vive en el mundo». Resiste la presión y vive la verdad de tu nueva naturaleza en cada circunstancia.

Padre, tú has puesto tu poder y promesas dentro de mí, y estoy cansado de conformarme con menos. Que las personas y las circunstancias jamás oscurezcan la luz inquebrantable del cielo. Recuérdame constantemente mi verdadera naturaleza. Amén.

Todo lo opuesto

A los que están dispuestos a escuchar, les digo: ¡amen a sus enemigos! Hagan bien a quienes los odian. Bendigan a quienes los maldicen. Oren por aquellos que los lastiman. (Lucas 6:27-28)

El Movimiento por los Derechos Civiles en Estados Unidos provocó muchas emociones y también una variedad de respuestas diferentes. Algunas fueron pacíficas, pero otras, abiertamente militantes. Sin embargo, en el transcurso de la historia y hasta los días de hoy, existen sorprendentes ejemplos de relatos de amor entre líderes de color y miembros del KKK que llegaron a enamorarse, y de antiguos racistas que hicieron las paces con sus vecinos de cualquier color o creencia. Los activistas del pasado cuentan historias sobre cómo el amor de su enemigo doblegó el odio que ellos experimentaban. ¿Por qué? Porque la naturaleza de Dios cambia el quebrantamiento de la condición humana.

Comprobarás que esta ley se cumple no solo en aquellos casos en que el amor y el odio se enfrentan, sino también ante cualquier otro tipo de confrontación entre la naturaleza de Dios y la iniquidad del mundo. Cuando nos asalta la codicia, podemos dominarla con un espíritu de generosidad. Si nos tienta el orgullo, somos capaces de aplastarlo con un espíritu de humildad. En caso de que nos golpee la desesperación, es posible destruirla con esperanza. ¿Y qué si el temor se asoma? Lo superamos con fe. Derrotaremos el poder del mundo al vivir lo opuesto.

El mundo nos rodea con su negatividad y descarrío a toda hora, pero observa y verás que ellos son la antítesis de algo bueno, hermoso y auténtico. A partir del momento en que escoges lo positivo del mundo, comienzas a desentrañarlo. La Biblia nos enseña así: «... vence el mal con el bien» (Romanos 12:21, NVI), y comprobamos que es verdad si lo ponemos en práctica. El ambiente celestial siempre doblegará al terrenal si aprendemos a vernos como portadores del reino de los cielos.

Padre, la realidad de tu naturaleza es mucho mayor que las falsificaciones y desviaciones de este mundo caído. Entonces, ¿por qué me resulta más fácil adaptarme a ellos que a ti? Que el poder de tu espíritu venza todas las adversidades en mí y a mi alrededor. Amén.

La misión del gozo

Estén siempre alegres. (1 Tesalonicenses 5:16)

C. S. Lewis escribió: «El gozo es un asunto muy serio del cielo». De esta manera sugirió que el regocijo del reino de Dios no es una opción para el cristiano, sino un imperativo. La mayoría de nosotros podemos imaginar que todo alrededor del Señor es complacencia, aunque a algunos nos resulte muy difícil ver más allá del juicio o la seriedad de nuestro llamado. Casi todos podemos apreciar la invitación que nos hace Dios al disfrute de su dicha como una maravillosa oportunidad, claro, si somos capaces de superar las responsabilidades y el listado de tareas para este día, la semana o el año. Pero ¿la alegría como una expectativa, un mandato o una necesidad de suma importancia? Bueno, eso parece poco realista. Algunos podrían, incluso, verlo como una excusa para ser irresponsables.

Sin embargo, en la lista de prioridades que Dios nos entrega, la alegría ocupa un sitio preponderante. Cualquier cosa que hagamos que no incluya el gozo, o que por lo menos nos conduzca a él, va a tergiversar su naturaleza. Él no está sentado en su trono, sudando para resolver nuestras dificultades financieras, problemas de relación, o nuestra enorme necesidad de complacencia y deleite. El Señor jamás mira nuestros aprietos y exclama: «¡Ay!, ¿qué hago?, ¿cómo resuelvo esto?». De ninguna manera, él conoce el fin desde el principio (Isaías 46:10), y desde los tiempos antiguos, lo que está por venir. Él tiene en sus manos el desenlace final; ¡tú solo confía!

Una de tus tareas principales en la vida, antes de pagar tus facturas, cumplir tus deberes, tus sueños, o estresar a tus amigos y familiares con todas tus preocupaciones, es llevar la sencilla alegría del cielo adonde quiera que te dirijas, incluso a los lugares oscuros y complejos del mundo. Para hacerlo, necesitas echar raíces en ese otro reino, que no se afecta con las tensiones y los conflictos de esta tierra. Esfuérzate por lograr que tu gozo, tu paz y tu naturalidad permanezcan imperturbables y constantes. ¿Cómo puedes representar el corazón de tu Padre? Refleja su deleite y su seguridad en el futuro.

Padre, a veces, en medio de las dificultades, pierdo de vista tu gozo, aunque sepa que es real. No permitas que las circunstancias me desanimen. Levanta mi mirada por encima de las balas y el combate, para ver y encarnar el gozo de tu reino. Amén.

¡No te detengas!

Nunca dejen de orar. (1 Tesalonicenses 5:17)

El hermano Lawrence destacaba por estar consciente a toda hora de la presencia de Dios y sostener largas conversaciones con él en medio de las tareas de su jornada diaria. Trabajaba en la cocina de un monasterio y, por supuesto, su mente podía darse el lujo de cavilar sobre las realidades eternas mientras fregaba los platos. Así y todo, muchos no han tenido la suficiente disciplina como para hacer algo parecido. Este hombre de fe «respiraba plegarias».

Todos tenemos la oportunidad de llenar con oraciones el tiempo libre y las tareas diarias. Quizás no podamos hacerlo siempre, porque la mayoría de nosotros tenemos trabajos y responsabilidades que demandan nuestra total concentración en el asunto. Pero sí podemos conversar con Dios más frecuentemente de lo que lo hacemos. En 1 Tesalonicenses 5:17, Pablo no instruye a sus lectores a orar de continuo; más bien los anima a seguir orando, sin nunca rendirse o desanimarse, porque sus intercesiones son en extremo importantes.

¿Cómo es esto posible? El Señor les dio a los seres humanos la responsabilidad de cooperar con él en la obra de su viña. En un principio ellos poseían las llaves del reino (Génesis 1:28), pero las perdieron en la caída. Jesús las recobró para entregárselas a quienes le siguen (Mateo 16:19). Él busca intercesores (Isaías 59:16) y les revela sus planes a aquellos que los escuchan (Amós 3:7) para que declaren y pidan acorde a su voluntad en este reino. Por razones que desconocemos, Dios ha decidido obrar en la humanidad de manera *interna*, a través de nosotros, y no de manera *externa*. Nuestras oraciones son clave para que él intervenga contra el mal en la tierra.

Si de veras quieres ser sal y luz en este mundo, ora sin desmayo. Si es preciso, deja que Dios reforme tus plegarias, pero continúa pidiendo. En lo espiritual, el Señor está obrando sin descanso. Los corazones se están abriendo, las vidas están transformándose. Tu persistencia en la súplica es importantísima en el proceso. En el mundo espiritual tú eres un soldado de primera línea y tus oraciones son el medio para ganar terreno. No te rindas en la pelea.

Espíritu de Dios, llena mi corazón y mi boca con las peticiones que quieras escuchar. Por medio de mi intercesión, arranca los males de este mundo y cambia los titulares que leí hoy en la prensa. Que las oraciones de tu pueblo preparen el camino hacia los corazones y las mentes de muchos. Amén.

5 DE FEBRERO

1 Tesalonicenses 5:16-18

La voluntad de Dios

Sean agradecidos en toda circunstancia, pues esta es la voluntad de Dios para ustedes, los que pertenecen a Cristo Jesús. (1 Tesalonicenses 5:18)

Si eres igual que todos los demás cristianos, es seguro que has orado para entender la voluntad de Dios en tu vida. Esa es una petición muy válida y que con certeza te responderá a su debido tiempo. Él ha prometido dar sabiduría y dirección a quienes las anhelan de corazón. Por supuesto que eso conlleva primeramente buscarlo a *él* y no la información que queremos. Pero cuando nuestra comunión diaria con el Señor crece, también llegamos a comprender mejor lo que él quiere que hagamos. Recibimos luz en cuanto a nuestra misión.

Primero debemos seguir lo que ya nos ha revelado para luego descubrir más de su voluntad, eso es un principio inviolable. Por ello, las palabras de Pablo en 1 Tesalonicenses son muy importantes. Antes de pasar a la siguiente fase de nuestras vidas, antes de saber qué decisión tomar referida a cuándo, dónde y qué debemos hacer, precisamos entender que la finalidad de Dios para nosotros es que estemos agradecidos en toda circunstancia. Es imposible proseguir la marcha si la gratitud no ocupa el centro de nuestros corazones y mentes. Solo podemos avanzar cuando nuestra actitud es la correcta.

Ese tema es una constante en la Escritura. Mientras nosotros nos preocupamos por lo que debemos hacer, Dios está ocupado en nuestro carácter. La religión pone énfasis en las obras, pero el evangelio enfatiza en el ser. ¿Por qué? Porque de tu corazón mana la vida (Proverbios 4:23). Todas tus acciones fluyen de tu personalidad, a no ser que lleves una vida de apariencias. Al Señor le interesa mucho más tu habilidad para representarlo que para seguir instrucciones. La gratitud es un reflejo profundo de tu relación con Dios, y es el sello de toda acción que hagas en su nombre. Acepta lo que ya te ha revelado conforme buscas su dirección. Independientemente de las circunstancias, vive agradecido, y verás cómo tu alma se mantiene en comunión con él.

Padre, que mi corazón y el tuyo estén en sintonía. Abre mis ojos y podré ver que tus bendiciones superan con creces mis problemas. Que las frases de agradecimiento broten siempre de mis labios en toda situación y en todo momento. Amén.

El momento de brillar

... ustedes brillan como estrellas en el firmamento, manteniendo en alto la palabra de vida... (*Filipenses 2:15-16*, NVI)

SE DICE QUE GANAR ALMAS PARA CRISTO es lo único eterno que podemos hacer en la tierra, pero no en el cielo. Esto atrae a los que son evangelistas entre nosotros. Bueno, después de todo, es hermoso llevar vidas a los pies del Salvador. Sin embargo, ¿no reduce esta máxima nuestro llamado a simples frases de persuasión? ¿Es eso realmente todo lo que Dios quiere que hagamos? ¿Debemos vivir como constantes náufragos que esperan su rescate de un barco que se hunde? ¿No existe ninguna otra inversión perenne que podamos hacer?

Claro que sí, de hecho, hay bastantes. Podemos reflejar al Padre en nuestra vida y glorificarlo en esos lugares donde resulta difícil apreciar su gloria; adorar a Dios de cara a la adversidad, esa que ya no enfrentaremos en el cielo, pero que constituye un testimonio sorprendente en esta tierra y este tiempo; hacer las obras de Cristo por medio de su poder (Juan 14:12), por ejemplo, alimentar a los hambrientos y curar a los enfermos, para que otros experimenten el toque del Señor mucho antes de estar en el cielo. Podemos orar por su reino y contra los males que invaden el mundo (Mateo 6:9-13); animar a la gente con su consuelo (2 Corintios 1:3-4); perdonarles sus pecados como representantes de Jesús (Juan 20:23); hacer las buenas obras que demuestran que somos hechura del Creador (Efesios 2:10). En resumen, podemos brillar en la oscuridad, algo que no haremos en el reino de la luz. Él nos ha llamado a una enorme y compleja misión.

Tu vida, mientras camines por la tierra, es tu momento de resplandecer con la verdad infinita en medio de una creación caída y quebrantada. Nunca desaproveches tal oportunidad, porque se hará visible para los hombres y los ángeles como un reflejo de quién es Dios y lo que ha hecho. Desde ahora y para siempre tu luz se convierte en un testimonio eterno de su gloria.

Padre, en el cielo ya no enfrentaré adversidades, ni obstáculos para darte loor. Pero aquí, que mi alabanza fluya como testimonio de tu luz en medio de las tinieblas. Te pido que mi vida se llene de maravillas eternas que te anuncien cada día. Amén.

7 DE FEBRERO

Colosenses 4:2-6

Palabras sazonadas

Que su conversación sea siempre amena y de buen gusto. Así sabrán cómo responder a cada uno. (Colosenses 4:6, NVI)

¿TE ATREVES A HACERLO? Entonces, lee los comentarios al final de los artículos de noticias, en las publicaciones de Facebook y en los blogs. Al momento descubrirás que, sin importar el tema, con frecuencia degeneran en argumentos tangenciales y apodos de mal gusto. Podríamos inferir que quienes dicen esas malas palabras no son seguidores de Jesús, pero no es así. A veces los cristianos profesos están entre los peores ofensores. En muchas ocasiones escriben frases llenas de veneno.

Eso se observa bastante a menudo en las redes sociales, donde nadie necesita una cara o nombre real para participar, y también ocurre en conversaciones en vivo. En ocasiones, el ambiente ponzoñoso absorbe a los cristianos, sin embargo, otras veces ellos mismos lo crean. En vez de cambiarlo con el Espíritu de Cristo, lo cargamos de una atmósfera de peleas y disputas. Entonces perdemos una buenísima oportunidad de sazonar nuestro entorno con gracia.

Presta atención a las ocasiones que surjan para impartir la paz y la paciencia del Señor. Eso no significa que tus frases sean de almíbar y que tu dulzura provoque náuseas. Es solo que, si sazonas tus diálogos con la cantidad correcta de sal, si escoges bien tus palabras y trasmites gracia y comprensión a tus oyentes, entonces el sabor de tus pláticas será mucho más agradable. Soporta firme la hostilidad; sé maduro para contener tu lengua, y sabio para apaciguar la ira cuando sube el tono de una conversación. El reino de Dios está lleno de charlas animadas, pero nunca de comentarios degradantes o mordaces. Quieres ganar almas, no discusiones. Él sabe cómo explicar las cosas sin herir, y quiere que nosotros hagamos lo mismo. Bendice y no maldigas (Romanos 12:14); edifica, no derribes; anima y consuela siempre que te sea posible. Deja que la gente pruebe el reino a través de tus palabras.

Padre, tus palabras son poderosas, y nos diste a probar ese poder. Perdóname por cada palabra negligente que he dicho, y usa mi lengua para fortalecer y construir. Que mis diálogos siempre reflejen tu corazón. Amén.

Un espíritu amable

Que su amabilidad sea evidente a todos... (Filipenses 4:5, NVI*)*

Es posible que algunos de los contemporáneos de Pablo pensaran que era un poco cascarrabias. Sus palabras podían ser cortantes, y a veces se ofendía con las percepciones equivocadas y los sarcasmos de sus críticos. Sin embargo, muchos de sus allegados, quienes lo comprendían mejor, razonaban que la intensidad de su lenguaje era producto de su pasión y energía. Era celoso con el mensaje que Dios le había dado y era sensible a cualquier tipo de oposición.

Sin embargo, ¿cuál era su autopercepción? Amable y modesto, «como una madre que alimenta y cuida a sus propios hijos», así le escribió a una iglesia (1 Tesalonicenses 2:7). De hecho, tal gentileza de carácter aparece bastante en sus cartas, quizás porque era evidente en el ministerio de Jesús. Ni él ni Pablo eran débiles, sin embargo, ambos entendieron el imperativo de expresar la paciencia y la bondad del corazón de Dios. Sabían cómo decir las cosas sin provocar heridas.

Independientemente de las ofensas que hemos experimentado a causa de la insensibilidad de otros, precisamos llenarnos con la gentileza de Dios. Él nos ha tratado con cariño, y nos llama a consolar y cuidar a los demás con la misma ternura. El teólogo del siglo XVIII, Jonathan Edwards, quien jamás era reacio a predicar un sermón bien atrevido, enfatizaba en la caballerosidad del espíritu cristiano como un sello del verdadero discipulado. Estaba muy al corriente de la dinámica de la controversia religiosa y sabía cuán dañinas eran las frases descorteses. Una rápida mirada al clima social y político del presente nos da toda la razón. El mundo no necesita más devotos contenciosos. Precisa con urgencia individuos con corazones afectuosos. En el nombre de Jesús, sé uno de ellos. Que todos vean tu amabilidad. Apacigua las relaciones difíciles con la *shalom* del reino de Dios. ¡Que el Príncipe de Paz la derrame a través de ti!

Jesús, tú fuiste amable incluso en las circunstancias más amargas y hostiles. ¡Ay, los conflictos del mundo me envuelven tan fácilmente! Levántame, lléname de paz, recuérdame que en ti estoy seguro, y déjame enseñarles a todos tu dulzura. Amén.

Efesios 3:14-21

Una vida mayor

Pido en oración que, de sus gloriosos e inagotables recursos, los fortalezca con poder en el ser interior por medio de su Espíritu. (Efesios 3:16)

Los mercaderes de Éfeso se enorgullecían de la opulencia de la ciudad, la cual, por cierto, habían adquirido a través de la fabricación y venta de objetos religiosos e imágenes de la diosa griega Artemisa. Por eso en Hechos 19 se habían rebelado contra Pablo y sus enseñanzas del evangelio; las conversiones afectaban el negocio. Los cristianos que se negaban a participar en el culto al emperador también eran un problema. No efectuar los sacrificios en nombre del gobernante de Roma, a quien a veces llamaban el «padre de la patria», podía causar revuelo en el imperio o traer la desgracia divina sobre la ciudad. Así que, cuando Pablo invocó al Padre «al que se refiere toda patria en la tierra y toda familia celestial, pues "patria" viene de "padre"» (Efesios 3:14-15, en traducciones literales) e hizo un llamamiento según sus riquezas y gloria, refutó intencionalmente la creencia local. Eso sugería que el reino de Dios entregaba beneficios mucho mayores que los obtenidos por cualquier creyente o no creyente alguna vez.

Y era cierto. La sociedad de Éfeso ofrecía riqueza, buena reputación con un poderoso imperio y amuletos y hechizos potentes; pero el reino de Dios brinda recursos ilimitados que nos conectan con el Espíritu más sublime del universo y nos dan vislumbres de la gloria final. La «energía» que actúa en nosotros, una de las palabras que, en los escritos de Pablo, a menudo se traduce como «poder», nos permite vivir en las fuerzas del propio Jesús y no en las nuestras. Mientras lo seguimos, nuestras raíces crecen en su amor, y él edifica su morada en nuestros corazones. El resultado es un tipo de vida del todo diferente a la que hemos conocido.

Al relacionarte con las personas a tu alrededor conoce de dónde sale tu vida y de qué lugar obtienes tu ímpetu y vivacidad. Tu alma querrá alimentarse de las ventajas y promesas de una sociedad caída. Tu espíritu, que ha vuelto a nacer, solo puede estar satisfecho con la vida de Jesús en su interior. La primera te ofrece un disfrute temporal; la segunda, una alegría maravillosa. Por tu bien, y por el del mundo, deja que el Espíritu de Cristo te llene con la luz de su poder y amor.

Padre, que la oración de Pablo sea la mía: que yo aproveche la riqueza ilimitada de tu gloria, y sea fortalecido por la vida de Jesús, y sea lleno de un amor sobrenatural. Amén.

10 DE FEBRERO

Efesios 3:14-21

Conocer lo insondable

Es mi deseo que experimenten el amor de Cristo, aun cuando es demasiado grande para comprenderlo todo... (Efesios 3:19)

John Wesley relató una vez que, en una reunión de oración, había sentido una «extraña calidez» dentro de sí mientras escuchaba a alguien leer un fragmento del comentario de Lutero sobre los romanos. No comprendía a ciencia cierta qué pasaba; pero sí se dio cuenta de que el Espíritu estaba obrando y que la fe crecía en él. Lo mismo nos sucede con frecuencia cuando nos encontramos con las verdades del Señor. Sabemos lo que aún no entendemos y creemos lo que aún no podemos explicar. No es que la Palabra de Dios sea irracional, sino que muchas veces funciona en nosotros antes de que nuestra mente lógica la discierna. Lo experimentamos de forma extrarracional, por así decirlo.

Seguramente Pablo comprendió este misterio, porque oró para que los efesios conocieran el tipo de amor que supera el conocimiento. Aunque de seguro podemos ver la incongruencia de tal petición, también somos conscientes de que el Espíritu Santo puede ayudarnos a conocer lo que no puede conocerse, a experimentar lo que no puede explicarse del todo. Las dádivas que nos ofrece, incluyendo su amor, son infinitas. Nuestros corazones y mentes no lo son. Si vamos a crecer en nuestro vínculo con Dios, tendremos que aceptar la idea de informarnos sobre cosas que están más allá de nuestro entendimiento. Nuestro raciocinio deberá probar, sin duda alguna, verdades divinas que no puede comprender, o razonar por completo.

Mucha gente le llama superstición a tal conocimiento porque no pueden comprobarlo, ponerlo en un tubo de ensayo o llevarlo a una fórmula; sin embargo, lo anhelan. Todo corazón humano desea la trascendencia. Incluso un escéptico empedernido se asombra con la inmensidad del universo y la majestuosidad de las montañas y los océanos. A todos ellos los conmueve el eco de la creatividad y la sabiduría divinas, aunque no las reconozcan como tal. Pero cualquiera que haya experimentado la verdad trascendente de la naturaleza de Dios sabe cosas que ninguna persona puede comprender. Y ese amor, esa experiencia divina, puede atravesar barreras que las palabras no pueden franquear.

Jesús, permíteme conocer la plenitud de tu amor incluso más allá de mi comprensión, y que otros lo vean en mis ojos, lo escuchen en mi voz y lo sientan en los latidos de mi corazón. Amén.

El poder interior

Y ahora, que toda la gloria sea para Dios, quien puede lograr mucho más de lo que pudiéramos pedir o incluso imaginar mediante su gran poder, que actúa en nosotros. (Efesios 3:20)

Cuando Pablo nos dice que Dios es capaz de hacer más de lo que podemos pedir o imaginar, pudiéramos preguntarnos: *Bueno ¿le pido muy poco? ¿Son mis oraciones demasiado pequeñas? Al final, ¡yo soy bastante creativo!* Si nuestras mentes pueden concebir grandes cosas y la capacidad del Señor las supera todas, entonces el único límite es el cielo. En realidad, no hay fronteras. Ni siquiera los cielos de los cielos.

Nuestras próximas interrogantes nos remiten a la tierra. *Sí, yo sé que el Señor puede hacer cualquier cosa, pero ¿lo hará? ¿Desea responder a mis plegarias?* Él nos ha dado muchas promesas, en las que asevera que es un Dios que sí contesta. Y nuestras propias experiencias nos recuerdan que sí lo hace, y nos deja boquiabiertos. Sin embargo, existen peticiones profundas en nuestra alma que aún están delante de él. Dudamos en cuanto a si debemos o no mantener las esperanzas. Sabemos que él es todopoderoso y eternamente bueno; ahora, ¿es poderoso y benévolo para con nosotros?

¡No lo dudes! Y se compromete no solo a conformar los deseos de nuestras almas, sino a cumplirlos también. La carta de Pablo a los efesios explica cómo estamos enraizados en el amor de Cristo, cómo él está unido a nuestros corazones, y cuán plenamente estamos destinados a sentir las alturas y profundidades de esa relación. Entonces, cuando el apóstol exalta las habilidades superiores de Dios, tiene un tipo de enfoque en su pensamiento: El Señor es capaz de transformar a sus hijos y al mundo por medio de su incomprensible amor *según el poder que actúa en nosotros.* A veces obra separado de su pueblo, pero el *modus operandi* normal es trabajar mediante nosotros. Mientras lo buscamos para desplegar su infinita potencia en esta tierra, él anhela demostrarla en y a través de aquellos que experimentan su amor. La fuerza de la resurrección y la promesa de responder las más grandes oraciones han reemplazado nuestra anterior inutilidad

Padre, ¿qué inmensas plegarias quieres responder a través de mí? ¿Qué clase de poder quieres demostrar en mí? Tú eres suficiente; y yo estoy dispuesto. Demuestra tu amor de manera asombrosa. Amén.

Donde se derrama el Espíritu

¡Qué maravilloso y agradable es cuando los hermanos conviven en armonía! (Salmos 133:1)

A PRINCIPIOS DE 1726, la joven y reducida comunidad morava de Herrnhut, crecía y tenía paz. Los refugiados religiosos que se reunían allí estaban agradecidos porque era segura. Pero luego, en ese mismo año, algunos inconformes, desventurados, comenzaron a sembrar la discordia y la hermandad se resquebrajó. Se separaron en bandos. El sentido unitario tan afín en los primeros días desapareció por completo.

El conde de Zinzendorf, como líder señor de la comunidad, ejerció su jurisdicción y puso condiciones para vivir en la tierra, y normas para relacionarse con otros miembros. Con paciencia, se ganó la amistad de aquellos que lo habían contrariado. Las personas se perdonaron mutuamente. Algo ocurrió entonces, después de unos meses de paz. Zinzendorf dirigió una plegaria de confesión, y otros se unieron también; los corazones se abrieron. Según los presentes, el Espíritu descendió con el mismo poder que experimentaron los primeros discípulos en Pentecostés. Individuos que antes solo toleraban a los demás, ahora lloraban en sus brazos. Incluso los habitantes de la comarca que estaban viajando grandes distancias en ese instante, sintieron un cambio en el Espíritu y recordaron el momento. El lugar se transformó por completo.

Hoy en día se recuerda a los moravos por su compromiso de mantenerse en oración durante un siglo, y por sus esfuerzos en otras tierras que ayudaron a impulsar el movimiento misionero moderno. Pero esos frutos surgieron de una raíz más profunda de unidad. Jesús dijo a sus seguidores que el mundo los conocería por su amor mutuo (Juan 13:35). Cuando los corazones están unidos en amor, ocurren cosas extraordinarias.

Nunca asumas que serás capaz de cumplir solo tu misión como hombre de fe. Es Dios quien te da la sabiduría, la fortaleza y el amor en los brazos del compañerismo. El estrecho vínculo con los hermanos los aumenta, así como todos los demás frutos que provienen del ejercicio de los dones dentro del cuerpo de creyentes. El Señor nos concede poder cuando él establece lazos de unión espiritual con su pueblo (Juan 17:21); entonces las vidas y el mundo comienzan a cambiar.

Padre, perdona mis críticas y mis actitudes conflictivas. Abre mi corazón ante los que me rodean. Dame, y danos, un amor que cambie las vidas y el mundo. Amén.

Efesios 4:11-16

La unión diversa

Él hace que todo el cuerpo encaje perfectamente... y entonces todo el cuerpo crece y está sano y lleno de amor. (Efesios 4:16)

Hace poco, en Madaba, Jordania, cerca del lugar donde murió Moisés, un museo invitó a los visitantes a elaborar un mosaico de unos dos millones de piezas. Cada huésped pintó un fragmento de cerámica, y los artesanos de allí los colocaron apropiadamente en una enorme reproducción del Camino de los Reyes. No había dos trozos iguales, pero todos servían para darle forma a la imagen general. Dos millones de diminutos azulejos compusieron un conjunto hermoso y coherente.

¿Qué si tu vida es así: una pieza en un enorme mosaico de Dios? Bueno, él es infinito, ¿ves? Se necesitarían muchos más de dos millones de fragmentos, y la gama de colores tendría que ser eterna. Pero a la luz de la creación y de que estamos hechos a la imagen del Señor, la idea de una asombrosa diversidad que sirva a un todo coherente tiene sentido. Todas sus criaturas, aunque distintas, se unen para formar un hermoso cuadro de su Creador.

Mucha gente se resiste a tal obra maestra. Insisten en que la unidad requiere uniformidad y que cada pieza necesita ser del mismo tamaño, forma y color. Sin embargo, Dios no creó un cuadro tan aburrido, y cualquier intento de refinar su composición se equivoca y malinterpreta sus propósitos. Su pueblo es de todas las edades, razas, géneros, ciudadanías, idiomas, antecedentes y experiencias. Las historias de nuestras vidas acentúan varios aspectos de su naturaleza. Cada uno de nosotros posee matices y preferencias únicas; todos hemos recibido variados dones y contextos en los cuales ejercerlos; y nuestras doctrinas enfatizan la importancia de disímiles verdades, incluso cuando sirven a un todo íntegro. Pertenecemos al mismo Señor y debemos conformar su imagen, pero nuestras diferencias son básicas dentro de ese conjunto.

Eres exclusivo, ¡acéptalo! Mientras que muchos cristianos le piden a Dios que bendiga su punto doctrinal en la fe y alabe sus distintivos congregacionales, dedícate a bendecir a otros, y a ti mismo, como expresiones importantes y necesarias de la naturaleza del Señor. Puedes reflejar al Señor de una manera singular y si no cumples tu propósito, nadie más lo hará. Aprende a verte como una imagen sencilla y vital de su persona. Luego, con todo tu corazón, vive para que el mundo lo aprecie.

Señor, quiero conformarme a tu imagen, pero me has creado para hacerlo como nadie más lo hace. Permite que el mundo vea a Jesús a través de mi singularidad. Amén.

Completa redención

«¡Socorro, Señor!», clamaron en medio de su dificultad, y él los salvó de su aflicción. (Salmos 107:13)

A lo largo del Antiguo Testamento se aprecia que Dios sigue cierto patrón para liberar a su pueblo del desconsuelo. Uno de los ejemplos más notables es el libro de Éxodo, cuando Moisés saca a los israelitas de la esclavitud en Egipto y los conduce a la tierra prometida. El Nuevo Testamento reinterpreta esta libertad física en tiempo real como una imagen de la salvación espiritual que recibimos en Cristo. Él rompe las cadenas del pecado y la muerte y nos lleva a la vida eterna en su presencia. Ambos rescates ofrecen un cuadro completo de la obra redentora, que incluye la satisfacción de todas nuestras necesidades, tanto en este mundo como en el venidero.

Es importante interpretar ambos sucesos de manera conjunta. Si los separamos y vemos el Antiguo Testamento como una imagen material de un rescate verdadero; si el Éxodo es una alegoría de acontecimientos más grandiosos en el futuro, entonces entendemos nuestra salvación solo como algo espiritual. Pero cuando leemos ambas historias como partes de un todo mayor, queda claro que Dios se preocupa por nuestras almas y cuerpos, condiciones sociales, demandas de justicia, relaciones, finanzas y todo lo demás en nuestras vidas. Él nos ofrece gratuitamente salvación espiritual y completo renuevo en este mundo. Nos entrega un porvenir maravilloso, aunque nos deja inmersos en el presente. Sus misericordias se aplican en la actualidad y lo cotidiano.

Es cierto que, tras nuestra experiencia de salvación, seguimos luchando con la enfermedad, las deudas e infinidad de males; y también es verdad que batallamos con el pecado después de haber sido redimidos. Pero el mensaje del reino es global, no promete la liberación inmediata de todos los problemas (como descubrieron los israelitas al salir de Egipto); más bien nos asegura que recibiremos socorro ante todas las situaciones. Al igual que el pueblo de Israel, pasamos de un amo a otro, y el segundo está muy interesado en cada una de nuestras necesidades.

Siempre que puedas, representa el evangelio en su totalidad. La salvación no es un pase mágico que desaparece cada problema que nos agobia, pero Dios tampoco está limitado a un reino invisible que no cambia ni afecta el mundo presente. Él entra en nuestras vidas para liberar, curar, reparar y restaurar. Su deseo de asistirnos en medio de la angustia es para todos los tiempos.

Señor, tú eres misericordioso en todos los ámbitos de la vida. Tus promesas son verdaderas en cada situación. Tú fijas nuestros ojos en la eternidad, pero desde ahora nos entrenas para ella. Que siempre presente la verdad de tu reino en toda su plenitud. Amén.

Romanos 12:1-2

La renovación

No imiten las conductas ni las costumbres de este mundo, más bien dejen que Dios los transforme en personas nuevas al cambiarles la manera de pensar... (Romanos 12:2)

Uno de los reclamos más comunes contra el cristianismo es su registro histórico. Se acusa a los católicos por las atrocidades durante las cruzadas, las inquisiciones de la Contrarreforma y las conversiones forzadas en la colonización del Nuevo Mundo. Se culpa a los protestantes por la violencia en la Guerra de los Treinta Años, el movimiento nazi y el Ku Klux Klan. ¿Fue Jesús responsable de alguno de estos sucesos? Por supuesto que no; y tampoco lo fueron los creyentes que siguieron de cerca su enseñanza. Pero las torsiones permanecen y están vivas en la historia de la fe.

¿Cómo pudieron los cristianos profesos cometer tales actos no cristianos? Bueno, es que sus corazones no se transformaron. ¡Así de sencillo! Proclamaban un conjunto de creencias y eran, en lo social, cristianos, pero no se parecían a Cristo. Sin importar lo que sus bocas confesaran, seguían los caminos del mundo.

La doctrina y las creencias no pueden transformar a nadie. Si queremos ser como Jesús y seguirlo, necesitaremos mentes renovadas. El evangelio es mucho más que un programa de modificación del comportamiento: es una reforma interior tan radical que podemos describirla mejor como una muerte y un renacimiento. Cualquier otra cosa lleva a las mismas desilusiones que toda la gente religiosa siente cuando no alcanzan los estándares requeridos.

El poder transformador del evangelio cambia la forma en la que vemos y pensamos. Transforma nuestra percepción de Dios, de nosotros mismos, de otros creyentes, de los inconversos y hasta de nuestros enemigos. Desbarata nuestros planes y nos da un nuevo propósito. Crucifica la vieja naturaleza y llena los corazones con el carácter de Dios. Reorganiza nuestros vínculos del modo más satisfactorio posible. Pero solo si lo permitimos.

Entonces, entrégale diariamente tu voluntad al poder del Espíritu. Deja que Dios sea sal y luz para tu alma y así tú lo seas para el mundo. Deja atrás lo viejo y vive en lo nuevo que él te promete.

Padre, transfórmame. Tú prometes cosas nuevas; llévame por una senda donde todas las cosas en mi vida, incluyéndome a mí, sean del todo nuevas. Dale vida nueva a mi corazón y mi mente para pensar, sentir y ver de manera novedosa. Amén.

Una nueva visión de Dios

... les ruego que entreguen su cuerpo a Dios por todo lo que él ha hecho a favor de ustedes. Que sea un sacrificio vivo y santo, la clase de sacrificio que a él le agrada. (Romanos 12:1)

Jesús contó una parábola sobre un amo que les entregó su dinero a tres sirvientes para que lo administraran. Dos lo invirtieron y obtuvieron ganancias, pero, uno lo escondió para conservarlo, pues argumentaba que su amo era «un hombre muy difícil de tratar» (Lucas 19:21). La historia encierra diversos mensajes. Uno de ellos es que nuestra percepción de Dios determina si vivimos con esperanza o con miedo, si nos sentimos libres en su presencia o prisioneros de sus demandas. La forma de percibirlo afecta nuestras vidas.

Muchas personas tienen una visión un tanto negativa de Dios. Para ellos es una especie de juez o un amo duro, un pariente que siempre les regala algo en su cumpleaños, pero nunca lo que desean; un padre que los fuerza a comer verduras sin ofrecerles jamás un postre. Ya sea por malas experiencias, una pobre teología, o un poco de ambas, estos individuos viven con la idea preconcebida de que Dios los va a decepcionar. Aunque son religiosos, no son devotos. Han perdido la alegría.

La Escritura nos muestran una imagen diferente del Señor: la bondad encantadora de Jesús, el amante celoso en la búsqueda ardorosa de su amada, el padre complacido que le canta a su hijo. Tal es el amor increíble que nos obliga a ofrecernos como un sacrificio vivo y santo. Cuando pensamos en Dios como un fiel asidero, él nos mira con un nuevo rostro, no uno inconsistente con su verdad ya revelada, sino más bien, uno que brilla en otra faceta de su naturaleza. ¡Y siempre es hermoso!

El mundo no conoce a este Dios. Tú sí, o al menos estás aumentando el conocimiento de su persona. ¿Ves el vacío que hay que colmar? El Señor no va a llenarlo unilateralmente. Él va a mover a su pueblo, tú incluido, a través del poder que obra dentro de ti. Ponte en las manos de tu Creador y muéstrale a toda la gente su expresión de bienvenida. Echa por tierra el mito del amo insensible. Vive como un adorador para que todos lo vean.

Padre, yo me ofrezco, por todo lo que has hecho por mí. Déjame ser un sacrificio vivo, aceptable a ti, y un reflejo de tu verdadera naturaleza. Amén.

Romanos 12:3-5

Una nueva autopercepción

... ninguno se crea mejor de lo que realmente es. Sean realistas al evaluarse a ustedes mismos, háganlo según la medida de fe que Dios les haya dado. (Romanos 12:3)

Parece que la iglesia romana estaba dividida. Los creyentes judíos que la habían liderado y que fueron exiliados de Roma alrededor del año 49 d. C. (Hechos 18:2) regresaron después, pero notaron que no eran bienvenidos. Los cristianos gentiles, que dirigieron la iglesia en su ausencia, se veían a sí mismos como el nuevo pueblo elegido mientras que los judíos se enorgullecían de su larga historia como la nación que Dios había escogido desde un principio. Cuando Pablo advirtió a los miembros de la congregación que no se creyeran mejores de lo que eran, quizás se refería a este sentido de superioridad, así como a su tendencia a organizar cada uno de los dones de acuerdo con cierta importancia jerárquica. Les explicó entonces que la verdadera adoración como sacrificios vivos ofrecidos con gratitud era lo que debía conducirlos a una autopercepción equilibrada.

Podemos usar las instrucciones del apóstol para abordar también otro mal que nos aflige a muchos: vernos a nosotros mismos bajo una mirada de culpa y de vergüenza, oír voces del pasado que nos recuerdan cómo nos hemos confundido, o palabras de creyentes que insinúan lo inevitable de una futura decepción. Nunca debemos exagerar nuestra propia imagen, pero tampoco minimizarla. La primera actitud ofende a quienes nos rodean; la segunda, no comparte el sublime amor de Dios con ellos. Es importante medirnos con la fe que él nos ha dado porque necesitamos vernos como el Señor nos ve.

¡Ahí está la esencia! Toda imagen de nuestra persona que sea más o sea menos de lo que somos en realidad está en desacuerdo con Dios. Por una parte, eres una más de las personas a las que él ha amado con un amor inexplicable y, por tanto, careces de base para elevarte por encima de los demás. Por otro lado, su amor por ti es tan inmenso que no puedes empequeñecer tus propios dones y valores. Los que te rodean necesitan ver cuánto te ama el Señor, y precisan recibirlo a través de ti. Una verdadera autopercepción te permite encarnar ambos.

Padre, es mucho más fácil para mí creer en tu amor por los demás que creer en tu amor por mí. Muéstrame cómo me ves y cómo ves a los otros. Ilumíname para que en mi peregrinar yo pueda enriquecer a todos como tú lo haces. Amén.

Una nueva comunidad

Dios, en su gracia, nos ha dado dones diferentes para hacer bien determinadas cosas... (Romanos 12:6)

El cuerpo humano es una maquinaria muy compleja en todos los niveles. Las proteínas y los ribosomas dentro de las células son estructuras bastante intrincadas que trabajan juntas para cumplir una amplia gama de funciones. Los órganos están constituidos por miles de millones de células que laboran con un único propósito; y el propio cuerpo es un sistema extremadamente organizado de miembros y elementos interdependientes que operan como una unidad coordinada. Como escribió el salmista, somos «asombrosos y maravillosos» (Salmos 139:14, LBLA).

Entonces, no es de extrañar que el Nuevo Testamento describe a los creyentes como el cuerpo de Cristo. ¡Existe un propósito para nuestra amplia variedad de diferencias! Hay algunos aspectos de Dios que nunca verás a menos que los experimentes a través de otros fieles; y hay algunos que ellos nunca verán si no los experimentan a través de ti. Cada uno de nosotros se relaciona con el Señor desde un punto de vista individual, y puede adorarlo por su cuenta, hasta cierta medida. Pero la espiritualidad en solitario es limitada. Nadie posee todos los dones, las historias para contar, o las perspectivas. A no ser que percibamos a Dios en comunión con los demás, nunca lo experimentaremos con toda la plenitud que él desea.

Eso repercute muchísimo en nuestro testimonio personal ante la sociedad. Si seguimos viéndonos como entes divididos que tratan de convencer a otros sobre cuál es la manera adecuada de ser cristianos, entonces el impacto en este mundo será bastante pobre. Sin embargo, si somos capaces de vernos como activos vitales en el funcionamiento de una gran unidad, podemos aprender a maximizar los dones individuales, edificarnos mutuamente y formar una representación coordinada de la imagen de Dios. Un enfoque señala al cristianismo como una idea muy discutible y una religión fragmentada; el otro apunta a Jesús como la cabeza de un cuerpo espiritual. La perspectiva dividida se ajusta a las explicaciones humanas; esta última es inexplicable aparte del poder sobrenatural. La iglesia siempre tiene una oportunidad ante ella para decidir qué tipo de organismo va a ser, y el mundo te observa a cada instante.

Espíritu Santo, únenos. Somos diversos y heterogéneos, pero a la vez somos uno en ti. Coordina nuestros dones; entrelaza nuestras historias de tu gracia; danos un testimonio rotundo de quién eres. Amén.

Romanos 12:9-13

Un nuevo amor

No finjan amar a los demás; ámenlos de verdad... (Romanos 12:9)

A LO LARGO DE LA HISTORIA Y HOY, algunos movimientos cristianos han hecho hincapié en la importancia de demostrar amor, tanto dentro de la comunidad como fuera de ella. Eso no debe extrañarnos. Jesús les dijo a sus seguidores que se amaran unos a otros porque ese amor sería un sello de nuestra identidad en él. En respuesta, los creyentes tratan de ser un ejemplo en el mundo, de tal manera que la gente vea el evangelio en sus acciones. El motivo es bueno: seguir las instrucciones de Cristo y dar un testimonio en específico; y el resultado, a veces, es efectivo. Sin embargo, esta perspectiva conlleva a una inquietante pregunta: ¿por qué?

¿Por qué los cristianos aman por obligación? ¿Por qué no amamos porque seamos amorosos? ¿Por qué, cuando todos los ojos seculares están sobre nosotros, tenemos que recordarnos a nosotros mismos que la gente está mirando? ¿Es que no puede derramarse el amor, ya sea que nos observen o no? De hecho, sí puede. ¡Ese es el objetivo! Algunas de las lecciones de Jesús se centran en cómo debemos comportarnos, pero nuestra conducta no era la esencia de ellas. Lo más importante era el alma, nuestra condición interior, esa caída que nos desvía del Señor y que solo puede remediarse por medio de un acto sobrenatural. Cuando nacemos del Espíritu de Dios, que es amor, entonces debemos expresarlo de forma natural. Es lo que somos ahora que andamos en novedad de vida. Si nuestro Padre es amor y nos estamos volviendo como él, entonces somos amor.

Este asunto marca la diferencia entre la religión y la relación, entre regular el comportamiento y vivir por la nueva naturaleza. El evangelio del «hacer» controla nuestras acciones; el del «ser» no lo requiere. El paso de uno a otro es un proceso, y quizás tengamos que regresar al primero cuando sea preciso. Pero la meta es la transformación, o como dice Pablo, amar de verdad a la gente, sin hipocresía. Nuestro resurgir cambia la forma en que vemos a las personas. El amor se convierte en nuestra inclinación natural hacia los creyentes, junto con aquellos que no creen como nosotros. El cambio interior no nos anula como individuos. Solo el amor sincero puede fluir en la vida de los demás.

Jesús, yo opto por amar a los demás como tú lo ordenaste. Pero es mucho mejor para mí «ser» *amor que* «hacer» *el esfuerzo por serlo. Llena mi corazón y mi alma con tu caridad, y deja que fluya libremente hacia quienes me rodean. Amén.*

Una nueva misericordia

Bendigan a quienes los persiguen. No los maldigan, sino pídanle a Dios en oración que los bendiga. (Romanos 12:14)

La Escritura nos dice que la palabra hablada es viva, pone las cosas en movimiento. Por eso la bendición que, por error, Isaac pidió para Jacob en lugar de Esaú, se cumpliría inevitablemente (Génesis 27); las profecías «a sueldo» de Balaam, que tanto confundieron al rey Balak, se harían realidad y un «no importa» nunca haría mella en su cumplimiento (Números 22–23); y las palabras de los profetas de veras afectaban las cosas en los ámbitos espiritual y material (Ezequiel 37:1-14). Dios les enseñó a Aarón y a los sacerdotes cómo pronunciar la bendición sobre el pueblo porque después se materializaría (Números 6:22-27). Lo que declaramos para el mundo tiene el potencial de transformarlo.

Es algo poderoso; y somos muy tentados a usar dicho poder de forma egoísta, en especial en el asunto de bendecir y maldecir a quienes nos rodean. Es un hecho que desearíamos bendecir a nuestros amigos y familia, y tal vez a algunos extraños que encontremos en el camino. ¿Pero a nuestros enemigos? La vieja naturaleza podría tentarnos a maldecirlos. Sin embargo, la visión que ahora poseemos inunda nuestras almas de misericordia. Jesús dijo que amar a nuestros enemigos y orar por quienes nos persiguen nos hace como nuestro Padre (Mateo 5:44-45), y nuestra transformación a su imagen incluirá una óptica completamente nueva de ellos. El anhelo por bendecir debe superar el de maldecir. En tu perspectiva renovada, ¿ves a tus enemigos como adversarios, o como a personas lastimadas que actúan así por causa de las heridas y los abusos del pasado, que no conocen todavía la promesa y la plenitud de la restauración de Dios? Aunque todos son responsables de sus palabras y malas acciones, por lo general las consecuencias son lamentables. El Señor siempre busca la ocasión de bendecir y transformar. Así que nosotros también debemos hacerlo.

Aprovecha las circunstancias. Tus palabras de bendición invitan a Dios a tocar almas y cambiar vidas. Ponen en marcha profundos efectos espirituales que la vista humana pudiera o no percibir pero que, por encima de todo, reflejan el corazón de tu Padre y promueven su misión en este mundo.

Padre, en cada relación belicosa levanto mis ojos para ver como tú ves, para mirar más allá de la superficie y ver el dolor y las heridas de los corazones tercos. Llena mi boca con palabras de bendición, y responde a ellas con tu gracia transformadora. Amén.

Una nueva paz

Hagan todo lo posible por vivir en paz con todos. (Romanos 12:18)

Pocos de los primeros líderes de la Reforma querían romper con la Iglesia católica. Su intención era hacer reformas, como lo sugiere el nombre del período histórico; no se proponían causar divisiones. Poseían doctrinas firmes sobre la forma en que las cosas deberían ser y las expresaron con sobriedad y respeto, al menos en los años iniciales, con la esperanza de mantener la integridad de sus vínculos.

La disyuntiva de ser quienes somos y profesar lo que creemos, sin que ello se torne un campo de batalla, es también una experiencia común hoy en día. Escoger la paz o la guerra provoca estrés. Algunos de nosotros disfrutamos la ocasión de incitar una pelea, mientras que otros sienten que no pueden congeniar con el mundo sin poner en riesgo sus valores. Ahora, la Biblia nos da el equilibrio. Jesús pone en nuestras manos la iniciativa de simpatizar sin exigirnos que nos amoldemos a las expectativas y prácticas de la gente. Algunas traducciones de Romanos 12:18 lo expresan así: «Si es posible, y en cuanto dependa de ustedes, vivan en paz con todos» (NVI). En otras palabras: debemos obligatoriamente hacer nuestra parte para crear un clima de armonía.

Sin embargo, por mucho que lo intentemos, a veces no vamos a lograrlo. Jesús nunca acomodaba su mensaje, por eso muchas personas le oponían resistencia. El deseo de Cristo era bendecir y restaurar, así que los conflictos poseían otro origen. Perdonaba incluso a sus más feroces perseguidores. Recibía a quienes se acercaban a él y hablaba «... la verdad con amor...» (Efesios 4:15).

Ese es el equilibrio que buscamos: sabiduría para decir la verdad con amor y humildad para recibir los argumentos de los demás, sea que los expresen con simpatía o no. Ganar almas es mucho más importante que ganar debates, y cuando nuestro centro de atención son los vínculos sociales, declarar la verdad tal y como la entendemos resultará mucho más efectivo. En tu visión renovada de la gente que te rodea, crea una atmósfera de paz sin comprometer lo que eres. Haz todo lo que puedas para establecer el reino de Dios en cada una de tus relaciones.

Espíritu Santo, te pido que llenes mi corazón de paz, de tal manera que pueda impartírsela a quienes me rodean. Haz que mi vida, mi actitud y mi comportamiento sea un espacio seguro para todos, incluso al debatir verdades complejas. Dame un carácter sociable y atrayente. Amén.

El espíritu crítico

Hagan todo sin quejarse y sin discutir, para que nadie pueda criticarlos. Lleven una vida limpia e inocente como corresponde a hijos de Dios y brillen como luces radiantes en un mundo lleno de gente perversa y corrupta. (Filipenses 2:14-15)

En toda la historia del Éxodo, uno de los mayores desafíos de Moisés fueron las constantes quejas de sus críticos. ¡Siempre lo culpaban a él! Una vez, porque se aumentaron sus problemas en Egipto; luego porque, según ellos, los había conducido a la perdición en el mar Rojo; y, casi a toda hora, por pasar hambre, sed y penurias en el desierto. Al final, los quejosos retrasaron por cuarenta años la entrada de Israel en la tierra prometida y una generación completa murió en el desierto. Dios estaba muy disgustado por el espíritu contencioso que había entre ellos.

Seguramente sabes que la queja no es un don del Espíritu. Ni tampoco la crítica, el cinismo o la polémica. Sin embargo, a sabiendas de ello, los cristianos pueden parecerse bastante a los israelitas y a la población en general respecto a su capacidad para reprochar e insistir en las faltas evidentes de aquellos a su alrededor. A veces son dados a culpar de sus propias circunstancias a las decisiones de los demás, y vilipendiar a quienes no están de acuerdo con ellos. ¿Cuántos pastores y líderes de la iglesia repetidas veces se lamentan por la cantidad de críticas que reciben? ¡Como si su trabajo fuera complacer a todos! Las familias se dividen por la desaprobación de un padre, un hijo o un hermano; y los colegas evitan a los compañeros de trabajo que solo saben quejarse sin ofrecer soluciones. Una actitud negativa jamás nos beneficia a nosotros ni a cualquiera de los que nos rodean. De hecho, para nada refleja al Dios de esperanza y paz.

No dejes que el espíritu del mundo te atrape; él es experto en criticar y quejarse. Tienes un llamado superior; debes expresar las palabras que brotan de un corazón diferente. Un espíritu halagüeño y alentador seduce a las personas. El Espíritu de Dios se encarga de tratar con sus inseguridades. Tú portas y transmites ese consuelo. Avanza en la tierra sin críticas ni protestas para que otros puedan ver la esperanza, la luz de la verdad, dentro de ti.

Espíritu Santo, lléname con el fruto de tu presencia hasta tal punto que no haya más espacio para el fruto de mis propias inseguridades y desgracias. Que mi corazón se desborde de esperanza, ánimo y voluntad de servicio. Amén.

Agentes de crecimiento

Por tanto, buena es la sal, pero si también la sal ha perdido su sabor, ¿con qué será sazonada? No es útil ni para la tierra ni para el muladar; la arrojan fuera… (Lucas 14:34-35, LBLA)

DESDE UNA PERSPECTIVA HISTÓRICA las palabras de Cristo a sus discípulos sobre la sal se han traducido más bien en términos de sabor y preservación, algo así como para sazonar o dar buen gusto a la sociedad y frenar su corrupción. Pero en el mundo antiguo y en muchas culturas, incluso hoy, se conocían y se conocen los poderes fertilizantes de este compuesto. Las cantidades y medidas correctas de sal enriquecen el suelo y estimulan el crecimiento. Cuando Jesús llamó a sus seguidores «sal de la tierra», no solo se refería al sabor y a la conservación. Aunque las interpretaciones tradicionales de sus advertencias han hecho énfasis en la posibilidad de que la sal pierda gusto o aroma, el lenguaje original se refiere más bien a la pérdida de potencia o eficacia, o más literalmente, a que se convierta en algo superfluo o absurdo. Es entonces que cobra sentido la frase: «No es útil ni para la tierra ni para el muladar».[4] Si los creyentes somos el fertilizante del mundo, entonces debemos esparcirnos sobre la tierra. Les ayudamos a dar fruto a quienes nos rodean.

Quizás pienses que tu misión aquí es dar frutos para el reino de Dios, y eso es verdad. Una de las mejores formas de lograrlo es enriquecer la vida de los que te rodean, en vez de acumular tus propios logros; buscar sus frutos más que los tuyos. Demasiada sal corroe y destruye; muy poca no funciona. Pero la cantidad correcta, o más específicamente, la medida exacta con la que el Señor nos ha llenado y facultado para entregar, contribuye al florecimiento del mundo. Es algo que enciende el motor de los que están a tu alrededor. Pasas de ser una planta fructífera a ser el catalizador de un paisaje productivo.

Una buena cantidad de cristianos se enfocan en el cumplimiento de su pequeño encargo, sin darse cuenta de que este también consiste en mejorar el de sus hermanos y hermanas. Amplía tu visión y trata de fertilizar la tierra que te rodea. Sirve a los demás ayudándolos a crecer.

Señor, he visto a tantas personas caminar por el mundo y dejar páramos a sus espaldas. Que un jardín crezca en cada huella tras de mí. Ayúdame a florecer mientras sirvo y amo a los que me rodean. Amén.

El genuino amor del corazón

¿No se dan cuenta de que la amistad con el mundo los convierte en enemigos de Dios? (Santiago 4:4)

Uno de los grandes debates de la Baja Edad Media y principios del Renacimiento era si los cristianos debían renunciar a la sociedad o comprometerse con ella. Se preguntaban: *¿Qué es mejor, retirarse a la oración y la meditación, o tomar parte en la vida social, las actividades creativas, los negocios y la política? ¿Debemos tener nuestras propias instituciones y gobiernos paralelos, o influir en los que ya existen? ¿Qué debe predominar en el reino: el ser contemplativos o activistas?*

Aunque ambos aspectos deben tomarse en cuenta, la teología de una persona por fuerza la inclinaba en una dirección u otra, y esto continúa sucediendo hoy. Quienes esperan huir del mundo a través de la muerte o el rapto tienden a acercarse a Dios mientras se alejan del desorden social. Aquellos que prevén el regreso de Jesús y su gobierno sobre las naciones de la tierra, son propensos a alistarse para su venida y participan más activamente en la sociedad. Ambos tipos de fieles tienen suficiente apoyo bíblico, y cada uno ve su propio enfoque como la esencia de la verdadera espiritualidad.

Claro, la idea de ser sal y luz en esta tierra sugiere que debemos comprometernos con ella. Entonces, ¿por qué Santiago es tan riguroso en cuanto a la «amistad con el mundo»? Por la diferencia que existe entre ser un miembro compasivo dentro de la sociedad, y quedar atrapado en el amor hacia sus ídolos. El corazón está diseñado, primeramente, para amar a Dios, y después, para amar a otras personas y los dones que él ha entregado. La cuestión aquí es si nuestra satisfacción proviene del Señor o de las experiencias y propuestas mundanas y temporales. Los seres humanos deben sentir una pasión singular por él.

Dios aparta a su pueblo para sus propósitos. Cada cierto tiempo nos aísla de las influencias externas para que nos centremos en su persona. Aunque, por supuesto, son etapas, no son estilos de vida. Imita a Jesús en cuanto a su amor por los pecadores (Mateo 11:19; Lucas 15:2). Ama al mundo como él lo hace, e influye en él sin conformarte a sus demandas.

Señor, me gustan los dones que has derramado, y deseo las experiencias que tú provees. Que yo ame este mundo sin asociarme con lo vergonzoso. No permitas que mi amor me lance a este sin acercarme, Dios, a tus brazos. Amén.

Plata y oro

Guarda tus tesoros en el cielo, donde las polillas y el óxido no pueden destruirlos, y los ladrones no irrumpen y roban. (Mateo 6:20)

La plata y el oro enriquecieron al reinado español. Considerados valiosos por su relativa escasez y su capacidad para resistir el deterioro, estos metales preciosos eran también símbolo de varios ideales: elegancia, estatus, persistencia e inmortalidad. Es por ello que dichos metales fueron el principal objetivo de España cuando dio inicio a la conquista del continente americano durante la época en que se establecieron nuevas rutas hacia el este y el oeste de Europa. La riqueza del imperio era lo más importante.

Por supuesto, nada en este mundo dura para siempre: ni los reinos, ni los imperios, ni los tiempos de abundancia, ni la plata, ni el mismísimo oro. No obstante, el mundo atrae poderosamente a las personas con sus dádivas preciosas: fortuna, estatus, poder, influencia, encanto, y muchas más. Nuestro Creador puede dárnoslas para que las disfrutemos con mesura; pero no para que compitamos o acaparemos cosas materiales en un esfuerzo desesperado por exaltarnos y aumentar nuestras experiencias. De hecho, recibimos tales riquezas como imágenes de algo más grande o anticipos de promesas más objetivas. No obstante, nuestros corazones tienden a aferrarse a las realidades menores que los ojos pueden ver, en lugar de a las mayores que solo la fe puede percibir. Corremos tras lo que parece más seguro.

¿Qué es lo más seguro? Tenemos que considerarlo. Cuando nuestra alegría depende más de los placeres materiales y momentáneos que de una relación que dura para siempre, nuestro testimonio ante las personas resulta decepcionante. ¡Ellas buscan una vida plena! Por otra parte, cuando encontramos más gozo en Dios y su reino que, en los tesoros fugaces de este mundo, la declaración que hacemos es más profunda. Apuntamos a certezas eternas que son más verdaderas que la plata y el oro, y por supuesto, inmarcesibles.

Señor, hazme poner mis ojos en las realidades del cielo y mi mente en las cosas de arriba, tal como tu Palabra me dice que haga. Ancla mi corazón a tu reino, y que todos puedan ver cuánto me gozo en ti. Amén.

Mateo 16:24-28

Atraer, derramarse…

Si tratas de aferrarte a la vida, la perderás, pero, si entregas tu vida por mi causa, la salvarás. (Mateo 16:25)

Uno de los personajes más coloridos de la literatura es Ebenezer Scrooge, un avaro cuya epifanía, ayudada por los fantasmas de las Navidades pasadas, presentes y futuras, cambió su visión de la vida y su comportamiento hacia todos los que le rodeaban. Cuando el fantasma de las Navidades pasadas lo visita, los lectores descubren que Scrooge no siempre fue tan severo y frío. De joven sufrió heridas que le endurecieron el corazón y lo convirtieron en un usurero tacaño. Luego de su experiencia en una Nochebuena, nunca más sería tan riguroso e indiferente: aprendió algo que la mayoría de nosotros tardamos toda la vida en entender.

Todos los seres humanos, y eso te incluye, están buscando satisfacción a toda costa. Nuestro instinto es procurar el deleite y darles a nuestros corazones tanto placer, experiencias, personas y posesiones materiales como podamos. Es un impulso fatal, cuyo fin inevitable es la frustración y el vacío, algo parecido a lo que Scrooge sentía, aunque esperamos que no hasta tales extremos. El antídoto contra tal pensamiento es proyectarse hacia el exterior y centrarse en las necesidades de los demás. Buscamos su gratificación y no la nuestra, con sensatez y plena conciencia de que somos hijos amados de Dios. Lucas 6:38 nos explica que todo lo que ofrecemos, lo recibiremos luego aumentado.

El cambio de recibir a dar no solo le abre el camino a tu realización, sino que también transforma los vínculos que tienes con quienes te rodean y aumenta tu influencia en sus vidas. No es para el bien de tus planes, sino para testificar la compasión y generosidad del Padre. Si te aferras a tu existencia, tanto ellos como tú, se quedan vacíos; si renuncias a tus intereses, entonces ellos y tu alma reciben llenura. La dinámica es una paradoja; el fruto es el crecimiento del reino de Dios en este mundo. Y una vez que aprendes a aprovechar las oportunidades, te resulta difícil no buscarlas.

Jesús, tú te entregaste por mí debido al gozo puesto ante tus ojos. Ahora yo me entrego a los demás por la misma razón. Llena mi corazón con el placer de ver realizados a quienes viven a mi alrededor. Que mi vida se desborde con la abundancia de tu amor. Amén.

Extrañas invitaciones

El SEÑOR le dio el siguiente mensaje a Jonás, hijo de Amitai: «Levántate y ve a la gran ciudad de Nínive...». Entonces Jonás se levantó y se fue en dirección contraria para huir del SEÑOR... (Jonás 1:1-3)

EL SEÑOR INVITÓ A JONÁS a colaborar en su obra, pero el profeta estaba aterrorizado de solo pensarlo. Y con razón. En el presente nosotros también saldríamos corriendo ante la sola idea de predicar el evangelio en las calles de la Meca, o de proclamar las virtudes del liberalismo democrático en la Plaza Roja en el apogeo de la Guerra Fría. Bueno, este hombre había sido llamado a algo bastante parecido, así que se dio media vuelta y «puso pies en polvorosa». El encargo de Dios le resultaba demasiado grande y peligroso como para obedecerlo.

La mayoría de las invitaciones de Dios no son tan extremas, sin embargo, a veces resultan desconcertantes. Fíjate en la propuesta de Jesús en Lucas 9:23 a tomar nuestra cruz y morir diariamente. ¡Bastante radical!, ¿no te parece? No debería sorprendernos que la llamada del Señor venga en ocasiones disfrazada de algo que no nos gusta; pero, incluso cuando no entendemos sus instrucciones, tenemos que aprender a confiar en él, y saber que su propósito no es dañarnos, sino bendecirnos. Con frecuencia lo vemos en la Escritura. Eliseo le ordenó a Naamán el sirio que se lavara en el río Jordán, y aunque el segundo no entendía, obedeció y recibió sanidad (2 Reyes 5:9-14). Pablo no se explicaba por qué las puertas de Asia estaban cerradas para la predicación del mensaje divino, sin embargo, Europa lo esperaba y lo reclamaba con ansias (Hechos 16:6-10). Los primeros pasos de una misión pueden ser difíciles, pero los últimos siempre te demuestran los beneficios de haber enfrentado el desconcierto y el miedo.

No cometas el error de asumir que las órdenes de Dios siempre te mostrarán de antemano lo que sucederá al final. A veces, los ojos naturales no van a percibir la fertilidad del terreno y los frutos de la recompensa, en especial al principio. ¡La invitación no nos parece en absoluto atractiva! Calma, a lo largo del trayecto saldrá la luz, y poco a poco, el deleite y la realización te acompañarán. Sigue sus instrucciones, y él te explicará todo mientras avanzas. El Señor te guía; emprende el camino y espera a que abra las puertas ante ti.

Señor, ayúdame a discernir la diferencia entre la convicción que me impide ir por el camino equivocado y el miedo que me impide ir por el correcto. Dame sabiduría cuando tus instrucciones me asombran, y confianza para saber que he escuchado perfectamente. Llévame a donde quieras. Amén.

Dios encarnado

Y el Verbo se hizo hombre y habitó entre nosotros. (Juan. 1:14, NVI*)*

CUANDO EL MISIONERO HUDSON TAYLOR empezó a convertirse en un «chino» por su vestimenta, idioma y gestos, no estaba haciendo triquiñuelas. Varios de sus compañeros en la misión subestimaron sus esfuerzos, pero el enfoque de este hombre de Dios no era muy diferente del que había adoptado el Verbo encarnado hace muchos siglos atrás. Él se hizo carne (1 Timoteo 3:16), se despojó de todo privilegio celestial y tomó la forma de un simple mortal (Filipenses 2:7) para entrar en este mundo, nacido de una mujer (Gálatas 4:4). ¿Por qué? Porque las palabras no habían logrado conformar su retrato con precisión ni cambiar nuestra naturaleza. Sin embargo, el Hijo, sí era la imagen perfecta del Padre, y el portador del Espíritu. ¿Necesitaba la humanidad otro sermón o enseñanza moral? No; lo que hacía falta era una réplica para identificarse con él. Teníamos que ver y probar cómo es la vida divina en un cuerpo tangible.

Taylor llevó el cristianismo al interior de la China de manera que los asiáticos pudieran relacionarse con él, no solo por medio de la predicación, sino también con una vida devota ante la sociedad. Fue el primero en hacerlo en algunas zonas del país, y constituyó un raro ejemplo de la sabiduría, el poder y el amor del Espíritu. Hoy, es un modelo de lo que llamamos «misiones encarnacionales», el método que Dios mismo inició al enviar a su Hijo.

Sin embargo, tal práctica no solo es la del Padre y de los misioneros. Así es como todos debemos influenciar. Jesús se refería precisamente a esto cuando les dijo a sus seguidores que los enviaba al mundo de la misma manera que el Padre lo había enviado (Juan 20:21). El evangelio que comienza con Dios en la carne de su Hijo, termina con el Espíritu en la carne de aquellos que creen en el Hijo. Es una oportunidad maravillosa para llevar la presencia del Señor contigo a todos los rincones de la tierra, para hacer tu hogar en ella, porque él lo ha hecho en ti.

Padre, tu amor te llevó a enviar a tu Hijo. Ahora tú, Jesús, me envías como el Padre te envió. Espíritu Santo, tú moras en mí. Gracias por darme la bienvenida a esta comunión. Úsala para, asimismo, traer a otros. Amén.

1 DE MARZO

Filipenses 1:7-8

Un corazón como el de Dios

Dios sabe cuánto los amo y los extraño con la tierna compasión de Cristo Jesús. (Filipenses 1:8)

Un día el científico holandés Christiaan Huygens, inventor del reloj de péndulo en el siglo xvii, se dio cuenta de algo en su taller. Había dos péndulos de diferentes relojes que oscilaban al unísono, aunque eran distintos. De manera intencional, reajustó uno de ellos para que las oscilaciones no coincidieran. Cuando más tarde comprobó ambas máquinas resultó ser que se habían sincronizado de nuevo. Su observación condujo al descubrimiento del «arrastre», también llamado «osciladores acoplados», un fenómeno que se encuentra en todo el mundo natural cuando dos o más mecanismos u organismos oscilantes se hallan próximos uno del otro. En pocas palabras: la cercanía puede hacer que ritmos dispares lleguen a ajustarse y unificarse.

El principio es aplicable tanto al ámbito natural como al espiritual. Cuando nuestros corazones pasan tiempo en la presencia de Dios, comienzan a latir al unísono con el suyo. Nuestros sentimientos fluyen de forma paralela, amamos lo que él ama y odiamos lo que él odia. Desarrollamos las mismas motivaciones y propósitos. Al mirarlo y disfrutar de su compañerismo, nos conformamos a su imagen. Dicho de otro modo: pensamos, sentimos y nos movemos a su ritmo.

¿Entiendes lo que eso significa para tu relación con los demás? ¿Comprendes su relevancia al representar la naturaleza del Señor? Por un lado, empiezas a ver el mundo como él lo ve, a amar con su compasión y a anhelar que la gente conozca a su Creador de la manera en que tú lo has experimentado. Por otro lado, empiezas a parecerte a él, a portar algo del carácter divino dentro de ti (2 Pedro 1:4), a encarnar la sabiduría, el poder y el amor de tu Padre (Efesios 3:17-19). En ambos casos, tanto en tu vínculo con el mundo como en su percepción de ti, comienzas a adoptar la imagen de Dios con la que fuiste dotado en un principio y en la que ahora estás siendo renovado. Tu intimidad con el Padre tiene un profundo impacto en la visión que los demás poseen de él. ¡Los latidos de tu corazón llevarán a otros ante su presencia!

Padre, que mi corazón y el tuyo marchen al unísono. Deja que mi espíritu fluya con el mismo amor que el tuyo. Confórmame todos los días a tu imagen para que otros vean a Jesús en mí. Amén.

El dolor de Dios

... Mi corazón está desgarrado dentro de mí y mi compasión se desborda. (Oseas 11:8)

NUESTRAS PERCEPCIONES Y TEOLOGÍAS pueden afirmar lo que sea; sin embargo, Dios ni es frío ni estéril ni inmóvil. De hecho, los profetas y escritores apostólicos lo describen como alguien emocional a quien podemos afligir o provocar a celos. Su esencia y carácter son inmutables, pero sus acciones sí se ajustan a nuestras circunstancias. Es compasivo, alegre, afectuoso, clemente y mucho, muchísimo más.

Si te pones en comunión con él, empiezas a percibir a los demás y a ti mismo con su insuperable amor y cariño. ¡Sabes a quién adoras! Y que quienes te rodean son objeto de su eterno afecto. De golpe, observas cuánto se duele por aquellos que rechazan su misericordia, y eres testigo de su enojo ante todo lo que trata de obstaculizarlo. Su favor alienta, y su desagrado aterra. No nos damos cuenta de cómo cada actitud y emoción de Dios es, de alguna manera, un reflejo de su gran benevolencia.

¿Lo has pensado? Nosotros nunca tomamos como literales algunas de las emociones negativas (celos, pena, ira, odio) que Dios demuestra en la Escritura. Él odia esa hipocresía que oscurece y nubla su verdadero rostro; se enfurece por el pecado que mancha a sus preciosos hijos y entorpece nuestra comunión con él; reclama, ardiente, nuestro amor y desea un compromiso exclusivo; se aflige por la caída de la creación y el quebrantamiento que ensombrece nuestra perspectiva de su bondad. No es para nada mezquino ni caprichoso, y amonesta de manera visible si tiene que hacerlo.

Si te comunicas con Dios (y deberías), no solo apreciarás su afecto por los que te rodean, sino también, los anhelos y el dolor de su Espíritu. No es un encargo liviano, pero contiene los latidos del corazón del Padre. Llévalo a término con prontitud en cada una de tus relaciones.

Padre, tu corazón es infinito, y puede soportar la enormidad de las penas de este mundo, no así el mío. No obstante, dame una muestra de tu compasión, un indicio de los latidos en tu pecho, un ansia que refleje la tuya. ¡Que yo ame como tú! Amén.

Discipulado perfecto

¿Hay […] alguna comunión en el Espíritu? ¿Tienen ustedes un corazón tierno y compasivo? (Filipenses 2:1)

El cristianismo moderno practica un tipo de discipulado que se reduce a conocer la Palabra de Dios y a hacerla; es la mente y la voluntad. Leemos y escuchamos la Escritura para luego aplicarlas. Aprendemos lo que dice la Biblia y lo vivimos. Ambas aristas de este enfoque son vitales, y no podemos descuidarlas; pero ¿son el intelecto y la determinación los únicos componentes de nuestra personalidad? ¿Será que falta algo?

Pues sí, y es la razón por la que tantos seguidores de Jesús dicen que han hecho lo que debían, pero aún se sienten distantes de Dios. ¡El corazón está ausente! Fueron salvos, mas todo quedó en el pasado. Es como una pareja que mira con fijeza su certificado de matrimonio para recordar que están casados. Sin embargo, el Padre nos llama a una búsqueda mutua de corazón a corazón que abarca su amor, odio, regocijo, ira, celo, deleite, fervor, pena y afecto. Pablo expone este tipo de discipulado en Filipenses 2:1-2 y en otras porciones de las cartas. Él afirma que los creyentes no solo deben intercambiar sentimientos, sino también ideas y opiniones. Nosotros fortalecemos nuestros vínculos al compartir los corazones con quienes amamos, y un proceso idéntico se cumple con nuestro Señor. Nos acercamos a Dios, le presentamos nuestra personalidad, y él la toma al mismo tiempo, mientras los latidos de su corazón pasan a ser nuestros.

Tal discipulado holístico transforma nuestra vida y relaciones, y tiene efectos positivos en los individuos que nos rodean. Cuando nos mueve la santidad, el humor, la emoción y la energía del Espíritu, los demás observan personas reales en quienes Jesús habita, no autómatas cristianos regidos por un sistema de principios. Palpan la compasión, la angustia y el gozo de Dios en la carne, que se expresan a través de aquellos que portan su imagen. En otras palabras: llegan a probar su corazón, esa faceta atractiva y convincente de su naturaleza mediante la cual todos los seres humanos pueden conocerlo y acercarse a él.

Padre, que yo nunca deje de aprender y practicar tu Palabra. Pero añade a mi mente y voluntad la plenitud de tus sentimientos y actitudes. Pon los latidos de tu corazón aquí en mi pecho, y que dirijan mis pasiones día a día. Amén.

La alegría del cielo

... hay alegría en presencia de los ángeles de Dios cuando un solo pecador se arrepiente. (Lucas 15:10)

Una gran cantidad de ortodoxos, líderes, pensadores católicos y protestantes han remarcado que la alegría es la característica que define al cristiano. Enfatizan que conocer al Señor y vivir en su presencia produce una profunda dicha y realización personal. El vínculo estrecho de nuestro corazón con Dios nos conduce a todo tipo de sentimientos que reflejen su naturaleza. Pero quizás lo más importante para nosotros es comprender la alegría y el afecto que él siente por su pueblo cuando ellos celebran su amor. Si hay un estado de ánimo que nos da un atisbo de la cultura y el ambiente de su reino, ese es el gozo.

Por los profetas sabemos que el Señor se complace en su pueblo y se alegra en medio de las alabanzas (Sofonías 3:17). Vemos cómo Jesús declara a sus discípulos que en los cielos hay gozo por cada pecador descarriado que se vuelve a Dios (Lucas 15:10). Escuchamos las palabras de Pablo recordándonos que debemos regocijarnos en todo momento (Filipenses 4:4; 1 Tesalonicenses 5:16), y nos ofrece una visión de las multitudes reunidas alrededor de su trono (Apocalipsis 5:11-14), que lo adoran con júbilo y entonan un cántico nuevo sobre su bondad y amor. Nosotros nos esforzamos por llegar a ser como el Padre y obrar lo que le agrada, y la Escritura deja bien en claro que cuando nuestra alma está en comunión con él, entonces recibiremos deleite de su parte. Su dicha siempre debe llevarnos a actuar con rectitud. De lo contrario, todas las acciones que emprendemos se tornan inflexibles y poco fructíferas.

Recuerda esto mientras desarrollas tu papel como sal y luz en este mundo. La alegría es atrayente, pero la obediencia penosa, ¡jamás! El corazón de Dios es atractivo, no así el desánimo. Su verdadera naturaleza sí conquistará personas y filosofías incluso cuando las palabras no lo hagan. Una de nuestras mayores prioridades como creyentes es unirnos a su celebración, desbordar de alegría, regocijarnos cuando las almas extraviadas encuentren su auténtico hogar, y reflejar el ambiente y el clima del reino dondequiera que vayamos.

Padre, que yo pueda encarnar el carácter del cielo en todo lo que hago. Tu Palabra enseña que me falta la comunión contigo si yo lo hago todo bien, pero no tengo alegría. Qué mi corazón se desborde siempre con tu bondad. Amén.

Verdad y amor

... hablaremos la verdad con amor y así creceremos en todo sentido hasta parecernos más y más a Cristo... (Efesios 4:15)

Muchos griegos encontraban absurdas las creencias de la iglesia primitiva porque la idea de una resurrección no encajaba en sus tradiciones filosóficas. Los romanos las hallaban ofensivas, pues no ofrecían sacrificios ni a los ídolos paganos ni al emperador. Independientemente de la razón, el énfasis del evangelio en nuestra caída, la urgente necesidad de un Salvador, el mandato a autonegarnos y vivir para Cristo, o el disparate aparente de una deidad que muere a manos de hombres, la Escritura nos advierte sobre esto. Los constructores rechazarían la piedra angular (Lucas 20:17-18) y la roca de escándalo que haría tropezar a los incrédulos (1 Pedro 2:8, LBLA). La verdad ofende el orgullo de la humanidad.

El evangelio y todo lo que entraña resulta de por sí ofensivo sin que le añadamos nada en absoluto. Sin embargo, muchos creyentes se vuelven incisivos en sus conversaciones. Proclaman la verdad más bien por miedo o porque se sienten heridos; la prodigan a otros con dosis adicionales de culpa y vergüenza; o añaden una pizca de cólera, un toque de amargura o una cucharadita de resentimiento para asegurarse de que su punto de vista queda claro. Tal vez respondemos de esta forma para construir muros alrededor de nuestros corazones y de ese modo protegernos de las reacciones hostiles en alguna que otra charla. Cualquiera que sea el entorno y la idiosincrasia, es el amor el que debe motivarnos a declarar las buenas nuevas y ser evidente en la manera de expresarnos.

Eso requiere un cambio de visión. La mayoría de las personas tienen determinadas intenciones en sus diálogos sobre la verdad: ganar un debate, resolver una circunstancia, tomarse un respiro en medio de una relación disfuncional o quizás huir de la angustia. Las necesidades y motivaciones son variadísimas. Pero un corazón que se comunica a toda hora con Dios actúa movido por caridad y porque desea el bienestar del prójimo. En cada conversación, pregúntale a él cuál es su perspectiva de la otra persona. Deja que su forma de mirar se convierta en la tuya. Y di la verdad, aunque sea dolorosa, sin otro motivo que el amor.

Señor, tú me revelaste la verdad con amor, tesón y persistencia. Quiero tener esa misma actitud cuando yo me comunique con los demás. Llena mis palabras de gracia y paz. Amén.

Servir con excelencia

A estos cuatro jóvenes Dios les dio aptitud excepcional para comprender todos los aspectos de la literatura y la sabiduría. (Daniel 1:17)

Los misioneros jesuitas en el siglo XVII, al servicio de las autoridades chinas seculares, utilizaron sus conocimientos de ciencia, tecnología, matemáticas, lingüística y geografía a cambio de la actividad misionera dentro del reino. Sus beneficios para la sociedad condujeron a la tolerancia oficial y, a veces, a la apreciación de sus puntos de vista religiosos. Les permitieron quedarse porque hacían grandes aportes y ofrecían soluciones a problemas reales. Aprovecharon lo que brindaban en esta época para influir en las futuras generaciones.

Todavía hoy podemos observar este proceso de intercambio, especialmente en los países que no autorizan misioneros. Se valora mucho a los que enseñan inglés u ofrecen formación práctica en alguna otra habilidad. Proporcionar un servicio útil, no para manipular un sistema, sino para satisfacer en verdad las necesidades, les permite a los emisarios de la fe trabajar en lugares restringidos. El creyente que quiera «servir» solo declarando su propio mensaje y opiniones no será efectivo en ningún contexto; pero el que tenga un corazón de siervo recibirá amplia acogida.

Por ello, los ministerios de mercado son tan importantes como los de la iglesia. Evitan que nos marginen en áreas de influencia «religiosas». Cuando sirves, las personas oyen tu mensaje; cuando no lo haces, las puertas permanecen cerradas. Y si tu servicio es excelente, del más alto nivel, las puertas que se abren son mucho más profundas que cuando sirves con mediocridad.

¡Sirve con excelencia, igual que Daniel y sus amigos! Ora para que el Señor solucione los problemas prácticos y proponlos en los negocios, escuelas, gobierno, o dondequiera que tengas acceso. Dios está a favor de las sociedades, las familias, las comunidades y las entidades saludables. Muéstrales, de todas las maneras posibles, que tú también lo estás.

Señor, tú te muestras en los lugares quebrantados de este mundo, muchas veces a través del servicio de tu pueblo. Tú satisfaces las necesidades, ofreces remedios y llenas los corazones. Permíteme ser uno que sirva con excelencia en estas cosas, que aporte valor a los que me rodean, y que demuestre tu creatividad, sabiduría y favor. Amén.

7 DE MARZO
Proverbios 11:10-11

Invierte en la sociedad

Los ciudadanos íntegros son de beneficio para la ciudad y la hacen prosperar, pero las palabras de los perversos la destruyen. (Proverbios 11:11)

Todas las ciudades tienen un carácter, un espíritu, o, pudiéramos decir, una ética, una actitud, una cultura, ¿no te parece? Sea cual sea el ambiente de la urbe este goza de un enorme potencial para dar forma a la vida de sus residentes y constituir sus perspectivas. Todos pertenecemos a una comunidad, aunque nos encante pensar que somos individuos independientes, inmunes a los actos y decisiones de quienes nos rodean. Nuestras vidas están interconectadas.

Por eso la Escritura nos dice que los ciudadanos honrados son buenos para una ciudad y que las palabras negativas pueden fragmentarla. Quizás nuestras urbes no tengan la misma dinámica que las del mundo antiguo cuando se escribió este proverbio, pero, aun así, su basamento descansa en las relaciones. Una sociedad llena de personas comprometidas, bien intencionadas, fructíferas y buscadoras de los caminos de Dios, de seguro progresará, incluso cuando sus habitantes no entiendan la razón. Sin embargo, en aquella plagada de gente apática, pesimista, destructiva y depravada, la lluvia de problemas será perenne. Acaso las diferencias entre ambas no se aprecien a primera vista porque la prosperidad tiene muchas caras. Pero, a largo plazo, la salud de una cultura se mantiene o cae no por sus mayorías, sino por el nivel de participación de sus remanentes divinos. Una pizca de sal y luz puede tener un gran efecto en su entorno.

Dios ha llamado a su pueblo a ser ciudadanos honrados. ¿Suena a cliché? Bueno, ¡pero es cierto! La sociedad necesita que ayudemos a su bienestar con nuestra ética y dones. Al hacerlo adoptaremos una actitud de servicio e influencia, a la vez que sazonaremos la cultura. Es una de las formas en que Dios extiende su gracia a este mundo y crea senderos para alcanzar los corazones y las vidas de los demás.

Jamás subestimes tu importancia como miembro de la sociedad. Quizás estimes que tus contribuciones son imperceptibles, y que nunca verás ningún efecto palpable de tu influencia. Pero eres parte del reino de Dios en la tierra, y eso es de extrema importancia. Tu ciudad, pueblo o región, tiene su propia atmósfera, y tú tienes la responsabilidad de darle forma.

Señor, usas todo tipo de bloques de construcción para construir tu reino, y te especializas en convertir la materia prima de nuestras vidas en el mejor material. Hazme un ejemplo de tu obra. Úsame para bendecir a mis congéneres. Amén.

Un motivo de regocijo

Cuando el justo prospera, la ciudad se alegra... (Proverbios 11:10, NVI*)*

A LO LARGO DEL SIGLO XX, las doctrinas de la prosperidad y la riqueza cobraron auge en algunos sectores del cristianismo y se extendieron a gran parte del mundo, no solo a los países prósperos, sino también a aquellos donde la gente buscaba desesperadamente una salida a la pobreza. Las reacciones contra el «evangelio de la prosperidad», como hemos llegado a llamarlo, han señalado con razón a las personas muy influyentes de la Escritura que no eran en absoluto opulentas, pero que, con todo, caminaban en las fuerzas y el amor de Dios. Sin embargo, muchos cristianos se han ido al extremo opuesto al insistir en que debemos evitar la fortuna y la comodidad. Creen que quienes prosperan son, de cierto modo, menos espirituales; y olvidan, por supuesto, que hay varios ejemplos de figuras bíblicas que tenían bastante dinero y también avanzaban en el poder y el amor del Señor. En algún sitio entre estos extremos está la verdad de que es posible, e incluso deseable, que los creyentes ganen riqueza y la utilicen no con fines egoístas, sino para bendecir a otros; el éxito en sí *no* es malo.

La prosperidad de los egoístas no ayuda a nadie. No obstante, Proverbios nos dice que la de los justos, que viven desinteresadamente y con un corazón que busca el reino y la voluntad de Dios, es un enorme regalo para la comunidad. ¿Por qué? Porque la perspectiva del reino encuentra formas de demostrarlo y expandirlo, y la prosperidad puede multiplicar las oportunidades para hacerlo. Cuando los justos tienen éxito, todos se benefician.

No busques la bonanza como muchos otros lo hacen, enfocado en conseguir todo cuanto deseas. Procúrala como un llamado del reino. Mira tu obra como una plataforma para extender los caminos de los cielos aquí en el mundo. Tener éxito en los negocios, la industria, el derecho, la educación, el gobierno o cualquier otro sector de la sociedad con el fin de servir e influir en los sistemas es una vocación sagrada. Promueve un reino en el que las injusticias, los abusos, la pobreza y el quebrantamiento deban cesar de inmediato. Vive de tal manera que toda prosperidad que experimentes sea una razón para que quienes te rodean se regocijen.

Señor, tú me has dado de tu abundancia. Abro mis brazos para recibir todo lo que quieras entregarme y poder dar de lo que recibo. Hazme una bendición en mi trabajo, mis actividades, mis relaciones sociales, en todo. Amén.

Agentes de bendición

La bendición de los justos enaltece a la ciudad... (Proverbios 11:11, NVI*)*

TÚ HAS SIDO PUESTO DE MANERA ESTRATÉGICA en el mundo para que marques la diferencia. Bueno, quizás lo sabes, pero a veces no entiendes cómo funciona. Es posible que emplees bastante energía mental en los problemas que enfrentas, o en las personas que los crearon, o en cómo solucionarlos. Tal vez has pasado por etapas en las que consideras que tu vida te pertenece, y entonces buscas tu realización individual o te metes de lleno en las tareas de primera mano. A lo mejor hay ocasiones en las que solo existes, momento tras momento, día tras día. Aun así, eres consciente de cosas más grandes. Reconoces el llamado del Espíritu dentro de ti.

Por una parte, a veces estamos tan absortos en el panorama general, que perdemos las oportunidades que tenemos al frente. Por otra, podemos estar tan enfocados en los detalles de la jornada diaria que no prestamos atención a las relaciones más importantes que ya hemos establecido. Entre estos dos puntos de enfoque (macro y micro), vivimos y trabajamos entre personas a quienes podríamos influenciar de una manera u otra con una actitud piadosa. Nos sobran las ocasiones de orar para bendecir a los que nos rodean: gente en la oficina, en un aula, mientras te encuentras haciendo fila, en las redes sociales, afuera en la calle, que, como nosotros, necesitan un toque de Dios cada cierto tiempo. Contamos con plataformas para mejorar las vidas, animar los corazones y demostrar los valores y formas del reino. Nuestra misión es impartir gracia, y las puertas están abiertas para hacerlo, a través de oraciones, palabras, favores y actos de bondad y compasión. Somos agentes que manifestamos, respiramos y propagamos la bendición.

Escucha esa voz que te recuerda que, en tu camino, hay personas que necesitan urgentemente un toque sacerdotal de un hijo de Dios. Sé un defensor suyo ante el trono de Dios. Pídele que satisfaga sus necesidades. Exalta tu ciudad, oficina, vecindario o escuela con las bendiciones que posees.

Señor, muéstrame mi potencial. ¿Cómo puedo bendecir las vidas que se cruzan en mi camino? ¿Qué palabras puedo decir y qué plegarias levantar? ¿Qué acciones puedo hacer? Que yo pueda exaltar todas mis relaciones con las bendiciones que tú me has dado. Amén.

Disfruta de tus dones

Y todo lo que hagan o digan, háganlo como representantes del Señor Jesús y den gracias a Dios Padre por medio de él. (Colosenses 3:17)

GERARD DE FRACHET, escritor dominico del siglo XIII, contó muchas historias en las que ciertos miembros difuntos de la orden fueron consignados a sufrir en el purgatorio por varios pecados; entre los que se hallaban: demostrar un excesivo interés por la arquitectura, los manuscritos y la construcción de nuevos monasterios. Además de reflejar una extraña definición del pecado y una flagrante ausencia de gracia (bastante usual en aquella época), sus relatos también ilustran de forma exagerada una suposición que un gran número de cristianos todavía mantienen: que algo anda mal si disfrutamos demasiado de cualquier cosa. O, como Gerard podría haber expresado, el placer es el enemigo de la verdadera espiritualidad.

Por supuesto que esta creencia dista mucho de ser verdad y contradice, tal como lo revela la Escritura, la representación de Dios, quien está muy satisfecho con su obra y se complace en sus hijos y en su reino. Si la Biblia habla del «celo del Señor», y de que debemos ser como él, entonces el celo es totalmente apropiado. De hecho, el Señor nos confiere nuestra combinación única de intereses y pasiones en especial para cumplir sus propósitos. Quiere que nos entusiasmemos con nuestro trabajo, ya sea que los demás lo vean o no como algo «espiritual». El mundo necesita con urgencia a personas que amen a Dios y se apasionen por lo que hacen.

Encontrar placer en tu trabajo e intereses refleja al Hacedor de los cielos y la tierra, quien, a cada paso del proceso de creación, miró su obra y vio que era buena. Aunque la vida puede exigirte que hagas lo que sea necesario, sin importar si lo disfrutas o no, la intención de Dios es que encuentres aquello que más te deleita. Cuando lo descubras, dale las gracias y represéntalo bien. Aprovecha al máximo los regalos que te ha dado y disfrútalos. Deja que el mundo vea la satisfacción del Creador y que saboree su gloria a través de ti.

Señor, que nunca deshonre los intereses y sueños que has puesto en mí. Dame discernimiento sobre cuáles son los tuyos y déjame buscarlos de todo corazón. Hazme también fructífero en los lugares de mi placer. Amén.

Las inversiones del reino

... las bolsas celestiales nunca se ponen viejas ni se agujerean. El tesoro de ustedes estará seguro; ningún ladrón podrá robarlo y ninguna polilla, destruirlo. (Lucas 12:33)

DURANTE SIGLOS, los alquimistas trataron de convertir los materiales cotidianos como la suciedad, la arcilla, la piedra y los metales básicos en metales y gemas preciosas. Algunos estudiaron los procesos y reacciones de la naturaleza; otros buscaron la iluminación divina que les revelaría la clave de las sustancias necesarias para hacer los cambios. Estos alquimistas creían que las propiedades de los tesoros estaban incrustadas en las formas elementales y que el conocimiento o el poder adecuados podrían revelarlas. Querían convertir lo común en algo invaluable.

Por razones que ahora entendemos, sus técnicas nunca funcionaron. Pero su deseo evidenciaba algo innato en la naturaleza humana: un anhelo por lo eterno, lo cual resuena en nuestras almas desde hace ya mucho tiempo. En cierto sentido, podemos hacer lo que ellos nunca lograron. Jesús se refirió al asunto en sus enseñanzas, y Pablo se explayó más tarde en el tema. ¿Qué tal si tomamos la esencia material de este mundo y la aprovechamos para obtener ganancias eternas? Podemos invertir nuestro dinero, tiempo, talentos y mucho más en el reino de Dios y recibir a cambio algo de valor perpetuo.

¿Te das cuenta del privilegio? Los inversores en esta época se maravillan con un rendimiento del 20, 50 o incluso 100 %. Pero Jesús nos prometió algo mucho más grande. Él puede sembrar los dones que tenemos en este mundo en el suelo de su reino para que den frutos que subsistan. ¿Puedes comprender o imaginar siquiera como es un interés eterno? Bueno, ¡esa es la promesa de las inversiones de los cielos! Cuando le ofrecemos algo a Dios, recibimos de él, tanto en esta época como en la venidera.

No pierdas tal oportunidad de inversión porque jamás harás una mejor. La polilla, el óxido, la decadencia o un mal uso destruyen cualquier cosa que atesoremos. Pero en el reino nada de esto existe y toda inversión que se haga en él repercutirá por los siglos de los siglos. Aprovecha los recursos temporales de tu vida para los propósitos eternos, y mira cómo Dios los transforma. Se convertirán en más valiosos de lo que puedas imaginar.

Señor, puedes convertir las baratijas en oro cuando se dan con fe. Dame un corazón generoso que te ofrezca todo en amor y fidelidad, y úsalo para la gloria eterna. Produce en mí frutos que perduren para siempre. Amén.

Abogar por los indefensos

Habla a favor de los que no pueden hablar por sí mismos; garantiza justicia para todos los abatidos. (Proverbios 31:8)

A FINALES DEL SIGLO XIX, cuando los colonos de Sudáfrica amenazaron con apoderarse de las tierras de un grupo de pueblos indígenas, el misionero John Mackenzie y algunos de sus colegas intervinieron. Ayudaron a Khama III, jefe del pueblo Bamangwato (en el área que ahora se conoce como Botswana), a reunir un grupo de resistencia y a obtener una audiencia con la reina Victoria. El resultado final fue un acuerdo de protección de la tierra el cual resguardó durante años los intereses del pueblo indígena. Mackenzie fue uno de los muchos protestantes que desafiaron el triste y falso estereotipo de que los misioneros eran herramientas de explotación. De hecho, muy a menudo abogaron por los habitantes locales y se convirtieron en un aguijón en la espalda de los poderosos. Abandonaron las afiliaciones políticas y se pusieron a favor de la justicia.[5]

Mucha gente no tiene la visión ni la valentía para actuar de esa manera. Antes, adoptan un conjunto de reglas que piensan están basadas en la Palabra de Dios y viven de acuerdo a las mismas y el mover de su Espíritu o el carácter que ha revelado de forma manifiesta en Jesús. La Escritura expresa con total claridad que Dios le hace justicia a los oprimidos y que defiende sus intereses, independientemente de las plataformas políticas de los actores en el escenario. Él llama a su pueblo a tener la misma perspectiva y sensibilidad. Nos saca de los estereotipos y nos pone en comunión con sus sentimientos.

Con valor habla por aquellos que no pueden hacerlo por sí mismos, no porque esté de moda; puede que lo esté o no, dependiendo de las circunstancias, sino porque hacerlo es parte de la naturaleza del Creador. A veces tu voz seguirá las líneas políticas, culturales y religiosas que normalmente sigues; a veces no. Tu corazón se sentirá atraído por los necesitados, tus ojos verán las injusticias y tu alma se inquietará por ellas. Orar, hablar y actuar te conforman a la misión de Dios.

Padre, tu deseo de abogar por los oprimidos y procurar su justicia es uno de los temas más prominentes de tu Palabra. Hazlo un tema destacado en mi vida. Dame ojos para ver y valentía para intervenir allí donde pueda marcar la diferencia. Amén.

13 DE MARZO
Mateo 23:23-24

La vida en los espacios abiertos

¡Cuelan el agua para no tragarse por accidente un mosquito, pero se tragan un camello! (Mateo 23:24)

En la década de 1650 el patriarcado de la Iglesia ortodoxa rusa quería que sus rituales y los de las iglesias griegas fueran los mismos y emitió decretos para este fin. Uno de los cambios que requería era que la señal de la cruz se hiciera con tres dedos en vez de dos, quizás un detalle aparentemente menor desde una perspectiva moderna, pero que hizo temblar a los tradicionalistas y provocó una ardiente controversia sobre el mantenimiento de la armonía divina entre Dios y sus adoradores. Para algunos, dichas modificaciones eran una señal de los últimos días, un presagio de los tiempos apocalípticos que se avecinaban.

Vivimos en una época más relajada en la cual pocas personas se aferran tan estrictamente a sus rituales, aunque algunas aún lo hagan. Pero aparte de que seamos quisquillosos con los signos y símbolos externos, algunos de nosotros somos muy estrechos en nuestra tolerancia hacia las doctrinas y prácticas divergentes, incluso en cuestiones en las que la Escritura no es del todo precisa. ¡Cómo invertimos fe, emoción y energía en nuestros puntos de vista favoritos! A través de los tiempos muchas de estas disputas internas del cristianismo han salido a la luz. Y el mundo, siempre a la expectativa, nos observa con el mismo desconcierto con el que cualquiera podría mirar una controversia del siglo XVII en la Iglesia rusa.

¿Deberíamos flexibilizarnos y dejar de defender nuestras normas preferidas? En algunas cuestiones, tal vez; en otras, no necesariamente. Pero debemos aprender a vivir con perspectiva, a vernos a nosotros mismos como nos ven los de fuera, y que pensemos en lo que en realidad es importante y en lo que no lo es. Si Dios hubiera querido que estuviéramos de acuerdo con precisión en cada punto de la fe, nos habría dado un libro muy preciso de teología sistemática. No lo hizo. Nos dio historias, testimonios y experiencias de cómo ha obrado en este mundo y a favor de su pueblo durante milenios. Tú formas parte de ese relato global; haz de tu vida un ejemplo, no una disputa. Juega el papel de la sal y la luz que sazona y abriga las vidas a tu alrededor.

Señor, que nunca me exija más a mí mismo o a mis compañeros creyentes de lo que tú me exiges a mí. Me has traído a espacios abiertos; déjame compartir esa libertad con otros con un corazón franco y acogedor. Amén.

El inconforme en ti

Vístanse con la nueva naturaleza y se renovarán a medida que aprendan a conocer a su Creador y se parezcan más a él. (Colosenses 3:10)

El candidato hizo varios ofrecimientos antes de las elecciones, y fue sincero. Había llegado hacía poco, deseaba marcar la diferencia; no era un político cansado. Por ahora, sus metas eran locales; sin embargo, las del futuro, eran mucho más grandes. Su discurso novedoso y alentador provocó que el creciente grupo de seguidores esperaran que tuviera bastante éxito. Pero algo cambió cuando obtuvo el cargo. Comenzó a trabajar en el sistema. Hizo compromisos, no porque quisiera romper promesas, sino porque parecía el único modo de hacer las cosas. Se amoldó al entorno; el mismo que sus partidarios querían transformar.

¿A quién se refiere el relato? A nadie en particular, más bien a casi todos los que se han adentrado en algún área de la sociedad, sea gobierno, ley, educación, iglesia, medios de comunicación o cualquier otro lugar, con el propósito de hacer cambios. ¿Cuántas personas se han planteado trabajar para el logro de cambios en el mundo y luego han descubierto que quienes se han transformado son *ellas* mismas? ¿Por qué? Tal vez porque el sistema, al ser más fuerte, termina tragándoselas. O quizás porque las tentaciones del compromiso son inmensas, y las ahogan. Sin embargo, también es innegable que muchos no han aprendido a llevar el carácter y los caminos de Dios a sitios que los contradicen. Olvidamos el Espíritu dentro de nosotros.

La condescendencia es un fenómeno social, pero también puede serlo en lo espiritual. Cada ciudadano del reino está llamado a ser un conformista con Dios y un inconformista con los sistemas de esta tierra. Las vidas de José y Daniel son magníficos ejemplos de esto. Ellos sirvieron al Señor poderosamente en naciones impías hasta lo sumo, porque sabían quiénes eran, y permanecieron fieles a quien, en su soberanía, les había permitido estar allí. Tú tienes una habilidad análoga y, si estás dispuesto, la misma terquedad divina. En el reino de Dios, la sal no está hecha para perder su sabor, y la luz no está formada para oscurecerse. Deja que el Espíritu cambie el ambiente dentro de ti; entonces confía en ese poder interno para transformar el mundo que te rodea.

Espíritu Santo, tú no eres un transigente. Tampoco quieres que sea una víctima del sistema. Muéstrame el tercer camino, el de la innovación, la ruptura y el poder para cambiar. Ábreme las puertas a tus formas de transformación. Amén.

Shalom

... y será llamado: Consejero Maravilloso, Dios Poderoso, Padre Eterno, Príncipe de Paz. Su gobierno y la paz nunca tendrán fin... (Isaías 9:6-7)

Se sabe que el vocablo hebreo *shalom* es un saludo; pero también se usa para bendecir a alguien. Se traduce como *paz,* y eso es correcto; sin embargo, significa mucho más. Esta palabra asimismo es plenitud, integridad, realización, placer y dicha. Es algo así como paz en todos los sentidos y aspectos de la vida. Es el deleite que nos colma cuando pensamos en las vacaciones perfectas, el final de nuestra lista de cosas por hacer, el disfrute de la vida y el alivio de todos nuestros miedos e inseguridades. Sabemos que lo viviremos; sí, que lo vamos a experimentar en el cielo. Sin embargo, deseamos que Dios nos dé una probadita en el presente. Creemos que él puede hacerlo; lo vemos en la Escritura cuando Dios le concedió *shalom* en todas las áreas a Salomón, cuyo nombre precisamente se deriva de dicha voz (1 Reyes 4:24; 1 Crónicas 22:9). Lo apreciamos cuando Jesús calmó la tempestad en (Marcos 4:39) y cuando bendijo a sus discípulos en (Juan 14:27). Leemos en Isaías que Jesús es el Príncipe de *shalom,* y que su dominio mostraría con creces su nombre.

Shalom es un tipo de vida atrayente y magnética, y el pueblo de Dios debe encarnarla igual que Jesús. Por desgracia, muchos de nosotros todavía estamos llenos de preocupaciones, ansias, inseguridades, dudas, recelos, amarguras o alguna otra forma de *antishalom.* Sin embargo, sigue siendo una promesa y una oportunidad para nosotros. Tal vez por eso Pablo insistió tanto en decirles a los cristianos que se regocijaran siempre y que estuvieran agradecidos en toda circunstancia. De ahí que el mandamiento más común en la Escritura sea no tener miedo. *Shalom* es nuestra herencia. ¡Cuántos de nosotros la perdemos! El efecto es que muchísima gente en el mundo no puede ver cómo dicho sentimiento llega a materializarse.

Aprende a vivir en *shalom,* y notarás cómo la gente se relaciona contigo de manera distinta. El corazón humano anhela la paz y se siente atraído por ella; pero rara vez se encuentra con individuos que la vivan y la respiren. ¡Sé uno de los que sienten *shalom*! Descansa en la presencia y el poder de Cristo. Que la plenitud del reino more en abundancia dentro de ti.

Jesús, tú eres el Príncipe de shalom, y prometes llenarme con tu Espíritu. Apacienta mi alma, lléname de alegría, y permíteme mostrar la plenitud de tu reino para que todos lo vean. ¡Hazme sentir realizado! Amén.

Lucas 14:7-11

La cortesía que vence la competencia

Pues aquellos que se exaltan a sí mismos serán humillados, y los que se humillan a sí mismos serán exaltados. (Lucas 14:11)

Jesús se dio cuenta de cómo los asistentes a una cena trataban de sentarse a la mesa en sitios de honor; lo hacían para medrar en el complejo orden de la sociedad y así recibir beneficios *personales*. Entonces les aconsejó, y observamos claramente su total conocimiento de la humildad y de sí mismo, a la vez que sus palabras nos muestran la forma de sacudir y cambiar de manera efectiva los conceptos de la sociedad que nos rodea. La deferencia puede parecer inservible en un ambiente altamente competitivo, pero socava y desarma el espíritu de superioridad. Sin embargo, muchos cristianos piensan que una actitud respetuosa puede costarnos algunas oportunidades a corto plazo.

¡Pero no a largo plazo! Dios sabe cómo cuidar de sus hijos. En última instancia, la pregunta es esta: ¿quién organiza y guía tu vida, el Señor o tú mismo? Si dependes de ti mismo, es probable que hagas todo lo posible para lograr tus propios progresos y ascensos, y estarás siempre bajo presión. Si dejas que Dios conduzca tu vida, puedes descansar en su sabiduría y en su tiempo. Aprenderás a dirigirte, a su manera, hacia una meta o posición, en el momento adecuado. Es su iniciativa y tú la obedeces. Resulta una forma mucho más pacífica de vivir. Mientras esperas que él te abra las puertas y dirija tus caminos, puedes representar su temperamento ante los demás. No vas a padecer esos deseos incontrolables de ser exaltado, sino que de manera paciente y segura mostrarás que te encuentras donde debes estar en cada ocasión. Los que descansan en el fluir del Espíritu del Señor y le confían el curso de sus vidas se destacan por ser personas excepcionales. Demuestran ese temple maduro que atrae oportunidades y también la naturaleza de tu Padre, que es firme e inamovible. La sumisión y la confianza no solo constituyen un bello testimonio, sino que, además, es fructífero para ti y para quienes necesitan un atisbo del Dios soberano.

Padre, fortalece mi fe en tu soberanía sobre mi vida. Que yo pueda derrotar el ambiente competitivo por el poder que a toda hora me rodea, a través de la obediencia. Ayúdame a servir positivamente a los demás. Confío en que me ayudarás cuando lo necesite. Amén.

La humildad que desarma el orgullo

... «Dios se opone a los orgullosos pero muestra su favor a los humildes». Así que humíllense ante el gran poder de Dios y, a su debido tiempo, él los levantará con honor. (1 Pedro 5:5-6)

Nicolás Maquiavelo escribió *El príncipe*, un tratado de doctrina política que describe las características ideales que debe poseer un gobernante para socavar la oposición, estabilizar su reino y perfeccionar su propio poder. En la lista, la humildad aparece solo como el atributo que un gobernante más bien pudiera *aparentar*. Y es cierto, porque si el objetivo es conseguir estatus y poder en un mundo orgulloso, entonces la humildad resulta de por sí inútil. Las personalidades que han dejado las marcas más visibles en la historia pocas veces son conocidas por mostrar una actitud de mansedumbre.

Sin embargo, su reino es otro asunto, y dura mucho más que la historia. Allí los que escriben el relato eterno y dejan su impronta conocen quiénes son a sus ojos y le temen reverentes. Los sabios y profetas hebreos, con una visión aguda en la historia de Israel y un oído sensible a la voz de Dios, siempre regresaban a este importante tema: la afinidad del Señor con los obedientes. Se burla de los orgullosos, pero da gracia a los humildes (Proverbios 3:34). El Alto y Majestuoso que vive en la eternidad, el Santo, dice: «... Yo vivo en el lugar alto y santo con los de espíritu arrepentido y humilde...» (Isaías 57:15). El Señor te ha dicho lo que es bueno, y lo que él exige de ti: que hagas lo que es correcto, que ames la compasión y que camines humildemente con tu Dios (Miqueas 6:8). Jesús enfatizó esta verdad en sus enseñanzas y los escritores del Nuevo Testamento la señalaron una y otra vez. Mientras el mundo habla de estar «en el lado correcto de la historia», nosotros preferimos estar en el lado correcto de Dios. Veremos que ante sus ojos este es un bien preciado.

¿Quieres echar por tierra el poder del orgullo que hay a tu alrededor? Enfréntalo con humildad; cultiva un alma dócil, y apégate a ella con obstinación. Serán grandes las tentaciones de conformarse con una atmósfera de arrogancia, pero la genuina y confiada mansedumbre es más influyente que las máscaras que usan los vanidosos. Muchos arrogantes te ignorarán; otros, se sentirán confundidos. De cualquier manera, estarás bien posicionado para transformar el clima espiritual y representar fielmente el corazón de tu Padre.

Jesús, a pesar de tu grandeza, te vestiste de humildad y tomaste la forma de un ser humano. Entonces, ¿por qué los hombres vivimos tan ansiosos de arroparnos con orgullo? Que yo nunca lo desee. Que el inmenso valor que has puesto en mi vida me lleve a la adoración sumisa. Amén.

La paz que desata el caos

Y levantándose, reprendió al viento, y dijo al mar: ¡Cálmate, sosiégate! Y el viento cesó, y sobrevino una gran calma. (Marcos 4:39, LBLA)

EN LOS EVANGELIOS DE MATEO, MARCOS Y LUCAS se cuenta la historia en la que Jesús está dormido en la parte trasera de una barca cuando se desata una horrible tempestad en el mar de Galilea. Los discípulos entran en pánico, tanto que acusan a Cristo de no importarle si se ahogan. Él se yergue tranquilamente, reprende al viento y a las olas, y apacigua la borrasca. Ellos se quedan atónitos ante su autoridad; sin embargo, nuestro Señor los amonesta en cuanto a la confianza. ¿Por qué tenían tan poca fe? La pregunta sugiere que ellos podrían haberle hablado a la tormenta con la misma fuerza o al menos haber tenido la seguridad de que la presencia de Jesús la habría calmado.

También nosotros vivimos en medio de fuertes vientos; arrecian furiosos todos los días a nuestro alrededor. Al igual que los discípulos, le rogamos a Dios: «Ay, Señor, despierta; ¿no te importa que perezcamos? Por favor, haz algo». Pero él nos hace responsables al recordarnos la autoridad que tenemos en Cristo, las promesas que nos ha dado para la oración, e incluso la certeza de que podemos hacer las obras que Jesús hizo (Juan 14:12). Bueno, la pregunta es: *¿Qué necesitamos aprender para sosegar nuestras circunstancias? ¿Cómo podemos dormir tranquilos mientras la vida se estremece a nuestro alrededor? ¿Por qué Jesús fue capaz de calmar las tormentas y nosotros no?*

Él pudo cambiar el entorno porque la paz que había en su interior era mayor que la tormenta que había fuera. En su situación y en la nuestra, una crisis es un conflicto entre dos fuerzas que se oponen: el reino de nuestro Padre y la agitación del mundo. ¿Cuál ganará? La que no retroceda. Si realmente quieres deshacer la confusión en tu vida, cultiva la paz dentro de ti. Deja que gobierne en tu corazón (Colosenses 3:15). Enfrenta las circunstancias turbulentas con la certeza de que la paz allí, en tu ser, es más grande, y proclámala a tu alrededor. Las tempestades se calmarán. El caos se inclinará ante la *shalom* del reino de Dios, y otros probarán su gloria.

Jesús, tú no viniste para ser la gran excepción, sino el gran ejemplo. Enséñame a ser como tú. Lléname de esa paz que calma las tempestades. Que mis palabras demuestren el poder de tu presencia. Amén.

El servicio que triunfa sobre el dominio

Pero entre ustedes será diferente. El que quiera ser líder entre ustedes deberá ser sirviente. (Marcos 10:43)

José Stalin era obsesivo con su imagen e hipersensible a las críticas, no solo por la amenaza de subversión, sino también porque ofendía su ego. Este gobernante despótico no es el único de la historia que aplastaba cualquier indicio de disensión. Muchos otros líderes se han centrado en su propia autoridad y apariencia a expensas de aquellos bajo sus órdenes. Pocos han puesto la mira en las necesidades de las personas para satisfacerlas como es debido, y cuando lo hacen, no es más que para reforzar la apariencia de mandatarios benévolos. Actúan movidos por el interés personal más que por compasión. Parece ser que aquellos que «sirven al pueblo» ceden a la tentación de servirse únicamente a sí mismos.

Por supuesto que hay excepciones, aunque son pocas. Jesús insistió en que sus seguidores jamás deben anhelar el poder, y nos dio una imagen sorprendente de cómo es el verdadero liderazgo. El Rey del universo vino a servir y a dar su propia vida en beneficio de los demás. Sí, él daba órdenes, pero nunca por otra razón que no fuera la de satisfacer las necesidades de los otros y servir a los intereses superiores de los que le siguen. Demostró que, ante todo, los guías no son aquellos que gobiernan perfectamente, sino los que saben someterse a Dios y al bien supremo. Él estableció la preeminencia del servicio como una norma del reino.

Al igual que en otros aspectos, los cristianos son agentes del camino alternativo. Una actitud de siervo cambiará el entorno, causará una profunda impresión en las personas que te rodean y les abrirá sus corazones a la realidad de la naturaleza del Señor. Puede que a veces sientas, o te traten, como si estuvieras renunciando a demasiado o fueras un saco de boxeo, pero continúa haciendo el bien (Gálatas 6:9). No tienes que ser la alfombra de la entrada para demostrar la deferencia y la humildad del reino de Dios. Una mentalidad de servicio desarma poderes que nadie más ve y prepara la senda para el Espíritu de amor.

Espíritu Santo, tu poder siempre cautiva, nunca esclaviza; invita, no impone; da y no exige. Que yo te sirva con el mismo poder para que los corazones se abran a tu generoso amor. Amén.

La paciencia que calma la impaciencia

Quédate quieto en la presencia del Señor, y espera con paciencia a que él actúe... (Salmos 37:7)

Miles de guerreros filisteos se unieron para vengarse de Israel, y el ejército de Saúl se amedrentó (1 Samuel 13). La batalla era ineludible; pero los israelitas eran muchos menos en número. Saúl esperó a que el profeta Samuel llegara e hiciera una ofrenda y rogara por el favor de Dios. Mientras más aguardaba, más crecían las tropas enemigas. El pavor comenzó a mellar a sus soldados. Al fin, después de siete días, Saúl decidió tomar la iniciativa y él mismo realizó el holocausto. Entonces llegó Samuel, y lo amonestó por haber actuado precipitadamente; luego le declaró que su reinado no duraría mucho por la locura que había hecho en su impaciencia.

La paciencia es un atributo del Señor, un fruto de su Espíritu y una característica inherente de su reino. Los que tienen comunión con él deben aprenderlo. ¡Qué problema para el hombre actual! En la medida en que la tecnología avanza, los seres humanos se vuelven cada vez más impacientes. Estamos acostumbrados al microondas, las ventanillas de autoservicio, los cajeros automáticos, y hasta nos ponemos ansiosos cuando una página electrónica demora más de unos segundos en cargarse. ¡El tiempo es oro y no queremos desperdiciarlo!: ese es nuestro eslogan. Se nos olvida que Dios, el todopoderoso, ha estado estableciendo su reino desde hace milenios. Él ve todo el transcurso de la historia de una sola vez, y nos pide que la veamos con la misma agudeza. Quiere que vivamos con un sentido de su tiempo.

Desde el momento en que aprendemos a hacerlo, nos convertimos en el antídoto para una sociedad inquieta, una situación urgente, y también para individuos agitados en un sitio. El sosiego que llevamos dentro puede calmar la impaciencia de quienes nos rodean y tranquilizarlos al saber que el Señor tiene control absoluto de todas las cosas. Cuando reflexionamos y representamos a ese Dios que no se asusta por nada, preparamos los corazones para que se abran a sus caminos y miren a partir de una nueva perspectiva. La quietud en su presencia será un testimonio de él.

Señor, confieso que lucho con la impaciencia. Sé que no tienes edad, pero yo envejezco, y quiero aprovechar mi tiempo al máximo. Ayúdame a ver el panorama general para que otros lo vean también. Que yo descanse en tu presencia para que sea más visible a aquellos que me rodean. Amén.

Dar versus codiciar

Hay quien reparte, y le es añadido más, y hay quien retiene lo que es justo, solo para venir a menos. (Proverbios 11:24, LBLA)

Los ojos miran incansables en una era de consumismo. Tienen que hacerlo. Las expectativas y el nivel de vida aumentan, al mismo tiempo que las listas de Navidad se alargan, y los ingresos y el espacio que requerimos para mantenernos siguen creciendo. De manera casi imperceptible, el buen tino para las compras se pudiera transformar en codicia. A veces es difícil definir claramente la línea divisoria entre las necesidades, los deseos y los excesos.

Quienes trabajan en el mundo de los negocios son más tentados a caer presas de la codicia, aunque las personas no lo perciban como tal. Dios nos ha dado la necesidad de obtener ingresos, pero esta puede cambiarse en un deseo insaciable de acaparamiento. ¡Y tal actitud se considera como algo normal! Con certeza la «mentalidad del más» no se limita solo al comercio; todos participamos, incluso cuando nuestros medios sean escasos. Los corazones se vuelven cada vez más liberales con nuestros propios deseos y mucho más mezquinos a la hora de hacer regalos.

¿Cómo enfrentamos una tendencia tan fuerte? Como siempre, si queremos hacer transformaciones en el medio que nos rodea necesitamos llevar uno más potente en nuestro interior y negarnos a comprometerlo. De esa manera, le mostramos a un mundo consumista y mezquino el maravilloso atributo del dador desinteresado del reino. Somos magnánimos en sitios donde la generosidad no tiene sentido. Combatimos el espíritu de avaricia con el de las manos y los corazones que ofrecen. Apagamos el interruptor de los malos hábitos de la sociedad.

El Señor les ofrece maravillosas promesas a quienes lo hacen. Si damos una medida apretada y rebosante allí donde los demás solo saben recibir, entonces experimentamos la bendición que todos anhelan. El camino a la verdadera riqueza en el reino de Dios no es recibir, sino dar. Quizás se perciba como prosperidad, suficiencia, o como un corazón muy alegre; sin embargo, nuestra esplendidez envía un mensaje: habla de un Padre más que generoso; alguien experto en proveer a su pueblo con abundancia de bienes.

Padre, ¿por qué sentimos que tenemos que «obtener lo que es nuestro» cuando ya has prometido dar lo que es tuyo? ¿Por qué asumimos que no podemos acceder a las riquezas de tu reino? Enfoca nuevamente mi visión; dame fe para esperar tu provisión y hazme un testimonio de tu generosidad. Amén.

La satisfacción que vence la codicia

Toda buena dádiva y todo don perfecto descienden de lo alto, donde está el Padre que creó las lumbreras celestes. (Santiago 1:17, NVI)

La mayoría de la gente está descontenta y no es consciente de ello. Si analizamos los motivos podemos deducir que esto ocurre porque nos centramos en lo que falta en nuestras vidas, el vacío que necesitamos llenar, las dificultades por resolver, esas metas que aún no hemos logrado. Pocas veces reconocemos las cosas que van bien en nuestra vida; y tampoco tratamos de aprender a hacerlo. No, solo nos detenemos en los aspectos inconclusos de una lista interminable de asuntos por solucionar para sentirnos finalmente realizados. En el proceso, los dones y éxitos son relegados al fondo de nuestras mentes y nos perdemos la gratitud y la satisfacción que podríamos disfrutar.

Esta esfera de la solución de problemas de nuestra naturaleza tiene sus beneficios, pero también es la causa del descontento, una de las muchas antítesis culturales del reino de Dios. La Escritura aborda el asunto con mayor amplitud al hablar de la ambición, ese anhelo constante por obtener lo que no tenemos, ya sea material, relacional, emocional o de cualquier otra índole. De hecho, aparece en uno de los diez mandamientos y es el «no debes» que más pasamos por alto. Más allá de la avaricia, los deseos codiciosos producen una tenaz insatisfacción y nos roban el agradecimiento de nuestros corazones.

Un espíritu rebosante de gratitud y satisfacción no solo nos cambia, sino que también desactiva la codicia y vuelve nuestra mirada al Dios de las bendiciones, a quien el mundo a tu alrededor necesita conocer. Ellos buscan algo para llenar los huecos vacíos de sus almas, sin darse cuenta de que todo regalo bueno y perfecto viene del Padre que ha creado los cielos y la tierra. Los silenciosos cánticos de agradecimiento que resuenan en el interior de un creyente satisfecho rompen el descontento en otro corazón, en un determinado lugar y en cualquier contexto social. Sé alguien que destroza la negatividad, un transformador cultural. Ayúdalos a dirigir la vista hacia el reino de las bendiciones que ya hemos recibido.

Padre, abre mis ojos a las bendiciones que has derramado en mi vida. Dame una satisfacción suprema por los dones que has provisto, el amor que has mostrado, y por la plenitud de mi relación contigo. Que los demás vean tu bondad en mí. Amén.

El amor que sobrepasa el ego

No sean egoístas; no traten de impresionar a nadie. Sean humildes, es decir, considerando a los demás como mejores que ustedes. (Filipenses 2:3)

Se podía ver la hostilidad, bullía la polémica, la atmósfera estaba caldeada. Las facciones de la iglesia se habían enfrentado recientemente. Cada una sostenía que su punto de vista era divino y que cualquier otro no era más que un ataque de las fuerzas del mal. ¡Es triste que las diferencias de opinión en el cuerpo de Cristo con frecuencia lleguen a tales extremos! Pero en un grupo de oración, cuando la mayoría de los participantes estaban mucho más centrados en los choques que en las plegarias, una mujer se levantó mientras lloraba y declaró que había juzgado a los demás. Se le unió entonces un alma quebrantada del bando opuesto; las confesiones se sucedieron una tras otra y comenzaron los abrazos. Los criterios no habían cambiado, pero sí el ambiente. Los asistentes empezaron a cooperar para descubrir una solución.

Este relato es solo uno de muchos en el entorno eclesiástico. Ocurre una y otra vez. Es triste, pero a veces el problema desemboca en una ruptura definitiva de los miembros. Sin embargo, una confesión humilde o un alma quebrantada y sincera que echan por tierra las actitudes divisorias es un testimonio igualmente poderoso. Lo es en la iglesia, pero también en organismos, instituciones y grupos informales de individuos. Cuando los cristianos de Filipos estaban en medio del conflicto, Pablo les aconsejó que practicaran el altruismo. ¿Por qué? Porque encarna el amor del Señor, rompe el poder del orgullo, derriba las murallas y abre los corazones a la *shalom* del reino de Dios.

No necesitas predicar para incidir favorablemente en el mundo que te rodea. El poder de la presencia de Dios dentro de ti transforma el entorno y reconcilia a las personas con el Señor. Las actitudes contagian, y si la tuya es fuerte, se extenderá, incluso antes de que digas siquiera una palabra. Una actitud altruista es poderosa porque sigue el ejemplo de Jesús. Si vives de esa forma las vidas van a cambiar. Sé persistente; ¡tú sabes quién eres!, así que puedes serlo. Como agente del Espíritu Santo, lleva el amor desinteresado a esos lugares donde prima el egoísmo y observa cómo de los corazones de acero, brotan flores.

Jesús, tu desinterés cambió el mundo para siempre. Me llamas al mundo con la misma actitud: servir, dar, ceder a los intereses de los demás siempre que sirva a un bien mayor. Que mi actitud derrita los corazones próximos a mí y los abra a tu amor. Amén.

El Espíritu de la verdad

Si yo pudiera hablar todos los idiomas del mundo y de los ángeles pero no amara a los demás, yo solo sería un metal ruidoso o un címbalo que resuena. (1 Corintios 13:1)

Catalina la Grande aún rememoraba su temprana formación religiosa en Alemania cuando ya se había convertido en emperatriz de Rusia. Recibió bastante doctrina bíblica junto con las áreas de estudio que se consideraban necesarias en su preparación para el futuro. Su tutor le enseñó muchos versículos sobre el amor de Dios y la justificación por gracia a través de la fe. Por desdicha, con tal rudeza la obligó a aprendérselos, que luego la pobre regenta solo recordaba el evangelio unido a los severos medios de instrucción. Le enseñó el mensaje de la gracia sin demostrarla en lo más mínimo; ¡solo fue de labios para afuera! Sí, aprendió el evangelio, pero para ella no significaba una grata noticia.

Millones de personas tienen las mismas experiencias cuando escuchan las palabras de la verdad del Señor en un espíritu distinto al que mostraban originalmente. Este fenómeno no es nuevo; Jesús reprendió a los expertos religiosos por tales hipocresías. Los cristianos, de alguna manera sobre la marcha, han comprendido que las buenas noticias del amor y la gracia de Dios pueden transmitirse en un espíritu que no las refleje. ¡Pero no pueden! Porque las frases por sí solas carecen de poder; el espíritu detrás de ellas es quien lo posee. O para decirlo de otra forma: los mensajeros del evangelio necesitan exhibirlo de veras.

Esa es una buena lección para todo el que desee compartir el amor de Dios con otros. Su benevolencia no consiste en una gran cantidad de versículos bíblicos a memorizar, una doctrina a impartir, o un conjunto de enseñanzas a obedecer. Se explica únicamente a través del ejemplo individual. Es un estilo de vida. La gente empieza a mirar al Señor solo cuando el espíritu detrás de nuestras palabras refleja su persona. De lo contrario, el discurso no tendrá ningún efecto positivo. Mucho más importante que lo que decimos es cómo lo expresamos. Los individuos cambian cuando el mensaje de amor y misericordia viene de un corazón impregnado de ellas.

Padre, tú envolviste tu amor en carne cuando enviaste a Jesús. Yo te ruego que pueda expresarlo de la misma manera. Ayúdame a reflejar quién eres de verdad en cada una de mis palabras, acciones, actitudes, o cualquier otra expresión de mi carácter. Amén.

Mejores preguntas

Porque el anhelo profundo de la creación es aguardar ansiosamente la revelación de los hijos de Dios. (Romanos 8:19, LBLA)

«¿SEÑOR, POR QUÉ PASA ESTO? ¿Y por qué me pasa a *mí*?». Muchísimas personas han hecho estas preguntas en medio de sus pruebas, y rara vez han recibido respuestas claras. Tal sentimiento nos resulta familiar; y es que el corazón del hombre se esfuerza por desentrañar tanto el misterio como la razón de las circunstancias dolorosas. En tiempos de crisis, un sentido de culpa puede provocar pensamientos de castigo o disciplina divina; o uno de privilegios o derechos causar enfado debido a la injusticia que se experimenta. Anhelamos alguna solución emocional a nuestras dificultades.

El Señor casi nunca responde a estas preguntas. ¿Por qué? Porque están erróneamente dirigidas hacia nosotros y no hacia la obra que él está haciendo. Cada crisis es una oportunidad para que exhiba algo de sí mismo: su poder, provisión, cuidado, consuelo, misericordia o cualquier otra característica que se relacione con nuestra experiencia. Los asuntos íntimos aún no resueltos, son una plataforma para su labor. La Escritura no es una colección de reflexiones teológicas, sino más bien un compendio de relatos que muestran las diversas formas en que las personas experimentaron a su Dios. Nuestras vidas son para escribir historias similares. Debemos mostrar quién es él.

Por eso las mejores preguntas en una etapa difícil son: «Señor, ¿qué estás haciendo en esta circunstancia? ¿Cómo quieres revelarte?». Tales interrogantes reciben respuestas con más frecuencia. Mientras tanto, necesitamos entender que el Señor está mucho más interesado en nuestras convicciones que en nuestro entendimiento. Cuando creemos, y él responde a la fe, nos convertimos en un catalizador para el despliegue de su naturaleza, un anticipo del momento en que se manifiesten los hijos de Dios. La historia se dirige hacia una revelación final; pero como todo lo demás en el reino, tenemos la oportunidad de traer aspectos futuros a la experiencia presente. El mundo quiere ver en ti al Dios de poder, provisión, socorro, consuelo, misericordia y amor. Muéstralo en cada circunstancia.

Padre, tú sabes con cuanta facilidad me concentro en mis propias situaciones. Levanta mis ojos para ver por encima de ellas la obra que estás haciendo en mi vida. Permíteme ser una muestra de tu gloria, incluso, o especialmente, en mis momentos más difíciles. Amén.

26 DE MARZO

Romanos 8:18-21

Vivir el panorama general

Porque la creación fue sometida a vanidad, no de su propia voluntad, sino por causa de aquel que la sometió, en la esperanza de que la creación misma será también liberada de la esclavitud de la corrupción a la libertad de la gloria de los hijos de Dios. (Romanos 8:20-21, LBLA)

UNA DE LAS MÁXIMAS DE LA FILOSOFÍA EXISTENCIAL es que vivimos en un universo carente de lógica y, por lo tanto, somos responsables de crear nuestro propio sentido de significado o de rechazarlo por completo. Siglo tras siglo, los grandes pensadores han experimentado que son prisioneros de una comprensión oscura. Todos los seres humanos han probado y visto la inutilidad de su sabiduría; no existe un gobierno ciento por ciento exitoso, ninguna familia es completamente funcional y ¿algún individuo ha descubierto cómo impedir la enfermedad, el dolor y la muerte? Toda la experiencia humana debería enviarnos en busca de un Salvador, o hacer que levantemos las manos en señal de sometimiento.

Los existencialistas y muchos otros ya lo han hecho; pero nosotros, que creemos en el mensaje de Jesús y en las buenas nuevas de su reino, hemos probado la libertad. Claro, no hemos escapado por completo de lo fútil porque vivimos en un mundo caído y experimentamos sus miserias, pero hemos visto la luz de la verdad y nos sentimos más atraídos por ella. Lo infructuoso de nuestra existencia entonces nos lanza a los brazos de un libertador. Conocemos un camino más excelente.

Somos mensajeros de una senda superior, así que ahora nuestro trabajo es llevar vidas con propósito ante aquellos que lo buscan. ¡No hay nada de arrogante en eso! Como lo expresó D. T. Niles: «El cristianismo es un mendigo hambriento que le dice a otro dónde encontró el pan». Todos hemos sido cautivos de la inutilidad de la tierra, pero al presente vemos más allá de ella. Nuestra existencia está visible y notablemente enrumbada hacia la eternidad. Como sea que esto se aplique a tu experiencia, ¡aprovéchalo al máximo! No te desanimes. Observa el panorama general y vive en él para que otros también lo perciban.

Señor del cielo y de la tierra, aférrame a tu reino y permite que mis ojos contemplen la paz de la eternidad. Que mis palabras reflejen la esperanza eterna y mi sonrisa acoja a los demás en ella. ¡Quiero contagiar a todos con la seguridad de mi esperanza! Amén.

2 Corintios 4:5-7

Desenterrar el tesoro

Ahora tenemos esta luz que brilla en nuestro corazón, pero nosotros mismos somos como frágiles vasijas de barro que contienen este gran tesoro. Esto deja bien claro que nuestro gran poder proviene de Dios, no de nosotros mismos. (2 Corintios 4:7)

UNA DE LAS TENDENCIAS RELIGIOSAS más preocupantes de las últimas décadas es la enorme disminución del número de personas que creen que la Biblia es expresión confiable de la verdad. No ocurre así en todos los lugares del mundo, pero sí en algunos países que se consideraban sociedades cristianas. Dicha tendencia viene acompañada con el resultado predecible de que menos individuos saben lo que dice la Palabra, o pueden, siquiera, discutirlo con inteligencia. De hecho, las percepciones erróneas sobre la Escritura se han incrementado hasta el punto de que muchos la catalogan como ficticia; el producto arbitrario de unos pocos narradores o conspiradores religiosos.

Si las personas se interesaran por conversar y discutir estas cuestiones podríamos volver a enseñarles fundamentos históricos de nuestra fe. La mejor estrategia sería la apologética. Pero vivimos en un período en el que la gente determina lo que cree guiada por los sentimientos más que por la razón; así que las explicaciones coherentes, por muy importantes que sean, quizás no lleguen lejos. La mayoría elige un bando y luego justifica su posición, lo que demuestra por qué casi todos estiman que su grupo gana en los debates. La apologética no pone la fe en primer lugar; más bien apoya la comprensión de quienes han elegido creer.

¿Cuál es la solución? Dejemos que Cristo sea atractivo, de forma visible, en nosotros como lo fue para sus primeros oyentes y seguidores. Significa vivir vidas inexplicables. Somos personas que llevamos tesoros maravillosos en frágiles vasijas de barro, y de alguna manera los que nos rodean necesitan ver las joyas. Tienen hambre por lo que es genuino, auténtico y trascendente, no por argumentos o un buen mercadeo. No todos seguirán alegremente al Jesús que hay en nosotros, como no todos lo hicieron hace dos milenios. ¡Pero habrá muchos que sí! Si la gente lee menos la Biblia, tendremos que abrirles sus páginas con nuestro diario quehacer. Es el modo más efectivo de introducir la verdad de Dios en un mundo que no lo conoce.

Jesús, tú eres el tesoro escondido en un campo, la gloria que el mundo desea encontrar. ¿Sería mucho pedirte que te manifiestes más a través de mí? Tú prometiste que lo harías. Aunque tengas que romper esta vasija, haz que sea visible el tesoro en ella. Amén.

Una razón para la esperanza

Si alguien les pregunta acerca de la esperanza cristiana que tienen, estén siempre preparados para dar una explicación. (1 Pedro 3:15)

Pedro les escribió a los cristianos del siglo I que sufrían persecución en sus localidades. El hecho de que los instara a evitar cualquier acoso y seguir haciendo el bien sugiere que quizás algunos de ellos estaban causando problemas innecesarios. Sin embargo, a quienes estaban haciendo contribuciones positivas a la sociedad y aun así sufrían, les aseguró su futura recompensa. Dios no permite que, en su reino, los sacrificios de su pueblo sean en vano. Con frases de estímulo y llamándolos a evitar problemas, aunque los enfrentaran si fuera inevitable, Pedro afirmó algo de extrema importancia.

Instó a sus lectores a estar preparados para responder cuando alguien les preguntara por qué tenían tanta confianza y fe. Una declaración como esta sugiere que quienes creen, evidencian a todas luces su esperanza. ¡Vale la pena inquirir por qué mantienen dicha actitud en medio de las adversidades! En otras palabras, quería que sus destinatarios tuvieran una firme seguridad frente a las circunstancias difíciles y que los demás se sintieran desconcertados al verlo. Entonces, una situación tan curiosa provocaría el diálogo y los cristianos podrían explicar cuál era el basamento de sus vidas.

En la Biblia la esperanza no es mera ilusión, como muchos lo entienden cuando usan la palabra hoy en día. Es el convencimiento de algo que se espera, un suceso que no ha acontecido en la historia, pero que sin duda ocurrirá. Esa confianza en el plan futuro de Dios afirma nuestras vidas en la verdad de su reino, pero asombra a los que nos rodean. Las dificultades evidenciarán nuestra convicción, y ellos harán preguntas. ¡Debemos tener respuestas! Quizás nunca haga falta demostrar los dones, las habilidades o el conocimiento que el Señor nos ha concedido, pero necesitaremos explicar nuestra esperanza. Esto señala hacia otro reino, y algunas de las personas que él ha puesto ante nosotros están ansiosas por verlo.

Señor, quiero que mi esperanza sea visible en cada situación, especialmente en los tiempos difíciles. Haz que mi actitud sea tan llamativa para los demás que pregunten por qué soy así. Entonces dame palabras que señalen a la realidad de tu reino. Amén.

29 DE MARZO

1 Pedro 3:13-17

Una conciencia limpia

Mantengan siempre limpia la conciencia. Entonces, si la gente habla en contra de ustedes será avergonzada al ver la vida recta que llevan porque pertenecen a Cristo. (1 Pedro 3:16)

En 1521 cuando Martín Lutero defendió sus puntos de vista ante el emperador del Sacro Imperio romano Carlos V, lejos de retractarse, apeló con calma a la razón, al testimonio de la Escritura y a la certeza de sus propias convicciones. Se cuenta que afirmó: «No puedo hacer otra cosa, esta es mi postura. ¡Que Dios me ayude!». Se negó a ir en contra de su propia conciencia.

Lutero no era perfecto, es cierto. Algunos de sus hábitos y prejuicios nos parecen fuera de lugar, especialmente en la modernidad. Pero ¿quién puede discutir que no vivió sus convicciones? Sus críticos en aquel entonces, y los de hoy, han admirado su férrea insistencia en las verdades que creía. Una conciencia limpia es un poderoso testimonio, incluso cuando la gente no está de acuerdo con tu posición.

Pedro exhortaba a sus lectores a que tuvieran posturas enérgicas y a respaldarlas con una admirable forma de vida. Conocía todas las denuncias de la gente contra los seguidores de Jesús. A veces eran absurdas por completo: que las celebraciones de los cristianos eran en realidad orgías donde el canibalismo (consumir el «cuerpo» y la «sangre» de la Santa Cena) se practicaba de manera habitual. Otras acusaciones eran más acertadas desde un punto de vista pagano: que la abstención de los cristianos a hacer sacrificios en nombre del emperador acarrearía el juicio de los dioses sobre la comunidad. En cualquier caso, el antídoto del apóstol contra el rechazo era vivir píamente, llevar una existencia tan limpia que fuera imposible apuntar un dedo acusador contra ellos. La suciedad no se adhiere bien a las superficies lisas.

¡Lima tus asperezas! No podrás vivir sin defectos, nadie logra algo así; pero sí puedes hacerlo con una manera y conducta que ganen el favor de quienes te rodean. Si aun así te ultrajan, entiende que es porque el evangelio los acusa, no tú. Y muchos otros también lo comprenderán. Tu vida puede mostrar la bondad de un salvador maltratado y abrir los ojos a quién es Jesús realmente.

Jesús, tú demostraste el poder de una vida sin mancha, y también las reacciones que puede conllevar. Dame una conciencia limpia, la valentía para vivir según mis convicciones y la fuerza para soportar cualquier respuesta hiriente. Que yo viva con integridad y gracia. Amén.

Un ministerio de belleza

Los cielos proclaman la gloria de Dios y el firmamento despliega la destreza de sus manos. (Salmos 19:1)

A PRINCIPIOS DE 1800, el novelista francés Stendhal visitó Florencia, Italia, la cuna del Renacimiento y la fragua de muchas de las más grandes obras de arte del mundo. Quedó atónito ante la magnificencia de sus edificios, especialmente cuando entró a la basílica de la Santa Cruz y vio los frescos de Giotto en las tumbas de Miguel Ángel y Galileo. Se sentía sobrecogido, y pensó que la vida se le escapaba; temía caer por tierra de puro asombro. Más tarde describió detalladamente la sublime belleza de las sensaciones celestiales. ¡Qué deslumbre perseguía al escritor!

Más tarde, en su honor, se le daría el nombre de síndrome de Stendhal a las respuestas físicas exageradas ante la belleza de Florencia y otros sitios de hermosura trascendental. Muchos turistas reciben tratamiento en clínicas locales y salas psiquiátricas debido a sus variadas respuestas. La mente y el cuerpo humano absorben solo una parte y durante un tiempo; demasiada gloria nos sobrecarga y provoca cortocircuitos en nuestros sentidos.

Dios es el autor de la verdad, la belleza y el amor, una trinidad de dones divinos que provienen de su naturaleza. Durante siglos, los cristianos han puesto énfasis en los ministerios de la verdad y el amor, y se han centrado en la doctrina y las obras de caridad. Sin embargo, han relegado el ministerio de la hermosura. Muchas personas afirman que se inclinan a creer más en Dios después de alguna visión impresionante en un determinado momento. La Escritura ofrece vislumbres de la preciosura y la gloria trascendental de los cielos eternos. Pero, así y todo, un sinnúmero de creyentes en la actualidad asume que la verdad y el amor son aspectos esenciales en el carácter del Señor, mientras que la belleza es un lujo innecesario. ¡Minimizamos su poder!

En una época en la cual las almas se aportillan con trancas de acero ante la verdad y clausuran sus oídos frente a las expresiones de amor, la belleza pudiera ser una de las formas más efectivas de reflejar el carácter de Dios en este mundo. ¡Quizás atraiga a la gente hacia su gloria sin siquiera conocerlo personalmente! Busca la hermosura donde puedas, consérvala cuando puedas y créala como puedas. Fuiste hecho a la imagen del Creador, así que tu creatividad es una categórica declaración de quién es él.

Padre, eres el creador de un magnífico universo que es hermoso desde cualquier perspectiva. Lléname con tu creatividad. Déjame reflejar tu belleza en las cosas que hago. Persuade a los corazones con el poder de tu arte. Amén.

El aplauso de la creación

Hablan sin sonidos ni palabras; su voz jamás se oye. Sin embargo, su mensaje se ha difundido por toda la tierra… (Salmos 19:3-4)

Un árbol produjo un enorme cambio en Nicolás Herman; por supuesto que no fue la planta en sí quien le provocó la transformación, sino la perspectiva desde la cual él la miró. Vio su esterilidad en pleno invierno, y de repente se dio cuenta de que el árbol resucitaría en unas pocas semanas. A partir de esa comprensión se persuadió de cuán ciertas eran la gracia de Dios, la providencia y las promesas de una nueva vida. No fueron necesarios los argumentos o los sermones en esa ocasión. La escena lo transformó. Hoy conocemos a Nicolás Herman por el fruto que dio como monje y como escritor bajo el seudónimo de Hermano Lorenzo.

La belleza transmite potentes mensajes, sea que podamos articularlos o no. La única explicación para ese poder es que refleja la naturaleza del Creador. Inspira y persuade porque es la esencia de su trabajo. Él es un artista, y como tal, jamás perfila una obra maestra para esconderla detrás de un velo. Quiere compartir su expresión, y Salmos 19:2 revela que lo hace «día tras día». Existe una comunión profunda entre el Hacedor y el individuo que mira su arte con maravilla y asombro.

Por desgracia, muchísimas personas desarrollan sus vidas diarias sin notar la belleza trascendente de la creación de Dios. Recorren el más increíble museo del universo sin dar razón de las obras maestras que los rodean. Creados a imagen y semejanza del Señor para ver su gloria y contenerla adentro, nos absorben las trivialidades mundanas de nuestras propias obligaciones y responsabilidades. Mientras tanto, los cielos proclaman su magnificencia una y otra vez por toda la eternidad.

No seas uno de los miles de millones que van por la vida sin notar el poder del arte de Dios. Prueba y ve que es maravilloso, creativo sin límites, desde las complejidades que estudian los biólogos moleculares a través del microscopio, hasta la majestuosidad que miran los astrofísicos cuando observan por sus instrumentos. Él es glorioso, desde los misterios de la física cuántica hasta las profundidades del espacio y el tiempo. Dialoga con el Artista e invita también a otros. ¡Que tus hechos y tus palabras se unan a los aplausos de la creación!

Padre, el mundo se maravilla de tu creación sin conocer a su Creador. Eso no puede suceder. ¿Cómo puedo señalar a tu arte con mi vida? ¿Qué puedo decir para que te aplaudan? Ayúdame a ver, y a hacer que otros vean. Amén.

La revelación visible

Pues, desde la creación del mundo, todos han visto los cielos y la tierra. Por medio de todo lo que Dios hizo, ellos pueden ver a simple vista las cualidades invisibles de Dios: su poder eterno y su naturaleza divina. (Romanos 1:20)

Charles Darwin se enfrentó a dos creencias en conflicto: 1) que la naturaleza de manera azarosa parece estar llena de crueldad y dolor y 2) que las fuerzas brutas de la misma por sí solas no pueden explicar las complejidades de su diseño. Titubeó entre ambos postulados, aleatoriedad versus creación, durante gran parte de su carrera, y afirmó en la mayoría de los puntos ser agnóstico al respecto. Incluso, según sus teorías, le resultaba difícil concebir que ese orden surgiera de la pura casualidad.

Se nos dice que el mundo está en una condición caída, una imagen distorsionada de lo que una vez fue. La ciencia no puede discurrir tales afirmaciones teológicas, ni maravillarse con el arte del Creador, pero puede hacer observaciones sobre el orden y las complejidades de la vida. Ellas son todavía misterios irresolubles para todos, excepto para aquellos con ojos de fe. Desafían los procesos naturales que observamos hoy. Indican una inteligencia ajena al mundo natural.

Pablo no escribió sobre la naturaleza tan poéticamente como lo hicieron los salmistas. Pero sí señaló con claridad el propósito que Dios incrustó en este mundo. Aunque nos admiramos con el ingenio del Señor, el mismo tiene aún otra razón: revelar quién es su persona. Él desea que tengamos un vistazo de su obra. ¡Él quiere revelarse!

El apóstol argumenta que la raza humana rebelde ha vislumbrado la gloria de Dios y la ha distorsionado. La preciosidad y el diseño de la naturaleza, el asombroso milagro de un recién nacido, la alegría de los sencillos placeres, es decir, aquello que debería empujarnos hacia la búsqueda del Creador, se ha transformado en un ídolo o en una feliz casualidad. Tenemos que aprender a ver el mundo con una mirada nueva. ¡Y aún más! Debemos ayudar a otros a verlo de esa forma. Sí, está caído y plagado de imperfecciones, pero también es una sombra de lo que vendrá. La mayoría de la gente no quiere ignorar la belleza del Señor. Recuérdales que no tienen que hacerlo.

Señor, la belleza de esta era palidece en comparación con lo que tienes reservado para aquellos que te aman. Que viva siempre con esa expectativa, y que despierte la imaginación de los que me rodean y los guíe hacia ti. Amén.

¡Fuera la mediocridad!

Lo he llenado del Espíritu de Dios y le he dado gran sabiduría, capacidad y destreza en toda clase de artes manuales y oficios. (Éxodo 31:3)

Israel contaba con sus buenos artesanos al igual que las demás culturas antiguas. Pero cuando llegó el momento de construir el tabernáculo y sus artículos de culto, la artesanía corriente no bastaba. Entonces Dios llamó a Bezalel para que emprendiera la tarea; lo llenó de su Espíritu, y designó a Aholiab y a otros artesanos para que lo ayudaran. Es la primera vez que la Escritura mencionan a alguien lleno del Espíritu y el privilegio recayó sobre un artista. Parece ser que Dios se preocupa por la excelencia.

No obstante, los cristianos no siempre lo han creído así. Hubo momentos en la historia de la fe en los que los patronos y artesanos de la iglesia produjeron muchas de las mejores obras maestras del planeta. Y hoy, los estándares del mundo dictan que el éxito proviene de la búsqueda de la excelencia en cualquier trabajo que se ejecute. Sin embargo, durante décadas o quizás más tiempo, un gran número de personas en la iglesia se han conformado con la mediocridad; piensan que la devoción es todo lo que importa y que la calidad es una demanda terrenal o un lujo específico que desprecia sus sinceras creaciones. Alguna regla ilusoria nos ha convencido de que cuanto hacemos en el nombre del Señor es lo suficientemente bueno, incluso si no es lo óptimo para nosotros.

Claro que eso no se cumple en todos los cristianos, y la comunidad evangélica a iniciado la producción de obras destacadas de música, cine, literatura y arte. Debemos aferrarnos a la verdad de que nadie necesita sobresalir para ganar la aprobación de Dios; pero la gracia nunca debe deshacer nuestro deseo de descollar para su gloria. La gente precisa conocer nuestro ingenio de avanzada si queremos representar bien a nuestro Creador. No es suficiente adaptar la creatividad secular a nuestros propósitos. Estamos llenos del Espíritu para hacer un trabajo de excelencia.

Muchos observan que la exquisitez y la creatividad que Dios produce, nos dan reputación entre la gente y atraen los corazones hacia el Señor. Servimos a un Rey que es digno de nuestras más elevadas ofrendas. Cuando se las entregamos, Él las llena de poder y glorifica su nombre.

Señor, tú eres digno de mis mejores esfuerzos. Que yo y todos los demás creyentes busquemos la excelencia en todo cuanto hacemos, aunque parezca una tarea mundana. Que jamás olvide que todo lo que haga con excelencia, en tu nombre, te dará loor. Amén.

Alumbramiento espiritual

Dedíquense a la oración con una mente alerta y un corazón agradecido. (Colosenses 4:2)

John Hyde, un misionero americano en la India de principios de 1900, tenía cargas que pesaban en su interior y por ellas oraba profundamente. Sus plegarias eran por las personas y las ciudades donde ministraba, por sus compañeros de la misión, y porque Dios levantara más trabajadores que fueran a la cosecha. Quienes lo conocían afirmaban que la luz de su dormitorio se encendía a las dos, cuatro y cinco de la madrugada, para acompañar la intercesión que levantaba por los demás. Su enfoque de evangelista provocaba pujantes oraciones por la conquista de almas, y el Señor las respondía. Era tan persistente en sus rodillas que le dieron un apodo, algo así como «Hyde el intercesor».

Quizás nos preguntemos: *¿son necesarios tales esfuerzos y molestias cuando el Señor está disponible todo el tiempo y contesta a muchas oraciones incluso antes de que las pronunciemos?* Bueno, la verdad es que él siempre ha respondido con poder a individuos que, como Hyde, lo buscan con lágrimas y persistencia. Pablo escribió que Epafras oraba por los colosenses con una intensidad que él describe a través de un término de la lucha libre del cual obtenemos el vocablo «agonizar» (Colosenses 4:12). Le dijo a la iglesia que moría por ellos y también por los de Laodicea (Colosenses 2:1). Dejó claro, con palabras y con el ejemplo, que sin importar cuán familiares e íntimos seamos con el Padre, el Hijo y el Espíritu, nuestras plegarias son más que un asunto fortuito y pueden lograr cosas increíbles en el ámbito espiritual. Algunos quizás piensen en la extrañeza de permanecer una noche entera de rodillas; pero Dios recibe con placer la comunión y los ruegos.

Insiste con tus plegarias ante el Señor, aunque no siempre entiendas cómo obra para contestarlas. Esta tierra necesita con urgencia muchas de las cosas que tú vas a pedir. En la era de Internet, estamos acostumbrados a hacer transacciones con un clic. En el reino espiritual, se pelea una recia batalla y los clics son inútiles. Llena el cielo con los sonidos de tu fe y perseverancia, y espera que las respuestas lleguen. Dios cambia el mundo a través de las peticiones de quienes interceden en su nombre.

Padre, perdóname por descuidar lo que más necesita este mundo: las oraciones de tu pueblo. Llena mi corazón de celo por venir al trono de la gracia. Enséñame a cumplir tus promesas. Alinea mis oraciones con tu corazón y responde con poder. Amén.

Bocas bien abiertas en oración

Abre bien tu boca, y la llenaré de cosas buenas. (Salmos 81:10)

Una de las oraciones más tenaces de «Hyde el intercesor» era que Dios respondiera a la promesa de Salmos 81:10; quería que cuando abriera su boca Dios la llenara de respuestas y cosas buenas. ¡El misionero no se refería a la comida, por supuesto! Durante un año oró para que, durante el día, al menos un alma se salvara, y al final del año más de cuatrocientas habían aceptado a Cristo a través de su ministerio. Al año siguiente duplicó la petición, y Dios respondió; al siguiente, la duplicó de nuevo, y Dios respondió. Hyde sabía que no existían límites para las oraciones. Mientras más grande se abra la boca de un santo, más la llenará él ¡sin dudas!

Por desgracia, muchísimos creyentes viven con bocas cerradas, puños cerrados y míseras esperanzas. De todas formas, Dios es bueno con nosotros; satisface las necesidades y cumple muchos de nuestros ruegos. Sin embargo, cuando abrimos nuestros corazones y expectativas para que armonicen con la amplitud de su misericordia y la abundancia de su reino, encontramos respuestas maravillosas a nuestra fe persistente. Nos convertimos en canales de un desborde divino; por medio de nuestras plegarias se derraman las gracias de los cielos. La gente atea del mundo no sabe que estos agentes existen y quizás nunca nos identificarán como tales; pero el reconocimiento no es lo más importante. Servimos al Señor y obramos según su voluntad, que es revelarse a través de las peticiones de aquellos que lo aman.

¿Sabes cuál es una de las más nobles acciones que puedes hacer por la sociedad, y una de las más indelebles marcas que puedes dejar en la tierra? Dedicarte a ese ruego que apela al Señor para que cumpla su voluntad mediante nuestras peticiones. Eso no se obtiene con pequeñas expectativas porque ¡servimos a un Dios grandioso! Sus planes son enormes, como lo serán nuestras súplicas si logramos dar un vistazo a sus propósitos. Abre tu boca a más no poder y espera su respuesta. Sé persistente, y no te desanimes. Si hay un lugar efectivo para cambiar el mundo, esas son tus rodillas.

Señor, perdóname por orar tan poco y hacerlo solo por mis propios intereses. Mi corazón es tuyo; llénalo de tus propósitos. Entonces llena mi boca con las peticiones que satisfagan esos deseos, y responde con poder. Cambia el mundo a través de mis oraciones. Amén.

Batallas paralelas

También les digo lo siguiente: si dos de ustedes se ponen de acuerdo aquí en la tierra con respecto a cualquier cosa que pidan, mi Padre que está en el cielo lo hará. Pues donde se reúnen dos o tres en mi nombre, yo estoy allí entre ellos. (Mateo 18:19-20)

A Rees Howells se le conoció por sus extraordinarias intercesiones. Hay relatos poderosos y cautivadores sobre cómo Dios respondía a sus plegarias. Con el tiempo, luego de aprender los secretos de la intercesión, apreciar el cambio en las vidas de las personas, servir como misionero y fundar una universidad en Gales para la formación en el ministerio, puso su mirada en los asuntos internacionales y los acontecimientos de la Segunda Guerra Mundial. A un grupo de intercesores que se unieron a él en oración les escribió: «El mundo se volvió nuestra parroquia y nos sentimos responsables de interceder por las naciones».[6] Es asombroso el paralelismo entre los ruegos de su grupo y los titulares de la época. Algunas de las decisiones inexplicables de Hitler tienen más sentido a la luz de una mano divina. Aunque los historiadores se ven obligados a explicar cada giro de los acontecimientos en términos naturales de causa y efecto, es innegable que en el mundo espiritual una enconada lucha ocurría al unísono. ¡Dos guerras se pelearon: una en el mundo y otra en los cielos! Las oraciones del pueblo de Dios cambiaron el curso de la historia.

Pocos cristianos piensan en este asunto. Tendemos a racionalizar las oraciones que no han sido respondidas y variamos el enfoque cuando no vemos resultados inmediatos, como si las obras del Señor fueran siempre visibles a nuestros ojos o las contestara dentro de nuestros límites de tiempo. Sin embargo, la historia está llena de ejemplos de ruegos que marcaron la diferencia décadas después o incluso en generaciones futuras. Si la Escritura nos enseñan algo, es que Dios es un maestro constructor que realiza su trabajo año tras año, generación tras generación, y siglo tras siglo. A veces observamos lo que hace en «tiempo real», pero otras no. Requerimos tener fe como los santos de antaño, que veían las promesas y los planes de su reino a distancia; ¡sus pupilas eran espirituales! (Hebreos 11:13).

Vive con esa perspectiva, y ora con el corazón. Es el brazo de Dios el que activa los engranajes de esta tierra, movido por las oraciones y la fe de sus santos. Hoy tú puedes incidir en el mundo del mañana y un día verás el fruto de tus plegarias.

Señor, eleva mi visión para ver más allá de mis propias necesidades e intereses inmediatos. Llámame a un estilo de vida de oración que cambie el mundo. Que los titulares sean mi lista de oración, y que mis peticiones provoquen victorias que tal vez nunca vea. Amén.

2 *Corintios* 5:18-21

Agentes de cambio

Así que somos embajadores de Cristo; Dios hace su llamado por medio de nosotros... (2 *Corintios* 5:20)

A MEDIADOS DE 1970, dos conocidos fundadores de ministerios, Bill Bright, de Campus Crusade for Christ (ahora llamado Cru) y Loren Cunningham, de Youth With A Mission [Juventud con una misión], se reunieron para almorzar. Cada uno de ellos sentía que tenía un mensaje para el otro. La conversación demostró que sus conceptos eran los mismos: para que el reino de Dios transformara una nación, su pueblo necesitaba incidir en siete áreas de la sociedad: gobierno, negocios, enseñanza, medios de comunicación, artes y entretenimiento, familia y religión. Una gran variedad de grupos ha adoptado el principio a lo largo de los años con alguna que otra diferencia. Pero la idea de abordar estas esferas ha permanecido casi intacta. Muchos han librado la batalla por ganar la cultura no a través del poder, sino por medio de la bendición y la influencia.

Sea lo que sea que pienses de ese paradigma en específico, el propósito subyacente es bueno y acertado. Los cristianos no pertenecen a este mundo (Juan 17:16), pero sí están en él (Juan 17:15). Vivimos vidas distintas, apartadas para su servicio, pero él no nos llama a retirarnos a un sitio determinado y solamente orar. Nuestra encomienda es dentro de la sociedad, no lejos de ella. Somos agentes de reconciliación, embajadores del mejor camino, y no solo estamos hechos para expresar el llamado de Dios, sino también para demostrarlo.

Muchos cristianos no saben cómo hacerlo. Generaciones enteras han dejado que Washington, Hollywood y Wall Street sucumban a las influencias mundanas, y luego se han quejado de lo impíos que son dichos formadores de cultura, que carecen por completo de la importancia de ser agentes de cambio y reconciliación en las posiciones de autoridad. Este mundo reticente necesita predicadores del reino de Dios, pero aún más a aquellos que lo encarnan en todas sus gracias y bendiciones. La tierra precisa ver al Rey que se levanta en defensa de quienes son llamados hijos del Altísimo. Tu misión, si la aceptas, es marchar con ese espíritu, ser un embajador de la muy buena voluntad del Padre, e influir en tu cultura con su creatividad, sabiduría y amor.

Padre, no sé por dónde empezar. La sociedad me supera, pero no a ti. Hazme un pequeño catalizador para un gran cambio en las cumbres de tu mundo. Amén.

El nuevo tú

Mi antiguo yo ha sido crucificado con Cristo. Ya no vivo yo, sino que Cristo vive en mí... (Gálatas 2:20)

Una buena parte del mundo no cristiano piensa que odia al cristianismo. Pero lo que detesta es la estrechez de visión, la intolerancia de personas que se llaman cristianas, la corrupción en las iglesias pasadas y presentes, la evidente actitud bélica de los peregrinos en las Cruzadas, la expansión colonial, los grupos suburbanos, los conflictos religiosos, las tergiversaciones intelectuales, las manipulaciones políticas y los comportamientos hipócritas. Por supuesto, nada de esto es la esencia del cristianismo. Lo que el mundo *de veras* aborrece son las distorsiones de la realidad. Tales equivocaciones abundan por doquier.

La historia está llena de reinos, sociedades, organismos e individuos «cristianos» que no se comportaron como tal. Realmente, ninguno de nosotros se ha conformado al modelo de Jesús de manera perfecta; así que también en cierta medida deformamos la verdad. Entonces, cuando la gente presenta argumentos superficiales contra el cristianismo, como «¿qué hay de las Cruzadas?», «¿dónde quedan todas las guerras religiosas?» o «¿no ves la corrupción en la iglesia?», solo tenemos dos respuestas legítimas. «Sí, los cristianos, tanto verdaderos como falsos, han hecho muchas cosas malas» y «Cristo no las hizo».

Lo que contrarresta nuestra admisión de que los cristianos han cometido errores es que afirmamos haber nacido y estar llenos de su Espíritu, aunque a veces nos parezcamos muy poco a él. Pero la verdadera cuestión es que nuestras imperfecciones no anulan las palabras, los milagros y el sacrificio de Jesús. Más bien el motivo por el cual vino a salvarnos son nuestros defectos. Él nos ha perdonado de una vez y para siempre, y ahora, día tras día, borra nuestros pecados y rebeliones. Mientras tanto, somos nuevas criaturas. Tenemos una calidad de vida genuinamente distinta de la que teníamos antes, una transformación que empezó en la semilla, aunque todavía no esté en pleno florecimiento. Como creyentes, estamos plantados en el reino.

No te distraigas, ni desmayes frente a las acusaciones de comportamiento no cristiano, de esta época o de las pasadas. Confiesa tus propias faltas en humildad, pero luego señala a Jesús. Él no ha fallado y nunca lo hará. Vino a liberar al mundo de las cosas que odia.

Jesús, tú me hiciste nuevo en el Espíritu. Continúa renovando mi experiencia. Que mi transformación sea evidente para todos y honre tu nombre. Amén.

8 DE ABRIL

2 Corintios 1:3-7

Comparte la sanidad

Nos consuela en todas nuestras tribulaciones para que con el mismo consuelo que de Dios hemos recibido, también nosotros podamos consolar a todos los que sufren. (2 Corintios 1:4, NVI)

«HUMANA COSA ES TENER PASIÓN por los afligidos, y aunque a todos conviene sentirla, más propio es que la sientan aquellos que ya han tenido menester de consuelo y lo han encontrado en otros». Así comienza el *Decamerón,* de Giovanni Boccaccio, el cual se dirige a su propio corazón destrozado, pero en el escenario de un desastre aún peor: la peste negra que asoló a Europa a mediados de 1300. En tiempos de pérdidas trágicas los sobrevivientes sufren gran temor, así que las palabras de consuelo mutuo resultan muy poderosas. Siempre lo son en toda circunstancia. La compasión y el consuelo que hayamos recibido de otros y de Dios nos hacen aptos para ofrecerlos a los que nos rodean.

Esta pauta se ha repetido constantemente a lo largo de los tiempos. Muchas personas, al paso de los años, han convertido sus traumas en ministerios. Individuos que fueron a prisión, las visitan luego para dar ánimos a otros. Quienes experimentaron abusos son los más capaces de ayudar a las víctimas de ellos. Los que sufrieron la infidelidad proporcionan apoyo a los que están pasando por eso. Soldados, veteranos de guerra, conversan con los que regresan del frente de batalla. Dios ha hecho que el instinto de «pagar por adelantado» entre en nuestras psiquis. Nosotros damos de nuestras propias experiencias.

Eso significa que de alguna manera tu pasado forma en ti la capacidad de servir a otros que transitan por experiencias similares. Tú has vivido por un tiempo y has experimentado el dolor, así que posees algo que el mundo precisa. Quizás te parece que no has manejado bien tus traumas la primera vez, pero al menos has aprendido un poco de ellos. ¡Puedes identificarte y relacionarte con los necesitados!

Tu mayor efectividad yace allí, en el lugar de tus más profundas heridas. Permítele al Señor que trate con tus traumas; toma su consuelo y entrégaselo a otros al impartir sanidad en sus vidas. Los corazones dolidos se conectarán con Dios a través del toque divino que tu recibiste y que ahora ofreces a manos abiertas.

Señor, vincúlame con aquellos que necesitan lo que tengo para ofrecer. Que el trato divino que me has dado pueda yo entregarlo a quien lo necesite. Que tu ministerio conmigo sane también a otros. Amén.

Detrás de tu fe

Sanen a los enfermos, resuciten a los muertos, curen a los leprosos y expulsen a los demonios. ¡Den tan gratuitamente como han recibido! (Mateo 10:8)

Por lo que se sabe, Jesús no resucitó a ninguno de sus discípulos de la muerte, ni los curó de lepra o los rescató de posesiones demoníacas; aunque sí sanó a algunos de determinadas enfermedades, como por ejemplo a un pariente de Pedro (Marcos 1:30-31). Era bastante común que él curara padecimientos mientras ejercía su ministerio terrenal. En verdad, ellos lo vieron hacer milagros y en la Gran Comisión los envió a todos a hacer lo mismo, ordenándoles que dieran tan libremente como habían recibido. Poseían la experiencia de los sucesos sobrenaturales, y debían compartirla con otros.

Los escritores del Evangelio no nos cuentan las reacciones de los discípulos al recibir una encomienda tan extraña. Eso significa que salieron directamente a hacer lo que se les dijo. En una ocasión no pudieron echar fuera un demonio (Marcos 9:14-29). Quizás tal circunstancia los habría hecho retroceder ante la enormidad del encargo o pedir un manual de instrucciones referido al ministerio sobrenatural. Pero Jesús solo les habría dicho que lo miraran a él, al poder que habían observado, mientras lo seguían. En otras palabras: tenían todas las razones para preguntarse si estaban a la altura de la tarea; sin embargo, no parece que Cristo les diera la oportunidad de hacerlo. Él los enviaba y esa calificación era más que suficiente.

¡Pero en tu caso también! Ese aval es más que suficiente. Él te ha llamado a lidiar con lo imposible. Tus armas, insuperables, por cierto, son las promesas de Dios, el nombre de Jesús, y cualquier grado de fe que recibas y aceptes. Bueno, ¿sabes?, con eso basta, tal vez no para ver un milagro con cada ruego o declaración, pero sí para perseverar hasta que sea hecho. El asunto no es si puedes duplicar los milagros de Jesús, sino si actuarás acorde a su corazón en un mundo necesitado. Hazlo, y verás su ministerio nacer de tu fe.

Jesús, he recibido tanto de ti. Estoy llamado a dar aún más, mucho más allá de mis propios recursos y habilidades. Señor, yo creo; apóyame con tu provisión. Cuida poderosamente a las personas a través de mí. Amén.

10 DE ABRIL

Mateo 10:11-16

Ovejas entre lobos

Miren, los envío como ovejas en medio de lobos. Por lo tanto, sean astutos como serpientes e inofensivos como palomas. (Mateo 10:16)

Durante una breve persecución que incluyó el martirio de Esteban, muchos de los primeros creyentes huyeron de Jerusalén y se establecieron en ciudades de Judea, y regiones más allá de Samaria (Hechos 8:1-2). Otros cristianos del primer siglo fueron voluntariamente para poder difundir el mensaje de su fe. En los nuevos territorios, se toparon con personas que ansiaban escuchar y otras que mostraban un rechazo hostil. Entonces, tuvieron que aprender a lidiar con la controversia. ¿Se metían en acalorados intercambios verbales? ¿Debían apelar a los gobernantes para obtener protección? ¿Precisaban amoldarse al entorno? ¿Atacaban la fe de sus oyentes o se concentraban en las virtudes de la suya? Algunas interrogantes tenían respuestas obvias, pero otras no. Debían encarnar la *shalom* del reino de Dios sin morir o escapar de la ciudad.

Jesús te advierte que enfrentarás dificultades de este tipo y te ofrece instrucciones claras: sé inofensivo como las ovejas, aunque estés rodeado de lobos, pero ¡cuidado! No seas ignorante como ellas. Capta en tu mente las manipulaciones y las estrategias de los antagonistas humanos sin participar de ellas. Piensa igual que una serpiente en cuanto a tu protección; vive como una paloma para el cuidado del mensaje que llevas. Es una sutilísima mezcla de inteligencia callejera, para que no te exploten o engañen, con algo de la inocencia que te impide embaucar o sacar provecho de los otros. Sabes que te dañarán ¿verdad?, pero tú no puedes vengarte.

No es fácil conseguir tal equilibrio, sin embargo, es necesario para proclamar el mensaje del reino en este mundo. Jesús conocía los corazones de quienes lo criticaban y conspiraban contra él, y no se confiaba de ellos. ¡Pero nunca se rebajó a su nivel! Vio maniobras políticas sin comprometerse con ellas; respondió al odio con amor; escapó de los complots sin el imperativo de manipular a alguien. Tu misión en este mundo tiene el mismo carácter. Eres una oveja entre lobos, sin otra protección que tus ideas y sus promesas. Eso es suficiente.

Jesús, que nunca imite el carácter de quienes se oponen a mi fe y a tu mensaje. Tú me has llamado a ser como tú, incluso cuando sufra. Dirige mis pasos, protege mi corazón y multiplica mis frutos. Amén.

Una revelación de Dios

... llámame cuando tengas problemas, y yo te rescataré, y tú me darás la gloria. (Salmos 50:15)

La historia de la rebelión y el mal no está del todo clara, sin embargo, una imagen coherente brota al hojear las páginas de la Biblia. Una sedición en las regiones celestes apartó a una tercera parte de sus seres del Señor y luego infectó a los habitantes de la tierra. Como creyentes, es difícil que podamos imaginar alguna adversidad en las moradas del cielo; la presencia de Dios excluye el pecado, el dolor, la angustia, los padecimientos y las carencias. Pero ¿quién de nosotros no conoce el trauma de la caída en los reinos insurrectos de los espíritus y la carne? La enfermedad, la pena, la pobreza, la injusticia, la infidelidad y muchas otras aflicciones crecen como la mala yerba. Los problemas están a la orden del día.

Así debía ser si el Señor iba a revelarse en su plenitud. El perfecto contexto del cielo recibiría adoración por su grandeza, gloria, amor, poder y conocimiento. Pero ¿quién sabría de su misericordia, sanidad, consuelo, clemencia, provisión y justicia? ¿Cómo se harían visibles estas bellas características de Dios a menos que alguien las necesitara?

Así que, sin crear el mal, Dios permitió un mundo en el que nuestra carencia revelaría su carácter. Eso significa que cada vez que clamas a Dios por ayuda, no se trata solo de ti. Tu urgencia es una vía mediante la cual él demuestra una parte de sí mismo. Cuando experimentas una crisis, no es porque algo esté completamente mal, sino porque una oportunidad viene en camino. El Dios salvador se hace visible en aquellos que auxilian al necesitado. Contémplalo con fe y observa lo que hará.

No importa cuánto se tarde, tu historia tiene un final glorioso. Nadie se emociona con una película en la cual el héroe se enfrenta a unos pocos y sencillos contratiempos. ¡Cómo brinca el corazón al ver que, tras la más oscura adversidad, él se levanta victorioso! Si tu vida anda por la misma trama, deja que Dios actúe y espera hasta el desenlace. Verás que no te decepciona; será lo mejor para ti, a la vez que un reflejo de él y un testimonio para quienes te rodean.

Señor, tu promesa es mucho más clara en la Escritura que en medio de mis circunstancias. Dame ojos para ver más allá del momento, para buscar tu rescate, y para alabarte incluso antes de que llegue. Revélate no solo a mí, sino a través de mí. Amén.

La dirección de la influencia

Jesús extendió la mano y lo tocó: —Sí quiero—dijo—. ¡Queda sano! Al instante, la lepra desapareció. (Lucas 5:13)

LAS ANTIGUAS LEYES HEBREAS tenían como objetivo proteger al pueblo de Dios de las influencias dañinas, tanto espirituales como físicas. Los leprosos, por ejemplo, eran marginados para que su enfermedad no infectara a otros (Levítico 13:45-46). Los proverbios instruyen a quienes desean serlo a pasar el rato con los sabios en lugar de arriesgarse a ser afectados por el contagio de los tontos (13:20). En ambos casos, la dirección de la influencia sugería que lo impuro podía corromper lo puro, y que el influjo negativo era más fuerte que el positivo. Para mantenerse bueno, sin tacha, entendido, sano y limpio, había que estar alejado de los agentes infecciosos.

Sin embargo, Jesús cambió la tendencia. Antes que evitar a los leprosos, los tocó. No eludió a los pecadores, sino que pasó tiempo con ellos e incluso permitió que se le acusara de impureza y corrupción. ¿Por qué? Porque la limpieza en él era más fuerte que la suciedad en cualquier otro. En lugar de que su pureza se manchara, la contaminación de los demás se deshacía con su presencia. Lo negativo se volvió repentinamente menos poderoso e influyente que lo positivo. Cambió la historia a favor de la incorruptible y nueva naturaleza que Dios le ha dado a su pueblo.

«Las malas compañías corrompen las buenas costumbres», el conocido dicho del poeta griego Menandro, aún se aplica a quienes no están seguros de su propia identidad. Pablo incluso lo usó como una advertencia para una iglesia inmadura (1 Corintios 15:33). Pero la historia es diferente para aquellos que conocen a su Dios, están al tanto de su identidad, y viven seguros de la limpieza que Jesús nos ha dado. Podemos ir al mundo sin temor a ser corrompidos, estar expuestos a las mentiras sin vacilar en la verdad, y hacernos amigos de los que carecen de convicciones sin preocuparnos por perder las nuestras. Somos capaces de tener más confianza en nuestra influencia positiva que en cualquier influjo negativo que otros tengan sobre nosotros.

No dudes de tu llamado, vive con convicciones, no le temas al mundo. Tu sola presencia puede cambiar la atmósfera de una habitación y tú eres capaz de incidir en quienes te rodean simplemente con tener una confianza inquebrantable en Dios. Su poder en tu interior es mayor que las presiones del exterior. ¡Que sea tu fe una roca inamovible!

Señor, hazme como Jesús. Déjame madurar en él tan profundamente que el poder dentro de mí supere a aquellos fuera de mí. Dame una influencia santa sobre todo lo que no es santo en este mundo. Amén.

1 Pedro 2:9-12

El sacerdocio real

Pero ustedes no son así porque son un pueblo elegido. Son sacerdotes del Rey, una nación santa, posesión exclusiva de Dios. Por eso pueden mostrar a otros la bondad de Dios, pues él los ha llamado a salir de la oscuridad y entrar en su luz maravillosa. (1 Pedro 2:9)

Hace mucho tiempo, Dios eligió una tribu israelita con el propósito de que sus miembros fungieran como sacerdotes de la nación, a la vez que Israel, su pueblo, lo sería para otras. (Éxodo 19:6). Su objetivo en ambos casos era establecer vínculos y líneas de comunicación entre él y un mundo caído. Estas personas escogidas se posicionaban entre el cielo y la tierra para representar a los seres humanos ante Dios y viceversa; le expresaban a él las confesiones y solicitudes del pueblo, al cual también revelaban los deseos y mandatos del Señor. Eran un puente entre los hombres y su Creador.

Dios también designó reyes para el bienestar público, los cuales se encargaban de los asuntos humanos, protegían, proveían y preservaban el bienestar de la nación. La gente acudía al rey para gobernar, mediar en las relaciones con los demás y solucionar cualquier circunstancia compleja.

El pacto del Nuevo Testamento pone a todos los seguidores de Jesús en el sacerdocio real de Israel, lo que significa que cada creyente se transforma en rey y sacerdote al servicio de los demás (Apocalipsis 1:6; 5:10). Estamos llenos de la santa presencia para escuchar confesiones (Santiago 5:16), otorgar perdón (Juan 20:23) e interceder unos por otros (Efesios 6:18). Cristo es nuestro sumo Sacerdote y Rey eterno; lo representamos en la tierra en ambos roles. Tenemos la enorme responsabilidad de servir al bien común.

Ella no se limita a los hermanos creyentes. De la misma forma que Israel sirvió como una nación sacerdotal para el mundo, así también nosotros. Quizás dentro de la iglesia unos pocos nos identifiquen como sacerdotes o reyes, y fuera de ella mucho menos. Pero nuestra efectividad no depende del reconocimiento. ¡Anima, sana, une las brechas, confiesa los pecados en nombre de tu ciudad, país y región, y habla de la vida de Dios a tu alrededor! Debes estar alerta a la intersección del cielo y la tierra para servir a los intereses del Señor y a quienes lo necesitan.

Señor, hazme comprender la importancia de mi posición como ciudadano del cielo y la tierra. Que te represente bien ante este mundo quebrantado, y que lo represente con compasión y sinceridad ante ti. Cualquier grieta que desees cerrar, úsame para hacerlo. Amén.

Avanzar hacia el mundo

Sabemos que somos hijos de Dios y que el mundo que nos rodea está controlado por el maligno. (1 Juan 5:19)

MUCHOS DE LOS PRIMEROS REFORMADORES atrapados en los conflictos políticos y religiosos del siglo XVI estaban convencidos de que Satanás se había infiltrado por completo en todos los sistemas e instituciones humanas. Los gobiernos, las universidades, las estructuras de la iglesia todos estaban bajo la influencia del mal. Eso no impidió que solicitaran el apoyo de las autoridades o que inauguraran nuevas casas de altos estudios y organismos eclesiásticos; pero la creencia de que todo estaba irreparablemente corrupto los hizo desistir al momento del interés por reformar lo antiguo. Más bien, decidieron comenzar algo novedoso.

Quizás los reformadores exageraron un poco en cuanto a la oscuridad que enfrentaban, pero sí señalaron una verdad bíblica: que la caída de este mundo ha provocado la corrupción de casi todos los sistemas y organizaciones que los hombres construyen. Eso no significa que aquel sea del todo disoluto, pero sí que existe depravación en todas sus áreas. Unos gobiernos e instituciones han servido como agentes de bendición, aunque de manera imperfecta; y otros como agentes de terribles males. Sin embargo, en todos los casos, la habilidad para desviarse de los caminos de Dios y fomentar la rebelión humana es enorme.

Algunos creyentes han tomado el asunto como excusa para evitar por completo las organizaciones humanas, como si alejarse de su influencia y poder ofreciera algún tipo de salida. El Nuevo Testamento es mucho más optimista sobre nuestra participación en la vida normal. Los primeros cristianos provenían de todas las clases sociales. Por lo que leemos, Pablo se relacionaba con los círculos de comercio, y ciertamente nunca rehuyó las instituciones religiosas. Se dio cuenta de que, incluso los gobiernos que no reconocen la autoridad de Dios, han sido permitidos o fundados por él para preservar el orden público (Romanos 13:1-5). No ganamos nada al crear una subcultura aparte. ¿Qué impacto tendrán la sal y la luz en el aislamiento? La corrupción no hizo impuro a Jesús: su pureza la superó. Sigue su ejemplo y lleva la frescura de tus dones y habilidades a un mundo en decadencia.

Jesús, tu santidad hace las cosas puras; tu libertad libera a los cautivos; tu vida supera la muerte y la decadencia. Que todo temor a ser mal influenciados lo transformes en la confianza de incidir de forma positiva en las personas. Hazme un agente de cambio. Amén.

¿Cuál es tu fuente?

Queridos amigos, ya que son «extranjeros y residentes temporales», les advierto que se alejen de los deseos mundanos, que luchan contra el alma. Procuren llevar una vida ejemplar entre sus vecinos no creyentes… (1 Pedro 2:11-12)

DURANTE EL PERÍODO COLONIAL TEMPRANO de Inglaterra, una de las mayores preocupaciones del gobierno y la iglesia de la nación era que las culturas y religiones extranjeras sedujeran a sus viajeros. El temor no era infundado; algunos exploradores en el Pacífico «se volvieron nativos» y nunca regresaron a casa, mientras que ciertos aventureros, comerciantes e incluso ministros en el Medio Oriente adoptaron el islam como su nueva religión. Con frecuencia los estilos de vida exóticos resultaban más atractivos que las tradiciones familiares; entonces, la lealtad se desvanecía. Era común que los visitantes temporales se adaptaran al nuevo entorno y eligieran residir permanentemente en el lugar. Tú eres un peregrino que vives en los caminos del mundo al tiempo que vez avanzas en los del reino de Dios. En el transcurso de la historia muchas personas han encontrado tentadora ese tipo de existencia expatriada, ya sea en el campo de la diplomacia, el servicio misionero, los negocios o cualquier otra experiencia intercultural a largo plazo. Pedro advirtió a sus lectores que no se desentendieran del mundo, sino que permanecieran fuera de sus influencias. Quería que sus lealtades estuvieran límpidas.

La cuestión no es evitar ciertas cosas, como si las prohibiciones legales gobernaran tu desempeño espiritual. No, no es así (Colosenses 2:20-23). El asunto es la fuente de la que proviene tu vida. ¿Cómo nutres tu alma: con las sustancias y placeres temporales de este mundo o con las verdades eternas de Dios? ¿Intentas empaparte de todo cuanto puedas de tu entorno, o te alimentas a través de tus raíces espirituales? Como escribió el apóstol: «"Todo me está permitido", pero no todo es para mi bien. "Todo me está permitido", pero no dejaré que nada me domine» (1 Corintios 6:12, NVI). ¿De dónde te alimentas?

Recuerda la fuente de tu vida mientras te desempeñes como un sacerdote real en este mundo. No temas a la podredumbre, pero tampoco te sumerjas en viejas prácticas que ahora te son ajenas. Tus allegados necesitan ver la vida de Dios que florece dentro de ti. Vive sin manchas y podrán apreciarla.

Señor, mi vida es tuya, y tú eres mi vivir. Que mi doble ciudadanía en el cielo y en la tierra jamás me confunda. Quiero andar por los caminos de tu reino e invitar a otros, dondequiera que se encuentren, a ir conmigo. Amén.

Las bendiciones sacerdotales

Diles a Aarón y a sus hijos que impartan la bendición a los israelitas con estas palabras. (*Números 6:23*, NVI)

IMAGINA UNA ESCUELA EN LA QUE LOS INSTRUCTORES, además de enseñar, tenían una tarea secreta: buscar alumnos que fueran buenos candidatos para recibir una beca al término del curso. No era necesario que poseyeran las mejores notas o resultados en los exámenes, aunque de seguro sus promedios eran altos. El verdadero criterio era más subjetivo. ¿Quiénes estaban más ansiosos por aprender? ¿Quiénes deseaban que las cosas les salieran perfectas al final? ¿Quiénes habían mostrado signos de honestidad, honradez, rectitud y franqueza? El estudiante seleccionado por los profesores tendría el beneficio de una beca al concluir el año.

Esto se asemeja al momento en que Dios designa a Aarón y a los sacerdotes levitas en Números 6. Él estipuló que si el sacerdote y sus hijos bendecían a los israelitas con las palabras de una oración específica: «Que el SEÑOR te bendiga y te proteja. Que el SEÑOR sonría sobre ti y sea compasivo contigo. Que el SEÑOR te muestre su favor y te dé su paz» (Números 6:24-26), entonces haría manifiesta la oración. La Biblia no explica por qué Dios no bendecía al pueblo directamente, aunque quizás era porque había decidido obrar en el mundo a través de los hombres (como, por ejemplo, la oración, el perdón y la promesa que dio a sus seguidores de atar y desatar las cosas en la tierra). Amén del motivo, su trato con los sacerdotes de Israel fue que ellos pronunciaran las palabras de bendición y que él las honrara.

Nosotros compartimos una labor similar como sacerdotes reales del reino de Dios (Romanos 12:14; 2 Corintios 1:11; Santiago 3:10; 1 Pedro 3:9). Nuestra tarea es, hasta cierto punto, diferente a la de los maestros de escuela; las bendiciones de Dios son ilimitadas. Todo el mundo necesita alguna, y podemos darnos el lujo de proclamarlas día tras día. Aun así, el Señor nos pide que exploremos el mundo para marcar a quienes nos rodean con bendiciones, que de seguro él derramará con abundancia. Pocos aprovechan esta enorme oportunidad, pero deberíamos, ya sea en privado, en voz alta o como queramos. Él manifestará muchas de las bendiciones que pronunciemos.

Señor, no conozco tu voluntad específica para la vida de las personas, pero sé que quieres bendecirlas, acercarlas, revelarles quién eres y demostrarles tu amor. Si mis palabras son un catalizador para ese ministerio, que sean abundantes. Amén.

Palabras de gracia

Dios no envió a su Hijo al mundo para condenar al mundo, sino para salvarlo por medio de él. (Juan 3:17)

EN EL SIGLO XIX, cuando el movimiento de misiones modernas comenzó a crecer, la mayoría de los misioneros personificaron el mensaje de Isaías 52:7: «¡Qué hermosos son sobre los montes los pies del mensajero que trae buenas noticias, buenas noticias de paz y de salvación, las noticias de que el Dios de Israel reina!». Algunos, sin embargo, solo portaban malas noticias: un mensaje de condena por los horribles pecados que «los paganos» practicaban. Pasaron la mayor parte de su tiempo destruyendo las religiones locales y casi ninguno dando a conocer el evangelio de la redención y la restauración. Eran mensajeros del juicio, como los predicadores de las esquinas de las calles en un escenario global.

Hay momentos en los que debemos declarar la ley de Dios para convencer a las personas de que su rectitud es insuficiente y por lo tanto lo necesitan a él. Pero el juicio nunca es el final del mensaje, y por lo general, tampoco es el principio. Más que su severidad, la misericordia del Señor constituye una vía superior para el arrepentimiento (Romanos 2:4). Asimismo, el mensaje de nuestra depravación universal suele ser infructuoso a menos que se sitúe entre una clara afirmación del inmenso costo de todo ser humano a los ojos de Dios y el vasto potencial de cada uno como su hijo amado y restaurado. El evangelio es, en esencia, un anuncio de amor y esperanza. Ese es el mensaje que Jesús proclamó.

Él dejó claro que se acerca una era de juicio, sí, ¡pero no es esta! Los tiempos actuales son para que Dios rescate, restaure y muestre su misericordia (Lucas 4:19). Si nuestro discurso no se alinea con esa verdad, algo está mal. Si lo hace, veremos que muchos corazones que alguna vez se apartaron de él se sienten atraídos y retornan de nuevo a sus brazos, quizás, lentamente, y a veces con recelos, pero al final con esperanza y confianza. El reino de Dios es mucho más espacioso de lo que nosotros hemos imaginado, y su compasión llega más lejos de lo que podemos entender. Sí, la puerta es estrecha, pero la tierra en el interior es abundante, fructífera y amplia. Que tus palabras estén llenas de esa gracia que lo hace patente.

Jesús, que mi voz armonice con la tuya en todos los sentidos al declarar el tiempo del favor de Dios, la restauración y las misericordias tan amplias como su reino. Que el amor del Padre y el poder del Espíritu Santo llenen mis palabras. Amén.

18 DE ABRIL

Efesios 4:30-32

El mayor testimonio

Líbrense de toda amargura, furia, enojo, palabras ásperas, calumnias y toda clase de mala conducta. Por el contrario, sean amables unos con otros, sean de buen corazón, y perdónense unos a otros, tal como Dios los ha perdonado a ustedes por medio de Cristo. (Efesios 4:31-32)

La reforma protestante rompió el monopolio que ostentaba la iglesia romana sobre la ortodoxia en la cristiandad occidental; también abrió un complejo e interesante debate en cuanto a cómo interpretar la Escritura. A veces los reformadores discrepaban respetuosamente, pero otras se volvían incisivos y feroces en sus calumnias a otros. Llegaban incluso a llamar a sus oponentes mentirosos y herramientas del diablo. Las almas estaban en juego, así que con frecuencia discutían las emociones y las maniobras. El ambiente caldeado y tenso que siguió durante más de un siglo hizo que muchos corazones se alejaran de la verdad absoluta. Razonaban con toda lógica: si tantas voces no están de acuerdo, ¿cómo puede alguien saber a ciencia cierta quién tiene la razón? Se plantaron las semillas del secularismo en una cultura en la cual un buen número de pensadores ya estaban hartos de lo mismo.

Hoy, algunos de nosotros tenemos la misma tendencia a defender la verdad con actitudes que no la reflejan en absoluto. El Nuevo Testamento acentúa con fuerza la paz, la unidad, la ternura, el estímulo, la misericordia, el entendimiento el perdón y el amor. Sin embargo, cierto número de sus más ardientes defensores continúan dejando huellas de rencor, amargura, calumnias e insultos tras de sí. Entre tanto, las raíces del secularismo crecen aún más, en gran parte por igual causa que hace varios siglos: las muchas ideas y conceptos se funden y se destrozan unas a otras, mientras los espectadores se convencen cada vez más de lo imposible de saber quién tiene la razón.

El mayor testimonio de los cristianos nunca ha sido nuestra capacidad de ganar un debate, sino la de evidenciar amor. Cuando nos centramos en lo primero, cedemos terreno en cualquier conflicto cultural que se produzca. Pero si ponemos la atención en lo segundo, nos convertimos en mensajeros del camino más excelente, ministros de reconciliación y agentes del crecimiento del reino. Siempre que te esfuerces por dar fruto en este mundo, recuerda las verdaderas semillas del reino. Ama con todo tu corazón.

Señor, perdónanos por no comprender totalmente tu demostración de amor. Nunca nos pides que comprometamos la verdad, pero nos ordenas con premura que amemos y perdonemos a los que lo hacen. No permitas que mis ideales me impregnen tanto que me olvide de hacerlo. Amén.

Cristo y la cultura

Después de esto vi una enorme multitud de todo pueblo y toda nación, tribu y lengua, que era tan numerosa que nadie podía contarla. Estaban de pie delante del trono y delante del Cordero... (Apocalipsis 7:9)

UNA DE LAS OBRAS TEOLÓGICAS más importantes del siglo XX fue *Christ and Culture* [Cristo y la cultura], del año 1951, escrita por H. Richard Niebuhr. El material analiza el nexo entre Jesús y la cultura y lo asume desde varias aristas: en desacuerdo y por sobre ella; su obra dentro de ella, o el avance hacia ella para transformarla. La opinión de un cristiano, dondequiera que se exprese, conformará su trato con el mundo que lo rodea. La forma en que visualicemos el reino de Dios determinará el modo en que afectaremos a la sociedad.

Esa es la opinión según la teología cristiana, pero ¿y los criterios de los demás? Una de las mayores preguntas en las humanidades y las ciencias sociales en las últimas décadas ha sido si es ético que alguien «imponga» sus creencias en otra cultura. La misión cristiana, ya sea en una cultura radicalmente pagana o en el propio vecindario, es un esfuerzo por afectar las creencias de otro. Muchos individuos ven esto como un problema; vivimos en una época de relativismo cultural. Olvidan que una vez el cristianismo les resultó extraño a las sociedades que no eran semíticas (al igual que otras religiones fueron extranjeras más allá de sus orígenes) y que cada maestro, expositor, político y filósofo tiene el compromiso de cambiar los pensamientos de las personas. Pero, además, asumen que el evangelio socavará la cultura y destruirá su carácter distintivo. Y esa no era la misión de Jesús.

El Señor no vino a uniformar al mundo, ¡ni a hacerlo monocromo! Eso se observa con toda nitidez en las escenas del cielo en Apocalipsis, donde los salvos de todas las tribus y lenguas, aún distinguibles, adorarán ante su trono. Recuerda eso cuando interactúes con personas de disímiles orígenes. Concéntrate en el poder del evangelio para tornar a Dios las almas. Él disfruta de la variedad dentro de la unidad de su reino. ¡Complácete también en ella!

Señor, creo que mis conceptos sobre ti y tu Palabra son verdaderos. Pero también entiendo que mi comprensión es limitada y que muchos creyentes te ven de formas diversas. Quiero despertar el amor por ti en los demás; confío en ti para que provoques el cambio, o no, a tu manera y en tu tiempo. Amén.

Heraldos de la invitación

Ve por los senderos y detrás de los arbustos y a cualquiera que veas, insístele que venga para que la casa esté llena. (Lucas 14:23)

La sociedad afirma, de manera bastante poco amigable, que los misioneros y otras personas religiosas tratan de imponerles su fe a los demás a la fuerza. Tal sentimiento se expresa con toda franqueza en los ásperos comentarios en línea que, a menudo, siguen a los artículos de noticias y a las entradas de los blogs; y de modo más sutil, se comunica en las aulas de las universidades y en los medios informativos dominantes. La historia demuestra que a veces las conversiones se lograron a través de tácticas de mano dura, incluso a punta de espada. Pero fueron excepciones dentro de nuestro llamado, y aunque existen denuncia de coerción económica o imperialismo cultural, ya las cosas no suceden de esta forma en la actualidad. De hecho, la mayoría de los misioneros son embajadores de la reconciliación y la esperanza; aspectos que indudablemente son hoy por hoy indispensables en este mundo. Jesús envió a sus seguidores con las buenas nuevas.

¿Qué hay de malo en conversar de temas espirituales? Muchas acusaciones contra los cristianos son tácticas de miedo de individuos que difunden con libertad sus opiniones, pero no quieren que otros las molesten con sus creencias. Sin embargo, cada diálogo está lleno de criterios que pueden o no cambiar las ideas de alguien más. El deseo de influir permanece enraizado en el corazón humano, y nuestra sociedad rebosa de entornos en los cuales la influencia es el objetivo principal: aulas, debates políticos y filosóficos, columnas de periódicos, anuncios de televisión, blogs, medios sociales y mucho más. El problema para algunos no es que hablemos de la fe, sino que lo hacemos sobre de un tipo de fe en específico, una que ostenta demasiado bagaje cultural y estereotipos. Un sinnúmero de personas desecha la idea del cristianismo antes de comprender a ciencia cierta lo que es.

Es un desafío que hay que superar, y comienza con suprimir los estereotipos. Queremos ser heraldos de la invitación, no de la coacción; comunicadores que hablan de la verdad eterna y expresan su significado. Sea que le roguemos a la gente que se reconcilie con Dios (como hizo Pablo en 2 Corintios 5:20) o que seamos un mendigo hambriento que le muestra a otro dónde encontró el pan, como dijo D. T. Niles, no tenemos razón para, sobrecogidos, refugiarnos en el silencio. Jesús, de manera cordial, invitó a todos a sentarse a la mesa del Padre. ¡Hagamos lo mismo!

Jesús, aunque a veces tus palabras causaban divisiones, tenía que haber algo extremadamente atractivo en tu naturaleza porque ¡cuántos atraías a ti! Hazme como tú, dame tu naturaleza. Que muchos vengan conmigo a tu banquete. Amén.

La humilde comisión

Vayan por todo el mundo y prediquen la Buena Noticia a todos. (Marcos 16:15)

Solo seguían las instrucciones. La mayoría de los misioneros y comunicadores del reino que han ido al mundo con el evangelio de la verdad estaban haciendo lo que Cristo les ordenó. La Gran Comisión en sus diversas formas (Mateo 28 y Marcos 16 contienen dos de las más claras) obliga a los seguidores de Jesús a llevar consigo las afirmaciones de Dios dondequiera que vayan y a instar a otros a creerlas. Esto es una parte básica e inseparable de la fe cristiana.

También resulta ofensiva. Para muchos, tales afirmaciones son arrogantes. La idea de un grupo que profesa tener la verdad eterna y que deben transmitirla a otros, dando así a entender que todas las demás perspectivas son falsas, resulta ostentosa. Y «pomposo» no suena bien en una era de relativismo y tolerancia al ciento por ciento. La Gran Comisión se convierte en una «gran molestia» para todos a nuestro alrededor.

¿Resulta jactancioso percibirse como misionero a las naciones? Depende de tu actitud. Todo el mundo piensa que sus doctrinas son la verdad; y opinan que quienes no están de acuerdo poseen creencias falsas. Eso es lo que siempre provoca la incompatibilidad. Entonces, creer en el evangelio no es más arrogante que la fe de otros. El problema es cuando ignoramos que muchos no creyentes obtienen una sabiduría auténtica de otras experiencias significativas. Nuestro propósito no es negarlo o avergonzarlos por esta causa. Más bien debemos encontrar dónde Dios ya ha obrado en sus vidas y mostrarles ese tesoro en sus conclusiones finales. En el proceso, podríamos aprender mucho de aquellos que nos rodean sin poner en peligro nuestras propias creencias.

Esfuérzate por cumplir las instrucciones de Jesús, pero asegúrate de que tus diálogos sean bidireccionales. La Gran Comisión no te dice que vigiles tu actitud, pero el resto del Nuevo Testamento, sí. Tú no posees toda la verdad: solo conoces su fuente. Preséntala humildemente.

Jesús, tu mensaje puede ser ofensivo, pero no quiero que mi actitud también lo sea. Dame un amor verdadero por la gente y un alma curiosa por sus experiencias. Que mi influencia llegue a través del respeto mutuo. Amén.

Amor inmutable

Les demuestra amor a los extranjeros que viven en medio de ti y les da ropa y alimentos. (Deuteronomio 10:18)

A LO LARGO DE LA HISTORIA se ha sabido que muchos grupos de fe, incluidos los cristianos, son amables y hospitalarios en los lugares donde son la minoría, y exclusivos e intolerantes en donde son la mayoría. En un trasfondo cristiano, eso, tristemente, no refleja nada en cuanto a poseer un nuevo corazón. En cambio, advierte la necesidad de acomodarse en contextos de minoría y de asumir la superioridad cultural en los de mayoría. Claro que esta dinámica no se aplica a cada creyente como individuo, pero sí a la sociedad en su conjunto. A veces no hemos sido cariñosos con los desconocidos entre nosotros. En el caso de otros grupos de religiosos no lamentamos ninguna pérdida; ni tampoco nos interesa su imagen. Sin embargo, ¿cómo habría sido la historia si los cristianos hubieran sido siempre la excepción de esta regla?, ¡deberíamos preguntarnos eso! En vez de presionar para que el Estado o la cultura se ajusten a la ética y las doctrinas cristianas, ¿qué tal si se nos conociera por el amor voluntario y la cordialidad? ¿Qué si los «extraños» entre nosotros constantemente recibieran la misma compasión y apoyo, sin importar nuestro estatus demográfico? O, para decirlo de forma más precisa, ¿qué tal si nos pareciéramos a Jesús y no a los escribas y fariseos que lo rechazaban?

Es evidente que la Biblia nos exhorta a ser hospitalarios (Romanos 12:13), pero el tema se remonta mucho más allá de la era cristiana. El Señor eligió a los israelitas «como objeto de su amor». Sin embargo, fue imparcial al ordenarles que amaran al extranjero entre ellos porque lo habían sido una vez en Egipto (Deuteronomio 10:15-19). Les ordenó que dejaran suficiente comida para los forasteros y los pobres (Levítico 19:10). Con frecuencia, los profetas repetían el mensaje. El pueblo de Dios, lejos de la severidad, precisa mostrar su misericordia. Debemos ser revelaciones de su corazón.

¡Que ese sea tu propósito! Puede que vivas en un barrio o ciudad de mayoría cristiana, o que te superen en número. Como sea, profesa un amor inalterable. Tu misión es reflejar la imagen de Dios, no las tendencias de tu cultura o sociedad.

Señor, en nombre de todos los cristianos a lo largo de la historia, me uno a la confesión y al arrepentimiento por las tristes tergiversaciones de tu nombre. ¡Restaura hoy entre tu pueblo la verdadera imagen de tu naturaleza, y que la reflejemos amplia y claramente! Amén.

¡Hónralo!

Pero Pedro y Juan respondieron: «¿Acaso piensan que Dios quiere que los obedezcamos a ustedes en lugar de a él?». (Hechos 4:19)

Pedro y Juan sanaron a un mendigo cojo, aprovecharon la ocasión para predicar, y fueron apresados por crear un alboroto. Al día siguiente los liberaron, pero con la advertencia de que no difundieran más su «propaganda» (Hechos 4:17). Por supuesto, el Espíritu y sus convicciones los obligaron a seguir declarando el mensaje que habían recibido y las obras que el Señor estaba haciendo. Así que los arrestaron de nuevo, como a otros apóstoles. Salieron de la cárcel milagrosamente y un tiempo después los condujeron ante las autoridades. En cada caso, su respuesta a las acusaciones fue que Dios era poseedor de una jerarquía superior a la de los seres humanos, y tenían que obedecerlo por encima de todo (ver 5:29).

De algún modo, en este suceso, evidenciaron un desafío a las jerarquías humanas al violar sus instrucciones. En otros, se sometieron a ellas, y reconocieron que serían castigados duramente por sus desacatos, pero estaban dispuestos a sufrir. No intentaron derrocar a nadie, no alentaron ningún disturbio ni quisieron faltar el respeto a los gobernantes. Solo hicieron lo que Dios les ordenó y aceptaron las consecuencias. Quizás en su caminar con él descubrieron un conflicto entre la voluntad para sus vidas y las restricciones sociales, culturales y legales que les imponían.

¿Y tú? ¿No has tenido que elegir también en contextos difíciles? O seguir a Dios o a las expectativas humanas. Tal vez, en la mayoría de los casos, hayas logrado hacer ambas cosas; estamos llamados a servir al Señor lo mejor que podamos dentro de los parámetros establecidos por las autoridades civiles (Romanos 13:1-5). Pero hay momentos en los que el desafío respetuoso es inevitable, y sabemos que sobrevendrán consecuencias no deseadas. Nuestra última lealtad es únicamente para él.

Nunca vivas con una actitud frívola hacia los gobiernos civiles y el orden social en el que te desempeñas. Existe una enorme diferencia entre retar a la autoridad porque te desagrada y hacerlo porque te sometes a una superior. En el primer caso, te centras en ti mismo y deshonras a Dios, mientras que en el segundo te enfocas en él y en los otros. ¡Glorifica al Señor por encima de todo! Y respeta a los demás siempre y cuando puedas.

Señor, que pueda vivir en cualquier circunstancia de acuerdo con el llamado que me has hecho, incluso cuando tenga que ir en contra de los deseos de la sociedad. Pero ayúdame a recordar que parte de tu vocación es un estilo de vida honorable. Ayúdame a darte la honra donde sea que me encuentre y de la mejor manera. Amén.

El testigo material

Consideraban que sus posesiones no eran propias, así que compartían todo lo que tenían. (Hechos 4:32)

Las órdenes monásticas en la Edad Media enfrentaron una gran paradoja. Muchos habían visto los peligros de la avaricia, no solo en la creciente clase mercantil, sino también en el clero gobernante. Así que huyeron de las ansias del dinero y se dedicaron a la oración y a la frugalidad. Pero al hacerlo, atrajeron la admiración de los contribuyentes, así como el interés de quienes deseaban hacer un aporte monetario a su orden a cambio de plegarias e intercesiones. El dinero del que se apartaron ahora fluía hacia sus comunidades. Una de sus mayores inquietudes era cómo manejar los excesos de la riqueza mundana.

Por diversas razones, también nosotros enfrentamos ese conflicto. Vivimos en una era de consumismo capitalista, una economía distinta por completo, con tentaciones mucho mayores. Algunos creyentes están tan inmersos en sus estilos de vida que ni siquiera se dan cuenta del asunto, o de los siglos de enseñanza de los escritos judíos y cristianos, y en especial de Jesús, sobre la administración, la codicia y las influencias del dinero, que por norma envilece a las personas. ¿Son malas las riquezas? No, incluso los monjes lo sabían; pero el deseo de tenerlas sí corrompe. Si nos aferramos demasiado a nuestras posesiones, aunque remarquemos que el verdadero tropiezo es la idolatría y el apego, la realidad es que a lo mejor ya estamos en problemas.

Luego de Pentecostés, uno de los signos de la presencia del Espíritu era la voluntad de compartir generosamente con quienes habían venido a Jerusalén para la fiesta. Un buen número de peregrinos judíos que vieron lo que el Espíritu Santo estaba haciendo decidieron quedarse allí. Los creyentes locales usaron sus posesiones para brindar una hospitalidad extraordinaria en un momento único de la historia. Aunque la mayoría de nosotros sabemos que es posible ser muy compasivo y desinteresado con la prosperidad material, muchos aún no hemos hallado el equilibrio o comprendido que la forma en que usamos el dinero es un testimonio ante aquellos que nos rodean. ¡Pero sí lo es! Más que las palabras, transmite un mensaje sobre nuestros valores, prioridades y piedad. Demuestra el vínculo que tenemos con el prójimo y con Dios. Revela cómo invertimos en su reino.

Jesús, tú dejaste bien claro que el dinero, este bien material en específico, tiene enormes implicaciones espirituales. ¡No puedo servir a dos amos! Que siempre te sirva con mis pertenencias y demuestre con ellas mis valores y devoción. Amén.

25 DE ABRIL
Hechos 5:17-42

«Preparada en alma y cuerpo»

Los apóstoles salieron del Concilio Supremo con alegría, porque Dios los había considerado dignos de sufrir deshonra por el nombre de Jesús. (Hechos 5:41)

La historia de cómo ejecutaron a John Brown, un comprometido escocés del siglo xvii, describe que un grupo de soldados llegó a su casa por la mañana con un ultimátum para que se retractara de sus creencias y jurara lealtad al rey. De lo contrario, sería ejecutado en el acto. Brown se negó. Miró a su joven esposa y le preguntó si estaba preparada para separarse de él. Con plena conciencia del momento y las consecuencias, la mujer expresó: «Preparada en alma y cuerpo». A Brown le dispararon delante de su esposa e hijos, y antes de que los soldados se marcharan, el asesino le preguntó qué pensaba ahora de su marido. «Siempre lo he admirado —replicó—, pero ahora más que nunca».[7]

En los países occidentales desarrollados pocos creyentes se enfrentan hoy en día a tal opresión, aunque en otras partes del mundo muchos tienen que hacerlo. Desde que la iglesia comenzó en el primer siglo, es indudable que los gobernantes de esta tierra con frecuencia se sienten amenazados por aquella lealtad superior de quienes están comprometidos con Dios. Al inicio de la primera ola de persecución contra los cristianos de Jerusalén, un período de cierta brevedad, pero intenso, la presencia del Espíritu era tan fuerte que, como en el caso de John Brown y su viuda, la preferencia era clara e incluso deseable. El sufrimiento era honroso al considerar por quién padecían. Los beneficios de servirle de manera adecuada valían el precio.

Es acertado conservar fresca esa verdad en nuestra mente sea cual sea el momento que enfrentemos en la vida. Muchas culturas modernas se han relajado con la comodidad y holgura a las que estamos acostumbrados; entonces vienen las circunstancias difíciles y la mayoría de la gente piensa que algo salió mal. Sin embargo, nosotros sabemos que no es así. En el reino de Dios, al menos por ahora, ¡tenemos aseguradas las aflicciones! Sí, así es; tendremos que perseverar. Es cierto que las recompensas bien valen la pena, pero los costos son reales. Dondequiera que hoy las confrontes, permite que tu supremo llamado y el nombre de Jesús te deje «preparado en alma y cuerpo» y sigue adelante.

Jesús, tu nombre es sobre todo nombre; tu reino es más grande y más duradero que cualquier otro. Que nunca sacrifique las glorias eternas por las conveniencias del momento. Amén.

Cada llamado es importante

Nosotros, los apóstoles, deberíamos ocupar nuestro tiempo en enseñar la palabra de Dios, y no en dirigir la distribución de alimento. Por lo tanto, hermanos, escojan a siete hombres que sean muy respetados, que estén llenos del Espíritu y de sabiduría. A ellos les daremos esa responsabilidad. (Hechos 6:2-3)

HECHOS 6:1 RELATA QUE cuando el número de creyentes en Jerusalén comenzó a crecer hubo «muestras de descontento». Parece ser que los judíos de habla griega, aquellos que descendían de familias fuera de esta ciudad entre los judíos de la diáspora en Asia Menor, Babilonia, Persia, Europa o el norte de África, sentían que sus viudas no recibían la misma cantidad de alimentos y atenciones que las nativas de habla hebrea. Los apóstoles estaban demasiado preocupados con su ministerio de enseñanza de alto nivel como para invertir tiempo en los detalles administrativos, así que en oración nombraron a siete hombres, todos con nombres griegos, para supervisar este deber.

Si estás familiarizado con el libro de los Hechos, sabes dónde se desarrolla la historia: te darás cuenta enseguida de que se desvía un poco de los apóstoles y se centra en los diáconos. Los siguientes capítulos tratan sobre las notables obras de Esteban y Felipe, hombres designados para servir a las mesas de las viudas. Ellos proclamaban el evangelio y mostraban sus milagros y prodigios. No eran trabajadores de segunda categoría en el reino de Dios, o personal de apoyo para los que tenían un ministerio «real». También estaban repletos del Espíritu y la sabiduría del Señor. Su llamado, aunque no era tan prominente como el de los apóstoles, sí era decisivo.

Muchos cristianos a lo largo de la historia han creído que para servir a Dios deben llevar a cabo un ministerio en la iglesia. Pero en realidad, todo creyente está en el servicio a tiempo completo; a los ojos del Señor no existe una línea divisoria entre el trabajo sagrado y el secular, si se hace para él. Cada centímetro de este planeta es un terreno en el que podemos glorificar su nombre y comunicar su mensaje.

¿Qué significa esto para quienes no son maestros o predicadores? Bueno, lo primero es que hay muchas maneras de «enseñar y exponer la Palabra», y no todas son verbales. Sin embargo, lo más importante para nosotros es que sin importar el servicio que brindemos, hay en él algunos aspectos, relaciones, actitudes y valores que constituyen un asunto de más relevancia que el trabajo como tal. Cada actividad ofrece una plataforma para amar, servir, confiar, fortalecer, consolar, orar y poner en práctica las obras de Dios.

Padre, me interesa más el impacto que determinado estatus o posición. Haz que mi vida sea fructífera dondequiera que esté, en la iglesia o fuera de sus muros, en sabiduría y poder, para la gloria de tu nombre. Amén.

El siguiente paso

El Señor le dijo: —Ve, porque él es mi instrumento elegido para llevar mi mensaje a los gentiles y a reyes, como también al pueblo de Israel. (Hechos 9:15)

MUCHÍSIMAS PERSONAS SE HAN PREGUNTADO: «¿cuál es mi propósito en la vida?». Todos los que creen que existe algún diseño en la creación desean saber cuál es su lugar en ella. Dios puede ofrecer, en su tiempo, una dirección bastante específica. Él le dijo a Abraham que saliera de Ur, pero no le enseñó el mapa de viajes hasta que este hombre de fe se puso en camino. Le reveló a José, mientras dormía, que iba a ser un gran gobernante; sin embargo, tuvo primero que experimentar un sinnúmero de dificultades en apariencia sin sentido hasta que finalmente viera el sueño hecho realidad. ¿Cuánto esperó Moisés antes de conocer su itinerario? Estos, y muchos otros creyentes, vislumbraron piezas del eterno designio del Señor para sus vidas; aunque no entendieron el plan en su forma íntegra.

La misión de Pablo fue primero revelada a Ananías y luego al propio apóstol: ¡un judío de judíos (Filipenses 3:4-5) ministraría a los gentiles! Y esa era la meta, no el plan en sí. A lo largo del camino, Pablo influenciaría a los apóstoles, predicaría en las sinagogas y crearía un revuelo entre las multitudes del templo. A pesar de su fuerte sentido del propósito, Dios tuvo que guiarlo peldaño a peldaño y a veces lo enviaba a sitios hacia los cuales no esperaba ir. Era Dios quien gobernaba su misión en este mundo y solo se la revelaba en momentos críticos.

Dios da destinos específicos a algunos individuos. A unos pocos, les concede rutas específicas. Pero a la mayoría de nosotros, nos ofrece toda una vida de próximos pasos, muchos de los cuales no están completamente claros en el momento. Sin embargo, sea cual sea la cantidad de orientación que brinde, y lo hará, aunque a veces no parezca suficiente, puedes estar seguro de cuál es su llamado para tu vida hoy: representarlo, mientras reflejas su corazón e imagen, en cada intercambio que tengas, sin importar el trabajo que desempeñes o las tareas en tu lista personal. Si buscas un significado, lo verás en cada circunstancia. ¡He ahí el gran panorama de tu vida!, incluso si el futuro aún no está definido.

Señor, me encantaría ver tu hoja de ruta para mi vida. Anímame con vislumbres de él. Pero aún más, ayúdame a ver el propósito de conocerte y amar a los demás. No hay un panorama más grande que ser tu hijo hoy. Amén.

Cambiar la historia

Cierto día, mientras estos hombres adoraban al Señor y ayunaban, el Espíritu Santo dijo: «Consagren a Bernabé y a Saulo para el trabajo especial al cual los he llamado». (Hechos 13:2)

En la década de 1720 los moravos empezaron un movimiento de intercesión que duró más de un siglo. De su entrega a la oración colectiva nacieron ideas y acciones primigenias de lo que hoy conocemos como la obra misionera moderna. Dios animó a algunos de estos hermanos a dirigirse hacia las islas del Caribe para ministrar a los esclavos, y aunque la labor era difícil y muchos murieron, los círculos protestantes comenzaron a experimentar cada vez más un sentido de responsabilidad por el mundo no evangelizado. Durante las dos centurias siguientes y un poco más tarde, un gran número de cristianos sacrificaron sus vidas para que todos escucharan las buenas nuevas del reino.

Cuando nos presentamos ante Dios solo para adorarle, otras cosas suceden aparejadas a esto. Precisamente eso era lo que los líderes de la iglesia en Antioquía estaban haciendo en el momento en que Bernabé y Saulo fueron nombrados para su obra; el sentido literal de Hechos 13:2 es que estaban ministrando al Señor en vez de pedirle que les ministrara. Al enfocarnos en la adoración, entramos en el ambiente del cielo; allí esta invade la atmósfera todo el tiempo. No podemos evitar que él nos transforme en ese entorno. Su voz y sus propósitos se vuelven más claros. Los pensamientos divinos empiezan a fluir y el Espíritu Santo habla. ¡También las cosas cambian! Eso lo vemos en el caso de Saulo (llamado Pablo en diversas ocasiones), Bernabé, los moravos y muchas otras personas y grupos a los que Dios se les reveló a través de la adoración. Los planes se desarrollan y la historia del mundo toma un giro diferente.

Una de las obras más grandes que puedes hacer por este mundo es entrar en el ambiente celestial y postrarte ante Dios. Quizás sientas el impulso de adorarle por intereses personales, para obtener respuestas y soluciones, pero ese no es el culto verdadero. Acércate a él con el único objetivo de amarlo y apreciar su bondad. Mientras más te sumerjas en darle loor, más aroma del cielo recibirás a cambio. Cuando él lo decida, podrás oír su voz o sentir sus intenciones. Y, sin dudarlo, esta tierra será el mejor campo de acción.

Señor, que mi adoración se eleve a tu trono y bendiga tu corazón. Que mi voz se una a las alabanzas eternas. Y que el cielo llene mi corazón de tal manera que el curso de la historia, por lo menos la mía, cambie. Amén.

Un lugar de revelación

Pero Pablo le gritó: «¡Detente! ¡No te mates! ¡Estamos todos aquí!». (Hechos 16:28)

APARENTEMENTE A PABLO Y A SILAS no les iba tan bien en Filipos. No habían encontrado ninguna sinagoga. Tras expulsar el espíritu de una adivina, los amos de la muchacha armaron una protesta y los mandaron a la cárcel. Allí, los golpearon con las gruesas varas romanas y los pusieron en cepos diseñados para sentir incomodidad. Cantaron himnos de alabanza hasta que un terremoto rompió sus grilletes y abrió las puertas de la prisión. Ya eran libres, o podrían haberlo sido, si se hubieran marchado. Sin embargo, Pablo aprovechó este momento crucial para atender al carcelero, quien habría sufrido graves consecuencias por dejar escapar a los presidiarios.

Los ciudadanos del reino entienden que uno de sus papeles es ver lo que Dios está haciendo en medio de una crisis y posicionarse en ella como catalizadores de su revelación. La mayoría de nosotros habría asumido que la milagrosa fuga de la cárcel era una oportunidad que el Señor había provisto para huir. Pero Pablo vio algo más: una perfecta ocasión para proclamar el evangelio. Así que permaneció en su celda; le preocupaban la vida del carcelero y la necesidad de salvación. En primer lugar, porque este hombre sería, de seguro, ejecutado y también porque le urgía poner su fe en Jesús. Pablo y Silas podrían haber salido de nuevo a la mañana siguiente, pero el apóstol insistió en que los magistrados se enfrentaran a la injusticia que habían cometido al golpear y encarcelar a dos ciudadanos romanos y, en el proceso, admitieran que estos supuestos alborotadores tenían la rectitud para encarar el problema hasta el fin.

Aquellos que desean ser catalizadores de una revelación de la naturaleza de Dios aprenden a no evadir las crisis. Antes, se posicionan en el medio de ellas. ¿Por qué? Porque ahí hay más posibilidades de que el Señor se revele. Es el mejor sitio para ver las respuestas a la oración, ofrecer soluciones a los problemas y satisfacer las necesidades de quienes estén pasando por alguna circunstancia adversa. El reino de Dios viene cuando sus rivales son sacudidos. Y al serlo, ¡somos llamados a estar presentes!

Señor, transforma mis instintos de evitar los problemas en la certeza de ver tu rostro en medio de ellos. Dame ojos para buscar tu revelación y apreciar cómo puedo ser parte de ella. Amén.

Hechos 17:1-9

El mensaje subversivo

... Pablo y Silas han causado problemas por todo el mundo —gritaban—, y ahora están aquí perturbando también nuestra ciudad. (Hechos 17:6)

Pablo y Silas viajaban por el mundo griego para convencer tanto a judíos como a gentiles de la verdad de Jesús. Este polémico mensaje a menudo dividía a las sinagogas, que a su vez provocaban olas de indignación y protesta. Los agitadores eran en realidad los que protestaban, no los emisarios. Por lo común, los que causan disturbios culpan a otros de sus acciones violentas. Ambos misioneros fueron acusados de acarrear dificultades por dondequiera que iban; literalmente, de ocasionar revueltas. La consecuencia fue que sus oponentes tildaron de subversivo el evangelio de Cristo.

¡Y lo es en muchos sentidos! porque subvierte un falso reino. Hasta donde podía, Pablo trataba de asemejarse en todo a las personas con el fin de eliminar las barreras al evangelio (1 Corintios 9:19-23), pero el mensaje de Dios no se puede acomodar a los gustos de cada individuo. Todavía trastorna los sistemas del mundo y reordena sus valores; requiere una decisión que pone en tensión los vínculos y divide a los grupos. Insiste en una forma diferente de pensar y de relacionarse con los demás. Busca ganar corazones, no apaciguarlos.

Si te es posible, no crees controversias. El mensaje de tu vida las creará, te lo aseguro. Hay ciertas zonas en este mundo donde el evangelio no provocará mucho revuelo; tal vez quienes te rodean han creído en él o han escuchado lo suficiente como para que no cause conmoción. No obstante, es probable que llegues a algunos lugares dónde tus creencias van a desafiar a sus habitantes. Te verán como un alborotador porque defiendes tus convicciones. Jesús nos advirtió que en tales circunstancias fuéramos astutos como serpientes y mansos como palomas (Mateo 10:16). Pedro nos instó a mantener la conciencia tranquila (1 Pedro 3:13-17). Sé compasivo con todos a tu alrededor, pero prepárate para soportarlos. Cristo y sus seguidores ocasionan debates; ¡eso es normal! De una forma u otra, estás destinado a poner este mundo de cabeza.

Jesús, tú sabes lo que es la discordia. Preferiría evitarla, pero si eso significa comprometer mis creencias, entonces la enfrentaré. Llena mi boca con palabras de gracia y paz, pero también con frases oportunas de verdad, cueste lo que cueste. Amén.

Una imagen de la gracia

Y los de Berea tenían una mentalidad más abierta que los de Tesalónica y escucharon con entusiasmo el mensaje de Pablo. Día tras día examinaban las Escrituras para ver si Pablo y Silas enseñaban la verdad. (Hechos 17:11)

Los cristianos tienen un merecido problema de imagen. En nuestros esfuerzos por mantener los estándares de moralidad y valores sociales, un objetivo comprensible alimentado por causas admirables, a veces adoptamos una actitud crítica, de mente estrecha y negativa hacia quienes nos rodean. Bueno, es inevitable porque los absolutos, aunque sean verdaderos, no son populares en esta era relativista. Aun así, nuestros intentos de aplicar los estándares de la fe a las vidas no cristianas son, por lo general, erróneos. El resultado, como muchos aprecian, es que la gente nos conoce más por aquello a lo que nos oponemos que por lo que apoyamos.

Por desgracia, dicha actitud se aplica a veces dentro de nuestros propios círculos. Los autoproclamados «guardianes de lo sacro» y los «ministerios de discernimiento» arrasan con todo lo que no se parezca o huela a su estrecha definición del evangelio. No consideran que quizás Dios les está ayudando a crecer. Algunos apelan al ejemplo de los cristianos de Berea en Hechos, que usaban la Escritura para captar la verdad del mensaje de Pablo y Silas. La diferencia es que ellos las escudriñaban para ver si la enseñanza era auténtica, no para comprobar si era falsa; un enfoque sutil, pero distinto por completo. Les entusiasmaba aprender algo nuevo, y querían verificarlo. Miraban la Palabra desde un amplio punto de vista.

Junto a otros, muchos creyentes hoy precisan de ese enfoque, para vivir con una mentalidad amplia como los bereanos, o al menos reconocer que los cristianos genuinos tienen diferentes perspectivas y entendimiento. Pero también necesitamos aplicar esa actitud a lo externo, no para aceptar sin distinción lo que el mundo enseña, sino para deducir que podemos aprender bastante de quienes nos rodean. Los corazones dispuestos y las mentes abiertas son atractivos por sí mismos; además, nos aportan relaciones, comprensión, una voz cuando debemos mantenernos firmes en nuestra posición y una ayuda para cambiar la imagen negativa.

Señor, tú eres el autor de toda la verdad, y la compartes ampliamente. Ayúdame a reconocerla en lugares inesperados, elogiar y conectar con sus improbables defensores, y expresarla siempre con gracia. Amén.

El parentesco cultural

Pues en él vivimos, nos movemos y existimos. Como dijeron algunos de sus propios poetas: «Nosotros somos su descendencia». (Hechos 17:28)

Matteo Ricci, un misionero jesuita en China a finales del siglo xvi y principios del xvii, vio mucha verdad en los escritos de Confucio y sugirió que Dios había usado esa filosofía a lo largo de la historia para que los chinos estuvieran listos para escuchar las buenas nuevas. Otros misioneros lo criticaron por el sincretismo. Ellos argumentaban que estaba corrompiendo la pureza del evangelio con doctrinas extranjeras. Pero este caso, como muchos otros, lleva a una antigua cuestión: ¿hasta qué punto el Señor obra a través de la sabiduría que los sabios han obtenido fuera de su pacto? Sabemos que él da una revelación pura; sin embargo, muchos de los más eficaces e inspirados maestros de su Palabra han encontrado elementos coincidentes con la filosofía secular, del mismo modo que Pablo y otras figuras del Nuevo Testamento lo hicieron con las influencias culturales griegas y romanas. En algún término entre aislar y acomodar estas enseñanzas existe una puerta abierta.

En los días de Pablo, Atenas era famosa por ser un amasijo de santuarios, una mezcla de creencias comunes e inusuales, y, según el antiguo geógrafo Pausanias, la ciudad que superaba a todas las demás en cuanto a la adoración de muchísimos dioses. No es de extrañar lo que le sucedió al apóstol: «... se indignó profundamente...» por todos los ídolos que vio mientras caminaba por las calles de Atenas (Hechos 17:16). La urbe era, quizás, el principal centro de producción de artefactos y estatuas paganas. Así que puede sorprender que Pablo, que no era reacio al conflicto, no comenzara su mensaje en el Areópago, el «Concilio supremo de la ciudad» (17:19), con una crítica feroz del paganismo existente. En cambio, su primer acercamiento fue elogiar a los líderes de la urbe por su naturaleza religiosa, para afirmar que su búsqueda de la verdad valía la pena. Ofreció algo de apoyo a su monumento al dios desconocido. En otras palabras: buscó un punto de conexión con ellos.

Ese no fue el final de su argumento. Continuó explicando las buenas noticias de Jesús, especificando lo que Dios había hecho en Cristo y lo que significaba para nuestra salvación. Pero estableció todas las afinidades que pudo antes de presentarlas a favor de la verdad, dándonos un modelo de discurso interreligioso. Entendió cuán estériles son los ataques frontales, y nosotros también deberíamos hacerlo. Las palabras generosas propician el diálogo y abren los corazones para que el Señor entre en ellos.

Padre, has preparado culturas, reinos y corazones para tu verdad. Dame ojos para ver los puntos de conexión en cada contexto y establecer relaciones a través de ellos. Amén.

Encuentra la conexión

Y uno de sus altares tenía la siguiente inscripción: «A un Dios Desconocido». Este Dios, a quien ustedes rinden culto sin conocer, es de quien yo les hablo. (Hechos 17:23)

El misionero, Don Richardson, estaba perplejo. Intentaba compartir el evangelio con el remoto pueblo sawi, de Indonesia. Resulta que, para ellos, Judas era el héroe confabulador de la historia del evangelio y Jesús el tonto que fue engañado. Pero cuando este hombre de fe se dio cuenta de que las aldeas rivales a veces zanjaban sus discrepancias con una ceremonia en la que las familias intercambiaban un infante con sus enemigos, un «niño de la paz», enseguida vio una conexión con el relato de Dios el Padre que entrega en sacrificio a su Hijo. Esta «analogía redentora» se convirtió en la clave para relacionar la verdad del evangelio con la cultura sawi.

Del mismo modo, Pablo hizo su sermón tomando como punto de partida la estatua dedicada «a un dios desconocido» para conectarse con los lugareños y enfocarlos hacia el Dios de Israel. En vez de criticar la cultura idólatra que lo había afligido días antes, se esforzó por descubrir algo en común con ella y comenzar un diálogo basado en ese punto. Su deseo de hacer comprensible el mensaje era mayor que el de establecer diferencias.

La lección que aprendemos del apóstol y de otros misioneros en cuanto a edificar puentes comunicativos se aplica no solo a otras culturas, sino que también nos muestra cómo vincularnos con la nuestra. Si comparamos nuestros credos y estilos de vida con las de otros veremos todo tipo de diferencias. Pero Dios no ha enviado a sus seguidores en una misión para establecer desacuerdos. Sí, nuestra manera de vivir debe ser distinta, pero también debemos crear vínculos para relacionarnos con los demás a través de los elementos comunes que podamos encontrar. La capacidad de compartir nuestros puntos de vista, así como de adquirir conocimientos de quienes nos rodean, depende de la voluntad de hacer conexiones.

En vez de criticar la fe y la perspectiva de los demás por lo equivocadas que están, busca esos aspectos que son acertados y parecidos. Entonces edifica sobre dichas similitudes. La experiencia te enriquecerá; conocerás más a fondo otros puntos de vista y serás más fructífero en tus esfuerzos por compartir los tuyos. Pero lo mejor de todo es que construirás puentes que Dios puede usar para la revelación de su verdad.

Jesús, tú te encarnaste para dar a conocer al Padre de manera que pudiéramos entender. Abre mis ojos a las oportunidades de expresar tu verdad también. Que encuentre conexiones con tu Palabra en todos los lugares donde mire y que sepa cómo compartirla sabiamente. Amén.

Hechos 18:1-6

Ritmos de redención

Pero, cuando ellos se opusieron y lo insultaron, Pablo se sacudió el polvo de su ropa y dijo: «La sangre de ustedes está sobre sus propias cabezas; yo soy inocente. De ahora en adelante iré a predicar a los gentiles». (Hechos 18:6)

Cada cosecha tiene sus ciclos. Las temporadas de crecimiento varían según el cultivo, el clima, el terreno y nadie discute el calendario. ¿Quién exige que las uvas y las aceitunas maduren cuando lo hacen la cebada y el trigo? La naturaleza posee su curso, y los seres humanos se adaptan a sus épocas y estaciones.

La redención también tiene las suyas. En el año 1500, aproximadamente una de cada diez personas en el mundo afirmaba ser cristiana. En 1900, el número había aumentado a una de cada cinco. Hoy en día, casi un tercio de todos los individuos en el planeta se consideran cristianos, y el porcentaje sigue incrementándose. Pero el progreso de la fe no ha sido constante ni uniforme. Hace siglos, el cristianismo se extendió por gran parte de Asia, a través de Europa, y luego a las Américas poco después de ser descubierta. En los tiempos modernos, hemos visto olas de crecimiento en Asia y África y ahora empieza a establecerse en el mundo islámico. Dios se ha movido en diversos lugares en diferentes etapas. Así es como obra.

A lo largo de la historia, algunos territorios han dado la impresión de estar maduros para la cosecha, mientras que otros no. Pablo encontró cierta fecundidad entre los judíos de su generación, pero mucho más entre los gentiles. Más tarde expresó que Dios había ordenado etapas específicas para la reticencia de Israel, de manera que los gentiles fueran injertados en el pacto de Abraham y los israelitas se acercaran al Señor (Romanos 11:25). Vemos esta dinámica tanto a escala mundial como en las comunidades más pequeñas de nuestras propias familias y urbes. El ciudadano del reino advierte las estaciones, cómo responden los diferentes grupos demográficos en distintos momentos. Hay que predicar durante años para labrar el duro suelo y acondicionarlo para la futura productividad; ese es el trabajo de algunos. Sin embargo, también hay que esparcir la palabra allí donde la fruta está madura para la cosecha, como hizo el apóstol. Sé observador, sensible al paisaje y abre tu corazón. Siempre es tiempo de empuñar el azadón en algún sitio.

Padre, Jesús te llamó el Señor de la mies y envió a sus seguidores a los campos. Ábrelos ante mí y dirige mis pasos. Que mis ojos vean el fruto maduro a mi alrededor. Amén.

Más allá del *statu quo*

Por ese tiempo, se generó un grave problema en Éfeso con respecto al Camino. (Hechos 19:23)

Pablo predicó, enseñó e hizo milagros excepcionales en Éfeso; después de esto, la ciudad tuvo cierto avance espiritual. Muchos nuevos creyentes quemaron sus viejos libros y artículos de magia, los productos que sostenían la economía de esta urbe panteísta, para demostrar que habían aceptado al Dios verdadero. Hechos 19 deja bien claro que esto causó un «grave problema». Los fabricantes de tales artefactos religiosos, individuos protectores del templo de Artemisa y, más de sus propias riquezas, se reunieron para analizar la disminución de sus ventas. La ira hervía y estallaron los disturbios.

Esta importante escena captura la tirantez común entre el reino de Dios y las culturas y sistemas del mundo. Cuando los valores del reino subvierten las estructuras económicas y las dinámicas sociales ya establecidas, la gente se pone nerviosa. Podemos entenderlo; el *statu quo* apoya los ingresos familiares y ciertas formas de vida. Los grandes cambios originan incertidumbre, en especial, si apuntan a una deidad invisible con un historial desconocido. Cuando las convicciones están de lleno enraizadas en un determinado sistema social, entonces cambiarán lentamente.

Tu misión como sal y luz en este mundo significa la desintegración de falsos modos de vida y estructuras sociales; ella requiere nervio, músculos espirituales y suficiente resistencia para durar toda la vida. Pero el objetivo es en realidad mayor. Debes ofrecer soluciones que sustituyan lo establecido. Por muy disfuncional que fuera el *statu quo*, para algunos funcionaba. Necesitan una alternativa viable. Entonces, tu estilo de vida, tus palabras y tu ayuda la proveerán.

No debes equivocarte: el evangelio es más que palabras. Las buenas nuevas del reino incluyen una demostración de sus caminos y la intervención en los sistemas del mundo. Pablo dejó Éfeso en medio de la controversia; sin embargo, la iglesia recién establecida estaba allí para reestructurar la economía de la ciudad. No sabemos si lo hizo, o hasta qué punto. Pero sí observamos que Dios ofreció un derrotero superior para Éfeso a través de su pueblo. Tu sociedad también necesita una mejor senda. Vívela, predícala, y lo más importante, ayuda a cimentarla.

Señor, hazme un mensajero del camino excelente. Dale a tu pueblo visiones para reestructurar la sociedad con los recursos del reino. Que nuestra influencia en este mundo se convierta en un testimonio de tu sabiduría y tu bondad. Amén.

Hechos 20:13-27

Entregarse por completo

Pero mi vida no vale nada para mí a menos que la use para terminar la tarea que me asignó el Señor Jesús. (Hechos 20:24)

A FINALES DEL AÑO 400 D. C., Padraig, conocido como San Patricio, fue capturado por piratas irlandeses que lo mantuvieron cautivo por seis años. Tras su escape y regreso a Gran Bretaña, tuvo una visión que lo enviaría de vuelta a Irlanda como misionero. Siguió su encomienda, perseveró contra la oposición y las dificultades, bautizó a miles de personas y formó nuevas comunidades cristianas. Muchos irlandeses de hoy en día lo consideran su santo patrón y principal apóstol.

Con frecuencia Pablo habló de su misión como apóstol del mensaje de Cristo y todo el mundo podía aseverar que lo tomaba bien en serio. Había recibido claras instrucciones del Señor en un dramático encuentro con Jesús, y eso marcó el resto de su vida. Fue implacable en la búsqueda de su vocación y consciente de su necesidad de cumplirla. Perseveró a través de numerosas pruebas y mucha oposición para realizar su tarea porque era más grande que su propia existencia. Estaba decidido a completarla o a morir en el intento.

Pablo, Patricio y muchos otros a lo largo de la historia recibieron una tarea específica que debían llevar a cabo, mientras que otros desarrollan una encomienda general. El patrón que observamos entre los creyentes cristianos es que quienes tienen un fuerte y concreto sentido del llamado trabajan con celo y soportan las adversidades; los que poseen un llamado general, se sienten, por lo común, menos motivados. Este modelo es comprensible si consideramos solo el llamado, pero si tenemos en cuenta la Persona que llama, entonces no tiene sentido.

La mayoría de nosotros admiramos a personas como Pablo y Patricio por sus acciones únicas en la historia. Sin embargo, tendemos a minimizar la importancia de nuestros papeles como hijos de Dios, como si eso no constituyera un llamado. ¡No es así! Cada momento es significativo. Todos los creyentes son enviados al mundo como sal y luz. Las relaciones son oportunidades para el reflejo de la naturaleza del Señor. Y cualquier encomienda, sea específica o general, es más grande que nuestras propias vidas. ¿Por qué? Por el que llama. Sírvele de todo corazón en toda circunstancia.

Padre, en tu reino no hay pequeños llamados. Eres digno de mi vida, sin importar cómo decidas usarla. Que yo cumpla toda tarea que me des, específica o no, con todo mi corazón en cada momento de cada día. Amén.

7 DE MAYO

Hechos 25:6-12

Posiciones de influencia

... pero si soy inocente, nadie tiene el derecho de entregarme a estos hombres para que me maten. ¡Apelo al César! (Hechos 25:11)

Las tres últimas partes del libro de Hechos narran un intrincado y extenso relato: el arresto de Pablo en Jerusalén, sus numerosas apariciones ante las autoridades judías y romanas y su posterior viaje a Roma en calidad de prisionero. Los cargos contra él eran falsos; incluso intentó desestimarlos al demostrar que seguía siendo fiel a las costumbres y leyes hebreas. Sin embargo, las autoridades romanas, que no lograron encontrar ningún fundamento para tales denuncias, estaban preocupadas por su mensaje desestabilizador y por las revueltas que su liberación pudiera ocasionar. Entonces alargaron las audiencias, sugirieron cambios de sitios y trataron de apaciguar todos los intereses. El apóstol, no obstante, se negó a someterse a los caprichos políticos de sus adversarios; como era ciudadano romano, apeló a la jurisdicción del César, ya que podía hacerlo. Siguió el inesperado camino de Dios hacia los altos tribunales de Roma.

Dios sabe cómo colocar a su pueblo en lugares estratégicos para que las audiencias influyentes lo vean y escuchen, aunque no siempre se sientan cómodos. Pablo había planeado ir a Roma por su cuenta, como bien aclara su anterior carta a los romanos. Con todo, ¿habría conseguido, por sí mismo una audiencia con las más altas autoridades de Roma? Probablemente no. Ya José y Daniel habían experimentado en siglos pasados que la entrada a las cortes de un rey podía ser traumática. Pero el fruto fue influyente, y los beneficios de dirigirse a los escenarios de poder excedieron el precio de llegar allí.

Aprende a usar las avenidas de este mundo para crear carreteras destinadas al reino de Dios. Pablo aprovechó su ciudadanía romana no solo para evitar la injusticia en Jerusalén y Cesarea, sino además para tener total acceso a Roma. No te resistas a los planes del Señor; deja que te conduzcan a los salones de juntas, aulas, cortes de justicia, salas de reuniones y mercados de la sociedad como él lo desee. En tu mensaje no tienes que ser tan abierto como el apóstol; él fue un precursor en un mundo que nunca había escuchado el evangelio, pero no desperdicies la oportunidad de representar a Dios de alguna manera. Usa el trasfondo que posees para conformar el futuro que él ha planeado.

Padre, tú eres soberano en cada circunstancia de mi pasado, cada situación de mi presente y cada propósito de mi futuro. Que pueda ver las puertas abiertas y representarte con excelencia donde sea que me pongas. Amén.

Hechos 28:17-31

Ascensos en el reino

Durante los dos años siguientes Pablo vivió en Roma pagando sus gastos él mismo. Recibía a todos los que lo visitaban, y proclamaba con valentía el reino de Dios y enseñaba acerca del Señor Jesucristo. (Hechos 28:30-31)

José era joven cuando Dios, a través de sueños, le reveló la futura influencia que tendría (Génesis 37). Casi de inmediato, las adversidades de su vida parecieron girar en la dirección opuesta. Sus hermanos lo vendieron como esclavo en Egipto, donde lo acusaron falsamente, lo encarcelaron y la única persona que podría haberlo socorrido para que obtuviera su libertad, lo olvidó. Pero en su caminar, José recibió el favor de sujetos influyentes. Resulta que cada circunstancia que parecía ser un revés, era en realidad un paso que lo acercaba más al propósito que el Señor tenía con él. Sus decepciones fueron, sin dudas, sus ascensos.

Lo mismo sucedió con Pablo, quien tal vez, comprendía mejor la obra de Dios en sus situaciones. Su arresto fue el medio para un fin, que, en última instancia, entrañaba un viaje a Roma y una audiencia en las altas esferas. Pero incluso en prisión, el apóstol no se desanimó; escribió cartas y les predicó a los miembros de la guardia pretoriana (Filipenses 1:12-14). Alentó a los cristianos y a las iglesias. Se convirtió en un ejemplo en sus días de reclusión. Sus circunstancias nunca le restaron valor a su mensaje; de hecho, sirvieron para enriquecerlo.

Es posible que no te encuentres en posiciones de poder en el mundo, aun así, es seguro que el Señor guiará los acontecimientos de tu vida para ponerte allí, incluso cuando no seas consciente de la influencia que posees. Los contratiempos terrenales pueden ser, desde la perspectiva del cielo, ascensos y oportunidades disfrazadas. Así pasó con José, Pablo y muchos otros personajes bíblicos, cada uno de los cuales podría haber lamentado sus pérdidas en el transcurso de su existencia. Pero los quejidos no se avienen con el reino, al menos no en lo que respecta a las circunstancias que prepara el Dios soberano. Nunca te desanimes por situaciones que parecen limitarte. Él está en completo control de ellas y no lograrán hacerte retroceder.

Señor, perdóname; soy corto de vista. Veo dificultades y reveses; tú ves oportunidades y ascensos. Que nunca desperdicie una circunstancia que permitas en mi vida. Dame un reino en el que pueda influir, incluso cuando no lo vea. Amén.

9 DE MAYO
Filipenses 3:17-21

Vive desde los cielos

... somos ciudadanos del cielo, donde vive el Señor Jesucristo... (*Filipenses* 3:20)

Los niños de la familia Pevensie, al convertirse en reyes y reinas, pasaron bastante tiempo en Narnia y olvidaron casi por completo su vida anterior en Inglaterra hasta que volvieron a ella a través de un armario. Mientras estaban en la ciudad, sus recuerdos de Narnia se desvanecieron y solo la recordaron de nuevo al volver en un momento de necesidad. La forma en que C. S. Lewis describió las evocaciones de sus personajes en la serie de las Crónicas de Narnia es una profunda declaración sobre el modo en que vivimos: el ambiente en el que nuestras mentes estén inmersas, moldeará las decisiones que tomamos y la influencia que tenemos.

Como creyentes, eso es importante para nosotros, porque la Biblia declara que ya somos ciudadanos del cielo, sentados con Cristo en su posición de dominio. Bueno, para ser personas en un estado tan ilustre, a veces llevamos vidas terriblemente infructuosas. ¿Por qué? No porque carezcamos de poder, pues aquel de la resurrección obra en nosotros (Efesios 1:19-20; 3:20), sino porque olvidamos quiénes somos. Vivimos como moradores de la tierra que aprovechamos los recursos celestiales, en vez de hacerlo al revés. ¡A cada momento necesitamos recordar nuestro estatus en los cielos!

Sumerge tus pensamientos en las cosas celestiales (Colosenses 3:1-2). Cuando vives como un ciudadano de la tierra que usa los recursos del cielo, tu suposición inicial es de carencia y pobreza. Pero el Señor no describe así ni tu persona, ni dónde estás sentado. Debes obtener nuevos bríos al saber que eres un vencedor (Romanos 8:37); todo, incluso tus pérdidas, obrarán para bien (Romanos 8:28); tienes acceso a la mente de Cristo (1 Corintios 2:16); Dios mismo realiza su obra en tu interior (Filipenses 2:13). ¡Cuántas verdades!, ¡cuántas promesas! En otras palabras: estás llamado a ser un puesto de avanzada del cielo en la tierra, un punto de conexión entre los dos reinos. Afírmate allí, y vive, ora y habla con tal poder. Marcará una diferencia enorme en tu vida y en la de los demás.

Padre, perdóname por suplicar como un huérfano marginado de tu reino. Dame una mentalidad de salón del trono; porque soy hijo y heredero real. Lléname con el poder de la resurrección. Sumérgeme en el reino celestial para que, desde allí, yo actúe en esta tierra. Amén.

Vive desde tu asiento

Pues nos levantó de los muertos junto con Cristo y nos sentó con él en los lugares celestiales, porque estamos unidos a Cristo Jesús. (Efesios 2:6)

JACOB SOÑÓ CON ÁNGELES que subían y bajaban del reino espiritual al reino material y viceversa (Génesis 28:10-19). Eliseo, rodeado por un ejército hostil, podía ver claramente que las huestes celestiales superaban con creces a sus enemigos (2 Reyes 6:8-23). Jesús se transfiguró, y en un ambiente de gloria, sostuvo una conversación celestial con Moisés y Elías (Lucas 9:28-36). En cada caso, y en muchos otros que se muestran en los libros de Ezequiel, Daniel y Apocalipsis, el mundo invisible se hizo visible. Lo espiritual invadió y ensombreció lo material. El sitio de nuestra verdadera ciudadanía se manifestó a alguien con ojos para verlo.

¿Qué tiene que ver esta otra realidad con nuestra existencia diaria? Como sabemos, si vivimos por vista y no por fe, experimentaremos que la tierra nos limita; que somos finitos y supeditados a las circunstancias. Pero si lo hacemos por fe y no por vista (2 Corintios 5:7), no solo conscientes de nuestra verdadera ciudadanía, sino también enraizados a plenitud en ella, oraremos, hablaremos y actuaremos de otra forma. Creceremos en la identidad que de veras tenemos y asumiremos la victoria, provisión y protección de Dios sobre nosotros, antes de suplicar como pecadores que luchan por alcanzarlas. Viviremos una vida resucitada que con facilidad vence las decepciones. ¿Por qué? Porque entendemos que el cielo no se lamenta de las pérdidas. El reino siempre en indetenible crecimiento (Isaías 9:7) celebra continuamente las ganancias.

Muchos cristianos viven con una actitud derrotista, sin darse cuenta de que la perspectiva del cielo está a su disposición y que no es, en absoluto, pesimista. Mientras tanto, una de las mayores necesidades del mundo es que la gente tenga acceso a los recursos celestiales: su sabiduría, poder, amor, revelación, suministro y misericordia. Para quienes están sentados con Cristo, tales provisiones nunca están fuera de su alcance. Quizás debamos perseverar en nuestra comprensión y experiencia de ellas, ¡pero están ahí! Asúmelas, aprende a usarlas, y ofrécelas gratuitamente a los ciudadanos de la tierra. Desde tu posición, todo es posible.

Jesús, ¿qué significa estar sentado contigo? ¿Qué tendrán mis ojos el privilegio de contemplar? ¿Cómo accedo al poder de tu resurrección y a las maravillas de tu misericordia? Muéstrame. Vierte tu provisión en este mundo a través de mí. Amén.

Juan 15:5-8

Plantados al revés

Cuando producen mucho fruto, demuestran que son mis verdaderos discípulos. Eso le da mucha gloria a mi Padre. (Juan 15:8)

IMAGINA UN ÁRBOL DE PROFUNDAS RAÍCES plantado con firmeza en el suelo y que una mano celestial baja, lo agarra por el tronco, lo desentierra completamente, lo vira al revés y lo siembra en los cielos. Desde allí, las raíces crecen hacia arriba y sus frutos cuelgan hacia abajo, disponibles para quienes los necesiten. El proceso de transición puede haber sido bastante traumático, pero el resultado es bueno. La tierra se alimenta de una planta arraigada en el cielo.

Bueno, esa es una imagen de lo que el Señor hace con su pueblo si se lo permitimos. El proceso puede ser desconcertante, ¿verdad? No mucha gente disfruta que le arranquen las raíces de este mundo. Pero el resultado es una orientación más genuina y profunda. Como hemos visto, la Escritura nos dice que debemos estar arraigados y cimentados en el amor de Dios (Efesios 3:17); que nuestra ciudadanía está en el cielo (Filemón 3:20); que estamos sentados allí con Cristo (Efesios 2:6); y que somos ramas de la verdadera vid, Jesús, que está sentado a la derecha del Padre (Juan 15:1-5; Efesios 2:6). Nuestra posición es segura. Solo nos queda reconocerla y tenerla por base.

La ciudadanía del reino no es un truco psicológico o una cuestión semántica. No se trata de convencerse a uno mismo de algo falso. No, en realidad es persuadirte a ti mismo de lo que Dios ya ha dicho que eres: uno con Cristo (Juan 15:4; 17:21) y que has resucitado con él (Romanos 6:5; Colosenses 3:1; Gálatas 2:20). Significa considerarte muerto al pecado y vivo para Cristo (Romanos 6), no porque quieras que sea verdad, sino porque lo es. Es algo que marca la diferencia entre sentirse completamente exhausto a estar lleno de energías entregándole frutos del cielo a la gente que te rodea. Apartado de Jesús, no puedes hacer nada de valor eterno. ¿Con Él? Ni siquiera el cielo constituye un límite.

Jesús, tú eres mi vida, y eres ilimitado. Dame la fe para ver dónde realmente están mis raíces. Ofrece en mí y a través de mí frutos abundantes. Lléname con el poder y la presencia de las verdades eternas. Amén.

Como él fue enviado

Como el Padre me envió a mí, así yo los envío a ustedes. (Juan 20:21)

Cuando Jesús descendió del cielo (Juan 3:13), vino como un ser humano, no como un ser divino. Filipenses 2 afirma que dejó las moradas celestes y los privilegios de la deidad, tomó la forma de un hombre, vivió como un siervo, se humilló hasta la muerte; resucitó, y ascendió exaltado a los cielos nuevamente. Mientras estuvo en la tierra, él interactuaba a toda hora con su Padre celestial (Lucas 5:16), veía y oía las cuestiones divinas (Juan 5:19-20; 12:49-50), recibió el ministerio de los ángeles del cielo (Mateo 4:11) y tuvo experiencias de gloria celestial (Lucas 9:28-36). ¿Cuál es la enseñanza? Que incluso como un ser humano, podía acceder a los recursos del cielo. Dios lo envió, a su imagen y semejanza, con su poder, con un propósito.

Parte del mismo era que Jesús enviara a sus seguidores de la misma manera en que había sido enviado. Podemos imaginarnos tal orden desde muchos ángulos: con los mismos planes, métodos, carácter, poder y dinámica relacional. Podemos, también imaginarnos que nos topamos con los mismos tipos de oposición que Jesús experimentó y, en algunas partes del mundo, el mismo sufrimiento.

Él especificó este mandato con dos ejemplos de lo que incluiría la encomienda: el mismo Espíritu Santo y el mismo enfoque en el perdón. En resumen: nos encargó que lo representáramos y trabajáramos en su nombre, con más libertad y aprobación de la que normalmente estamos dispuestos a asumir.

Tal vez no queremos ser presuntuosos, asumir privilegios divinos, o igualarnos con el único Hijo de Dios. Pero si bien es cierto que Jesús es excepcional, también es nuestro ejemplo, y nos invita a su abundancia, herencia e incluso autoridad. Nuestra renuencia a exigir demasiado puede proceder de la humildad, sin embargo, equivale a una negación de los dones del Señor y al llamado a nuestras vidas. Él nos ha hecho para ser personas que ejerzan la influencia del reino y que cambiemos el mundo.

Tu ministerio nunca será tan poderoso como el de Jesús o los primeros apóstoles; pero no limites tu visión. Aprende a extraer lo necesario de los recursos del cielo. Pídele al Padre que te guíe y al Espíritu que te dé poder. Vive para expandir la misión del Hijo.

Jesús, gracias por el privilegio de anunciar tu nombre, aunque no creo que pueda dar tanto fruto. Enséñame, dame poder; envíame donde y como quieras. Que tu reino florezca en mí y a través de mí. Amén.

13 DE MAYO

Mateo 6:7-13

En la tierra como en el cielo

Venga tu reino. Hágase tu voluntad, así en la tierra como en el cielo. (Mateo 6:10, LBLA)

CUANDO LA CONQUISTA ROMANA llegó hasta las tierras de África, la Galia y el oriente griego en los siglos anteriores y posteriores a Cristo, muchas culturas experimentaron lo que un grupo de historiadores llaman la «romanización», una tendencia a asumir las formas y normas romanas. El mismo fenómeno se produjo cuando el territorio en expansión de Alejandro Magno «helenizó» otras culturas varias centurias antes. A veces las sociedades se adaptaron por voluntad propia en algunas de mala gana, también inconscientemente, y en ocasiones solo de manera superficial. En cualquier caso, tuvo lugar cierto grado de acomodo, que es corriente siempre que un reino hereda otro. Las culturas se influyen, se forman y se amoldan unas a otras.

Con frecuencia oramos para que venga el reino de Dios, como Cristo nos enseñó a hacer. Muchos piensan que esta es una petición lejana para que Jesús regrese un día y establezca su reino, algo que sin dudas hará. ¿Pero no tiene también importancia aquí y ahora? ¿Hay algún indicio de que debamos orar «hágase tu voluntad» para el presente y «venga tu reino» para más adelante? ¿O podría haber algún proceso que acelere la venida de los cielos en el mundo de hoy?

De hecho, existe. La pregunta es cómo debe ser. Claramente queremos que el reino de Dios venga a nuestros corazones y familias. Pero la sal y la luz no se contentan con permanecer en saleros y bajo los biombos de las lámparas. Deseamos extender nuestra influencia a todos los lugares. Jesús nos invita a orar por sus maneras de influir en los comercios, el puesto de trabajo y otros espacios públicos también, así como lo hace en los cielos.

Eleva esta petición no como una especie de ritual, sino como un grito de batalla sobre los reinos de este mundo. Antes de que Jesús regrese *por* nosotros, ciertamente vendrá *a* nosotros y *a través* de nosotros. Dejemos que las futuras verdades de su reino se extiendan a las realidades visibles de nuestros días. Deja que te dé el poder de hacer progresos hacia su objetivo final. Ora para que su voluntad se cumpla, ahora mismo, en nuestra época, en la tierra, como en el cielo.

Señor, oro entusiasmado: venga tu reino, hágase tu voluntad, en la tierra, en mi vida, mi familia, mi iglesia, mi lugar de trabajo, mi ciudad, mi nación, mi mundo, como en el cielo. Muéstrame cómo funciona y ayúdame a experimentarlo todos los días. Amén.

Declara la luz

Satanás, quien es el dios de este mundo, ha cegado la mente de los que no creen. Son incapaces de ver la gloriosa luz de la Buena Noticia. (2 Corintios 4:4)

La princesa Aurora cayó en un profundo sueño y todo el reino, rodeado de la oscuridad y el denso bosque, durmió con ella. Solo el beso del príncipe virtuoso que venía de lejanas tierras podía romper el hechizo que la aprisionaba. Pero él estaba en las mazmorras; en apariencia las fuerzas del mal lo habían retenido. Armado con la espada de la verdad y el escudo de la entereza, el héroe finalmente logró escapar. Apareció, besó a la doncella y libertó el reino. La noche se disipó y todos se unieron al banquete de bodas de la pareja real.

Esta interpretación de Disney de *La Bella Durmiente*, del siglo XVII, de Charles Perrault, no solo es una gran película, sino que también nos brinda una buena imagen del evangelio. Isaías escribió que todas las naciones estaban envueltas en la oscuridad de la noche cuando la gloria de Dios se levantó y apareció sobre su pueblo (Isaías 60:1-3). Pablo escribió que las mentes de los hombres estaban cegadas por las fuerzas del mal para que no pudieran ver la luz gloriosa del Señor, pero también que las buenas nuevas se estaban revelando. A partir de imágenes como estas, sabemos que nuestra oración para que venga el reino de Dios no es una petición inocua. Cada vez que rogamos que venga un reino, estamos insinuando que otro tiene que irse. Nos adentramos en una amenazadora lucha espiritual.

Avanza con la seguridad de que estás protegido con la virtud de Jesús y armado con su espada de la verdad. Es probable que ya tengas una lista de cosas por las que oras para que se cumplan; con cuidado, añádele aquellas contra las que también elevas tus oraciones. En el Espíritu, oponte a los planes del mal y ruega que Dios los reemplace por los suyos, que son bondadosos. El mundo necesita muchos defensores espirituales. ¡Sé uno de ellos!

Es un papel que normalmente se desarrolla en secreto, pero que es en extremo valioso. Identifica a quienes están atados en la confusión espiritual y ora por su liberación. Ve a la batalla en la oración por los que han sido heridos por todo tipo de abusos y amenazas. Eleva plegarias que hagan brillar la luz del reino de Dios en los rincones tenebrosos. Dondequiera que mires, conviértete en el príncipe guerrero de tu Rey.

Padre, nos has reclutado como soldados inusuales para influenciar al mundo desde lo secreto. Levántanos con poder para destruir la oscuridad y declarar la luz de tu reino. Revela tu gloria en este mundo. Amén.

¡Resplandece!

Todas las naciones vendrán a tu luz; reyes poderosos vendrán para ver tu resplandor. (Isaías 60:3)

Lo que el hermano Lawrence poseía atrajo a obispos y dignatarios de regiones distantes. Muchos de los que visitaron el monasterio de París quisieron conocer al trabajador de la cocina que exudaba la presencia de Dios. El fraile de bajo rango había aprendido el arte de la adoración en los lugares altos, y se podía ver. Su gentileza de espíritu, su sabiduría sencilla y su actitud celestial eran notables, a pesar de que servía en una posición insignificante.

Este hermano es un ejemplo de lo que significa vivir como un «puesto de avanzada del reino» en tierra extraña, un portador de la luz divina en tiempos oscuros. Isaías había profetizado tal resplandor, declarando que todas las naciones vendrían a la luz de Dios por el reflejo de su pueblo. La gloria del Señor se eleva sobre el mismo, el cual se convierte en la imagen que atrae a otros. Como embajadores de su presencia, tenemos el increíble privilegio de brillar en lugares sombríos. Interactuamos con un mundo que necesita su refulgencia. Por mucho que nos rindamos a él para mostrarla, él nos sigue dando la responsabilidad.

Te parece imposible, ¿no es cierto? Claro, está por encima de nuestra capacidad. Pero no más allá de la suya. Jesús les aclaró a sus discípulos que fuera de él, no podrían hacer nada (Juan 15:5). Eso significa que, en él, podían hacer bastante: «todo», como escribiría Pablo más tarde (Filipenses 4:13). De hecho, encontramos que, en Cristo, nuestra responsabilidad es menor respecto al hacer que el ser. Su Espíritu nos transforma desde dentro; lo que hacemos siempre fluirá de lo que somos.

Recuérdalo. No estás llamado a ser la luz, solo a reflejarla, como esos juguetes fosforescentes que se ponen bajo la luz para que la absorban y luego la emitan en la oscuridad; asimismo, satúrate de la presencia de tu Rey. Empápate de su resplandor. Cuando las luces se apaguen, brillarás, no porque lo intentes, sino por la persona en la que te has convertido. Y los que te rodean lo verán.

Señor, brilla en mí. Déjame empaparme de tu bondad y tu luz. Que irradie tu presencia, aun cuando quienes me rodean no entiendan lo que es. Que las naciones y los reyes, e incluso mis amigos, te vean a ti. Amén.

Lucas 24:13-34

Los apologistas de la fe

Entonces Jesús los guio por los escritos de Moisés y de todos los profetas, explicándoles lo que las Escrituras decían acerca de él mismo. (Lucas 24:27)

Después de levantarse de los muertos, Cristo se encontró con dos de sus seguidores en el camino de Emaús y, sin revelarles quién era, sostuvo una extensa charla con ellos sobre los acontecimientos de la crucifixión y la resurrección. Cuando algunas personas insistían en que él estaba vivo, ellos se maravillaban ante la posibilidad. Jesús los reprendió por su dureza, supongo que cariñosamente, y les explicó hasta qué punto las Escrituras hebreas, Moisés y los profetas, hablaban de él. Se convirtió en el primer apologista de la verdad de su persona.

El campo de la apologética es hoy mucho más amplio. Pocos inconversos aceptan la autoridad de nuestras Escrituras. Las filosofías se han diversificado más allá de lo que los antiguos imaginaran; la ciencia ha planteado más desafíos de los que la mayoría de los creyentes están preparados para afrontar; y el secularismo ha generado una vasta población a la que no le interesa en lo más mínimo los argumentos. Sin importar cuán racional sea nuestra fe, una parte de los que no creen están convencidos de que es irracional o insignificante. Hasta ahí llega la defensa.

Pablo abrió las Escrituras en varias ocasiones para demostrar que Jesús cumplió la ley y las profecías hebreas; pero en Atenas, le habló a la gente en el lenguaje de sus filosofías. Se adaptó. Y nosotros también debemos hacerlo. No lograrás probar la existencia de Dios a través de los lenguajes de la ciencia o la filosofía, pero al menos podrás eliminar las objeciones a su existencia. No podrás usar la Escritura de manera efectiva para apoyar tu fe entre la gente que no cree que sea inspirada, sin embargo, puedes demostrar que tiene más coherencia y poder del que ellos estiman. La apologética no transforma a las personas, aunque juega un papel básico en el apoyo de los cambios que los corazones han decidido ejecutar. Con eso en mente, ármate con la verdad, pero acude a la batalla con demostraciones de sabiduría, gracia y amor. Vive la fe, y luego habla de ella. Deja que el poder de resurrección en ti convenza a quienes te rodean de que cuanto dices es cierto.

Señor, los demás escuchan mi discurso solo cuando mi vida demuestra quién eres. Dame ambas cosas: palabras poderosas y una forma de vida convincente. Que todo en mí segregue lo genuino y lo real de tu reino. Amén.

La completa expresión

Pero el que no ama no conoce a Dios, porque Dios es amor. (1 Juan 4:8)

UNO DE LOS TEMAS BÍBLICOS más importantes es el amor del Señor. Por desgracia, también resulta uno de los más distorsionados; las personas han convertido «Dios es amor» en «el amor es Dios», que no es lo mismo. Además, su amor pudiera parecer inaccesible. En cada página, la Biblia enseña su prevalencia y nos las arreglamos para que nuestras mentes admitan tal afirmación, mientras la cuestionamos en nuestros corazones a toda hora.

Es muy probable que hayas experimentado un curioso fenómeno: que es mucho más sencillo asegurarle a otro cuánto lo ama el Señor que creerlo para ti mismo. Tenemos preguntas constantes y dudas profundas sobre cómo él derrama su amor en nosotros. Asumimos que es parte de la descripción de su obra, un sentimiento que debe prodigarle a todos sus hijos; pero no necesariamente algo que le apasione, al menos en lo que respecta a nosotros en lo personal. En otras palabras: podemos creer con facilidad que Dios nos ama porque tiene que hacerlo, pero no es tan fácil aceptar que nos ama porque lo desea.

¡Pero nos ama! Se deleita en su amor por cada uno de nosotros, no a pesar de nuestra indignidad, sino incluso por su causa. Es un afecto genuino. Como cualquier padre cariñoso, no aprobará todo lo que hagamos ni pasará por alto nuestras tendencias pecaminosas; sin embargo, nos ama con una honda e incontenible ternura. Si no lo sabemos, si nunca lo sentimos y no lo creemos en lo profundo de nuestros corazones, no podremos amar sinceramente a los demás. Y no seremos capaces de convertirnos en la «máxima expresión» del amor de Dios por quienes nos rodean (1 Juan 4:12).

Hacia allí nos enrumbamos, al menos en teoría. Dios nos llama a ser esa expresión plena de su amor, lo que significa que primero insiste en que lo experimentemos. Si te empapas de él y lo saboreas sin reservas, serás libre para verte con el mismo placer que él lo hace y luego poder mostrárselo a los demás.

Padre, ensancha la capacidad de mi corazón, mi mente y mi espíritu para entender la plenitud de tu amor. Transfórmame con él y hazme un instrumento suyo. Amén.

1 Pedro 3:8-12

Amor incontenible

No devolviendo mal por mal, o insulto por insulto, sino más bien bendiciendo, porque fuisteis llamados con el propósito de heredar bendición. (1 Pedro 3:9, LBLA)

Watchman Nee cuenta la historia de un cristiano en el sur de China cuyo campo de arroz estaba en medio de una colina de terrazas. Cuando las lluvias no alcanzaban a llenar su campo, él activaba una rueda hidráulica usando una polea y de esa forma bombeaba agua de un arroyo. Pero el hombre que poseía el siguiente campo más bajo a menudo drenaba el agua del granjero cristiano en su propio campo, y el primero tenía que trabajar más e hizo todo lo posible por no tomar represalias, sin embargo, le molestaba la injusticia. Oró y decidió que defender sus propios derechos no era el enfoque del reino. Entonces primero comenzó a bombear agua para el campo de su vecino, y luego para el suyo. Aquel se sorprendió y finalmente se hizo cristiano.[8]

Dios es un Dios de justicia, pero lo es aún más de misericordia. Para descollar en una cultura discrepante, tendremos que descubrir formas inesperadas de contestar a las ofensas. Sí, hay momentos en los que debemos alejarnos de las situaciones abusivas en aras de nuestra propia protección; pero circunstancias menos peligrosas pueden requerir un enfoque diferente. El sembrador de arroz del sur de China respondió con una actitud positiva en un medio de extrema tirantez, y el Señor usó su respuesta para convertir a un enemigo en amigo y creyente. El reino crece en contextos en los cuales su pueblo adopta su naturaleza.

Cuando advertimos cómo Dios se ha acercado a nosotros, al tomar la carga de nuestras ofensas y centrarse en lo que de veras requerimos, empezamos a desarrollar la misma actitud en nuestras relaciones con los demás. Dejamos de devolver hostilidad por hostilidad, defensa por defensa y apatía por apatía. En vez de eso, aceptamos el amor imparable que sobrepasa las barreras en los corazones de las personas. El único modo de llevar una vida atrayente dentro de una cultura hostil, es respondiendo a la misma con un espíritu diferente. Con el tiempo, los obstáculos caen, las actitudes cambian y muchas almas reciben el amor de un Padre misericordioso.

Padre, lléname con un amor indetenible y supremo. Que mi visión esté tan enfocada en las necesidades de las personas que apenas note sus defectos. Que muestre a los demás la misma clase de misericordia que tú me has mostrado. Amén.

Todo el reino

Así que les demostraré que el Hijo del Hombre tiene autoridad en la tierra para perdonar pecados. Entonces Jesús miró al paralítico y dijo: «¡Ponte de pie, toma tu camilla y vete a tu casa!». (Marcos 2:10-11)

A FINALES DEL SIGLO XIX y principios del XX, luego de que la industrialización y la urbanización de América del Norte manifestaran tanto sus indiscutibles beneficios como sus muchas devastaciones, varios movimientos protestantes comenzaron a hacer hincapié en lo que ahora llamamos el «evangelio social». El movimiento trataba de abordar los problemas sociales y las necesidades físicas de quienes sufrían de pobreza, explotación, malas condiciones de vida, pobres servicios de salud y bienestar, entre otros aspectos. Muchos cristianos veían las profecías bíblicas y los mandatos de Jesús de cuidar a los pobres y oprimidos como cargas ineludibles. Se centraron en la satisfacción de las necesidades materiales y físicas.

En general, la respuesta evangélica al «evangelio social» ponía énfasis en la salvación de las almas por sobre todas las demás preocupaciones. Entonces, el razonamiento era: ¿de qué sirve alimentar y vestir a las personas que están en camino al infierno? Así que los cristianos desarrollaron problemáticas erróneas y dividieron el evangelio en fragmentos. Podemos estar agradecidos por aquellos que vieron lo absurdo de ambos extremos, desafiaron la tendencia y mantuvieron un mensaje holístico del reino. Su número aumenta hoy en día, y las viejas divisiones se están desvaneciendo.

Así es como debe ser. Jesús demostró la compasión de Dios por las necesidades inmediatas y las eternas, a menudo en el mismo suceso: sanó a un lisiado y le perdonó sus faltas, alimentó a las multitudes y les habló sobre el pan del cielo, lavó pies sucios y enseñó verdades infinitas. Instó a sus seguidores a dar de comer a los hambrientos, visitar a los presos, vestir a los desnudos, curar a los enfermos, resucitar a los muertos, expulsar a los demonios, predicar el arrepentimiento y a declarar las buenas nuevas del reino. Ofreció un mensaje completo a la persona en todas sus esferas: espíritu, mente, emociones y cuerpo.

¡Ahí está el equilibrio! No se puede desmembrar o separar el evangelio en pedazos. Dios muestra su compasión a través de los ministerios de piedad y sus propósitos finales a través del mensaje de salvación. Estamos llamados a representarlo tan plenamente como podamos ante un mundo que necesita verlo en su plenitud.

Jesús, tus misericordias toman muchas formas, y nunca las reflejaré por completo. Pero nunca las dividiré. Derrama tu compasión a través de mí de todas las formas que desees.

Embajadores del reino

Dado que Dios los eligió para que sean su pueblo santo y amado por él, ustedes tienen que vestirse de tierna compasión, bondad, humildad, gentileza y paciencia. (Colosenses 3:12)

POR FE GEORGE MÜLLER construyó y mantuvo orfanatos en la Inglaterra del siglo XIX. Escucharlo orar era como escuchar una conversación entre dos amigos íntimos, y el Señor siempre le respondía. La familiaridad de Müller con Dios no solo se manifestaba en sus oraciones; su actitud daba a la gente vislumbres del cielo. Estaba tan saturado en sus conversaciones con el Padre que su carácter y presencia brillaban a través de él.

La gente que te rodea necesita probar el cielo. No te sorprendas por eso; están inmersos en este mundo caído día tras día, y muchos ni siquiera saben que existen promesas de algo mejor. Mientras que algunos cristianos se centran en lo que Dios quiere que hagan, sin dudas tarea importante, un asunto de más relevancia es lo que el Señor quiere que seamos. ¿Desea que nos portemos igual que la gente o que seamos distintos? ¿Que acoplemos en el contexto o que nos destaquemos? ¿Que les digamos solo lo que les gusta o les ofrezcamos palabras de esperanza?

Es extremadamente importante recordar que estás en esta tierra como representante de algo celestial. Tu pasaporte lo emite otro reino. Llevas su documentación. Como embajador de la cultura del reino de Dios, derramas esperanza, bondad, misericordia, gentileza, paciencia, y otros atributos positivos que la gente de tu alrededor no espera. Muchos están acostumbrados a oír a los cristianos hablar del desagrado, la decepción y el desacuerdo del Señor con los caminos del mundo. Pero estas personas ya son conscientes de su quebrantamiento. Lo que necesitan es un mensaje de confianza y restauración. Si te has sumergido en la presencia de Dios y los caminos de su reino, eso es lo que les darás; ¡tenlo por seguro!

Vive de tal manera que quienes pasen tiempo contigo sientan que han encontrado otro reino, un lugar de amor, alegría y esperanza. Sé consciente de la presencia de Dios, y deja que fluya a través de ti. Tu llamado a «hacer» llegará tarde o temprano. Tu llamada a «ser» es hoy.

Espíritu Santo, lléname con tu presencia. Que pueda sentir tu dulzura y personalidad no solo en nuestras conversaciones tranquilas, sino también en mis asuntos diarios. Déjame empaparme de tu naturaleza como una esponja que al apretarse la derrame sobre los demás. Amén.

Vestidos de amor

Sobre todo, vístanse de amor, lo cual nos une a todos en perfecta armonía. (Colosenses 3:14)

DIETRICH BONHOEFFER ESCRIBIÓ EN *Life Together* que el grupo de creyentes cristianos es, ante todo, una «comunidad de amor»; nuestro singular enfoque en Jesús produce una especie de química espiritual que nos une y cultiva los atributos de nuestro Señor, con el amor en el centro. Ese tipo de vínculo es, a todas luces, lo que Jesús tenía en mente cuando les dijo a sus seguidores que a ellos los conocerían por su amor (Juan 13:35). Si la gente conoce a Sus adeptos por otra cosa, entonces tenemos un problema. La naturaleza que define nuestra comunidad siempre ha sido el amor del Padre, del Hijo y del Espíritu en medio de nosotros.

El hecho de que se conozca a los cristianos por tantas otras cosas, plantea una dificultad, pero no es insuperable. Simplemente requiere algunos cambios de enfoque: alejarnos de las faltas de los otros y centrarnos en el valor de ellos; apartarnos de nuestra propia realización y centrarnos en la de quienes nos rodean; separarnos de nosotros mismos y enfocarnos en Cristo. No son transformaciones fáciles, pero tampoco son complicadas. Requerirán una perspectiva, mentalidad y motivación diferentes en nuestro interior. O, parafraseando a Pablo: otro tipo de ropa.

«Ante todo», enfatizó Pablo, debemos tener cuidado de vestirnos de Jesús. Podemos pensar que es importante nada más en nuestra relación con quienes aún no creen, pero el enfoque de la Escritura es que lo representemos dentro de la comunidad. No solo se pone en juego nuestra unidad como creyentes, sino también nuestra reputación en este mundo. ¡Jesús lo dejó bien claro!

Sea lo que sea que te parezca, casi un perdón radical (versículo 13) o una paz poco común (versículo 15), ponlo en práctica. Priorízalo. Pero no te limites a jugar un papel. Ser como Jesús es sumergirte en su presencia; esa es la manera. Sumérgete en sus palabras. Sostén largas conversaciones con el Padre. Como con dos amigos que han pasado tanto tiempo juntos que asumen las características del otro, déjate influenciar por su naturaleza. Permite que su amor por la gente te llene hasta desbordarse.

Jesús, tú eres el centro de nuestras vidas, lo comprendamos o no. Que nuestro enfoque en ti y nuestra experiencia de tu amor aumente. Que las personas nos conozcan por el amor entre nosotros, como tú lo prometiste. Amén.

Josué 1:1-9

Sé fuerte

¡Sé fuerte y valiente! No tengas miedo ni te desanimes, porque el Señor tu Dios está contigo dondequiera que vayas. (*Josué* 1:9)

Los «separados» en la historia cristiana, aquellos que se han retirado del mundo o del gran cuerpo de Cristo para vivir, sin obstáculos, sus propias interpretaciones de la fe, a menudo han añadido una perspectiva necesaria a la comunidad cristiana. En muchos casos, sus motivos han sido inspirados. Pero algunos formaron sus comunidades o movimientos por miedo. Temían que el mundo los influenciara, que las doctrinas y políticas de otros los controlaran, y que perdieran su enfoque en el reino del Espíritu. No se apartaron para dedicarse a sí mismos; sino para salvarse.

El temor es innecesario en las mentes y corazones de los creyentes, y por lo general es dañino. Sí, nuestro mundo caído está lleno de obstáculos a la verdadera fe y a la relación con Dios, y algunos de esos inconvenientes pueden ser bastante amenazadores. Quienes se oponen son a veces agresivos e injuriosos. Pero muchos cristianos se retiran porque temen por su reputación, quieren evitar conflictos o porque odian el estigma que conlleva ser creyente de una fe antigua. Algunos no tienen la convicción de poder defender lo que creen, o si esto es incluso defendible. Su fe pudiera o no estar segura. Su confianza claramente no lo está.

La buena noticia es que no hay que ser un gran extrovertido para influir en el mundo con tu fe. Puedes desarrollar tus rutinas e interacciones diarias con la tranquila confianza de tu verdadera identidad. Solo debes llevar la atmósfera del reino dentro de ti. Las personas lo notarán y vendrán a conversar contigo. ¡Eso no lo vas a lograr en el aislamiento, tienes que salir!

Jamás les temas a los gigantes de la tierra. Tu llamado es a ganar territorio para el reino de Dios. Ese territorio es una Tierra Prometida dada por alguien que no deja de cumplir su palabra. Confía en él. Sigue adelante. Puede que no tengas todos los argumentos, pero tienes la verdad. Y en ella, Dios te defenderá.

Señor, los adversarios pueden ser brutales con los creyentes, y a veces prefiero evitarlos. Pero me has prometido la victoria. Que pueda caminar en ella con confianza y estabilidad dondequiera que vaya. Me afirmo en cada línea de tus promesas. Amén.

Enfócate

Cuando vean a los sacerdotes levitas llevar el arca del pacto del Señor su Dios, dejen sus puestos y síganlos. (Josué 3:3)

Dios les dio a Josué y a Israel la gigantesca tarea de tomar posesión de la tierra prometida y los animó a ser fuertes y valientes en la conquista. Aunque les ofreció buenas razones para confiar, no los instó a correr hacia la tierra prometida de manera azarosa, sino que los preparó y les dio estrategias. La primera de ellas fue centrarse en su presencia, que en ese momento era el arca del Señor, la cual transportaban los sacerdotes. Debían priorizar la adoración, su presencia, su liderazgo y enfocarse principalmente en él.

Eso da resultado para lo que te propongas en la vida. Siglos después, fuerzas hostiles rodearon a Josafat, y este clamó a Dios por ayuda, quien le respondió a través de un profeta, y le aseguró que liberaría al pueblo de Judá. Entonces este rey designó adoradores para que dirigieran al ejército en la batalla. Los cantos de alabanza provocaron una enorme confusión en el enemigo y una victoria bastante fácil (2 Crónicas 20). Comprobarás que te irá mejor en la menor cosa que hagas cuando tu fundamento sea la adoración y tu método, mantenerte sensible a la guía del Espíritu. Enfocarse en la vida causará ineficacia; centrarse en el Señor traerá fecundidad a tu existir. El arca de su presencia siempre debe preceder a todo lo que emprendas.

Mientras tratas de cumplir tu llamado como sal y luz en este mundo, recuerda mantener tu enfoque en la presencia de Dios, no en esta tierra, ni en esta vida. Debes priorizar la adoración, y recibir su señal para saber dónde y cuándo proceder. Observa lo que hace y acude hacia donde se esté moviendo. Esto no significa que tengas que empacar y mudarte al sitio en el cual ha estallado el último reavivamiento (aunque el Señor puede dirigir a algunos para que lo hagan). Más bien, confía en su obra a tu alrededor ahora mismo. Pídele ojos para ver dónde y también formas de encontrarte con él allí. Concéntrate en él y recibirás fuerzas y dirección doquiera que vayas.

Señor, que nunca te pierda de vista. Los gigantes en mi vida son pequeños comparados contigo. Mi adoración me recuerda tu autoridad y propósitos. Dame ojos para ver dónde estás abriendo corazones, mentes y circunstancias y la sensibilidad para encontrarte allí. Amén.

24 DE MAYO

Josué 3:5-6

Mantente firme

Purifíquense, porque mañana el Señor hará grandes maravillas entre ustedes.
(Josué 3:5)

Dios tenía una misión para su pueblo. Iba a cumplirles una antigua promesa, y era claro que iría delante de ellos para preparar el camino, a su lado para darles fuerza, y detrás para evitar que fracasaran. ¡Él se los había prometido! Pero había condiciones: tenían que avanzar con fe, seguir sus órdenes y mantener la devoción. No eran cargas muy pesadas; podían cumplirlas. Sus mayores obstáculos eran ellos mismos. Él se encargaría del resto.

Sin embargo, para que vencieran sus propias inseguridades y percepciones erróneas, tendrían que purificarse. Dios haría maravillas entre ellos, pero solo si podían ver con claridad. Él no exigía perfección, únicamente rectitud y sencillez en lo íntimo, franca lealtad y la certeza de haber sido apartados para sus objetivos. Nunca podrían entrar en la tierra prometida sin depender de quien se las había regalado; ¡era obligatorio que lo hicieran junto con Él!, pues estaba llevando a cabo sus propósitos con un pueblo escogido para sí mismo.

De esa misma forma Dios obra en su pueblo hoy en día. Él te ha llamado a la asombrosa aventura de construir su reino prometido, pero solo puedes entrar allí si eres fiel a aquel que lo promueve. La desobediencia te traerá derrotas y te hará infecundo. Pero la lealtad incondicional a él y una vida dedicada a sus propósitos y sendas, te impulsarán hacia la plenitud que siempre has anhelado. No será más fácil para ti que para los israelitas, pero tienes asegurada su presencia y poderío. El Señor va delante de ti para abrir puertas, allanar caminos, darte la valentía y el empeño para vencer. No te dejará en la orilla opuesta del Jordán. Las promesas del reino son para ti, por ti y a través de ti.

Yo, Señor, sé algunas de las cosas que me has llamado a hacer. Otras parecen demasiado grandes o están demasiado distantes para ser claras. En todo, dame fe, valentía y persistencia. Que mi alma, atenta, se fije en tus propósitos y tus caminos. Amén.

Prepárate

Era la temporada de la cosecha, y el Jordán desbordaba su cauce.
(Josué 3:15)

SI LE DICES A LA GENTE que tu tarea en la vida es ser sal y luz en el mundo, es posible que algunos se ofendan. Acaso piensen que: los miras como simples objetivos, te consideras superior, o tratas de cambiar sus creencias. Quizás no entiendan que solo te interesa representar a tu Creador, deseas vencer con su amor el mal en esta tierra, andas en los caminos de su reino y no en los propios, y que vives en un espíritu el cual, sin restricciones, invita a todos a inquirir sus propósitos, pero nunca de modo obligado. Tal vez necesiten entender algo que tú sí haces, si de veras estás reflejando el corazón de tu Padre: que los amas y los valoras como son, independientemente de su fe. Cabe la posibilidad de que debas trasponer algunas barreras formidables.

Por eso el cruce del río es una ilustración apropiada para nuestro llamado en la vida. El Jordán de entonces y el actual, no constituye un gran obstáculo en ninguna época del año. Pero los israelitas llegaron a sus orillas en el momento de la cosecha, cuando ocurrían las inundaciones. El río subía y era difícil de cruzar. El pueblo necesitaba el favor de Dios para hacerlo con seguridad.

Desde el punto de vista social, vivimos en una «etapa de inundación» entre las perspectivas cristianas y no cristianas. El cruce parece imposible. Quizás a estas horas ya te diste por vencido. Sin embargo, el mensaje de Dios a través de Josué es que la etapa de crecida es su momento perfecto para cosechar. Los milagros suceden cuando permitimos que el Señor nos preceda y luego obedecemos sus pautas. Él es un maestro en hacer caminos donde no los hay, en superar las barreras, los gigantes y los miedos. Quiere que estemos aptos también en las circunstancias más improbables.

Así que prepárate. Observa tu horizonte en busca de barreras imposibles y mira a Dios para separarlas. Cuando lo hagas, avanza con sabiduría, respeto, incluso a veces de manera sutil. Las aguas se retiran ante aquellos que están dispuestos a vadearlas por fe.

Señor, eres el maestro de los milagros en mi vida. ¡Qué siempre los perciba! Que mi corazón acuda a donde estás trabajando; añade gracia a mis pasos. Hazme un camino a través de las aguas que fluyen contra tu reino. Amén.

Recuerda

¿Qué significan estas piedras?
(Josué 4:6)

DIOS HIZO ALGO ASOMBROSO: partió las aguas *de nuevo*. Y la primera orden que dio fue que Josué y los líderes de Israel erigieran un monumento. Tal hecho sería evocado; iba a ser un hito en la historia de la nación y un recordatorio constante para la misma de la naturaleza de su Dios, aquel a quien servían. Estas piedras no permanecerían allí solo por gratitud o alabanza, aunque tales respuestas eran importantes. El Señor sabía que la única manera en que Israel podía crecer en la fe era si rememoraba cómo los había apoyado en tiempos pretéritos. Su historia era una clave para el futuro. Además de los mandamientos que Moisés había escrito y los pasados sucesos de liberación, debían recordar que luego de ir vagando cuarenta años en un desierto áspero, Dios les había demostrado que estaba con ellos en su ruta. El viaje hacia la tierra prometida constituiría una información esencial en los días, años y siglos venideros.

También tus experiencias con Dios constituyen una información clave para tu futuro. Quizás ha habido momentos en los que te has sentido impotente, sin propósito y te has preguntado si él todavía contesta tus plegarias. Acaso tus recuerdos se desvanezcan, pero tus memorándums, si has anotado las cosas o encontrado otra forma de preservar su obra en tu vida, te animarán. Si tienes alguna historia con Dios, sabes que ha respondido a tus oraciones, te ha ayudado a enfrentar las circunstancias difíciles y te ha liberado de los problemas. No te ha dado una vida fácil, pero te ha conferido su presencia y sus promesas. Te acuerdes o no, ¡las has experimentado!

Busca la forma de recordarlas. No puedes entrar al mundo con la expectativa de ser fructífero si has olvidado cómo él te hizo productivo en el pasado. No puedes anticipar nuevas victorias si las viejas se han ido de tu mente. Haz un diario de oraciones, revisa tus éxitos, empieza a construir el montículo de piedras. Se convertirán en testimonios duraderos, llenos de significado para ti, ante las aventuras y las batallas por venir.

Señor, tú me has bendecido, me has librado, me has llenado de ti y me has prosperado; perdóname porque a veces se me olvida cómo lo has hecho. Recuérdamelo y ayúdame a reconstruir tu historia de fidelidad. Que mis memorias de tu trabajo en el pasado me impulsen con fe hacia el futuro. Amén.

Satisfecho

Luego el SEÑOR *le dijo a Josué: «Hoy he hecho que la vergüenza de su esclavitud en Egipto salga rodando como una piedra». (Josué 5:9)*

UNA DE LAS GRANDES REVELACIONES personales de Martín Lutero fue que había pasado años tratando de encontrar algo que ya Dios le había concedido. Se esforzaba por obtener su favor en vez de entrar en el que Jesús ya había ganado para él. Buscaba una posición de justicia en lugar de vivir en la que ya tenía. El Señor le había mostrado las promesas duraderas del evangelio de la gracia por sobre la inutilidad de un evangelio de obras.

Antes de que los israelitas se adentraran en la tierra prometida, el Señor les dio un momento para renovar el pacto hecho a sus padres. Esta nueva circuncisión estaba cargada de significados, uno de los cuales era recordarles que no eran conquistadores de una nueva tierra, sino herederos de una promesa antigua. Ellos entraban en una herencia, no para ganar algo, sino para recibirla y punto. Como pueblo de Dios, no se esforzarían por adquirir un estatus: simplemente vivirían su posición.

Es vital que recuerdes esto al llevar a cabo tu propósito en la vida y en tu relación con el mundo. Si te empeñas en olvidar las afrentas del pasado y en ser alguien en el reino de Dios, no podrás alcanzar lo que ya él te ha concedido y pasarás años en el fracaso. Hoy ya eres alguien, porque eres hijo amado del Rey y estás en una excelente posición por la justicia de Jesús. Él ha borrado tu vergüenza. No estás en un trabajo por contrato para edificar el reino; el Señor te ha enviado a heredarlo. Vives en un territorio de victoria, no en uno de lucha, incluso cuando la batalla arrecia.

Dios te dará la oportunidad de recordar el pacto que hiciste y de volver a comprometerte con él, como hizo con Israel en Gilgal luego del cruce del Jordán. Quizás ya las murallas de Jericó se ven en el horizonte, pero la herencia de familia es segura. Tu vocación no es pedir lo que él ya ha dado, sino recibirlo por fe.

Señor, que nunca viva en la pobreza, sin saber las bendiciones que ya me has dado. Quiero entrar de lleno en esa herencia que tengo. Que mi alma acoja del todo tu provisión. Amén.

Mantén el compromiso

Quítate las sandalias, porque el lugar donde estás parado es santo. Y Josué hizo lo que se le indicó. (Josué 5:15)

Josué tuvo una experiencia mística con un guerrero que portaba una espada. El encuentro ocurrió en las llanuras próximas a Jericó, y Josué quería saber si este apoyaba a los israelitas o a los adversarios. El enviado le respondió: «A ninguno de ellos». Él venía como comandante de las huestes del Señor. No había venido a ponerse del lado de los hombres, sino para que ellos se pusieran del suyo. Josué necesitaba tomar una decisión entre sus planes y los de Dios.

Para él no era difícil; se había comprometido con el Señor y lo había buscado celosamente durante años. Aun así, tenía que decidir. Dios es el punto de referencia para nuestras batallas, no al revés. ¿Miraremos su reino mediante los planes que hemos hecho, o a través de su reino? Esa importantísima pregunta determina en gran parte si cumplimos con nuestro propósito en la vida.

En parte, Dios está de tu lado; es lo que afirma la Escritura. El Salmo 124:1-2 pregunta qué habría sucedido si el Señor no hubiera estado del lado de Israel, y en Romanos 8:31 Pablo cuestiona quién podría estar en contra de nosotros si el Señor nos favorece. Sin embargo, a la postre, la única manera de avanzar hacia una vida fructífera es darse cuenta de que estamos del lado del Padre, y esa posición no es negociable. Mientras que muchos hacen sus propios planes y tratan de que Dios se les una, él ya ha establecido sus designios y nos ha llamado a participar. Así es como funciona el pacto. Él nos ha entregado una enorme herencia, pero debemos disfrutarla de acuerdo con sus términos.

Mientras avanzas, recuerda que caminas sobre tierra sagrada. Has sido apartado para sus propósitos, así que dondequiera que vayas es con pies que le pertenecen y están ordenados para conquistar territorio. La buena noticia es que el comandante del ejército del Señor va delante de ti en toda cruzada a la que te llame. Si te inclinas ante él, como lo hizo Josué, estás del lado ganador.

Señor, hay bastantes batallas espirituales, no contra carne ni sangre, sino contra malas intenciones y falsas ideas. Me comprometo a tus propósitos en todas ellas. Otras personas quizás te pidan por sus objetivos; yo solo quiero servir a los tuyos. Ve delante de mí con tu poder, y yo te seguiré. Amén.

Sé flexible

Cuando oigas a los sacerdotes dar un toque prolongado con los cuernos de carnero, haz que todo el pueblo grite lo más fuerte que pueda. Entonces los muros de la ciudad se derrumbarán, y el pueblo irá directo a atacar la ciudad. (Josué 6:5)

Jesús envió a sus seguidores con buenas nuevas, pero no los limitó a un método. Los primeros apóstoles se quedaron en Jerusalén para enseñarlas, hasta que los persiguieron y expulsaron o los guio el Espíritu. Pablo comenzó su ministerio en las sinagogas, luego lo extendió a las poblaciones gentiles; pero más tarde fue directamente a los espacios públicos y a las audiencias en general para difundir su mensaje. Algunos cristianos han ido por todas partes mientras que otros se han quedado en casa. Muchos han sido predicadores valientes, y otros, ejemplos silenciosos. Un sinnúmero de ellos, en su ministerio, han hecho énfasis en la Palabra, y varios se han enfocado en curaciones, liberación u obras de piedad. Ante todos los enfoques, nos preguntamos: ¿qué forma es la correcta?

¡Todas! Jesús desarrolló las obras del reino a lo largo de su ministerio, pero su Espíritu equipó a cada creyente de distintas formas, e incluso para los variados momentos de sus vidas. A quienes proponen fórmulas y estrategias les molesta la flexibilidad de los métodos en cuanto al mensaje. Bueno, los seres humanos tienden a confiar en los principios; sin embargo, Dios busca discípulos. Quiere que nos adaptemos a las situaciones bajo su dirección, aun cuando no entendamos su manera de guiarnos.

Esto les pasó a Josué y los israelitas cuando entraron en la tierra prometida. La primera batalla en Jericó fue una sola vez, y si hubieran intentado el mismo enfoque en las posteriores, quizás no habría funcionado. Si queremos influir en nuestro mundo, tendremos que confiar en todo momento, escenario y ante cada persona, en la dirección del Espíritu, no en las técnicas. El Dios de las victorias extraordinarias nos dará su favor si lo obedecemos y seguimos a donde nos lleve.

Espíritu Santo, sé que no siempre comprenderé tu dirección, y que nunca será el mismo patrón a seguir. Hazme sensible a tus indicaciones, giros y estrategias. Guíame a toda hora. Derriba los muros que aprisionan a la gente. Amén.

30 DE MAYO

Josué 7:1-15

Sé inteligente

¡Israel ha pecado y ha roto mi pacto! Robaron de lo que les ordené que apartaran para mí […]. Por esa razón, los israelitas huyen derrotados de sus enemigos. (Josué 7:11-12)

Los israelitas habían saboreado el éxito. Estaban entrando en la promesa que el Señor les había hecho a sus antepasados hacía mucho tiempo. La tierra estaba frente a ellos, y parecían convencidos de que él se la daría. Pero entonces, ¡el fracaso! Una humillante derrota en Hai luego de una estimulante victoria en Jericó. ¿Cómo pudo Dios abandonarlos tan rápidamente? ¿Cómo pudo ser tan caprichoso?

Por supuesto que el problema no era él sino los israelitas; para ser más exacto, una familia entre ellos. En Jericó, Acán había tomado un botín, algo que se le habría quizás permitido en victorias posteriores, pero que ahora debía destruirse. Había violado una orden explícita de Dios y todo Israel pagó el precio.

¡Cuidado! No debemos achacarle todos los problemas a la desobediencia. Nuestra práctica y teología nos dicen que las dificultades ocurren por variadas razones. Al fin y al cabo, Jesús y los apóstoles experimentaron bastantes tropiezos y pérdidas sin tener la culpa. Pero, Dios sí nos aclara en esta historia que, aunque la derrota no sea siempre la secuela del pecado, este resultará siempre en un descalabro. La desobediencia destruye las bendiciones divinas.

¿Cuál es la solución? Si queremos disfrutar de las promesas que Dios tiene para nosotros, ganar victorias en los reinos terrenales y espirituales y cambiar el mundo, tendremos que apartarnos de la iniquidad; separarnos de la corrupción, no por algún requisito legal sino porque estamos llamados a portar la naturaleza de nuestro Señor. Necesitaremos caminar en estrecho vínculo con el Espíritu.

La gracia siempre cubrirá tu pecado; no hay condenación para los que están en Cristo (Romanos 8:1). Pero todavía hay una necesidad de acondicionamiento y madurez si quieres caminar en tu destino. Libremente Dios te ofrece sus bendiciones; solo si lo sigues con toda franqueza podrás experimentarlas.

Señor, purifica mi corazón. Prepárame para tus más ricas bendiciones. Que mi mente esté tan llena de tus promesas que ninguna tentación me perturbe. Amén.

Sé cuidadoso

No consultaron al Señor. Así que Josué hizo un tratado de paz con ellos. (Josué 9:14-15)

La noche antes de su crucifixión, Jesús le dijo al Padre que había completado la obra para la cual había sido enviado (Juan 17:4). Esto significa que solo hizo lo que se le había ordenado específicamente. *No* asumió responsabilidades que el Padre no le había conferido; no accedió a cada petición, ni se juntó con personas que no estuvieran en línea con su llamado. En cambio, se mantuvo firme en el encargo específico que Dios le había dado.

Josué erró al hacer una promesa de este tipo y asociarse con personas de tal calaña. ¡Pero no debemos criticarlo! Nosotros hemos hecho así en muchas ocasiones. Igual que él, nos llevamos por nuestra apreciación en vez de consultar con Dios y oír su guía. Esa es la verdad, confiamos en nuestros ojos y no en la dirección del Espíritu. Y como aquel, incluso con los mejores propósitos, terminamos en vínculos, compromisos, trabajos y otras preocupaciones que no forman parte de nuestra vocación.

Si queremos vivir en sus propósitos, no podemos permitir que un falso sentido de obligación, fe en nuestro buen juicio, o relaciones negligentes nos desvíen de las responsabilidades que Dios nos ha entregado. Él espera que honremos nuestros compromisos, incluso si nos equivocamos. ¡Su gracia cubrirá nuestros errores! No nos castiga ni nos saca de sus planes. Josué e Israel permanecieron en la tierra prometida tras su desliz. Aunque perdieron algo en esta acción; e igual nos pasará a nosotros. Las alianzas impías limitan nuestras oportunidades de servir y ser fructíferos.

Ten cuidado con tus asociaciones, compromisos, deudas y promesas. Otras personas pueden estar convencidas de lo que debes hacer, pero no estás obligado a escuchar sus sugerencias. Tu misión, como la de Josué y luego Jesús, es hacer lo que Dios te ha encomendado: vivir con un espíritu que siente su dirección y con pies dispuestos a seguirla. Pregunta, escucha y emprende únicamente sus caminos.

Señor, protégeme de las alianzas impías. Guíame para que haga relaciones estratégicas y aproveche bien las oportunidades; y que me mueva con libertad. Que mi alma esté atenta a tu voz. Amén.

Mateo 22:35-40

Un ambiente de amor

Amarás al Señor tu Dios con todo tu corazón, con toda tu alma y con toda tu mente. Este es el primer mandamiento y el más importante. (Mateo 22:37-38)

¿Cuántos creyentes celosos intentaron enseñar el evangelio sin un espíritu de amor a lo largo de la historia? Tal enfoque, lejos de producir vínculos genuinos con Dios, más bien crea principios religiosos. El corazón del reino es inseparable del carácter de su Rey. Conocerlo es amarlo y ser amado. Cuando entras en su vida, el ambiente de afecto e intimidad resultan extraordinarios. Quienquiera que en verdad tiene comunión con el Padre, sabe de su amor; ¡es lo que prima en su reino!

Por eso Jesús expresó que Deuteronomio 6:5 era el mayor mandamiento. Otras religiones enfatizan en la sumisión a Dios o en el conocimiento de la verdad, pero Cristo primero nos enseña sobre la relación que tenemos: una de profunda intimidad, franqueza, cariño y aceptación. ¿Qué ignora el Señor de nosotros? Ante él estamos expuestos, y sin embargo nos ama. Somos débiles y, con todo, nos acoge amorosa e incondicionalmente.

Muchos cristianos han tenido éxito en casi todos los aspectos del discipulado excepto en este. ¿Por qué? Porque han descubierto las ramas, no la raíz. Jesús nos llama a volver al origen. Como receptores del amor del Padre, nos lanzamos ardientes, sin reservas, en alma, cuerpo y vida, hacia un encuentro íntimo con él. Tomamos toda fuerza que nos da y la empleamos en amarlo como debe ser.

No podemos experimentar la plenitud del llamado si no aprendemos a vivir en este ambiente de amor. No temamos nunca a entregar más de lo recibido en esta relación; ¡el suministro de Dios es infinito para quienes se gastan en él! Por ello es esencial que demos lo mejor de nosotros; constituye una respuesta a su bondad y un reflejo de su naturaleza. Amamos porque él ama. En este clima, nuestra alma florece, y el mundo que nos rodea.

Padre, mi amor jamás será como el tuyo, pero de todas formas me llamas a prodigar un afecto generoso. Ensancha mi corazón, aumenta mi capacidad de amar, acéptame pues soy tuyo. Me derramo por ti. Amén.

Recibe amor, entrega amor

Hay un segundo mandamiento que es igualmente importante: «Amarás a tu prójimo como a ti mismo». (Mateo 22:39)

Las plagas de finales del siglo II y mediados del III diezmaron gran parte de la población en varias regiones del Imperio romano. En algunos sitios murió casi un tercio de los habitantes. La mayoría de los sobrevivientes hacían todo lo posible para salvarse. Algunos huyeron de las ciudades para refugiarse en el campo, porque allí la enfermedad se propagó con más lentitud. Sin embargo, los cristianos tenían otra perspectiva y la gente lo sabía. Muchos se quedaron para el cuidado de los pacientes, fueran o no familia, conversos o no. Al arriesgar sus propias vidas, los creyentes demostraban su amor. Tal actitud hizo que un sinnúmero de observadores, presa del asombro, se convirtieran a Cristo.

¿Cómo fueron capaces de amar con tal desinterés? Habían aprendido a ser amados. Estaban seguros de su relación con Dios y confiaban en que él cuidaría de sus almas, ya fuera que sus cuerpos sobrevivieran o no. Amaban porque sentían el deleite del sublime amor de su Padre.

A veces nos esforzamos tanto en amar desinteresadamente que olvidamos lo importante que es recibir amor. Pero cuando Jesús cita el mayor mandamiento nos recuerda que debemos amar a nuestro prójimo *como a nosotros mismos*. Eso significa que, si no nos amamos a nosotros mismos, si no nos vemos como Dios lo hace, con ojos de perfecta ternura, será imposible que le entreguemos esa clase de amor a los demás. Si no recibimos por completo su cariño y después intentamos prodigárselo a otros, no podremos saciar sus necesidades. ¡Nuestra misión es aceptar íntegro el amor del Padre y luego impartirlo de esa manera!

Quizás parezca egoísta regodearse en el amor del Padre, pero eso es lo que el mundo necesita. ¿Te parece irreal? Bueno, es que a la mayoría nos resulta más fácil creer en el amor de Dios por los demás que por nosotros mismos. Sin embargo, tiene que ser real para nosotros si deseamos que lo sea para nuestros vecinos. ¿Queremos dar libremente? Debemos recibir con total libertad (Mateo 10:8). La clave del amor genuino es entender cuánto él nos ama.

Espíritu Santo, llena mi ser de amor divino. Satura mi alma con tu adorable presencia. Muéstrame tu afecto y enséñame a mostrárselo a los demás. Amén.

3 DE JUNIO
Gálatas 5:22-26

Nuevo de verdad

Pero la clase de fruto que el Espíritu Santo produce en nuestra vida es: amor, alegría, paz, paciencia, gentileza, bondad, fidelidad. (Gálatas 5:22)

BARTOLOMÉ DE LAS CASAS fue un historiador español del siglo XVI que hizo una crónica de las primeras experiencias de los colonos españoles en el Nuevo Mundo. Su descripción de los pueblos indígenas de la isla caribeña de La Española se utiliza frecuentemente como un ejemplo objetivo en los cursos de historia:

«De todo el infinito universo de la humanidad que Dios creó, son ellos los más inocentes, cándidos, sin dobleces, obedientes y fieles por entero a sus amos nativos y a los cristianos españoles a quienes sirven. Son por naturaleza los más humildes, conformes y pacíficos; sin rencores, libres de querellas, ni excitables, ni pendencieros, desprovistos de rencores, odios o deseos de venganza de cualquier pueblo del mundo».[9]

Abundan por doquier los relatos de indígenas quienes, sin haber oído nunca los evangelios, eran con frecuencia más amables y se sentían más satisfechos que los «cristianos» que los conquistaron o colonizaron. Por supuesto, no siempre es así. Muchas culturas precristianas fueron contenciosas, violentas, fragmentadas y corrompidas. Pudiéramos decepcionarnos si buscamos evidencias de que las sociedades cristianas son más piadosas que las no cristianas. En las conversaciones modernas sobre las virtudes del cristianismo, nos pudieran agrupar con los transgresores de cualquier época.

Nos resulta fácil acusarlos de ser cristianos nominales cuyas vidas no eran por fe, sino que eran hombres caídos hambrientos de poder quienes nunca tuvieron ninguna experiencia genuina con el Espíritu. Cierto o no, la verdad es que el evangelio de Cristo transforma el alma humana o empeora las cosas; satisface o fastidia, alegra o provoca ira, en dependencia de la respuesta y la fe del creyente. Puede ser una cuestión de palabras vacías o de corazones llenos. Y los testigos en el mundo no siempre se percatan de las diferencias.

Entonces resulta de vital importancia vivir con una naturaleza transformada. La gente anhela pruebas de un cambio real, pero tratan la posibilidad con cinismo. Tu misión consiste en demostrar que sí es posible; en marcar la diferencia que el mundo necesita ver.

Señor, el mundo está lleno de cristianos que no muestran un corazón transformado. Líbrame de caer en ese patrón. Dame el poder de tu Espíritu para desafiar las expectativas y siempre viviré con tu naturaleza. Amén.

Tiempo de oportunidades

En este mundo maligno, debemos vivir con sabiduría, justicia y devoción a Dios. (Tito 2:12)

A PRINCIPIOS DE LA CONQUISTA ESPAÑOLA del Nuevo Mundo, los pueblos del Caribe se mostraban curiosos y abiertos al evangelio. De hecho, muchos creyeron hasta que los conquistadores se comportaron de manera salvaje:

«Pues desde hace cuarenta años hasta el día de hoy han estado matando, aterrorizando, afligiendo, torturando y destruyendo a los pueblos nativos, haciendo todo esto con los más extraños, nuevos y variados métodos de crueldad, nunca antes leídos, vistos ni oídos».[10]

El informe de Bartolomé de las Casas estimó que una población de unos tres millones de habitantes se redujo a solo doscientos a causa de la violencia y la enfermedad. Los «ángeles» que descendieron a las islas, como los nativos percibieron por primera vez a los españoles, no eran en absoluto celestiales, y el evangelio se perdió en la hecatombe.

Este es un caso extremo de cómo la gente que dice ser cristiana puede contaminar el mensaje de la fe. No es un ejemplo típico, pero ilustra dos verdades importantes: 1) los cristianos tienen la extraordinaria oportunidad de demostrar el carácter de Dios a quienes no lo conocen; y 2) una falsa representación de su persona hace que los futuros intentos de mostrarla con precisión sean más difíciles. El consabido proverbio «nunca tendrás una segunda oportunidad de dar una primera impresión» se aplica también a la masa de creyentes. El Señor puede superar todos los obstáculos, y su Espíritu, cambiar todo corazón; no obstante, la forma en que lo representamos por primera vez deja huellas casi indelebles.

No tenemos la culpa de todas las oportunidades que perdieron las generaciones pasadas. Tampoco somos responsables de quienes hoy en día dicen representar a Cristo. Aunque sí lo somos de aprovechar toda ocasión para animar a otros creyentes a que hagan lo mismo. En última instancia, solo el Espíritu basta para transformar las almas y llevarlas a los pies de Jesús. En la medida en que dejemos que nos cambie, nos convertimos en sus evidencias, una muestra divina de gracia para un mundo que la requiere.

Espíritu Santo, siempre seré un imperfecto estudio de caso sobre el poder de tu gracia. ¡Qué sea uno con frutos! Permite que muchos vean tu poder en mí. Amén.

Más fuerte que la tempestad

No es de extrañarse que sus amigos de la vieja vida se sorprendan de que ustedes ya no participan en las cosas destructivas y descontroladas que ellos hacen. Por eso los calumnian. (1 Pedro 4:4)

Prepárate porque de seguro las personas te achacarán las atrocidades que hace cientos de años cometieron individuos que afirmaban ser cristianos: ¡será un argumento en tu contra! Ni Jesús ni tú tienen la culpa de sus acciones, pero igual te acusarán: «¿es que no conoces las matanzas de las Cruzadas?, ¡mira los crímenes de la Inquisición Española! Dime, ¿qué hicieron los comerciantes y mercenarios que exploraron el Nuevo Mundo?». Expondrán un listado completo. Rara vez un escéptico te recordará todos los hospitales, escuelas, programas sociales, movimientos activistas, intervenciones en crisis, trabajos de ayuda, avances lingüísticos y literarios, y esfuerzos de paz que los cristianos han establecido a lo largo de la historia al seguir las enseñanzas de Cristo. No, ellos magnificarán los errores, las falsificaciones y con ellas teñirán tu fe.

¿Quiere decir que los cristianos legítimos no hayan cometido acciones malvadas o equívocas? De ningún modo; y ciertamente hacemos bien cuando la iglesia hoy admite tales obras y se arrepiente. La confesión demuestra humildad y compromiso con lo verdadero. Pero muchos creyentes, alarmados por la forma en que se nos percibe, rinden sus creencias y obligaciones para agradar a la gente, algo que nunca debe hacerse en lo más mínimo. Jesús siempre será un obstáculo, los críticos a cada instante describirán a los cristianos de forma negativa, y hasta a los buenos actos le añadirán un matiz hipócrita o superficial. Nuestra disciplina, y autenticidad marcarán la diferencia para quienes buscan de veras. Para los escépticos confirmados, nada será suficiente. Cristo jamás trató de complacer a todos, y nosotros tampoco debemos hacerlo.

Tienes la hermosa tarea de hacer añicos las caricaturas y ser un ejemplo de todo lo contrario. Mantente firme, aunque traten de distorsionar, vituperar o rechazar tu patrón. Sé sensible y receptivo, pero a la vez inamovible. Conoce, eso sí, las mentiras que te achaquen, mas no dejes que te cambien. El mundo anhela ver personas con convicciones, aun cuando las difama. Tu vida ha echado anclas en el reino perfecto de Dios, así que, de este, enfrenta sin miedo sus embates.

Jesús, no todos te aceptaron; sin embargo, permaneciste cabalmente comprometido con la verdad y el amor frente a la oposición. Eres mi modelo, mi ejemplo y mi fuerza. Sostenme en las tormentas y, por medio de mis convicciones, atrae a muchos a ti. Amén.

Sabiduría y discreción

Cuando Arioc, comandante de la guardia real, llegó a matarlos, Daniel manejó la situación con sabiduría y discreción. (Daniel 2:14)

A LO LARGO DE LOS SIGLOS millones de creyentes judíos y cristianos han sido expatriados a lugares en los que son minoría, y la sociedad o los ignora por completo o se opone a su fe. En la Biblia existen varios ejemplos de cómo el pueblo de Dios ha enfrentado dicha experiencia, pero vemos perspectivas disímiles. ¿Por qué? Bueno, esto se debe a que las circunstancias, las acciones y los propósitos del Señor pueden diferir según los distintos momentos y situaciones. Por un tiempo, los descendientes de los patriarcas fueron esclavos en Egipto y luego, en el instante justo, Dios los liberó; asimismo nosotros debemos saber cómo vivir bajo la opresión, y también la manera de hacerlo en reciprocidad o en oposición a otros. El Señor no nos entrega la fórmula, solo su personalidad y liderazgo. Dondequiera que estemos, podemos seguir su dirección y su cronograma.

Así lo hicieron Daniel y sus amigos en la cautividad babilónica; allí marginaban la fe judía y gobernaban reyes paganos. Uno de los cuales un día amenazó con quitarles la vida a todos sus consejeros, incluyendo a sus sirvientes hebreos. Pero el joven respondió sabia y discretamente, él sabía cómo honrar a las autoridades y a la vez mantener sus premisas religiosas. Mostraba lealtad y compromiso donde era necesario, sin comprometer su adoración al Dios altísimo. Se convirtió en un diplomático espiritual entre los absolutos del reino de los cielos y los dictados de los dirigentes terrenales. Permitió que el Señor le enseñara a vivir y salir airoso en tierra extraña.

Muchos de nosotros nos encontraremos en la misma posición, incluso cuando la «tierra extraña» es nuestro propio país y su historia es por lo general, cristiana. En la enorme variedad de culturas actuales, nuestra fe puede, a veces, resultar minoritaria, y aquellos con creencias opuestas pudieran tener más autoridad. La respuesta de algunos es quejarse, lamentarse o sentirse víctimas; sin embargo, los creyentes conocemos una mejor forma de responder con sabiduría y discreción, como lo hizo Daniel, honrando a los funcionarios, cumpliendo con nuestros deberes y manteniendo a Dios en el lugar más alto de nuestros corazones. Este joven no fue una víctima; influenció a los soberanos, con la verdad de un reino más grande. Nosotros también podemos.

Señor, dame una sabiduría sobrenatural y la sensibilidad para vivir con discreción en un ambiente hostil. Que mi honradez, lealtad y discernimiento demuestren lo cierto de tu reino e influyan en todos los que me conocen. Amén.

Busca la revelación

El rey le dijo: «En verdad tu Dios es el más grande de todos los dioses, es el Señor de los reyes, y es quien revela los misterios, porque tú pudiste revelar este secreto». (Daniel 2:47)

George Washington Carver oraba cada mañana para que Dios le dijera los secretos del cacahuete y otras plantas, flores, suelos y malezas. ¿Por qué? Porque quería ayudar a «poner más comida en el estómago de los hambrientos, más ropa en la espalda de los desnudos, y un mejor techo sobre las cabezas de los desamparados».[11] Creía que estas cosas solo se sabrían cuando Dios revelara formas inusuales de emplear el maní y otros cultivos que cambiaron ostensiblemente la agricultura en una época problemática. El Señor le dio conocimiento para demostrar su bondad en este mundo.

Esto es un ejemplo de lo que sucede cuando los creyentes abren sus corazones a la sabiduría divina. En medio de la crisis Daniel buscó a Dios en oración, y su respuesta no solo salvó innumerables vidas, sino que, además, permitió que el rey de Babilonia se sintiera atraído hacia él. De la misma manera, cuando José estaba prisionero en Egipto, confió en el Señor para interpretar los sueños del Faraón, y al hacerlo preparó tanto a los egipcios como a los israelitas para una hambruna devastadora. El patrón es claro: siempre que la humanidad está en problemas, él tiene soluciones, y muchas veces las revela a través de su pueblo.

Busca ese tipo de revelación, no la de una verdad nueva, sino aquella sobre lo que Dios está haciendo ahora y cómo está aplicando su Palabra a las circunstancias que ocurren a tu alrededor. Ofrece soluciones divinas a los problemas terrenales. Pasa tiempo cara a cara con el Señor para que puedas sentir su obra actual, recibir inspiración de él, y ver cómo quiere satisfacer las penurias del mundo y mostrar su bondad. Saca de tu mente pensamientos como: *Dios solo bendice a los piadosos.* Sigue el ejemplo de Daniel, quien con sabiduría de lo alto bendijo a un rey hostil y pagano. Bendice la «tierra extraña»; ese «suelo extranjero» en el que vives, dondequiera que estés y por muy contrario que sea. Pregúntale a Dios: «Padre, ¿qué deseas que le ofrezca al mundo?» y luego, dáselo gratis.

Señor, no hay ningún problema en la tierra para el que no tengas ya una solución. Hazme un mensajero que ofrezca las respuestas a las vidas y circunstancias reales. Que mi relación contigo bendiga a la sociedad de forma tangible y concreta. Amén.

Momentos estratégicos

¿Quién sabe si no llegaste a ser reina precisamente para un momento como este? (Ester 4:14)

«Si yo tuviera cien vidas las dedicaría a ...». Numerosas personas las cuales sintieron que habían encontrado su verdadera vocación dijeron o escribieron esta cita: misioneros que lo dieron todo por el país donde sirvieron, pastores que amaban la iglesia o la ciudad en la que ministraban, trabajadores creativos o capacitados que se dedicaron a una actividad toda su vida. El mismo sentimiento podría aplicarse a quienes se entregan a una determinada causa o a las personas que se esfuerzan por comprender y aprovechar al máximo el presente. De hecho, entender tu tiempo es una parte crucial para servir a Dios. Tú no viniste al mundo por casualidad. Él escogió las etapas de tu existencia, los individuos y lugares con los que te cruzas. Cualquiera que sea la época en que naciste, fue «para esta hora».

Esa frase célebre pertenece al libro de Ester. Ella la expresa en un momento crítico cuando era reina en Persia y su ascendencia judía era un secreto. Se había tramado un complot contra los hebreos. En su condición de soberana, el rey la oía, *si* deseaba hacerlo. Fue un momento de verdadera tensión, pero a la vez estratégico para salvar al pueblo de Dios. Reconoció la importancia de su lugar en tierras extrañas cuando, mediante su posición como extranjera pudo interceder por su nación ante una peligrosa política persa. Aunque Ester nunca mencionó al Señor o insistió en seguir los caminos de sus compatriotas como lo hizo Daniel, se sometió a las circunstancias históricas que la providencia había dispuesto.

Tú también necesitas esa visión para servir al Señor con eficacia. A lo mejor te parece que tus días no son estratégicos, pero debes mirarlo desde una perspectiva general. Confía en los tiempos y lugares que Dios te ha dado, los dones e intereses con los que te ha bendecido, y las vidas que conoces en tu diario bregar. Quizás a veces tengas que inferir su presencia en tu vida, como lo hacemos en el libro de Ester; recuerda, él está ahí. Usa la influencia que tienes, dondequiera que la poseas, cuando puedas.

Señor, he nacido en un tiempo estratégico, aunque no entienda cómo funciona. Dame ojos para ver, y ponme en los lugares de influencia en el momento justo. Que aproveche al máximo las circunstancias difíciles de mi vida. Amén.

Tiempo de oposición

Pues mi pueblo y yo hemos sido vendidos para ser muertos, masacrados y aniquilados [...]. Este malvado Amán es nuestro adversario y nuestro enemigo. (Ester 7:4, 6)

Dietrich Bonhoeffer fue un ardoroso crítico del partido nazi y de su líder desde los primeros días del régimen. Su patria se había vuelto extraña para él cuando los nazis impusieron su propio liderazgo en la iglesia, a veces mediante la cooperación interna, y muchos ciudadanos del país cayeron en la adoración al Führer a pesar de sus advertencias. Los nazis habían seducido a grandes segmentos de la iglesia y estaban destrozando la Escritura (algunos cristianos abogaban por la eliminación del Antiguo Testamento). El pueblo elegido de Dios sufría masacres. Decidieron oponer resistencia y el principio bíblico de honrar la autoridad pasó a un segundo plano. Hay momentos en los que la sal y la luz de este mundo necesitan ser verbales para enfrentar sus embestidas.

La Escritura ofrece ejemplos claros: Ester revela el complot de Amán, y provoca que lo ejecuten; los jueces de Israel se levantan contra sus señores (Jueces 3:12-30; 4:4-24; y 7:8-25); y la resistencia de David contra Goliat y los filisteos (1 Samuel 17). La mayoría de las veces, Dios hace que su pueblo cumpla con las autoridades terrenales en la medida de lo posible, y las contradice respetuosamente cuando es necesario (Hechos 4:19-20). Pero cuando se oponen a sus propósitos, levanta a líderes para que se opongan e insta a su pueblo a vencer el mal. Nunca nos exhorta a que seamos pasivos ante la injusticia. De hecho, nos invita a defender la verdad y lo que es correcto. Eso a veces nos sitúa en medio del conflicto.

No temas ocupar tal posición, sin embargo, tampoco la busques; muchos cristianos están desesperados por armar peleas. Pero tú prepárate para resistir los caminos de este mundo. Reconoce los tiempos, los propósitos del Señor y el papel que te ha concedido. Estás llamado a representar su voz y su naturaleza, y a veces tendrás la oportunidad de exponer las obras de las tinieblas o de frenar el pecado social. Hazlo con honor y respeto. Apoya con firmeza la justicia, la verdad y la vida.

Señor, tu Palabra me dice que respete a las autoridades humanas, pero también me da ejemplos de cómo oponerme cuando sea necesario. Dame sensatez para dar la respuesta apropiada en cada momento. Que mi posición siempre sea la tuya al dialogar con el mundo. Amén.

Su gran compasión

Pero Nínive tiene más de ciento veinte mil habitantes que viven en oscuridad espiritual, sin mencionar todos los animales. ¿No debería yo sentir lástima por esta gran ciudad? (Jonás 4:11)

DIOS MANDÓ A JONÁS A PREDICAR EN NÍNIVE. El profeta intentó escapar, pero no lo logró y a la postre llevó a cabo el encargo divino. La misión fue todo un éxito y la urbe asiria, conocida en Israel por su brutalidad, se arrepintió y puso fin a sus malos caminos. El profeta hervía de furia mientras la gente agradecía lo que había hecho por ellos. No quería que el Señor les mostrara misericordia a los asirios, por eso trató de huir a Tarsis. ¡Resulta que la ciudad se salvó del juicio y Jonás estaba enojado!

Entonces el Señor instruyó al profeta por medio de una planta frondosa y un gusano. ¿Acaso la compasión que Jonás sentía por un arbusto sería mayor que la de Dios por las personas? Él tenía todo el derecho de mostrar benevolencia por su creación. La última frase del libro refleja su tema general: el Padre se preocupa incluso por aquellos que se rebelan contra él, y quiere que su pueblo tenga el mismo tipo de inquietud. Él es clemente en extremo y desea que nuestros corazones latan como el suyo.

Quizás nunca te encuentres en la misma situación que Jonás, llamado a predicarle el arrepentimiento a un enemigo violento y poco amistoso; pero, sin dudas, deberás escoger si amas a tus adversarios o no. Te enfrentarás a cada ser humano con la opción de responderle desde la perspectiva bíblica o la tuya. Te las verás cara a cara con tus propios prejuicios, las ofensas de otros, los malentendidos, los rencores ocultos, y tendrás que decidir: ¿mostrarás compasión o ira, simpatía u hostilidad, bendición o maldición? El profeta estaba lleno de rivalidad; estaba resentido porque el Señor le otorgaba misericordia a gente que no la merecía. Pero, ¿quién es digno de su benevolencia? Nadie, y eso nos incluye. Nace de la caridad de Dios, que se supone que llene nuestros corazones y nos envíe a un mundo contencioso. ¡Nuestro sentir debe ser el suyo!

Señor, dame tu corazón para relacionarme con la gente. Ayúdame a superar mis prejuicios, a vivir sin ofender, a ver lo mejor también en quienes me lastiman. Lléname de compasión divina y envíame al mundo. Amén.

Palabras de vida

Las palabras de los justos son como una fuente que da vida. (Proverbios 10:11)

MUCHOS CRISTIANOS RECHAZAN el pensamiento positivo, quizás porque los consejos de autoayuda con frecuencia sugieren que *solo* necesitamos pensamientos, actitudes y frases que animen para ser felices, sin necesidad de creencias sólidas o de profundidad espiritual. Pero en el contexto de una relación con Dios, el discipulado con su Hijo y la vida en su Espíritu, tal ideología constituye un aspecto de gran importancia en nuestro desarrollo espiritual. La Escritura aconseja que pensemos en cosas excelentes (Filipenses 4:8), que nos animemos unos a otros (1 Tesalonicenses 5:11) y que nos alegremos siempre (1 Tesalonicenses 5:16; Filipenses 4:4). Nos ofrece numerosos ejemplos de cómo ver las situaciones difíciles desde un ángulo favorable (Filipenses 1:14, 18, 21-23). De hecho, varios de los salmos son lecciones de cómo pasar de una actitud de ansiedad y miedo a una de alabanza y fe. En realidad, se nos ordena que tengamos mente positiva.

Uno de los mayores regalos que podemos entregarles a quienes nos rodean es pensar así y exponer esos pensamientos, no de manera forzada o artificial, sino como parte de un diálogo corriente y genuino. Tenemos razones para nuestra esperanza, y a veces nos preguntarán sobre ellas (1 Pedro 3:15). Pero si no lo hacen, entonces las articulamos. ¿Resultado? Los demás observan el funcionamiento interno de una visión del mundo basada en la Biblia y en una perspectiva eterna. Nuestra mentalidad puede ser una bendición para aquellos que están luchando con dudas, miedos, ansiedades y decepciones. Sus palabras constituyen una fuente de vida.

El cinismo, la desesperanza y la negatividad no son dones del Espíritu, no reflejan cómo el Señor ve las cosas. No representan con exactitud su reino, que siempre está creciendo y aportando belleza. Las palabras constructivas, favorables, vivificantes también lo hacen, y edifican a aquellos que las escuchan con ánimo, deseos y perspicacia. Cambian el entorno y brindan el sabor de otro reino. Cuando expresas las realidades del reino de Dios, invitas a la gente a entrar en él, incluso cuando tu invitación no es explícita. Personificas una mejor forma, y muchos se sentirán inspirados a experimentarla.

Señor, llena mis palabras con esperanza, ánimo, amor y comprensión de tu obrar en este mundo. Une mi perspectiva con la tuya; haz que mi vida sea un arroyo en la fuente de la verdad, y satisface la sed de todos los que te necesitan. Amén.

Manantial de soluciones

El sentido común y el éxito me pertenecen. La fuerza y la inteligencia son mías. (Proverbios 8:14)

AUNQUE NO TODOS, algunos de los fariseos eran expertos en señalar los problemas. Se centraron en las anomalías, en toda desviación de lo previamente establecido, en las declaraciones erróneas y en los equívocos. Si tenían dudas entonces interpretaban las palabras o acciones de una persona de la peor manera, y luego condenaban su comportamiento. Albergaron intenciones maliciosas frente a Jesús y se mostraron escépticos en los escenarios controversiales.

Bueno, eso lo hace cualquiera. El mundo está lleno de cínicos y escépticos que se concentran en los defectos de la gente sin tomar en cuenta sus propósitos y dones. Por desgracia también sucede en la iglesia. Tenemos grupos de fariseos que se enfocan en las dificultades e interpretan lo que desconocen de la manera más torcida posible. Son expertos en decir lo que está mal, quejarse por lo que se ha perdido, hablar sobre cómo las cosas andan cada vez peor y predecir la adversidad. A eso le llaman «discernimiento», ¡pero no es más que negatividad! No es un don espiritual y requiere muy poca percepción.

Dios nos llama a algo superior. La sensatez nos invita a disfrutar de sus frutos, a recibir las percepciones divinas y a experimentar sus beneficios. ¡Tenemos la mente de Cristo! (1 Corintios 2:16), el consejo del Espíritu Santo (Juan 14:26) y la sabiduría del Padre (Proverbios 2:6). Cuando no les entregamos estos dones a quienes nos rodean y lo que hacemos es criticar, perdemos una enorme oportunidad de traer la presencia y el poder del Señor a este mundo. Él conoce la solución de cada problema, y a menudo la comparte con aquellos que saben escucharlo. Quiere que le apliquemos su buen juicio a las necesidades de la sociedad.

Cultiva el don, y no armes un barullo, ni andes por ahí afirmando que has escuchado a Dios. Comparte las ideas que él te da, eso es todo. Ofrécele la mente de Cristo a un mundo urgido de su bendición. Espera y verás cómo te preguntan de dónde vienen tus ideas. ¡Honra a Dios con tu respuesta!

Señor, perdóname si me he centrado tanto en los problemas, defectos y fallos. Tú eres un Dios de soluciones, ideas y restauración. Que me convierta en ministro de tales cosas en cada problema que enfrente. Amén.

Cautivos de la esperanza

Vuelvan a su fortaleza, cautivos de la esperanza, pues hoy mismo les hago saber que les devolveré el doble. (Zacarías 9:12, NVI)

TRAS SIGLOS DE IDOLATRÍA y de descuidar la revelación que Dios les había dado, los israelitas recibieron la disciplina que merecían. El Señor lo hizo de varios modos; uno de ellos fue enviarlos a la cautividad en tierras extranjeras. Sin embargo, les prometió restaurarlos y aseguró que les retribuiría el doble por sus pérdidas, aunque fueran culpables de ellas. ¡Qué pacto de misericordia tan asombroso!; demuestra su naturaleza no solo para el antiguo Israel, sino para su pueblo en todos los tiempos. Podemos enfrentar tribulaciones, pero Dios siempre nos recuerda mantener la esperanza. Él ve el final de cada historia y nos garantiza que obrará para nuestro bien.

Es una pena que, a tantas personas, incluyendo los cristianos, les falten las esperanzas. ¿Por qué dejamos que las decepciones afecten nuestras expectativas de realización? Leemos: «La esperanza postergada aflige al corazón…» (Proverbios 13:12) y cabizbajos susurramos amén. Entonces el mismo versículo sigue: «… pero un sueño cumplido es un árbol de vida», y nos preguntamos, ¿cómo será eso? Queremos vivir seguros de la bondad de Dios en cada área de la vida, pero somos reacios a confiar de todo corazón. Ponemos nuestra confianza en el futuro, allá al final de los tiempos y la venida del reino en toda su plenitud, sin embargo, carecemos de expectativas en el presente. Es que no queremos decepcionarnos otra vez.

En cuanto a la esperanza, el Señor nos llama a ser indetenibles. En medio de las pruebas, la dura disciplina y cuando sus profetas anunciaron las catástrofes por venir, él siempre dio una promesa de restauración. Nos anima, nos guía y nos conduce a una actitud expectante porque esa es su naturaleza. Es un Dios de pactos y designios que conoce las glorias venideras.

El mundo necesita vislumbrarlas y nosotros podemos dárselas. Debemos ser cautivos de la esperanza, embajadores de las realidades eternas, abiertos defensores de la verdad. Vive con ese propósito, en tu vida y en tus conversaciones. No protejas tu corazón minimizando sus anhelos. Enarbola las promesas de Dios para que todos las vean.

Señor, deja que mi rostro brille con la gloria de tu bondad, que mi actitud fulgure con la expectativa de bendiciones, que mis palabras vibren con el sonido de la antelación. Que mi esperanza contagie a un mundo que la necesita. Amén.

La mentalidad correcta

Las esperanzas del justo traen felicidad, pero las expectativas de los perversos no resultan en nada. (Proverbios 10:28)

¿Te resulta familiar? Lees las recomendaciones de un producto y tus ojos se posan en tres negativas entre cien positivas. Revisas las notas de tu hijo y resaltas primero la C antes de las cinco A. Te hacen veinte felicitaciones, pero tus oídos solo escuchan el único señalamiento crítico de tu desempeño. ¿Dónde centras tu atención? ¿Qué comentarios destacan? ¿Hacia dónde diriges tu tendencia a resolver los problemas? Si eres como la mayoría, tienes una «mente negativa», una inclinación hacia los acontecimientos y las opiniones desfavorables, aunque las positivas las tripliquen. Una buena parte de nosotros nos centramos en las manchas del sol, no en su luz.

Dicha mentalidad puede explicarse en términos psicológicos y neurológicos, pero cala hondo en lo espiritual. Mella nuestra aptitud para agradecer, tener fe, mantener la esperanza y expresar amor. Hace que nos preocupemos por todo lo que quizás salga mal, y no disfrutamos lo que sale bien. Solo nos recuerda problemas y fracasos. Nos lleva a excepciones infelices y no a ejemplos útiles, a preguntas sobre oraciones sin respuesta y no al aplauso por las contestadas, a los defectos de la gente y no a sus virtudes y ¡a un mar de calamidades! De manera subconsciente, la negatividad controla nuestras vidas y actitudes; socava nuestro crecimiento espiritual. Forma parte de nuestra naturaleza.

Sí, es verdad, pero del hombre caído, no del libre y restaurado. No es un reflejo de la imagen de Dios en nosotros. La Biblia nos llama al constante regocijo, a dar gracias siempre y a aferrarnos a todo lo bueno (1 Tesalonicenses 5:16-21). Más que una buena práctica, superar nuestra mente negativa es poner en evidencia que el reino de Dios está creciendo en nuestra alma. Es testificar a los demás la existencia de realidades más grandes, profundas y verdaderas que las que experimentan ahora. Dios sabe cuánto medra la negatividad en nuestra mente caída. Por eso nos da las herramientas para arrancarla de raíz. Cuando lo hacemos, nos convertimos en un testimonio vivo de la esperanza de su reino y las bendiciones de conocerlo.

Padre, dame la mentalidad correcta. Ayúdame a activar el interruptor dentro de mí que se dirige a las áreas problemáticas de la vida. Llena mi corazón, pensamientos y espíritu con la verdad, la esperanza, la alegría, la gratitud y la celebración, y permite que mi manera de pensar afecte las actitudes de todas las personas que conozco. Amén.

Miqueas 6:1-8

Los valores de Dios

El Señor te ha dicho lo que es bueno, y lo que él exige de ti: que hagas lo que es correcto, que ames la compasión y que camines humildemente con tu Dios. (Miqueas 6:8)

A veces los evangélicos han marginado a quienes luchan contra la injusticia, defienden a los oprimidos y abogan por los pobres. Lo han hecho porque ven estas actividades como parte del «evangelio social» y no como prioridades de la iglesia. Quizás sea debido a que el evangelio social, en repetidas ocasiones, descuidó el mensaje de salvación y se centró en satisfacer *únicamente* las demandas físicas. Bueno, seamos honestos: al hojear la Escritura veremos que los profetas hicieron énfasis en la equidad y la compasión con más frecuencia que en algunas de las cuestiones en las cuales nos enfocamos; que Jesús llamó hipócritas a los fariseos por guardar la letra de la ley mientras descuidaban la justicia y la misericordia (Mateo 23:23); y que, de forma general, la Biblia se centra una y otra vez en nuestra manera de conducirnos en el mundo. Afirma que Dios está cerca de los quebrantados de corazón (Salmos 34:18) y que defiende a los pobres (Salmos 140:12). Si no tenemos las mismas prioridades, nos negamos a ser como él.

Eso es un problema. Estamos hechos a su imagen, restaurados a su semejanza, llamados a reflejar su naturaleza y a buscar su voluntad. Por algún motivo hemos desarrollado falsas divisiones en nuestra cultura las cuales tienden a enfrentar a los «conservadores» con los «liberales». Creemos que las causas justas son lo que «ellos» hacen. No establecemos nuestras convicciones tomando en cuenta si son correctas o incorrectas, sino de acuerdo al grupo defensor. No queremos estar en el bando equivocado.

¿Sabes qué? Si demostrar la plenitud del evangelio te pone del lado de gente con la que quizás no estés de acuerdo política o filosóficamente, ¡qué así sea! Hoy muchísimos cristianos se han esforzado tanto por distanciarse del liberalismo, que al final también lo han hecho de las verdaderas preocupaciones sociales. ¿Resultado? Una iglesia tan apática, indiferente y centrada en la doctrina y el comportamiento como los fariseos a quienes Cristo amonestó. ¡Rompe los esquemas y vive el evangelio que recibiste! Expresa el corazón de Dios y muéstrale sus valores al mundo.

Señor, si alguna vez pierdo de vista tus preocupaciones por este mundo, envíame a los profetas y a los apóstoles para que me enseñen el equilibrio. Dame pasión por la justicia y un alma compasiva. Mi bando es el tuyo. Amén.

Hasta los confines de la tierra

Y serán mis testigos, y le hablarán a la gente acerca de mí en todas partes: en Jerusalén, por toda Judea, en Samaria y hasta los lugares más lejanos de la tierra. (Hechos 1:8)

En los primeros años de la expansión inglesa en el ámbito del comercio, cuando el país trataba de alcanzar a los contrincantes que poseían colonias, muchos ministros fueron como capellanes, pastores y eruditos para servir a quienes estaban inmersos en empresas mercantiles. Sin dudas, tenían un llamado que podían satisfacer en la obra parroquial en Inglaterra. Su curiosidad por el mundo y su tendencia a la aventura era lo que frecuentemente los llevaba más allá de las fronteras y de lo convencional. Se toparon con dignatarios de altos cargos, gentes de otras creencias, poblaciones indígenas y una gran variedad de viajeros y traficantes que nunca encontrarían el camino a una iglesia. Sus dones y habilidades los posicionaron para influir en formas que sus colegas más centrados en la iglesia no lograban conseguir.

Desde el local hasta el universal, y cualquier otra variante, todos los ministerios son importantes en el reino de Dios. Sin embargo, la historia está llena de cristianos que, bajo la dirección de asesores bien intencionados, decidieron quedarse en la iglesia de sus países. Un enfoque como este es acertado en tiempos y espacios en los cuales la sociedad está saturada de cristianismo. Pero en una época pluralista, las grandes ocasiones de ministerio se encuentran generalmente en los entornos menos pensados. El evangelio, con sus palabras y ejemplos, recorrerá el mundo por medio de quienes lo proclamen. El Señor tiene un sitio para los aventureros no convencionales.

Muchos piensan que existe una competencia entre sus intereses terrenales y su llamado celestial, sin embargo, el Señor ha ordenado ambos. Tus pasiones comerciales, académicas, frívolas, sociales, especializadas, generales o de cualquier otra categoría que se te ocurra, ciertamente pueden desviarte de tu vocación divina; pero con frecuencia son vehículos que la conectan con el resto del mundo. El mensaje que llevas es absoluto; los medios de comunicarlo son flexibles y multifacéticos. Dios emplea de forma eficaz la convergencia entre tus deseos y las necesidades de la sociedad para establecer su reino. Ambas llenarán tu corazón de propósito.

Espíritu Santo, conforma mis anhelos, dirige mis pasos y llévame a donde quieras que vaya, sin importar cuán lejos esté del camino convencional. Amén.

Déjalo fluir

Un buen árbol no puede producir frutos malos, y un árbol malo no puede producir frutos buenos. Al árbol se le identifica por su fruto. (Lucas 6:43-44)

JONATHAN GOFORTH fue un misionero canadiense en China a principios del 1900. Estaba preocupado por la salud espiritual de algunas de sus estaciones misioneras que permanecían «frías e infructuosas». Planeó visitarlas para darles ánimo, avivarlas, darles alguna tarea que las ayudara a crecer. Pero estaba intranquilo, como si allí adentro en su espíritu, hubiera algo sin resolver. Entonces puso su inquietud delante de Dios.

Pronto supo que había tenido una mala actitud hacia otro misionero por una falta que aquel había cometido y que luego había confesado con lágrimas en los ojos. Aparentemente, Goforth ya lo había perdonado. Pero el Espíritu hizo que comprendiera su falta de amor fraternal hacia su compañero de misión. La penetrante voz del Señor se hizo cada vez más audible.

Cierta vez cuando predicaba en la iglesia de origen, la presión en su alma se hizo irresistible. Mientras se dirigía a los feligreses, inconscientes de su batalla interna, decidió arreglar las cosas al finalizar el culto. El tono del servicio cambió de inmediato. La congregación indiferente de pronto se volvió comprometida y atenta. Las personas lloraban al orar y confesar sus pecados. Las vidas comenzaron a transformarse luego de días, meses y años de trabajo infructuoso. Cuando Goforth recorrió las estaciones de misión que le preocupaban, respondieron y empezaron a crecer. La sencilla decisión de amar bien a un hermano había provocado un enorme avance.

La vida interna de un cristiano está profundamente relacionada con sus frutos externos. La correlación no siempre es evidente; algunas personas tienen ministerios fructíferos durante años mientras, en lo interno, batallan con algún pecado. Otras desarrollan ministerios sufridos y, sin embargo, viven con una conciencia limpia ante Dios. Pero con el tiempo, la vida interior importa. Tú estás limpio y preparado para servir a Cristo, sin embargo, el funcionamiento práctico de ese servicio a veces depende de las formas en que su justicia se manifiesta dentro de ti. Arregla todo problema que tengas con el Espíritu de Dios. Si él fluye libremente en tu ser, también lo harán los dones y la bendición.

Espíritu Santo, que nada interrumpa tu fluir a través de mí. Muéstrame todo asunto que quede sin resolver. Escucha mis confesiones sinceras. Sáname desde dentro. Que yo avance lleno de frutos. Amén.

Centinelas de las murallas

Oh Jerusalén, yo he puesto centinelas en tus murallas; ellos orarán continuamente, de día y de noche [...] al Señor. No le den descanso al Señor hasta que termine su obra. (Isaías 62:6-7)

Los moravos comenzaron una vigilia de oración las 24 horas del día en 1727, y duró cien años. Durante ese tiempo, enviaron centenares de misioneros, que influyeron en miles de personas. Tuvieron un rol decisivo en la conversión de John Wesley quien, junto con su hermano Charles, se convirtió en el fundador del metodismo. Existen grupos de cristianos en todo el planeta que, al presente, pueden hallar sus orígenes o influencias en el movimiento moravo, que tuvo su inicio cuando unos cuantos creyentes decidieron orar. En otras palabras: la intercesión transforma el mundo.

Sí, la mayoría de los cristianos lo creen; pero pocos están lo suficientemente convencidos como para dedicarse a esa intercesión apasionada que ruega ante el Señor, persiste en sus peticiones y se aferra a sus promesas. No obstante, si queremos influir en nuestro derredor antes de lamentarnos del camino que sigue o quejarnos de sus defectos; si deseamos ser la sal y la luz que Dios quiere; si anhelamos los días en los cuales él se movió con poder, entonces alguna chispa dentro de nosotros necesita convertirse en una llama que arda y nos consuma en nuestro lugar de oración. Precisamos ver nuestras plegarias como un trabajo vital en el reino de los cielos.

Hace dos siglos menos de una de cada diez personas en el mundo afirmaba ser cristiana; hoy es casi una de cada tres. El cristianismo crece a nivel mundial, por encima de lo que escuchas sobre la iglesia decadente. El cristianismo cultural, indistintamente de lo que has oído tocante a sus influencias negativas, es una fuerza motriz poderosa que transforma vidas y sociedades. Esos movimientos no ocurrieron por azar y no vinieron arbitrariamente de la mano de Dios. Él nos invita a su obra y oye nuestras oraciones. ¡Aposta vigilantes en los muros de su reino para que intercedan día y noche! No le dan descanso y es porque él insiste en asociarse con los seres humanos. Pasa tiempo en oración; preséntale todo a él. Ruega por el mundo y verás cómo cambia por tu persistencia en la fe.

Señor, perdona mi falta de oración. Que yo observe cómo respondes a las oraciones de tu pueblo. Que las peticiones que hoy te hago, con fe y constancia, transformen de forma increíble las vidas en el futuro. Amén.

Daniel 9:20-23

Oraciones que transforman

En cuanto comenzaste a orar, se dio una orden y ahora estoy aquí para decírtela, porque eres muy precioso para Dios. (Daniel 9:23)

REE HOWELLS, el intercesor galés y su círculo de compañeros de oración, oraron fervientemente para que los alemanes pararan de bombardear su ciudad en 1941. Pero de forma manifiesta sintió que, además, el Señor lo mandaba a rogar, también por la nación entera, no solo por su localidad. El grupo pasó diez días en oración constante, y sintieron que el Espíritu les guiaba a orar para que Dios desviara al enemigo hacia otras zonas. De modo inexplicable, de acuerdo con los comentarios de las noticias, de pronto Hitler se volvió hacia Yugoslavia y Grecia y luego hacia Rusia. La crisis inmediata que se cernía sobre Gran Bretaña había terminado. Para el mundo, no acabaría hasta dentro de varios años.

¡Pura coincidencia! Eso argumentarían los escépticos ante tal giro de los acontecimientos para luego cuestionar la justicia de un Dios que perdonó a Gran Bretaña y no a Europa del Este. Por supuesto, Howells y su grupo continuaron su intercesión por otros países durante la guerra, y al final Alemania fue derrotada. Externamente se trató de un giro afortunado de los acontecimientos. Sin embargo, desde la perspectiva del que ora de rodillas, nada sucedió por casualidad. Es innegable la relación causa-efecto entre las oraciones específicas, dirigidas por el Espíritu, y los titulares de las noticias. Aquellos que interceden jamás le atribuyen las respuestas al mero azar. La fe que impulsa una vida de oración es aquella que agradece cuando llegan las respuestas.

¿Sabías que tienes el poder de afectar los acontecimientos mundiales? Este poder no se somete a tus deseos de intervenir en las cosas de acuerdo con tu perspectiva. Más bien comienza a actuar cuando esperas la dirección del Espíritu y luego oras de acuerdo con la misma. Dios revela su voluntad a aquellos que son sensibles a su Espíritu (Amós 3:7) y les responde a los que están dispuestos a interceder guiados por sus designios (1 Juan 5:14). Entra a tu habitación y, cerrada la puerta, ora e influye en los lugares más encumbrados del mundo. ¡El Dios tuyo lo trasciende todo!

Señor, sé lo inútil que es orar de acuerdo con mis planes. Enséñame el poder de hacerlo conforme a los tuyos. Hazme sensible a la voz de tu Espíritu y guía mis ruegos. Bendice mi vecindario, mi ciudad, mi país y mi mundo a través de mi intercesión. Amén.

¿Listo para el ataque?

Sobre esta roca edificaré mi iglesia, y el poder de la muerte no la conquistará. (Mateo 16:18)

SIMÓN PEDRO RECONOCIÓ que Jesús era el Mesías y este le respondió: «Ahora te digo que tú eres Pedro (que quiere decir "roca"), y sobre esta roca (Cristo) edificaré mi iglesia, y el poder de la muerte no la conquistará». Luego les concedió a sus seguidores una poderosa autoridad en este mundo. Les aseguró que las puertas del infierno, del inframundo, de la muerte, de la decadencia y de todo lo que se opone al reino de Dios, no prevalecerían contra ellos. Las puertas son para la defensa, así que asumimos que Jesús nos designa para el ataque. En los tiempos antiguos, los asedios de guerra a una ciudad eran fortísimos y en ocasiones duraban años. ¿Recuerdas la descripción de Homero de la guerra de Troya, o la batalla final en *El retorno del rey*, de J. R. Tolkien? Bueno, Jesús nos asegura que nuestros esfuerzos por romper las puertas de la oscuridad finalmente tendrán éxito. Pero Jesús nos asegura que nuestros esfuerzos por romper las puertas de la oscuridad finalmente tendrán éxito. ¡Pongámosle un cerco al mal con la esperanza y la promesa de que triunfaremos!

Muchos creyentes aún no tienen esa mentalidad. A veces solo anhelamos la supervivencia o que Dios satisfaga nuestros intereses de primera mano. Queremos amparo, provisión, guía y todo cuanto posee la *shalom* del reino de Dios. Sin embargo, ¿extender la paz del Señor en esos lugares donde hoy domina el mal? No, allí no queremos ir. Requiere tiempo, esfuerzo, planes y tácticas. Ese aspecto brilla por su ausencia en nuestro listado de tareas diarias.

Pero sí aparece en el de Dios para su pueblo, y nos da estrategias para lograrlo. Debemos deshacer las obras del enemigo (Lucas 10:19), que Jesús vino a destruir (1 Juan 3:8). Le plantamos batalla a las tinieblas porque, en Cristo, podemos hacerlo; y la forma más efectiva es sobre las rodillas. Nuestras plegarias son armas poderosas contra las fuerzas del mal en esta tierra, aunque no entendemos cómo o por qué. Un minuto de intercesión no es suficiente para asediar una ciudad, pero sí un estilo de vida de combate. Haz de la oración una práctica constante en tu faena diaria. Has recibido una autoridad impresionante en el mundo espiritual, el invisible. Úsala bien y a toda hora.

Padre, tú te opones al mal y yo, a veces, lo ignoro. ¡Eso tiene que cambiar! No siempre sé qué hacer, pero sé orar. Nutre mi intercesión y úsala para expandir tu reino contra todo adversario. Amén.

¿Cómo sería en el reino?

Venga tu reino.
(Lucas 11:2, NVI)

JUAN Y PEDRO fueron a orar al templo y a la entrada vieron a un hombre cojo al cual a diario llevaban allí, para que pidiera limosnas. También pidió dinero a los apóstoles, quienes tenían algo mejor. ¡Lo sanaron en el nombre de Jesús! El hombre se levantó, saltó de regocijo y entró en el templo precisamente durante una práctica judía llamada «la oración de pie» a las tres de la tarde (Hechos 3:1-8).

¿Por qué no le dieron dinero al mendigo? Bueno, la primera razón es que no lo tenían. La segunda es que se imaginaron cómo sería el reino de Dios en esa situación. Era lo mismo que Jesús había hecho cuando fue de pueblo en pueblo declarando y demostrando el mensaje del reino (Mateo 9:35). El resultado fue mejor que un apoyo monetario para un día. Por primera vez en su vida, este lisiado de nacimiento logró caminar.

Cuando no sepas cómo orar pregúntate cómo sería el reino de Dios en una situación así. Eso te ayudará a suprimir los aspectos que no pertenecen al reino, incluso si has reconocido algunos, y además aumentará tu perspectiva de lo que el Señor quiere hacer en este mundo para exponer su naturaleza. Orarás para que él sea benevolente con quienes te rodean, y obtendrás un claro discernimiento de su forma de ofrecer sabiduría, poder y amor; no solo a través de su persona sino también de la tuya.

Convierte esa interrogante en parte vital de tu intercesión. No ruegues solamente por un listado de deseos; pregúntale qué quiere él. Imagina el reino y ora lo que ves. Con el tiempo, observarás que se materializa ante tus ojos.

Padre, muéstrame tu voluntad. Dame una revelación de cómo es tu reino en cada área de mi vida. Lléname con el poder de la visión, y llena mis oraciones con palabras que lo traigan a este mundo. Amén.

Seguir su ejemplo

El Hijo no puede hacer nada por su propia cuenta, sólo hace lo que ve que el Padre hace. (Juan 5:19)

¿QUIÉN DE NOSOTROS no se apresura a orar por una lista de peticiones? Sabemos al dedillo lo que queremos que Dios haga y, además, añadimos cuidadosamente un «si es tu voluntad» al final. Pero, ¿y si nuestras plegarias *comenzaran* con el deseo de conocer la voluntad del Padre? Antes de enumerar nuestras rogativas, ¿qué pasaría si los diálogos con él fueran más profundos y nos permitieran comprender sus intenciones para nuestras vidas y circunstancias? ¿Qué si lo hiciéramos para entender su obra y pedir que sea hecha?

Ese es el modelo que Jesús nos dio; quien solo proclamaba lo que veía hacer al Padre. Con frecuencia se retiraba para hablar con él. Tenía plena conciencia de cómo Dios estaba obrando, cuáles eran sus prioridades y cómo quería llevarlas a cabo. Quizás pensemos que tal conocimiento es exclusivo del Hijo de Dios, la imagen exacta de la naturaleza del Padre. Sí, hasta cierto punto, podríamos tener razón. Sin embargo, Jesús es también nuestro ejemplo, el modelo perfecto de lo que significa ser un hijo de Dios en este mundo, el patrón de cómo vivir del mismo modo que alguien hecho a imagen del Padre. Su obra redentora fue única; pero les transmitió su misión a sus seguidores y nos mostró la manera en que debemos actuar. Nos dejó un estándar cuando afirmó que solo hacía lo que veía hacer al Padre.

¡Que ese sea el modelo en tu vida y que empiece con tu intercesión! Pasa tiempo en escuchar a Dios antes de hacer peticiones. Deja que el Espíritu te revele sus deseos, y que tu visión, perspicacia y sabiduría se nutran con la mente de Cristo. Cuando te *parezca* que ya sabes lo que él quiere, aunque no estés seguro, presenta ante su trono cada una de tus peticiones. Verás cómo toman formas nuevas a la vez que sus respuestas se materializan ante ti. Que tus oraciones conformen su reino en esta tierra.

Espíritu Santo, aguza mis sentidos espirituales; que sean como los de Jesús. Así veré claramente la obra del Padre, conoceré sus deseos y los pondré en oración y en práctica. Venga tu reino a mi vida y a mi mundo. Amén.

23 DE JUNIO

1 Juan 3:16-17

Los necesitados

Si alguien tiene suficiente dinero para vivir bien y ve a un hermano en necesidad pero no le muestra compasión, ¿cómo puede estar el amor de Dios en esa persona?
(1 Juan 3:17)

EN EL AÑO 403, Agustín visitó Cartago al mismo tiempo que los sacerdotes del culto imperial romano se reunían para celebrar su lealtad al emperador con carreras de carros, concursos de gladiadores y banquetes públicos. Predicó varios sermones, algunos de los cuales criticaban las prioridades erróneas de la cultura. Los ricos, creyentes o no, invertían sus fortunas en artistas y comediantes; pero ni se inmutaban ante la gente pobre. Lo peor era que inclinaban sus almas a actividades completamente frívolas.[12]

Juan declaró que el amor de Dios en nuestro interior provoca que veamos las necesidades materiales de los demás y respondamos a ellas con compasión. Claro que hoy podemos ver el mundo entero a través de un televisor o una computadora. ¡Cuántas escaseces y miserias desfilan ante nosotros! Pronto nos agotaríamos si tratáramos de contribuir con todas. Ahora bien, la realidad es esta: si gastamos nuestros recursos en cosas que no tienen valor eterno mientras descuidamos a los menesterosos, sin dudas, algo vital está fallando en nuestra relación con el Señor. Su generosidad no está fluyendo por medio de nosotros como debería. Nos falta comunión con su Espíritu.

Dios se preocupa muchísimo por los desamparados. La Biblia lo confirma rotundamente: la ley de Moisés, la sabiduría de los Salmos y Proverbios, los juicios de los Profetas, los escritos apostólicos del Nuevo Testamento y un buen número de relatos. El cuidado de los menesterosos es uno de los temas más prominentes de la historia de la redención; sin embargo, apenas lo es en la prédica y la enseñanza del cristianismo moderno de países prósperos. ¡Necesitamos un cambio! Dar a los pobres no es una filosofía política, ni es tampoco limpiar nuestros armarios y regalar lo que ya no queremos. Es una obra del Señor que refleja algo de su persona ante un mundo escéptico, desconocedor de las prioridades cristianas.

Señor, tú te preocupas por los pobres. Insistes una y otra vez en que nosotros los ayudemos. Sensibiliza mi corazón hacia ellos. Lléname de piedad. Que yo ofrezca según mis posibilidades. Amén.

Prefieran la humildad

Aunque el SEÑOR es grande, se ocupa de los humildes, pero se mantiene distante de los orgullosos. (Salmos 138:6)

EL ORGULLO SE CONSIDERABA UNA VIRTUD en el Imperio romano. Para ellos, los humildes eran débiles y admiraban a los arrogantes porque eran atrevidos y hacían prevalecer sus deseos e intereses. Entonces, cuando muchos paganos se convirtieron al cristianismo y tuvieron que hacer enormes ajustes, aprendieron que en el reino de Dios la humildad es una virtud y que él resiste a los altivos. Conocieron que su gracia se derrama más fácilmente sobre quienes reconocen que son engreídos y tratan de cambiar.

A hurtadillas, el orgullo ha regresado a nuestra cultura. Aunque algunos no soportamos a los atletas o artistas arrogantes, otros los celebran por su franqueza, por no fingir humildad y por tener confianza en sí mismos. No es arrogancia «si puedes respaldarla», es el eslogan del pensamiento moderno. Por supuesto que la presunción no tiene nada que ver ni con lo verdadero ni con lo falso. El problema aquí es que uno piensa, a toda hora, en uno mismo y jamás se acuerda de los otros. La humildad honra al prójimo y sus intereses; por su parte, el orgullo se retrae y solo piensa en sí mismo. Por desgracia, ya es una actitud bastante popular y su aceptación crece cada vez más.

Pero, ¡gloria a Dios! Él nos ha dado la tarea de destronar el orgullo. De hecho, muchos de esos altaneros no son más que personas inseguras que intentan curar sus heridas del pasado. Lo primero que debemos hacer es penetrar sus corazas, mirar en su interior y ministrarles; entonces procedemos a demostrarles el poder de la humildad. Es una ardua faena, pero sin dudas, puede cambiar vidas. Exhibe los valores de nuestro reino. Constituye una de las maneras en que el Señor nos llama a enfrentar nuestra cultura. Acéptala y niégate rotundamente al empuje de la competitividad, el antagonismo, y la autopromoción del mundo. Deja que Jesús sea tu modelo. Sí, él dijo que era el Rey, pero uno que vino a servir. Tu influencia en la vida de los demás no depende de cuánto los impresionas, sino de cuánto los ayudas en lo espiritual. Busca su bienestar; invítalos al reino.

Jesús, tú diste tu vida por mí y me dijiste que tuviera la misma actitud hacia el prójimo. Ayúdame a vivir en un espíritu de humildad, a buscar tu Reino antes que el mío, y a influir en las vidas con la gracia que me has dado. Amén.

25 DE JUNIO
Proverbios 8:32-36

El llamado de la sabiduría

Pues todo el que me encuentra, halla la vida y recibe el favor del SEÑOR.
(Proverbios 8:35)

UNOS CUANTOS CRISTIANOS, hombres de negocios, comenzaron un estudio de la Biblia en su oficina, aunque no lo anunciaron como tal o como un encuentro religioso. Lo que hacían era debatir verdades profundas: la importancia de la integridad, el valor del esfuerzo o la eficacia de una mente disciplinada. Luego los participantes aplicaban las lecciones a sus puestos de trabajo. Al final, algunos preguntaron de dónde procedía este increíble material. Cuando los líderes explicaron que todo estaba escrito en la Biblia, en particular en el libro de Proverbios, varios de quienes habían indagado entregaron sus vidas a Cristo. La verdad los aproximó a Dios, aunque no se la presentaron de manera espiritual.

La Sabiduría habla con voz humana en Proverbios 8 y anima a los necesitados de entendimiento a conocerla; se formó antes de la fundación del mundo y se tejió en la creación como su principio fundamental (Proverbios 8:22-31). Fluye de la mente del Creador. Así que cuando la gente encuentra la verdadera sabiduría, se topa con algo de Dios. Ella atrae a las personas, lo sepan o no.

Para hablarle a la gente no tienes que saberte la Biblia desde Génesis hasta Apocalipsis; no requieres ponerle un sello bíblico a cada consejo que des, pero sí necesitas rebosar de la presencia del Espíritu Santo y adquirir su comprensión. Una persona que se satura de la verdad hará que esta fluya cuando en una circunstancia dada se precisa de la sabiduría. Cuando te deleitas en la luz del consejo de Dios y escuchas su voz, comienzas a pensar sus ideas, a caminar en su poder, a transpirar su amor y a desarrollar sus actitudes. Representas su naturaleza.

Tú tienes el potencial de bendecir con la sabiduría de Dios a quienes te rodean, aunque no te consideres sabio. Básate en la verdad y ofrécela libremente, sin imposiciones, a aquellos que piden consejos. No te preocupes por citar tu fuente; ya llegará el momento. Deja que la lógica que fundó este mundo atraiga a las personas.

Espíritu Santo, el universo entero descansa en tu razonamiento, tu lógica, tu verdad. Permite que impregne mi ser. Sumerge mi mente en tu consejo. Usa mis pensamientos y palabras para que yo bendiga, anime y aconseje a quienes te buscan. Amén.

Una mente renovada

Arrepiéntanse, porque el reino de los cielos está cerca.
(Mateo 3:2, NVI)

EN LA PELÍCULA *El imperio contraataca,* Luke Skywalker aterriza en un planeta pantanoso en busca de un maestro. La primera criatura que encuentra es Yoda, la persona que buscaba, aunque al principio no lo sabía. La pequeña y extraña criatura, le puso los pelos de punta. Cuando el joven conoció la identidad de su futuro mentor, se sometió a sus enseñanzas; y requirió un cambio en su entendimiento para acceder a la Fuerza. Necesitaba una nueva forma de pensar.

Por supuesto que la Fuerza no es Dios y no emplearemos poderes telequinéticos en nuestro discipulado. Sin embargo, al igual que Luke Skywalker necesitaremos transformar nuestras mentes para poder caminar en el poder del reino de los cielos. La palabra griega para arrepentimiento es *metanoia* y enfatiza este cambio de pensamiento. Con certeza, los Evangelios nos instan a arrepentirnos de nuestras iniquidades, pero el llamado va más allá de eso. Incluye un pensamiento renovado, otra perspectiva, una forma revolucionaria de ver el mundo. Significa aventurarnos en esos caminos de Dios que nos parecen ilógicos y aprender a razonar con su mente. Si no aceptamos tal cambio de mentalidad, no seremos capaces de ver el reino o de experimentar sus senderos.

Las repercusiones son enormes, e incluyen dejar de vernos como víctimas del mundo, sentir que la vida y las circunstancias conspiran contra nosotros y rendirnos siempre ante los problemas en vez de vencerlos. Se trata de tomarnos con seriedad las promesas del Señor, aun cuando no parezcan realistas, pues en Cristo tenemos su favor y somos dignos de recibir sus bendiciones. Así, a no dudar, lograremos victorias sobre el reino de las tinieblas y los caminos de la sociedad.

Para ello, requieres una nueva mente. Sin embargo, ¿sabes que el Señor ha prometido transformar tus pensamientos si se lo permites? (Romanos 12:2). Con una mentalidad renovada no solo caminarás en el poder del reino de Dios, sino que también verás lo que el mundo necesita. Podrás ayudarlo con tus opiniones.

Jesús, tú eres mi maestro, y quiero pensar como tú. Cambia mi forma de ver, enséñame tus caminos y lléname con el don de la fe. Que mi arrepentimiento lo transforme todo. Amén.

Efesios 4:7-13

Todo el cuerpo

Ese proceso continuará hasta que todos alcancemos tal unidad en nuestra fe y conocimiento del Hijo de Dios que seamos maduros en el Señor, es decir, hasta que lleguemos a la plena y completa medida de Cristo. (Efesios 4:13)

El misterio de «todos los santos» es uno de los mayores debates en la historia de la iglesia: cómo *la iglesia triunfante* (los que ya están en el cielo) y *la iglesia militante* (los que aún están en la tierra) cumplen su función como el cuerpo de Cristo. La cristiandad del medioevo puso fuerte énfasis no solo en el tema, sino también en las obras artísticas que derivaron del mismo. Pero en general, ha sido reconocido de una forma u otra en cada época de la historia de la iglesia. Esta no es un movimiento o una denominación, o los cristianos que viven en un periodo concreto. Es el cuerpo colectivo de creyentes que incluye las multitudes del cielo, la gran nube de testigos que nos rodea (Hebreos 12:1), cada creyente que vive en la tierra, y, desde la perspectiva de Dios, cada fiel aún por venir. Es un enorme mosaico de fe, dones y relatos de vida que un día compondrán los sucesos de la obra redentora y restauradora del Señor.

Somos parte de esta historia épica, y necesitamos vivir conscientes de ello. Tratamos de avanzar en este mundo, eso es cierto. Pero más que eso, somos miembros de una representación orgánica del cuerpo de Cristo. Nunca desarrollamos una misión solitaria; siempre estamos conectados por nuestras relaciones con otros creyentes y con el Espíritu que lleva a cabo la obra del Padre. Tenemos que conformarnos a la imagen del Hijo, llevar a vías de hecho su encomienda y depender de su poder. No estamos solos; recibimos estímulo e inspiración de quienes nos precedieron y de los que hoy nos acompañan. Nos alegra saber que estamos sentando las bases para los que vendrán. ¡Nuestro techo será su suelo!; nuestra obra los preparará para empresas mayores.

Con esa perspectiva no te desanimarás. Los frutos no dependen de ti y Dios los producirá en su tiempo. Es una inversión, parte de un todo.

Padre, ayúdame a pensar en términos de «nosotros» y no de «yo». Abre mis ojos a la majestad de tu obra a través de los tiempos. Gracias por ser parte de ella. Amén.

Más allá del dolor

De hecho, sin fe es imposible agradar a Dios. Todo el que desee acercarse a Dios debe creer que él existe y que él recompensa a los que lo buscan con sinceridad. (Hebreos 11:6)

¿PODEMOS AFIRMAR QUE DIOS ES BUENO? La pregunta subyace en nuestras vidas y en toda la historia humana. La respuesta primaria al asunto del dolor es que el Señor no puede ser todopoderoso, omnisapiente y omnisciente a la vez porque si estos tres atributos estuvieran operando, entonces no dejarían que el sufrimiento de este mundo continuara. Por medio de su conocimiento vería los problemas y encontraría soluciones; su amor le obligaría a intervenir y su poder le permitiría tener éxito. Pero esa mentalidad aumenta nuestra propia experiencia y reduce la forma en que Dios se revela a escala cósmica por toda la eternidad. Nos impide divisar el fin de la historia.

Tanto en lo filosófico como en lo personal enfrentarás el problema. Has experimentado el dolor, ¿no es cierto? y quizás has tratado de suprimirlo o has permitido que te invada. Si crees en la bondad del Señor, necesitas rechazar ambas actitudes. De lo contrario, el sufrimiento empañará tu percepción de Dios y ella a su vez afectará tus relaciones, tu trabajo, tu actitud hacia la vida y tu influencia en el mundo.

En otras palabras, la forma en que concibes a Dios es fundamental. El pastor y autor A. W. Tozer lo consideraba «el aspecto más importante de ti», y otros más lo han citado innumerables veces. Tienes que ser *inamovible* a la hora de creer que Dios es bueno, pues verás o sufrirás injusticas que lo contradicen. Sin embargo, en medio de las circunstancias y el dolor por tus pérdidas, él está entretejiendo una historia que para ti tiene un final feliz. ¡Solo mantente firme en la fe! Las pruebas son por un momento, pero su bondad es infinita. Para experimentarlo, debes confiar en su verdadera naturaleza. Si lo haces, ella crecerá en ti; entonces atraerás y libertarás a muchos prisioneros del quebranto.

Señor, tú afirmas que nuestro actual sufrimiento no es nada comparado con la gloria que nos revelarás en el futuro. Que yo viva con esa visión: sano, íntegro y testificando ante los demás. Amén.

29 DE JUNIO

Hebreos 13:18-21

Conoce tu corazón

Que él produzca en ustedes, mediante el poder de Jesucristo, todo lo bueno que a él le agrada. (Hebreos 13:21)

ÉCHALE UNA OJEADA AL MUNDO y notarás que tus pasiones se encienden en tu pecho. Verás algunas causas, injusticias, cuestiones espirituales que plagan la sociedad o grupos de personas que despiertan tu simpatía. Puede ser en las esferas públicas del gobierno, los medios de comunicación o la educación; o quizás en las áreas más íntimas de la vida familiar y la fe privada. Quizás incluye una institución, un comportamiento o una actitud en particular, y es probable que te entusiasme, te entristezca o que experimentes la urgencia de cambio. Sea lo que sea, te golpea el corazón, y respondes a ello emocional, intelectual y espiritualmente. El llamado de Dios está allí, incrustado en algún punto de tu reacción visceral ante las carencias; es un lazo con sus propósitos que no está diseñado para deprimirte sino para darte el empujón que necesitas. ¿No será este el sitio de tu encargo espiritual?

Ve al mundo y busca esos vínculos y tirones magnéticos, aunque al principio sean rechazos. Si son amplios y diversos, por ejemplo, un odio general por la injusticia, que se aprecia en campos tan variados como la política, el cuidado de la salud, los impuestos o el patio de la escuela, entonces encuentra las características comunes, los lugares en los que se intersectan, así como la forma en que se alinean con tus dones. Tu búsqueda e interrogantes pueden ser un proceso de toda la vida, pero Dios las usa para llevarte a sus planes de manera estratégica. ¿Por qué? Porque él rara vez nos dirige con una voz audible o señales evidentes. Más bien lo hace a través de la obra del Espíritu en nuestras mentes y corazones.

Dios se preocupa por este mundo y quiere revelarse a esos sitios que lo han mantenido a distancia. Pero lo hace *a través* de su pueblo, nunca *ajeno* a este. Sensibilízate con las cargas y pasiones que él ha despertado en ti. Deja que te lleve a donde quiera. Irá contigo y abordará los puntos de mayor necesidad en el mundo.

Señor, estás más cerca de mí de lo que puedo imaginar. Tú me diriges, me formas, hablas a través de mis pensamientos y provocas mis intereses y deseos. Dame el discernimiento para comprender tu voluntad y envíame con tu Espíritu para satisfacer las necesidades del mundo. Amén.

Todo es importante

Ya que estamos recibiendo un reino inconmovible, seamos agradecidos y agrademos a Dios adorándolo con santo temor y reverencia. (Hebreos 12:28)

Ralph Waldo Emerson escribió: «No hay historias, sino biografías», y es verdad. Claro que, con el transcurrir de los años, hemos visto hechos, movimientos, estadísticas, en los que han intervenido las personas. Quizás por eso Dios no nos entregó una perspectiva general de la historia de la salvación, sino un relato personalizado, individual de sus principales sucesos y temas. La historia de su pueblo presenta gente de carne y hueso. Narra su quehacer en el mundo real, no solo en el cuerpo como un todo, sino en las vidas de los individuos que lo aman, adoran y siguen. Es una historia bastante íntima.

¿Se cumple esto en la tuya? ¡Por supuesto! Quizás percibes el reino de Dios como un movimiento abarcador o como profecía de un suceso lejano; sin embargo, se trata de un asunto mucho más personal. No es un principio abstracto. Es la historia de las vidas y allí aparece tu nombre. Eso hace que individualmente seamos importantes, que cada elección tenga sentido, que cada trabajo sea vital y que cada relación sea duradera. Cada encuentro con otro ser humano nos permite acariciar la verdad y el propósito. No enfrentamos teorías y creencias; no, estamos construyendo vidas.

Recuérdalo: el reino de Dios se trata de vidas, no de principios. Cambia los corazones, no los grupos. Sí, claro, hay elementos colectivos. El cuerpo de Cristo tiene muchos miembros que interactúan y funcionan como partes de un todo. Pero el todo no existe sin las partes, y cada una es clave. Tu historia y la de quienes te rodean son aspectos valiosos en la historia humana y en la del reino eterno, constituidos de momentos críticos capaces de impulsar el crecimiento y el cambio. Vive consciente de que todo, cada faceta de la historia, incluso en esta hora, es sagrado. Camina hoy y siempre sobre tierra santa.

Señor, me has concedido el don sagrado de la vida y un llamado santo a disfrutarlo, compartirlo e invitar a otros también. Enséñame a darle importancia y propósito a cada momento, ya sea trabajando o descansando. Amén.

1 DE JULIO
Mateo 9:9-13

En las profundidades

Pues no he venido a llamar a los que se creen justos, sino a los que saben que son pecadores. (Mateo 9:13)

Jesús aceptó una invitación a cenar y la lista de invitados incluía a varios personajes desagradables; el texto los llama «pecadores de mala fama» (Mateo 9:10). Como a la mayoría de las personas bien educadas, toda la vida se les enseñó a los fariseos a evitar las malas compañías y el desinterés casual de Jesús por sus relaciones y por su propia reputación los irritó. «¿Por qué su maestro come con semejante escoria?», preguntaron a sus discípulos (9:11). Desconocemos su contestación, pero la respuesta de Jesús quedó grabada para nosotros. Señaló que las personas sanas no necesitan un doctor y que las buenas nuevas son para los que han fallado y reconocen su necesidad.

Este enfoque ha llevado a muchos creyentes a visitar lugares desagradables de este mundo (burdeles, bares, lugares infestados de drogas y callejones) para rescatar a los que reconocen su necesidad. La tarea es dura y peligrosa y no siempre da frutos. Sin embargo, en ocasiones, produce extraordinarios testimonios de liberación y restauración, de adicciones superadas y de vidas dolorosas con nuevos comienzos. Muchos cristianos no recomiendan esta tarea; no siempre utilizan los mismos argumentos que usaron los fariseos con Jesús, sino que expresan su preocupación por el bienestar del que ministra en esos lugares. No obstante, para aquellos que son fuertes o que han vencido las tentaciones de un determinado ambiente, este llamado vale la pena ya que lleva el poder del evangelio a los lugares más necesitados.

No temas ir a lugares desafiantes con el poder de las buenas nuevas. Sin duda alguna, evita las situaciones que puedan tentarte; no expongas tus debilidades a presiones innecesarias, pero tampoco retrocedas. Demasiados cristianos esperan que el mundo llegue a sus iglesias como los enfermos llegan a un hospital que está listo para recibirlos. Ese enfoque no funcionará en una sociedad que asume que la iglesia los juzgará y los rechazará o que ni siquiera comprende su propia enfermedad. Ve a donde te necesiten, sirve donde puedas, lleva la gracia de Dios por el camino para alcanzar a un mundo hambriento de gracia.

Jesús, tú viste las heridas y las necesidades detrás de los pecados de las personas mientras que los «justos» *a tu alrededor se enfocaron en su supervivencia. Dame un corazón como el tuyo. Permíteme llevar la gracia fuera de los muros de la iglesia para bendecir a quienes más lo necesitan. Amén.*

Reflejos del cielo

Entonces, en todo lo que digan y en todo lo que hagan, recuerden que serán juzgados por la ley que los hace libres. (Santiago 2:12)

En su relato de la destrucción de las Indias recientemente descubiertas, Bartolomé de las Casas mencionó a Hatuey, un jefe indio que los españoles ataron a una estaca por resistirse a los avances de la colonia. Un fraile franciscano que interrogó a Hatuey le presentó el camino de la salvación para que pudiera salvarse antes de su ejecución y evitara el tormento eterno. Hatuey quería saber si todos los cristianos iban al cielo y, cuando le respondieron que sí, afirmó que preferiría ir al infierno. De las Casas se lamentó: «Esta es la fama y el honor que Dios y nuestra fe se han ganado a través de los cristianos que han llegado a las indias».[13]

Incluso hoy en día, este razonamiento es común. Una canción popular de los años setenta sugirió que sería mejor reír con los pecadores que llorar con los santos y un importante activista afirmó que preferiría el infierno porque ahí estaba su gente. Si los cristianos son un reflejo del cielo y esa imagen no atrae a las personas de afuera, tenemos un problema. Por eso es vital que seamos una encarnación de la verdad eterna para reflejar de la mejor manera a nuestro Padre y su reino. Algunas personas simplemente escogerán mantener sus firmes impresiones de los cristianos y no habrá nada que podamos hacer para cambiar su opinión. Sin embargo, algunos tan solo tienen una falsa impresión basada en un cristianismo cultural o nominal sin considerar cómo es Jesús en realidad. Nosotros podemos cambiar eso.

¿Cómo? Al *representar* a Jesús como verdaderamente es. A menudo, se comenta que somos la única Biblia que algunas personas leerán y hay mucha verdad en esta afirmación. Pocas personas buscan la verdad en las páginas de la Escritura sin antes ser motivadas por un encuentro, una conversación, una crisis o un ejemplo. Mucho más que presentar el evangelio, estamos llamados a ser una demostración del evangelio. Vive el carácter de Jesús y los corazones anhelarán su promesa.

Jesús, debes afligirte por cada falso testimonio de tu verdadera naturaleza y por las almas que se alejaron por ese motivo. Que yo produzca el efecto opuesto al revelar las profundidades de tu gracia y tu misericordia. Amén.

El modelo

Los que dicen que viven en Dios deben vivir como Jesús vivió.
(1 Juan 2:6)

ESTE VERSÍCULO ES RETADOR, lleno de palabras con las que casi todos están de acuerdo, pero, en realidad, pocos lo cumplen. Jesús usaba palabras duras para los hipócritas y, en una ocasión, sin rodeos preguntó a sus seguidores por qué lo llamaban Señor si no hacían lo que les pedía (Lucas 6:46). Desde luego que hay una diferencia significativa entre no cumplir con un estándar y ser un hipócrita que afirma algo que no hace. Podemos perdonarnos por nuestra imperfección, pero ¿pretender que somos seguidores de Jesús sin seguirlo de verdad? Eso es un problema. Somos llamados a vivir como Jesús lo hizo.

Ese es un estándar bastante alto que exige interpretación. No somos llamados a predicar en una antigua sociedad agraria, ni a desafiar a líderes religiosos corruptos, ni a morir en una cruz para salvar al mundo. Sin embargo, debemos vivir y predicar el mensaje del reino, desafiar las injusticias y el engaño y tomar nuestra cruz diariamente. También debemos vivir con humildad, ser generosos con los pobres, amar y servir a los que nos rodean, caminar en el poder del Espíritu, ser sabios y demostrar el carácter de Jesús en todo lo que hacemos. Hay una razón por la que la Escritura nos da el ejemplo de Jesús en repetidas ocasiones. Él es el modelo que tenemos que seguir.

Por eso, Jesús se llamó a sí mismo y a sus seguidores la luz del mundo (Juan 8:12; Mateo 5:14), les dijo que harían mayores obras que él (Juan 14:12), les dijo que serían perseguidos como él (Juan 15:20) y se presentó a sí mismo como un ejemplo a seguir (Juan 13:15, 34). Los alumnos deben parecerse mucho a sus maestros, los siervos a sus amos y los discípulos a quien los capacita. Somos hechos a la imagen del diseño original y de la restauración divina, nada menos que la representación exacta de Dios (Hebreos 1:3). Es un llamado enorme pero necesario. Hay gracia para los errores y también aliento para nunca rendirse. Si Jesús ha de ser visto en este mundo, será a través de sus seguidores.

Jesús, he cumplido mal mi tarea de vivir como tú lo hiciste y, aunque tu misericordia es inmensa, tu llamado permanece. ¿Puedo parecerme más a tu imagen cada día, cada vez más semejante a ti? Amén.

Tu lugar ideal

Pon todo lo que hagas en manos del Señor, y tus planes tendrán éxito.
(Proverbios 16:3)

«Estoy decidido. Me regreso a China. El servicio misionero me ha aceptado —Eric Liddell le informó a su hermana—, pero primero tengo que correr mucho. Jennie, tienes que comprender. Creo que Dios me creó con un propósito, para China; pero también me hizo veloz y cuando corro siento su deleite. Dejar esto sería como despreciarlo a él. Tenías razón, no solo es diversión. Ganar es honrarlo». Esas famosas palabras de *Chariots of Fire* [Carros de fuego] se citan con frecuencia porque resuenan con aquellos que hemos sido entrenados para pensar que las mejores y más espirituales maneras de servir a Dios están relacionadas con los ministerios profesionales y las misiones. Si bien, las vidas totalmente dedicadas a Dios frecuentemente se expresan en esas áreas, muchas personas en otras áreas de la vida son igual de diligentes y fructíferas. Fuimos creados con toda clase de dones y aficiones y todos ellos tienen el potencial de reflejar algo de la naturaleza de Dios. Cuando vivimos en nuestro lugar ideal, sentimos su deleite y lo honramos.

Dios puede tener un llamado específico para muchos de nosotros, pero está mucho más interesado en el compromiso y en la devoción por la obra que hacemos que en el puesto que ocupamos. Cuando nos deleitamos en él y ponemos nuestro camino delante de él, él nos guía a través de nuestros deseos y aficiones, oportunidades y circunstancias, dones y talentos, consejos y convicciones. Se sabe que ha colocado a su pueblo en plataformas inesperadas, en los lugares menos probables (un prisionero israelita llamado José que se convirtió en gobernante de Egipto, un pastor llamado David que fue nombrado rey de Israel, un productor de higos llamado Amós que se volvió profeta, una joven judía llamada Ester que fue reina de una tierra pagana y muchos más). Algunas de nuestras plataformas están fuera de nuestro control; otras se hacen realidad cuando seguimos nuestras aficiones y convicciones. De todas maneras, Dios piensa más creativamente que nosotros en cuanto a las maneras de servirle. Pon todo lo que hagas delante de él y observa lo que hace a cambio.

Señor, tú me creaste como soy con un propósito. Usa mis dones, aficiones y actividades para tu gloria. Que todo lo que haga te honre y permíteme sentir tu deleite. Amén.

Reconciliadores

Y Dios nos ha dado la tarea de reconciliar a la gente con él.
(2 Corintios 5:18)

Jesús anduvo de pueblo en pueblo en Galilea y Judea y, en ocasiones, más allá; enseñaba las verdades del reino de Dios y demostraba su verdadera naturaleza. Las multitudes lo conocían como el sanador y el liberador, un hombre de palabras profundas, el que posiblemente liberaría a Israel y restauraría su antigua gloria. Sin embargo, desde el punto de vista de Dios, Jesús hacía más que bendecir a los que lo rodeaban. Los reconciliaba con el Padre. En realidad, «Dios estaba en Cristo reconciliando al mundo consigo mismo, no tomando más en cuenta el pecado de la gente» (2 Corintios 5:19). Además, según Pablo, Dios ha dado a sus siervos exactamente la misma misión.

Esa es una afirmación significativa con enormes implicaciones para nuestra forma de vivir. Si somos reconciliadores (traemos al mundo de vuelta al Padre y nos negamos a considerar los pecados de las personas en su contra porque la misericordia de Dios los persigue), ese llamado dará sentido a todas nuestras relaciones. Tenemos el deber, por amor a Dios, no solo de llenar cada conversación de un llamado evangelístico (aunque en ocasiones suceda) sino también de vivir y hablar de manera que ese llamado sea acogedor y comprensible. Debemos vivir con los brazos abiertos para recibir a las personas al reino de Dios.

Eso te convierte en una puerta de entrada a una relación restaurada con el Padre. Desde luego que tendrás que estar seguro de tu propia relación con él, pero también necesitarás vivir en la realidad de esa relación. Eres una nueva persona en Cristo, una nueva vida (2 Corintios 5:17) que ya no se relaciona con Dios en términos de su antigua naturaleza sino nueva, revestida de Jesús con su identidad y su nombre. La antigua vida ha pasado, ahora te impulsa su amor para bendecir, reconciliar, restaurar y abrazar. Usa tu papel de reconciliador con alegría, aplícalo en tus otras labores en el hogar, el trabajo, la escuela, la iglesia, la comunidad: en todo lugar. Sé el puente que apunta a otro Puente aún más grande entre el mundo y el Padre que lo ama.

Padre, permite que tu amor me llene. Que lo conozca de manera profunda y que me conmueva para amar a los demás y conectarlos con tu amor. Deja que mis brazos abiertos reciban a muchos en tu nombre. Amén.

Una ventana a Dios

Y nos dio a nosotros este maravilloso mensaje de reconciliación.
(2 Corintios 5:19)

Las personas que escuchaban orar a Hudson Taylor solían comentar que parecía estar bastante cerca de Dios, ya que hablaba con el Padre como con un amigo en su habitación. Lo mismo sucedía con las personas que escucharon las oraciones de George Müller, John Hyde y muchos otros misioneros y ministros cuyas obras más importantes fueron cubiertas por una abundante vida de oración. Había algo en la naturaleza de estas relaciones con Dios que hizo que los demás se dieran cuenta de lo accesible que es él y lo real que puede ser en sus vidas diarias. Simplemente, fueron motivados por la percepción de que un ser humano podía caminar con el Padre de forma genuina y tangible.

Esa clase de relación es visible no solo en la oración, sino que también surge en las conversaciones, las actitudes y las respuestas de una persona ante la adversidad o la oportunidad. Cuando una vida está realmente reconciliada con Dios, adquiere una naturaleza diferente. Se caracteriza por el consuelo, la gratitud y la fe. Irradia una cierta característica que parece salida de otro mundo. Da una buena impresión.

Este es el mensaje de reconciliación que llevamos. En ocasiones, ese mensaje se expresará explícitamente cuando reconocemos las oportunidades para explicar a una persona cómo puede reconciliarse con Dios. Otras veces, estará simplemente implícito en nuestra manera de vivir y en nuestras actitudes con los que nos rodean, cuando nos pidan que expliquemos la razón de nuestra esperanza o al responder cómo podemos estar tan tranquilos en medio de las dificultades. De todas formas, el mensaje de reconciliación va más allá de las palabras para comunicar las cualidades del Espíritu. Acerca a las personas a una relación con Dios, ya que, de repente, se dan cuenta de que es posible tener una relación con él.

Haz que tu objetivo sea tener una vida reconciliada: una vida fundamentada en la fe, segura de la bondad del Padre, en paz con su voluntad y tan íntima y cercana como sea posible. No fuerces las oportunidades de compartir con los demás esta reconciliación, pero búscalas y aprovéchalas cuando se presenten. Este es uno de esos casos donde tus acciones hablan más fuerte que tus palabras. Tu vida es una ventana que revela cómo es una sociedad con Dios.

Padre, lo quiera o no, mi vida predica un mensaje. Ayúdame a que sea un buen mensaje. Permíteme vivir la clase de relación que quieres que todos tengan contigo. Amén.

Una vida que no se ofende

Jesús dijo: «Padre, perdónalos, porque no saben lo que hacen». Y los soldados sortearon su ropa, tirando los dados. (Lucas 23:34)

SI ALGUIEN ALGUNA VEZ TUVO el derecho de ofenderse, ese fue Jesús. Un hombre perfectamente justo fue condenado, torturado, ridiculizado y ejecutado por una gran multitud de personajes desagradables que no tenían idea a qué y a quién se enfrentaban. Eran gobernantes y ciudadanos de un mundo rebelde y abusaban del Hijo de Dios que lo creó. Sin embargo, Jesús se negó a vivir o a morir ofendido. Él perdonó a sus verdugos por lo que consideramos algo casi imperdonable. Colocó su ministerio de reconciliación sobre sus heridas personales.

Es un gran modelo para seguir. La mayoría de nosotros tenemos muchas heridas personales, algunas infligidas por nosotros mismos, otras bien merecidas y otras bastante inmerecidas a manos de personas abusivas o ignorantes. Sin embargo, hemos sido llamados a un ministerio de reconciliación donde buscamos el bien supremo para la mayor cantidad de personas a nuestro alrededor, incluidas las que nos han dañado. Claro que, en ocasiones, somos víctimas de palabras y acciones crueles y destructivas y, desde luego que tenemos el derecho a enojarnos. Pero a la larga, nos encontramos en la posición de haber sido reconciliados con Dios a pesar de nuestras propias ofensas y tenemos que buscar la reconciliación con los demás a pesar de las suyas. Estamos llamados a vivir vidas que no se ofenden.

Hacerlo es difícil. La única manera de lograrlo es ver la eternidad y reconocer la gracia que se nos ha dado, la herencia prometida y el amor que nos rodea incluso ahora. Cuando lo hacemos (cuando estamos inmersos en la gloria del cielo) las ofensas terrenales se convierten en problemas menores, mucho más pequeños que las necesidades espirituales y emocionales de los que nos ofenden. Ya no hay necesidad de guardar celosamente nuestros propios intereses porque sabemos que Dios los guarda diligentemente por nosotros. Ya no tenemos que lamer nuestras propias heridas ni proteger nuestros corazones porque hemos sino sanados y protegidos. Somos libres para amar y perdonar y para demostrar lo que significa ser libre.

Jesús, tu gracia siempre es más grande que nuestro pecado. Tú tienes una capacidad infinita de absorber y desviar los agravios de este mundo. Permíteme ser como tú, inundado de la gloria del cielo y despreocupado ante los ataques de la tierra. Amén.

Quitando barreras

Ustedes saben que va en contra de nuestras leyes que un hombre judío se relacione con gentiles o que entre en su casa; pero Dios me ha mostrado que ya no debo pensar que alguien es impuro o inmundo. (Hechos 10:28)

A PRINCIPIOS DEL SIGLO XVII, más de cien mil hombres y mujeres japonesas se habían convertido al cristianismo. Sin embargo, algunos de sus líderes temían que el creciente número de cristianos fuera un precursor de la amenaza de la influencia colonial europea y sus temores provocaron una ola de persecución brutal. Muchos cristianos japoneses murieron, otros huyeron a varias partes de Asia o Europa. En verdad, pocos negaron su fe. Estos cristianos del siglo XVII se consideraron un peligro para las costumbres japonesas y, por lo que conocemos del poder transformador del evangelio, tal vez sí lo eran. Sin embargo, el verdadero evangelio nunca debe amenazar las expresiones y los estilos culturales, sino que debe transformar el deseo de la humanidad de construir sus propios reinos separados de Dios.

En cierto sentido, el cristianismo es una amenaza para todas las culturas que buscan la redención, la restauración y la transformación. Sin embargo, en otro aspecto, no amenaza a ninguna cultura, sino que honra una diversidad de aspectos, idiomas y maneras de pensar representadas por la multitud de naciones destacadas alrededor del trono de Dios. Este fue uno de los temas de la era del Nuevo Testamento, cuando las barreras entre los judíos y los gentiles se rompieron. Pedro visitó la casa de un centurión y comió con él, y Pablo trató de encontrar algo en común con todos los que conoció (1 Corintios 9:22). El Mesías judío se globalizó y tomó algo de tiempo resolver la interacción entre las culturas humanas y el reino de Dios. A menudo, fue un proceso contencioso.

Por esa razón, debemos tener cuidado. Con frecuencia se nos considera un peligro en áreas que nunca debemos amenazar (como los promotores de un evangelio estadounidense o europeo, los defensores de suposiciones culturales sobre la fe o los imperialistas disfrazados de religión). Es necesario que seamos capaces de romper el miedo a lo «extranjero», ya sea cultural o espiritual, con amabilidad y fines desinteresados. Al igual que Pedro, aprende que nadie es inferior. Adapta, honra y comunica la verdad sin preocuparte por expresiones diferentes y libre de falsas divisiones.

Señor, alguna vez tu evangelio fue ajeno a todos nosotros, cultural y espiritualmente. Atravesó muchas barreras para alcanzarme; permíteme cruzar esas barreras hacia la vida de los demás. Dame discernimiento para reconocer y honrar tanto lo absoluto, como lo relativo. Amén.

El Pan de Vida

Yo soy el pan de vida. El que viene a mí nunca volverá a tener hambre; el que cree en mí no tendrá sed jamás. (Juan 6:35)

Una de las características destacadas del Evangelio de Juan es la declaración de Jesús: «Yo soy». El apogeo de esta declaración es el más indefinido, cuando Jesús simplemente insinuó el nombre divino de Dios y lo aplicó a sí mismo: «Yo soy» (Juan 8:58). Las demás son metáforas llenas de significado, no solo por cómo entendemos la identidad de Jesús, sino también por nuestra misión en el mundo. Si Jesús ofreció los recursos de la vida divina a sus seguidores y luego los envió al mundo con la misma misión, es necesario conocer lo que ofrecemos. Las declaraciones de «Yo soy» nos dan una serie de imágenes de nuestro mensaje.

Cuando las multitudes le pidieron a Jesús una señal milagrosa, como lo experimentaron sus ancestros cuando el maná cayó del cielo, él se identificó a sí mismo como el verdadero pan del cielo. El pan terrenal alimenta momentáneamente, pero no sustenta el espíritu ni dura más de un día. Sin embargo, Jesús nos alimenta para siempre, no solo con sus palabras o su poder, sino también con su vida en nosotros. Tenerlo es vida; no tenerlo es muerte. Podemos habitar en cuerpos naturales por un tiempo, pero solo con Jesús podemos acceder a la vida eterna. Solo el pan del cielo nos permite prosperar.

¿Es tu vida cualitativamente diferente a la vida de los que no tienen una relación con Jesús? Si no es así, no vives del alimento que te da el Pan de Vida, incluso si ya lo has alcanzado por fe. La salvación por gracia, a través de la fe, nos da acceso a la vida de Jesús; solo la fe y la dependencia persistentes nos permiten experimentarla cada día. Recibe ese regalo constantemente y tu confianza para ofrecerla a los demás aumentará. Alimentará tu espíritu y, como un mendigo que le indica a otro dónde encontrar pan, saciarás otras bocas con su alimento. El pan de vida saciará tu hambre para siempre.

Jesús, como muchos otros, he tratado de satisfacer mi hambre con otros panes en este mundo, pero ninguno me ha llenado. Tú ofreces fortalecerme para siempre. Permíteme experimentarte completamente y compartir tu vida con muchos. Amén.

Juan 8:12-20

La Luz del Mundo

Yo soy la luz del mundo. Si ustedes me siguen, no tendrán que andar en la oscuridad porque tendrán la luz que lleva a la vida. (Juan 8:12)

Jesús dijo a sus seguidores que ellos eran la luz del mundo (Mateo 5:14). Es evidente que no generamos nuestra luz propia; nos sentimos atraídos a su luz cuando salimos de la oscuridad al responderle por fe. Apenas sabíamos cómo brillar por cuenta propia. Pero, si prestamos atención, en algún momento aprendimos una valiosa verdad: brillamos más cuando estamos cerca de él. Al igual que las pegatinas que brillan en la oscuridad con las que muchos de nosotros solíamos jugar de niños, absorbemos la luz de la fuente real cuando nos acercamos a ella. Nuestra exposición a la luz desarrolla un brillo en nosotros que permanece incluso cuando la oscuridad llega.

Por esa razón, Isaías predijo que el pueblo de Dios se levantaría con su luz resplandeciente sobre ellos (Isaías 60:1-3) y Pedro escribió sobre la Estrella de la Mañana que brilla en nuestros corazones (2 Pedro 1:19). Algo profundo sucede cuando nos dejamos sumergir en la presencia de Dios. Nos convertimos en reflectores de la fuente verdadera, como una luna que brilla gracias al sol e ilumina el camino para aquellos en las noches más oscuras. En la luz de Dios recibimos visión y somos enviados a compartirla con el resto del mundo. Nos convertimos en portadores de esperanza, embajadores de las promesas de Dios, señales de las maravillas que él hace. Jesús, la Luz del Mundo, se refleja en las vidas de los que creen. La Luz encendió millones de luces para que lo sigan.

Vive como una luz, no como una fuente, sino como un reflejo de la verdadera imagen de Dios. Brilla con esperanza, promesa y propósito, siempre en dirección a la verdad eterna. Irradia la naturaleza del Hijo, quien a su vez refleja la naturaleza del Padre y del Espíritu. Llena la vida de los que te rodean con destellos de eternidad, chispas de esperanza de la bondad de Dios. Deja que tus palabras, acciones y actitudes resplandezcan con vida.

Jesús, tu luz ha inundado mi alma y no estoy seguro de que los demás puedan verla en mí. Permíteme vivir con la esperanza de tu promesa y el resplandor de tu gloria. Enciende la llama de esta lámpara de barro para que muchos la vean. Amén.

La Puerta

Yo soy la puerta; los que entren a través de mí serán salvos.
Entrarán y saldrán libremente y encontrarán buenos pastos.
(Juan 10:9)

Juan les dijo a sus seguidores que la puerta de entrada a la vida del reino de Dios era bastante estrecha y que solamente unos pocos la encontrarían (Mateo 7:14). Y eso es cierto; nuestra entrada al reino es tan estrecha que hay un único Salvador. Sin embargo, a lo largo de los siglos, muchas personas han asumido que el camino estrecho conduce a una vida limitada, sin espacio suficiente para disfrutar del viaje. No obstante, Jesús fue claro en decir que él es la puerta de entrada para sus ovejas y que las conduce a buenos pastos: lugares agradables con mucha vegetación, paisajes y espacios abiertos. Nos confina en un lugar seguro, pero nos permite disfrutar de sus campos. Él es la entrada a una vida fructífera y feliz.

Muchos desconocen esto. Algunos piensan que solo se puede experimentar la libertad al ingresar por la puerta y luego mantenerse distantes de él. Otros, acostumbrados a seguir reglas, entran voluntariamente en un nuevo cautiverio tan limitado como el anterior, pero lo llaman libertad para ajustarse a las Escrituras. La verdad es diferente; es darnos cuenta de que la libertad llega simplemente por entrar por la puerta, por acercarse al Hijo que nos libera y nos mantiene a salvo. No hay otra manera de ingresar a los buenos pastos.

Asegúrate de representar esa imagen en tus relaciones con los demás. No ofrezcas otras alternativas de libertad porque no las hay. Sin embargo, no confundas la libertad que recibiste con falsas restricciones y demandas. Jesús no te da una lista de requisitos para cumplir, sino que te da el poder para superar lo que te agobia. Aunque la mayoría del mundo ha buscado esta libertad fuera de Dios y, en el proceso, se han esclavizado aún más a sus propias pasiones, tú debes buscar la libertad en él. Ilustra la inesperada paradoja de que la libertad que viene de Dios nos lleva al cautiverio, pero ser cautivos de Dios nos conduce a la libertad. Has encontrado la puerta estrecha; hazla tan atractiva como puedas al señalarla como la fuente de tu gran aventura.

Jesús, me llevaste al final de mi propia vida infructuosa; me guiaste a través de tu puerta estrecha hacia la eternidad. Enséñame a aprovecharla al máximo. Me has liberado; úsame para guiar a más cautivos a tu espacioso reino. Amén.

El Buen Pastor

Yo soy el buen pastor. El buen pastor da su vida en sacrificio por las ovejas.
(Juan 10:11)

SER PASTOR DE OVEJAS NO ES NADA FÁCIL. Las horas y las caminatas son largas, a menudo los caminos están sucios y es necesario poner atención a los detalles. Las ovejas no son los animales más inteligentes y tienen fuertes tendencias a alejarse, atascarse o colocarse en situaciones vulnerables ante los depredadores. Cuando David escribió que el Señor era su pastor, declaraba enfáticamente el cuidado de Dios sobre su pueblo y su atención a nuestras necesidades. Cuando los profetas escribieron sobre los pastores que engañaron al pueblo de Dios, emitieron acusaciones fuertes en contra de líderes negligentes y peligrosos. Además, cuando Jesús comparó la resolución del pastor de dejar las 99 ovejas seguras para ir tras la perdida, describió una imagen del corazón del cielo hacia los extraviados. La tarea del pastor es constante, exigente y se basa en la compasión y el cuidado del pastor.

Así que, cuando Jesús se llamó a sí mismo el Buen Pastor, que sacrifica su vida por sus ovejas, llevó las características de este personaje al extremo para asegurar a sus seguidores que estaban bajo el mejor de los cuidados. Sus palabras nos recuerdan que nuestra tendencia a vivir en el miedo, la ansiedad, la preocupación, la inseguridad y la desconfianza (nuestra creencia infundada de que estamos solos y sujetos a fuerzas aleatorias del mal) es completamente injustificada. Aunque podemos estar seguros de que enfrentaremos pruebas y dificultades, también podemos tener la certeza de que Dios gobierna nuestras vidas y nos protege de peligros extremos. Nos guía de manera segura a lugares agradables.

Es importante que vivas con esa seguridad, tanto por tu propio bien como por el de los que te buscan para vincularse con la verdad eterna. Te calmará durante las crisis y anclará tus actitudes en el reino invisible del Espíritu. En tu mundo, se convertirá en una señal de que vale la pena vivir por fe y no por vista. Además, servirá como una invitación abierta para que los demás entren bajo el cuidado vigilante de su Pastor.

Jesús, tú eres mi pastor e impartes tu corazón de pastor a tu pueblo. Dame la clase de compasión y cuidado que los demás necesitan para que tengan una idea de tu amor por ellos. ¿Puedo pastorear a los que has puesto bajo mi cuidado, así como tú me has pastoreado? Amén.

13 DE JULIO
Juan 11:1-44

La Resurrección y la Vida

Yo soy la resurrección y la vida. El que cree en mí vivirá aun después de haber muerto. (Juan 11:25)

«Si tan solo hubieras estado aquí». Esas palabras, pronunciadas por Marta y María cuando Jesús llegó, después de la muerte de su hermano (Juan 11:21, 32), capturan el sentimiento que muchos de nosotros hemos tenido hacia Dios durante nuestras decepciones. Por supuesto que reconocemos que Dios estuvo allí; simplemente no entendemos por qué no intervino y por qué parece estar tan interesado en algunos aspectos de nuestra vida y tan alejado de otros. Si somos honestos, tenemos que reconocer que una parte importante de nuestras vidas internas está dirigida al manejo de la decepción (racionalizamos los dolores del pasado y protegemos nuestros corazones contra ellos en un futuro). Anhelamos nuevas vidas.

Esas son las buenas nuevas del reino y su máxima expresión se encuentra en la enfática declaración de Jesús de que la resurrección y la vida están en él. No solo se levantó de la muerte para impresionarnos; resucitó por nosotros como las primicias de lo que Dios hace con toda la creación, la anulación de una antigua maldición que nos sometió a la vanidad y a la decadencia. Servimos a un Dios que hace nuevas todas las cosas (Isaías 43:18-19; 65:17; 2 Corintios 5:17; Apocalipsis 21:5) y que, incluso en este tiempo, lo hace en nuestras vidas. Es posible que no notes la renovación en algunas temporadas, pero de todas formas continúa su marcha. Dios redime, restaura y renueva mientras esperamos el cumplimiento final de nuestra resurrección al final de los tiempos. Tenemos todo el derecho y la responsabilidad de vivir en espera de la renovación.

Que esa espera sea contagiosa. Vive con asombro, como si todas las cosas fueran nuevas y frescas que nos invitan a vivir una aventura con Dios. La promesa de la resurrección está destinada a sacarnos de la apatía y del aburrimiento. Ya nada es «lo mismo de siempre». Pídele a Dios que llene tu corazón de expectativas por su bondad para sorprenderte con sus bendiciones. Una vida llena de expectativas es hermosamente contagiosa; abre los ojos a las posibilidades y a un Dios que se especializa en ellas. Vivir en la resurrección lleva a los demás a reconocer su poder que transforma vidas.

Jesús, no solo me das vida; tú eres mi vida. Fui crucificado y resucitado contigo y vivo en un constante renuevo ahora y para siempre. Que los demás y yo seamos atraídos a emocionantes aventuras contigo. Amén.

El Camino, la Verdad y la Vida

Yo soy el camino, la verdad y la vida; nadie puede ir al Padre si no es por medio de mí. (Juan 14:6)

De manera gradual, las culturas modernas han perdido el sentido de lo absoluto en los últimos siglos y podemos ver las señales del relativismo a nuestro alrededor. El cambio es bueno en algunos aspectos ya que, en realidad, no todo lo que se consideraba absoluto en el pasado era cierto (por ejemplo, la Tierra como el centro físico del universo). Sin embargo, algunas afirmaciones todavía lo son, como Dios y su Palabra. Podemos crecer en entendimiento e interpretación de la verdad, pero la verdad por sí misma no evoluciona. Hemos recibido entendimiento del reino de Dios por una razón y estamos obligados a aferrarnos a él. La realidad no es una tendencia ni tampoco cambia con el tiempo.

Hebreos 13:8 menciona que «Jesucristo es el mismo ayer, hoy y siempre», por lo tanto, aún permanece su afirmación de que él es el camino, la verdad y la vida. No se presentó como un camino entre muchos, como una verdad para considerarse entre otras, ni como una oportunidad de vida entre otras que los demás buscan para sentirse vivos. Él es el acceso, el punto de entrada, la puerta al reino eterno de Dios y nadie puede experimentar una vida real y duradera sin él. Podemos mirar a nuestro alrededor y darnos cuenta de que las personas que no creen en Jesús disfrutan de su existencia natural, pero no construyen sus vidas sobre un lecho de roca duradero sino sobre arenas movedizas. Los que hemos entrado al reino por fe somos impulsados por la poderosa energía de la vida divina dentro de nosotros, pero los que no lo han hecho carecen de ese poder.

Estás llamado a ser un ejemplo de carne y hueso de cómo anclar tu vida a la eternidad y seguir el camino de la vida verdadera. Mientras que otros prueban las variadas experiencias terrenales, tú te aferras a una sola guía que te dirige por su único camino hacia la vida conforme a la verdad absoluta. Tu camino, tus dones y tu personalidad no son idénticas a las de otra persona, pero tu Salvador es universal. No dudes de tu llamado; no pongas en peligro tus convicciones y no busques vida en ninguna otra fuente. Ya tienes la mejor de todas.

Jesús, tú eres incomparable y tus caminos no tienen igual. En un mundo lleno de opciones, enfoca mi vida en lo único que importa. Permíteme ser visto como una representación de tu camino, tu verdad y tu vida. Amén.

15 DE JULIO

Juan 15:1-8

La Vid

Ciertamente, yo soy la vid; ustedes son las ramas. Los que permanecen en mí y yo en ellos producirán mucho fruto porque, separados de mí, no pueden hacer nada. (Juan 15:5)

Cuando Isaías escribió sobre una amada viña que solo producía uvas amargas, declaraba puntualmente la falta de frutos que veía en el reino de Israel en su época. El canto de la viña (Isaías 5:1-7) se convirtió en un tema emblemático en la historia de Israel, no solo en Isaías sino también en otros escritos. Estas obras cuestionaban si el pueblo de Dios era fructífero y cumplía con su llamado o si no estaba a la altura y se volvía amargo. A menudo, la respuesta fue esta última, muchas veces durante los momentos cruciales en la historia redentora.

Jesús y sus discípulos conocían bien este tema y la referencia de Jesús a sí mismo como la vid (Juan 15:1) estaba cargada de significado. Afirmaba ser el verdadero Israel y el Hijo del verdadero Viñador. Llevaría la cosecha que su Padre siempre había buscado y sus seguidores cumplirían las antiguas promesas de abundancia. La imagen del viñador que esperaba una gran cosecha en Isaías 5, debía cumplirse en los que viven como una rama en la vid verdadera. Sin embargo, se nos advierte que los que no producen fruto no participarán en la cosecha. Las buenas noticias para los creyentes que han vivido temporadas infértiles y frustrantes es que el momento de abundancia ha llegado. Lo único que debemos hacer es aferrarnos como una rama y tomar nuestro alimento y fortaleza de la vid. Así, será inevitable que el fruto crezca.

Si te has esforzado en producir fruto y cambiar el mundo, descansa. Apóyate en la fortaleza de la vid y deja que su vida fluya a través de ti. Las ramas no luchan por su fruto; simplemente crecen. Mientras te desarrollas, te convertirás en un testimonio del crecimiento dado por Dios, un principio que funciona tanto en el reino natural como en el sobrenatural. Demostrarás el secreto de ser apacible y productivo, una vasija para la obra de un poder que va más allá de ti mismo.

Jesús, fuiste un modelo de dar fruto al hacer lo que presenciaste del Padre y al recibir el poder del Espíritu. Que tu vida también fluya a través de mí. Permíteme ser abundantemente productivo con tus obras. Amén.

«Yo soy»

Jesús contestó: «Les digo la verdad, ¡aun antes de que Abraham naciera, Yo soy!». (Juan 8:58)

Jesús usaba una variedad de metáforas para ilustrar quién era, ya que cumple varios papeles en nuestra vida. Es la puerta de entrada a la vida, pero también es la vida misma; es el pastor de su pueblo, pero también es la encarnación del pueblo de Dios como uno; es el pan que viene del cielo a la tierra, pero también es el camino que lleva de la tierra al cielo. Él es todo eso y más y solo las ilustraciones pueden empezar a darnos una idea de su verdadera naturaleza.

Sin embargo, cuando llegó el momento de que Jesús identificara su esencia, citó las antiguas Escrituras y la historia de Moisés. Moisés tuvo un encuentro con Dios en una zarza ardiente donde recibió su llamado de regresar a Egipto como libertador del pueblo de Dios. No obstante, en su inseguridad, le preguntó a Dios su nombre. Al fin y al cabo, si te envían en una misión divina, es importante saber quién te envía. Así que Dios le dio a Moisés una respuesta enigmática, una forma casi impronunciable de la expresión «Yo soy» que implicaba su propia existencia sin más explicaciones. Este fue conocido como el nombre divino de Dios.

Jesús usó este nombre, o una variación de él, para identificarse ante una multitud de críticos. Como era de suponer, ellos recogieron piedras para arrojarle ante esta aparente blasfemia. No se sabe si Jesús usó ese nombre exacto, pero la reacción de sus oponentes afirma que al menos lo mencionó. Él no era un simple maestro y, en realidad, era más que una metáfora. Él era y es la encarnación del Dios que creó el universo.

Recuerda eso en tu vida como seguidor de Jesús. No estás imitando el ejemplo de un gran maestro ni adoptando una filosofía. Te estás conectando con la fuente misma de vida, el autor de todo lo que hay. Sus palabras no son negociables, aunque crecerás en tu entendimiento de ellas. Su poder es intransigente, aunque crecerás en experimentarlo. Tu testimonio no es solo un punto de vista, sino un testimonio de la verdad. Has sido creado a la imagen de la sabiduría, el poder y el amor en su forma más pura.

Jesús, tú eres el poder infinito, la luz, el amor, la verdad y el gozo. Permíteme personificar tu naturaleza, saturarme de ella y recibir tu naturaleza que fluye de los demás. ¿Puedo vivir una vida sobrenatural digna de tu llamado? Amén.

Tú en Cristo

Y todos los que fueron unidos a Cristo en el bautismo se han puesto a Cristo como si se pusieran ropa nueva. (Gálatas 3:27)

Perkin Warbeck se posicionó como el duque de York a finales del siglo xv, hijo del fallecido rey Eduardo IV y heredero legítimo del trono inglés. Vestía de acuerdo con la ocasión, hablaba el idioma y tenía monedas acuñadas con su nombre. Muchos le creyeron y ganó algunos seguidores hasta que el rey Enrique VII lo declaró un impostor. Warbeck nunca pudo concretar su falsa identidad y, finalmente, confesó ser un Fleming sin ninguna relación con la familia real.

Los seguidores de Jesús también se visten como la realeza, hablan el idioma real y tienen algo de dinero en el reino de Dios. Desde luego, la diferencia entre nosotros y Warbeck es que nosotros no somos impostores ilegítimos de manera alguna. Hemos recibido una invitación para adoptar la identidad de Jesús y la promesa de ser aceptados en su nombre. Tenemos que cumplir con un estándar diferente al que recibimos cuando fuimos educados y de seguro nos tomará algo de tiempo aprender nuestro papel. Sin embargo, la invitación permanece abierta y tenemos todo el derecho de convertirnos en personas completamente nuevas y disfrutar de los privilegios reales.

A menudo, Pablo mencionaba la metáfora de vestirse con ropas nuevas y actuar como Jesús (Romanos 13:14; Efesios 4:24; Colosenses 3:10,12). Al igual que aprender una nueva cultura, usamos la identidad de Jesús hasta adaptarnos, hasta acostumbrarnos a nuestro entorno espiritual. Cuando lo usas como un nuevo conjunto de ropa, tiene el efecto de cambiarte tanto interna como externamente. Tus entornos internos y externos se transforman y el cambio es palpable. Vives y te mueves en él, como si fueras una persona nueva o como si actuaras, pero el papel no es temporal sino permanente. Te adaptas con el pasar del tiempo y, en ocasiones, será difícil diferenciar entre Jesús y el nuevo tú. Te conviertes en la imagen de otro, totalmente aceptado como parte de la familia real y equipado para influir al mundo a tu alrededor.

Jesús, en ocasiones, mis conductas y actitudes pasadas han impedido que me parezca a ti, pero siempre me ayudas a crecer a tu imagen. Modifícame para que mi ropa nueva me quepa y permíteme usarla bien. Amén.

Cristo en ti

Siento como si volviera a sufrir dolores de parto por ustedes, y seguirán hasta que Cristo se forme por completo en sus vidas. (Gálatas 4:19)

JESÚS VINO A ESTE MUNDO como la encarnación de Dios, la imagen perfecta del Padre. Este, por sí solo, no es un concepto novedoso, ya que muchas religiones admiten las encarnaciones (o reencarnaciones) de una deidad o figura divina. Sin embargo, el Nuevo Testamento es claro sobre la singularidad de Jesús como la imagen exacta del único Dios verdadero. La Palabra de Dios se hizo carne y habitó entre nosotros.

Celebramos ese evento sorprendente en cada Navidad, pero, a menudo, nos olvidamos de llevar esa celebración a un nivel más avanzado. Nos enfocamos tanto en la encarnación de Dios en Cristo que descuidamos la encarnación de Cristo en nosotros. No solo la Palabra se hizo carne y habitó entre nosotros, sino que también el Espíritu vino a morar en nuestra carne y continúa el milagro de la encarnación a través del pueblo de Dios. Al igual que el Hijo, hemos sido enviados al mundo (Juan 20:21); Cristo dentro de nosotros es la esperanza de gloria y un antiguo misterio ahora revelado (Colosenses 1:26-27); ya no somos nosotros quienes vivimos, sino que Cristo vive en nosotros (Gálatas 2:20); somos vasijas de barro que contienen un tesoro inimaginable (2 Corintios 4:7) y nuestros cuerpos son descritos como un templo, tanto colectiva como individualmente (1 Corintios 3:16; 6:19). Una de las verdades más asombrosas de la Biblia es que Dios no solo se reencarnó en Jesús, sino que también se encarna en sus seguidores.

Ciertamente, no de manera perfecta. Comenzamos como rebeldes imperfectos y contaminados, trozos de arcilla común que necesitan ser modelados a la imagen de Dios. Sin embargo, nos dirigimos a la perfección y también esa es la manera en que somos llamados a vivir en este momento. Los propósitos de Dios, centrados en Cristo, siempre están relacionados con su pueblo. La promesa de Cristo en nosotros significa que debemos vivir como encarnaciones para un mundo que necesita verlo a él. Suena presuntuoso e imposible, pero es cierto y es la misión de Dios para redimir a este mundo.

Jesús, no podría comenzar a vivir como tu encarnación apartado del poder del Espíritu. Sin embargo, que nunca descarte mi llamado a hacer lo imposible. Envíame a mi familia, mi trabajo, mi iglesia, mi ciudad y mi mundo como tu imagen. Amén.

En su nombre

Les digo la verdad, le pedirán directamente al Padre, y él les concederá la petición, porque piden en mi nombre [...] Pidan en mi nombre y recibirán y tendrán alegría en abundancia. (Juan 16:23-24)

Jesús prometió respuestas a nuestras oraciones y, a menudo, las experimentamos de maneras agradables. Sin embargo, en ocasiones, no las recibimos y nos preguntamos la razón. Si la oración es nuestro medio para dar fruto que perdura y glorifica a Dios (Juan 14:13-14; 15:16) y si Jesús enfatizó que sus seguidores debían usar su nombre, ¿cómo explicamos la falta de respuestas en ciertas etapas de nuestra vida? ¿Por qué no es tan receptivo como afirmó serlo? Nuestras mentes comienzan a responder estas preguntas de múltiples maneras, muchas de ellas son acusaciones propias: *No tenía suficiente fe; no he vivido fielmente.* Nos señalamos por no cumplir la promesa.

Tus pensamientos sobre no ser digno, no conseguir las promesas, no tener suficiente fe y otros más, son probablemente ciertos. Puedes seguir adelante y aceptar la realidad, pero esas acusaciones, por verdaderas que sean, no son para nada relevantes. Serían importantes si oraras en tu propio nombre, pero no es así. Tú oras en el nombre de Jesús, en nombre de su valor, su poder, su estatus con el Padre. En repetidas ocasiones, nos ha pedido que usemos su nombre en la oración para que nos enfoquemos y nos quitemos las cargas de encima. No oramos desde nuestra identidad sino desde la suya. ¿Qué respuestas a la oración merece el Hijo? ¿Qué heredará? ¿Cuánta fe tiene en la sabiduría, el poder y el amor del Padre? Las respuestas a estas preguntas son lo único que importa y son extremadamente alentadoras. No llegamos al Padre por méritos propios, sino por los méritos de Jesús. Eso nos coloca en una posición sólida.

Ora desde esa identidad. Desde luego que necesitarás conectarte con los propósitos de Jesús, pero no es difícil. Esto tiene poder. Ora desde la posición del Hijo y experimentarás sus promesas de manera abundante.

Jesús, gracias por el privilegio de orar en tu nombre, en tu lugar y desde tu identidad. Conéctame con tus propósitos y produce fruto en mi vida. Usa mis oraciones para cumplir tu voluntad en la tierra. Amén.

La influencia de la oración

¿Qué quieres que haga por ti?
(Marcos 10:51)

Las personas te confiarán sus problemas, sobre todo si eres conocido por saber escuchar. Escucharás las quejas de los que atraviesan temporadas difíciles, las dolencias de los que son desafiados físicamente y las dificultades de aquellos en relaciones disfuncionales. Escucharás de esperanzas y sueños, pero también de esperanzas y sueños destrozados. Además, aunque no te sientas capaz de cambiar su situación, hay algo que puedes hacer. Puedes preguntarles: «¿Puedo orar por ti?».

Esta pregunta es poderosa. En ocasiones, la respuesta puede ser negativa, pero a pesar de todo, ora en silencio. Sin embargo, la mayoría de las veces, la persona aceptará gustosa tu oración; se conmoverá por tu interés y, quizás, se sorprenda un poco al recibir una respuesta a la oración. Puedes optar por orar en voz alta en tu lugar o puedes hacerlo más tarde e incluirlo en tu lista de oración. De todas maneras, un ministerio de oración cambia las cosas sin que se note abiertamente. Crea una plataforma para compartir la bondad de Dios. Despierta un corazón ante la posibilidad de la intervención de Dios.

Jesús preguntó esto, aun cuando la respuesta era obvia. Tú también deberías hacerla, por lo menos cuando la oportunidad se presente. Algunas almas más audaces se acercan a cada persona en silla de ruedas en los centros comerciales para ofrecerles oración, mientras que la mayoría de nosotros nos sentimos más cómodos al orar por nuestras amistades ya establecidas. A través de la oración, debemos sentirnos libres de conectar a nuestra familia, amistades y compañeros con el Dios que los ama. A menudo, un sencillo «oraré por ti» es suficiente para revelar el corazón de Dios y darle la oportunidad de obrar en una vida que lo necesita. Por lo menos, esto demuestra cómo es una relación con Dios. Aún mejor, en ocasiones, anima a una persona a buscar esa relación. De todas formas, esto ofrece un rayo de esperanza a alguien que atraviesa un momento difícil y le recuerda que hay un Dios que se preocupa.

Padre, anhelas llegar al corazón de los que te necesitan, pero escoges usar a tu pueblo para lograrlo. Permíteme provocar oportunidades para que tú obres. Acércame en oración, muestra tu poder y sana los corazones necesitados. Amén.

Amigo de los pecadores

El Hijo del Hombre [...] festeja y bebe, y ustedes dicen: «¡Es un glotón y un borracho y es amigo de cobradores de impuestos y de otros pecadores!». (Mateo 11:19)

Con frecuencia, los púlpitos se han usado como plataformas para condenar el pecado y, por lógica, a los pecadores involucrados. Como resultado, en ocasiones, el cristianismo es conocido por su postura firme contra los excesos de la indulgencia. El deseo de mantener los estándares de justicia es admirable; sin embargo, deja de serlo cuando quebrantamos las claras advertencias de Jesús de no juzgar. A menudo, nuestros ataques en contra del pecado son ilógicos. Nos conmocionamos cuando los no creyentes no se comportan como cristianos (una condición completamente sorprendente) y luego, nos aislamos de las «influencias que nos corrompen» y reiteramos que no debemos permitir que nos manchen. Después de todo, queremos proyectar la imagen correcta.

Mientras tanto, Jesús, nuestro ejemplo perfecto, demostró una osada falta de interés por su propia reputación al permitir que su amor probara su carácter, en lugar de una imagen cuidadosamente elaborada. Parecía indiferente a que los críticos a su alrededor lo llamaran amigo de los pecadores y señalaran la evidencia de su amistad con ellos. Festejó y bebió con personas al margen de la aceptación religiosa porque eran ellos los que querían y necesitaban lo que les ofrecía. Justificó sus amistades al compararse con un doctor que trata a los enfermos. Se mezcló con la humanidad caída para demostrar a los demás el amor del Padre.

Muchas de las personas que siguen a Jesús no lo siguen en este aspecto. Esto es trágico por varias razones. Por una parte, no tendremos amigos si desconocemos cómo ser amigos de los pecadores, ya que el pecado ha infectado a todos, incluidos nosotros mismos. Tampoco tendremos ninguna influencia ni seremos influenciados por aquellos que nos pueden enseñar mucho sobre la experiencia humana. Somos llamados a aislarnos de ciertos comportamientos y actitudes, *no* de las personas que los tienen. La sabiduría nos enseña a rodearnos de los sabios; la compasión, a tener un corazón para todos. No podemos ser como Jesús sin amar como él ama.

Jesús, permíteme amar como tú amas. Ayúdame a desarrollar amistades genuinas con personas de todo tipo de entornos y condiciones sociales. Que pueda aprender de los demás y que ellos aprendan de mí, especialmente sobre el poder de tu amor. Amén.

Amistades del reino

Como el hierro se afila con hierro, así un amigo se afila con su amigo.
(Proverbios 27:17)

DAVID RECIBIÓ MALAS NOTICIAS. Saúl, el rey de Israel, lo buscaba para matarlo y se enteró en dónde estaba escondido. Fue un momento crítico; David pudo haberse desanimado y olvidado del propósito que Dios le dio. Afortunadamente, el hijo de Saúl, Jonatán, fue el primero en encontrar a David y lo alentó. Jonatán le recordó a David su llamado y le prometió ser un amigo fiel. Ambos renovaron su vínculo y David se fortaleció. Jonatán representó la naturaleza de Dios y pronunció las palabras del Señor durante el tiempo de necesidad de David.

Así funciona la amistad. Tu relación con Dios cambia todo de ti, pero no puedes conocer a Dios en aislamiento. Lo conoces mediante la gente que personifica su naturaleza, que te muestra cómo experimentar su amor, su compasión, su sabiduría, su gracia y mucho más. Eso significa que, para encontrar a Dios tan plenamente como sea posible, necesitarás conectarte con amigos; algunos de ellos ya lo habrán conocido y otros lo estarán buscando. Jesús no es un método ni un principio, ni una creencia; él llama amigos a sus seguidores. Tu relación personal con él es importante, pero no es suficiente. En un sentido bastante real, solo puedes experimentarlo en el contexto de las relaciones humanas.

Busca amigos que no solo te ayuden a mejorar con aliento y afirmación, sino también con amonestación y verdades duras. También, asegúrate de ser ese tipo de amigo para los demás. A lo largo de tu vida, necesitarás ser alguien que pueda afilar y ser afilado, alguien que pueda ser influenciado e influir en las personas que lo rodean. El reino de Dios se basa en las relaciones, con Dios mismo en primer lugar y, como resultado, con las personas que él ha llamado o llamará a la vida con él. Es una comunión del Espíritu, un cuerpo de creyentes, una comunidad enfocada en un Señor y una causa común. Nuestra influencia en el mundo comienza allí, en las relaciones que buscan y experimentan a Dios en conjunto.

Jesús, es sorprendente que me llames amigo. Pero haces más que eso; me invitas a tu red mundial de amigos que te aman y te sirven fielmente. Recíbeme en esa comunidad de sal y luz y transforma tu mundo a través de nuestro amor mutuo. Amén.

Jesús, nuestro modelo

Fueron nuestras debilidades las que él cargó; fueron nuestros dolores los que lo agobiaron. (Isaías 53:4)

El evangelio de Jesús es integral; no es solo salvación espiritual del castigo del pecado, sino también salvación holística que incluye cada aspecto de nuestra vida. Aquí en la tierra, luchamos con muchas dificultades: en las relaciones, problemas de salud, desempleo, desequilibrios de ingresos y deudas, heridas emocionales, preocupaciones sobre el futuro y muchas más. Dios se preocupa por todo; incluso, promete la eventual restauración de su creación material, la resurrección corporal y los nuevos cielos y tierra. Si bien, considerar el evangelio como un decreto legal puede cubrir nuestras preocupaciones sobre la eternidad, considerarlo como una promesa integral lo hace realidad aquí y ahora. Además, necesitamos a Dios a cada instante.

Jesús lo sabía. Él llevó nuestras debilidades y penas y gran parte de su ministerio se ocupó de los cuerpos físicos, las necesidades emocionales y las preocupaciones espirituales de las personas. Prometió la vida eterna, pero demostró la bondad de Dios en las circunstancias cotidianas.

Ese también es nuestro llamado. Ningún aspecto de la vida está fuera de los límites de la misericordia y la gracia de Dios, de manera que ningún aspecto debe estar fuera de nuestro alcance. Él carga nuestras penas y dolores para que llevemos las de los demás. Él entró en la vida cotidiana de las personas que lo rodearon, así que debemos hacer lo mismo. Se preocupaba por cada consecuencia de la caída, así que esa también debería ser nuestra preocupación. Somos ministros en los lugares quebrantados y en las sombras oscuras de este mundo.

Sin embargo, también somos algo más que eso. Somos portadores de esperanza y gloria. No podemos resolver todos los problemas, pero tenemos la capacidad de señalar a las personas quién puede hacerlo. Mientras que muchos cristianos esperan el momento para escapar de esta vida, recordemos vivir nuestros días con Dios. Al igual que nuestro ejemplo divino, vivimos de manera sacrificial, con expectativa y propósito para sanar las heridas de este mundo.

Señor, no puedo agradecerte lo suficiente por cargar mis debilidades y soportar mis penas. Gracias por todo lo que incluye la salvación y la plenitud de vida que conlleva. Ayúdame a dar a los demás una muestra de lo que me has dado. Amén.

Dar libremente

Fue golpeado para que nosotros estuviéramos en paz; fue azotado para que pudiéramos ser sanados. (Isaías 53:5)

Puede que nunca comprendamos cómo las heridas de Jesús sanan nuestras heridas, pero el profeta Isaías claramente afirmó que esto es cierto. Nunca se nos dijo que no tendremos heridas; la experiencia nos asegura que sí las tendremos. Sin embargo, se nos ha prometido una cura. Todas nuestras aflicciones y quebrantos son el resultado de nuestra rebelión en la caída y Jesús tomó el tormento de esa rebelión sobre sí mismo. Sus heridas nos sanan y nos restauran. Él nos ofrece misericordia y gracia, demostradas poderosamente en la cruz. A través de su sacrificio, recibimos todo lo bueno de él.

Jesús les instó a sus seguidores a dar gratuitamente lo que habían recibido (Mateo 10:8) y enfatizó esta enseñanza en el contexto de la sanidad y la liberación. Así como nuestras heridas han sido sanadas, debemos salir y sanar las heridas de los demás. Si nos parecemos a nuestro Salvador, podemos ser reprendidos o golpeados de vez en cuando durante el proceso, pero sanaremos de todos modos. Toda sanación o liberación que hayamos experimentado de él nos capacita para ser ministros de sanidad y liberación para los demás. Sin importar nuestros dones espirituales, nuestra posición en la vida, nuestra trayectoria profesional o cualquier otro llamado, esta es nuestra tarea.

Todos los seres humanos llevan heridas del pasado: inseguridad, miedo, ansiedad, vergüenza, condenación, decepción y más. Las personas atraviesan momentos difíciles; lo podemos ver en sus expresiones de dolor e incluso en su comportamiento irritable. Si Dios ha perdonado nuestros propios dolores y malos comportamientos, ciertamente podemos vivir con el mismo tipo de gracia hacia los demás. Todos necesitan un ministro de misericordia en sus vidas. Sé uno de ellos siempre que puedas.

Como Jesús, necesitarás ver más allá de los muros y las ofensas que las personas levantan a su alrededor para protegerse de las heridas nuevas. Un ministro de gracia necesita desarrollar cierta habilidad para percibir tales factores, pero cuando lo logre, estará poderosamente equipado para brindar gracia a los que más la necesitan. Deja que las heridas de Jesús hagan su obra en los demás como lo hicieron contigo.

Jesús, dame la paciencia, la resistencia y la visión para ser un ministro de gracia, aunque me cueste. ¿Puedo cubrir las heridas de los demás como lo hiciste con las mías? Dame oportunidades para ayudar a sanar a otros. Amén.

25 DE JULIO

Isaías 53

El poder del silencio

Como cordero fue llevado al matadero. Y como oveja en silencio ante sus trasquiladores, no abrió su boca. (Isaías 53:7)

El cordero fue llevado al matadero. Nunca abrió su boca, sino que expresó dignidad y majestad con su comportamiento silencioso. Vivió para ese momento. No había necesidad de defensas legales, refutaciones violentas ni declaraciones de inocencia. Simplemente, declaró quién era y dejó que las repercusiones estallaran a su alrededor. En todo lo que hizo y en lo que decidió callar demostró el carácter del reino, incluso cuando sus opositores se enfurecían en su contra.

¿Por qué Jesús no se defendió? ¿Por qué no llamó a los ejércitos de ángeles en su defensa como afirmó que podía hacer? ¿Por qué no demostró su deidad con abundantes milagros impresionantes para callar a sus agresores? ¿Por qué prefirió guardar silencio?

Porque, en su silencio, Jesús expuso la verdadera batalla entre un mundo depravado y un Dios justo. Exhibió el mal contra la inocencia de su víctima. Demostró humildad frente al orgullo, sabiduría frente al poder terrenal, verdad y amor frente a la distorsión y el odio. Esto no podía convertirse en una batalla de ingenio ni en un intercambio de ideas. Iba más profundo que esto. Fue un conflicto de reinos espirituales, la luz contra la oscuridad, el reino de Dios contra sus antiguos rebeldes, el antídoto para una pandemia de orgullo. En este caso, el silencio fue el argumento ganador.

Si quieres saber cómo comportarte en este mundo, sigue las instrucciones del comportamiento de Jesús en su momento más intenso de conflicto. Nuestra misión de reconciliación no gana nada de una guerra de palabras. Hay un tiempo para las palabras, pero solo cuando están respaldadas por la dignidad, el carácter y la paz. Somos mucho más efectivos cuando vivimos el reino que cuando argumentamos a su favor. Recíbelo, llévalo y demuéstralo. No alimentes el fuego que arde en contra de los propósitos de Dios. Casi siempre, el argumento ganador es el que no se pronuncia.

Señor, que siempre refleje los valores de tu reino y el poder de tus caminos. Haz poderosas mis palabras cuando las pronuncie. Haz que mi silencio sea aún más poderoso cuando las palabras no sean suficientes. Amén.

Constructores del bien común

Pensemos en maneras de motivarnos unos a otros a realizar actos de amor y buenas acciones. Y no dejemos de congregarnos, como lo hacen algunos, sino animémonos unos a otros. (Hebreos 10:24-25)

En la cultura grecorromana te habrían admirado por elogiarte a ti mismo. La adulación propia o, al menos, la autopromoción era considerada una virtud. Por el contrario, edificar a otros era considerado una virtud en la iglesia primitiva. El fortalecimiento mutuo, el estímulo y el consuelo respaldaron la obra que Dios hacía y atrajeron a otros hacia él (1 Corintios 14:3). Al igual que en un proyecto de construcción masiva, el pueblo de Dios debía ocuparse reforzando la estructura de todo el edificio, no solo la de ellos ni de su propio rincón.

Pablo utilizó esta metáfora en Efesios 2:19-22 para enfatizar la unidad entre los judíos y los gentiles como morada para el Espíritu. Pedro hizo lo mismo cuando comparó a los creyentes con piedras vivas que edificaban una casa espiritual (1 Pedro 2:5). Esta construcción de un templo de carne y hueso fue ilustrada por congregaciones híbridas conformadas por diferentes orígenes étnicos y religiosos. Sin embargo, también se demostró a través de personas alentadoras como Bernabé, quien presentó a Saulo, perseguidor de los apóstoles, y cambió la historia al ayudar a integrar su ministerio a la iglesia (Hechos 9:26-31). La construcción relacional es una actividad vital en el pueblo de Dios.

¿Por qué es tan importante? Porque Jesús derribó y construyó. Dios tiene la misión de deconstruir todo lo que no se ajuste a su carácter y reino, pero también tiene la misión de reconstruir lo que sí se ajusta. La comunión de los creyentes es una de sus principales herramientas para hacerlo. Los cristianos que se atacan entre sí han perdido su misión, confunden «[hablar] la verdad con amor» (Efesios 4:15) con palabras cortantes e hirientes. Aquellos que crecieron en familias o se educaron donde las personas sentían que su tarea era ponerlos en su lugar tendrán que aprender una nueva cultura. No menospreciamos a las personas para ponerlas en su lugar, sino que las apreciamos y les damos su lugar. Somos ministros de edificación y tenemos el poder de cambiar el mundo una vida a la vez.

Espíritu Santo, dame palabras que sanen, alienten y fortalezcan para edificar a otros creyentes y atraer a los que intentan creer. Hazme un constructor del bien común.

Un ministro de favor

El Espíritu del Señor está sobre mí, porque me ha ungido para llevar la Buena Noticia a los pobres. Me ha enviado a proclamar que los cautivos serán liberados, que los ciegos verán, que los oprimidos serán puestos en libertad, y que ha llegado el tiempo del favor del Señor. (Lucas 4:18-19)

Un sábado en Nazaret, Jesús fue a la sinagoga y lo invitaron a leer en voz alta las Escrituras. Ya sea que la lectura de ese día coincidiera con este pasaje en particular o que Jesús mismo lo eligiera, describió a la perfección la declaración de la misión del Mesías. Con exactitud, Jesús leyó esta sección del pergamino de Isaías y luego se detuvo abruptamente, justo después del año del favor de Dios y antes del día de la venganza (ver Isaías 61:1-2). ¿Qué quiso decir con esta edición estratégica? El juicio vendría después; ahora era el tiempo de las bendiciones. La historia entraba a una nueva temporada.

Nos encanta la idea de vivir bajo el favor de Dios, a menudo sin comprender su significado exacto. Es mucho más que el ideal de que todo marche bien en nuestra vida, aunque a menudo, Dios organiza situaciones para nuestro beneficio. El favor divino es una invitación a la *shalom* de Dios, la plenitud de su reino. Es una unción para cumplir con nuestro llamado, alcanzar sus propósitos y vivir bajo su cuidado bondadoso y atento. Es la seguridad de que sus promesas son «sí» y «amén» (2 Corintios 1:20) y que el Dios de gloria está de nuestro lado. Es una garantía de que incluso las dificultades servirán para nuestro progreso.

Saborea lo que Dios está haciendo en tu vida, incluso si no es del todo fácil. Reconoce que eres atraído por sus propósitos. Eres un cautivo liberado, un ciego que recibe la vista, un oprimido que escapa de la opresión. Más que eso, te conectas con su misión de convertirte en alguien que libera, que da la vista, que lucha por la libertad en el sentido más verdadero. Estás invitado a un lugar de gloria, lo veas ahora o no. La misión del Hijo de mostrar favor es tuya. También son tuyas su herencia, sus promesas y su amor. Vive como si el tiempo del favor de Dios hubiera llegado porque es verdad, para ti y para los que alcances con el poder de su Espíritu.

Espíritu Santo, estás sobre Jesús en este tiempo de favor y yo estoy en él. Me has invitado a su misión. Lléname con tu sabiduría, poder y amor para proclamar la luz, la libertad y la bendición. Amén.

Instrumentos de paz

A todos los que se lamentan en Israel les dará una corona de belleza en lugar de cenizas, una gozosa bendición en lugar de luto, una festiva alabanza en lugar de desesperación. (Isaías 61:3)

UNA ORACIÓN ANÓNIMA atribuida a Francisco de Asís le pide a Dios que lo convierta en el instrumento de su paz, que siembre amor en lugar de odio, perdón en lugar de injurias, fe en lugar de duda, certeza en lugar de desesperanza y más. Hace eco de los pensamientos de la declaración de Jesús en Lucas 4 cuando leyó una profecía mesiánica del manuscrito de Isaías. Además, le da importancia a la idea de que la misión mesiánica no se aplicó a Jesús exclusivamente, sino que también se traslada a la vida de sus seguidores. Después de todo, Jesús envió a sus discípulos a hacer lo que les había ejemplificado. La misión tenía que continuar.

Eso significa que debemos convertirnos en embajadores de la *shalom*, portadores del ambiente del reino de Dios, instrumentos de la paz de Dios, así como clama la «oración de San Francisco de Asís». Llevamos luz a lugares oscuros, alegría a las situaciones tristes y vida a los entornos que huelen a muerte. No es una misión fácil, pero está a la vanguardia del reino de Dios en un mundo que hace mucho tiempo se rebeló e intentó separarse. Es la única forma de invertir nuestras vidas en la eternidad en lugar de desperdiciarlas en el momento. Así nos asociamos con Dios en su obra redentora.

En los versículos que siguen a la misión mesiánica que Jesús citó, Isaías escribe que Dios te da belleza en lugar de cenizas, alegría en lugar de duelo, alabanza en lugar de desesperación. Anhelamos que reconstruya nuestras vidas de las devastaciones y decepciones que hemos experimentado y estas promesas nos aseguran que así será. Sin embargo, también nos llama a la obra reconstructora como agentes de belleza, alegría y alabanza. Todo cambia cuando comprendemos eso. Impactamos dramáticamente en las vidas a nuestro alrededor y producimos los frutos eternos del reino de Dios. Además, nos convertimos en la respuesta a nuestra propia oración y a las oraciones de los que anhelan su redención.

Señor, te pido que me conviertas en un instrumento de tu paz, tu luz, tu belleza, tu alegría, tu perdón y mucho más. Lléname con las bendiciones de tu reino y úsame para bendecir a muchos otros. Amén.

Fe que persevera

Entonces, no se volverán torpes ni indiferentes espiritualmente. En cambio, seguirán el ejemplo de quienes, gracias a su fe y perseverancia, heredarán las promesas de Dios. (Hebreos 6:12)

«NO HAY MAL TIEMPO SINO MALA ROPA». Esa máxima escandinava nos recuerda que es más probable resistir una tormenta que calmarla, aunque ambos enfoques se mencionan en la Escritura. Jesús demostró la segunda cuando dormía en la parte trasera de un bote mientras se desataban los vientos y las olas circundantes. Los discípulos en el bote cuestionaron su preocupación por ellos y después de que Jesús calmara la tormenta, él cuestionó su fe. La *shalom* dentro de él (su paz, su calma y su descanso) era más fuerte que el caos fuera de él y, claramente, su condición ganó. El Príncipe de la *Shalom* reproduce el ambiente del reino de Dios en cada situación.

Sin embargo, en ocasiones las dificultades persisten, incluso cuando nos conformamos a la imagen de Jesús y estamos llenos de su presencia. Las oraciones, las actitudes y las acciones que atraemos a nuestras pruebas no siempre las cambian de inmediato. Eso es normal; la Escritura está llena de historias de perseverancia. A menudo, las personas esperaban una promesa y la recibían después de varios años o incluso miraban cómo esas promesas se transmitían a las siguientes generaciones. El libro de Hebreos menciona a personas fieles que vieron la promesa de Dios desde la distancia y murieron sin haberla recibido, pero, aun así, fueron honrados y recompensados en el reino de Dios por haber invertido sus vidas en sus propósitos. Una y otra vez, la fe y la perseverancia van de la mano con el pueblo de Dios; la fe hace posible la perseverancia y esta hace que la fe perdure. Desde nuestro punto de vista, la necesidad de perseverar es una señal de que algo salió mal. Desde el punto de vista de Dios, es una parte normal de nuestro trayecto.

Lleva a cada área de tu vida esa sensación de perseverancia paciente y llena de fe: a tus relaciones, a tu trabajo, a tus metas y, desde luego, a tu crecimiento espiritual. Esto no solo te fortalecerá a largo plazo, sino que también te servirá como una señal de la eternidad en tu corazón, un ejemplo de lo que significa estar arraigado en otro reino. Tu paciencia testifica profundamente sobre el carácter y los caminos de Dios y te viste para resistir toda tormenta.

Jesús, no siempre comprendo tus caminos, pero sé que son extremamente minuciosos y duraderos. Forma en mí ese carácter, los valores de tu reino y el testimonio de la verdad eterna. Amén.

El idioma del cielo

Cada vez que Aarón y sus hijos bendigan al pueblo de Israel en mi nombre, yo los bendeciré. (Números 6:27)

Si alguien te ofrece un método para reconstruir tu mundo (no solo cambiarlo, sino convertirlo en algo completamente nuevo), ¿qué harías con esa información? Como ciudadano del cielo que está llamado a llevar la cultura del cielo a los reinos terrenales, probablemente puedas imaginarte muchos problemas para resolver y oportunidades para crear. Al fin y al cabo, estás sentado con Jesús en lugares celestiales (Efesios 2:6) y se te pide que ores para que las cosas en la tierra reflejen su reino (Mateo 6:10). Probablemente has imaginado cómo sería eso en las vidas de los que te rodean. ¿Qué pasaría si la clave de tu visión estuviera en las palabras que declaras?

En realidad, así lo es, al menos en parte. Estamos llamados a aprender el idioma del cielo y a hablarlo a los corazones de las personas. Eso implica reemplazar todas las quejas, los chismes, la frustración y la atención a los problemas con ánimo, afirmación, bendición y atención a las soluciones. En lugar de rogar por ayuda, que siempre empieza con un problema, alabemos la majestad de Dios, que siempre empieza con la respuesta. Como portadores de las verdades del reino de Dios, tenemos una oportunidad increíble para transformar nuestro ambiente si las utilizamos y si decidimos mirar conscientemente todo a través de la perspectiva del reino.

Dios entregó una herramienta a los sacerdotes de Israel para realizar esta tarea: Aarón bendeciría al pueblo y Dios honraría esa bendición. Es una bendición sencilla, pero con un efecto poderoso: «Que el Señor sonría sobre ti y sea compasivo contigo. Que el Señor te muestre su favor y te dé su paz» (Números 6:24-26). Esta es la cultura del cielo hablada a la tierra, una expresión del corazón de Dios, y es bastante fácil de poner en práctica. Será necesario dejar de lado los prejuicios y las críticas; de todos modos, son cargas pesadas de llevar. Aprende el idioma del cielo y háblalo libremente. Dios bendice; es su naturaleza; tú también estás llamado a hacerlo.

Padre, dame la gracia para dejar de lado mis críticas y quejas y llena mi boca con palabras de bendición. Que mis palabras sean un medio para tu bondad. Amén.

Como el lápiz de un arquitecto

A eso se refieren las Escrituras cuando citan lo que Dios le dijo: «Te hice padre de muchas naciones». Eso sucedió porque Abraham creyó en el Dios que da vida a los muertos y crea cosas nuevas de la nada. (Romanos 4:17)

Dios creó el mundo con palabras. Él habló y las cosas sucedieron. El Creador puede hacer lo que quiera, por supuesto, y tiene todo el derecho de dar a su discurso dicho poder y privilegio. Su voz es una expresión de quien es y lleva su autoridad. La utilizó como su medio escogido para la creación.

El haber sido creados a la imagen de este Creador debería enseñarnos algo. Nuestras palabras también son poderosas. No crean mundos (al menos no de la misma manera), pero llevan la autoridad que viene de nuestro Padre. Su Hijo nos entregó las llaves del reino y su Palabra nos insta a ser cuidadosos con lo que decimos. Cuando nuestras voces desbordan los pensamientos y las intenciones de nuestro espíritu, suceden cosas.

Según las palabras de Pablo en Romanos, Abraham se convirtió en nuestro padre en la fe al creer en el Dios que crea cosas nuevas de la nada. En cierta manera, también tenemos esa oportunidad: primero, creer en las palabras de Dios por encima de lo que nuestros ojos naturales puedan o no ver y luego declarar lo que sabemos que es cierto, incluso cuando aún no sea visible en este mundo. Al igual que nuestro Padre, también somos creadores.

No se trata de esperar que el mundo natural se ajuste a cada una de las palabras que pronunciamos, sino que nuestras voces tienen el poder de construir o destruir vidas (Santiago 3:1-12). Pueden usarse como armas peligrosas o como remedios poderosos (y podemos elegir entre estos usos). Por fe, podemos hablar de sucesos que aún no se han manifestado (la voluntad de Dios en una situación particular, la luz del cielo en lugares oscuros, la obra sanadora en vidas destruidas y dolidas) y esperar que sucedan. En realidad, por esa razón fuimos equipados con el poder de la bendición. Úsalo con frecuencia y úsalo bien.

Padre, si dejas que mis palabras funcionen como el lápiz de un arquitecto, las usaré para dibujar planos de sucesos gloriosos. ¿Puedo hablar con sabiduría y poder sobre las vidas que me rodean? Amén.

Habla el idioma de la esperanza

No empleen un lenguaje grosero ni ofensivo. Que todo lo que digan sea bueno y útil, a fin de que sus palabras resulten de estímulo para quienes las oigan. (Efesios 4:29)

El idioma del cielo es un lenguaje de esperanza. Igual que con otros idiomas, necesitamos reconectar cosas en nuestros cerebros y capacitar un poco nuestra forma de pensar para poder hablarlo bien. Y, aunque lo hablemos para el beneficio de los demás, también necesitamos comprender que lo hacemos para nosotros mismos. ¿Por qué? Porque estamos tan necesitados de esperanza como todos los demás. Nuestros procesos de pensamiento también necesitan una reforma. Precisamos un renacimiento interno que obre dentro de nosotros, una manifestación de nuestro nuevo nacimiento, tan cierto como anhelamos ver que un nuevo nacimiento llegue a los corazones y a las vidas de los demás. Necesitamos sumergirnos en una forma de ver completamente nueva.

El lenguaje tiene ese poder. El idioma de la esperanza revoluciona nuestra manera de ver, las palabras que hablamos y las vidas que animamos y cambiamos. Consuela a los que lo necesitan (2 Corintios 1:3-4), unifica a los divididos (Juan 17:20-23), da vida a los que están muriendo (Romanos 10:13-15), bendice a los que están llenos de maldiciones (Romanos 12:14) y edifica a los que han sido abatidos muchas veces (Efesios 4:29). Captura la esencia del cielo y proyecta su imagen a la tierra. Alinea el ambiente de este mundo con la temperatura ambiente del reino de Dios. Cambia la cultura.

Es bueno saberlo. Los que estudian misiones han trabajado en los desafíos del cambio cultural durante mucho tiempo y tienen muchas ideas maravillosas. Sin embargo, el cambio real empieza una boca a la vez, una nueva visión manifestada en las vidas de los que necesitan un aliento fresco de Dios. Comienza en las calles con los que llevan dentro la cultura del reino y saben cómo transmitirla bien. Empieza con personas como tú.

Espíritu Santo, que todo (mis visiones, palabras, actitudes) refleje tu esencia. Alinea mis pensamientos con los tuyos. Llena mi mente, mi corazón y mi voz con esperanza. Amén.

Jeremías 32:26-27

Esperanza en la grandeza de Dios

Yo soy el Señor, Dios de todos los pueblos del mundo. ¿Hay algo demasiado difícil para mí? (Jeremías 32:27)

La mente humana tiende a agrandar los problemas que ve. Visualizamos las posibilidades; lo que *podría* salir mal se convierte en un *probable* fracaso para luego transformarse en la enorme amenaza de lo que *seguramente* saldrá mal. Un grano de arena puede convertirse en una montaña en poco tiempo, aunque en general esto solo pasa en nuestra mente. Cuando expresamos nuestras ansiedades en voz alta, se hacen aún más grandes. Somos expertos en estimular nuestras preocupaciones.

Sin embargo, cuando hablamos el idioma de la esperanza, los problemas se vuelven pequeños y Dios se hace grande. Una y otra vez vemos esta dinámica en la Escritura; Dios les recuerda a Abraham y a Sara que puede hacer lo imposible, a pesar de su risa y escepticismo (Génesis 18:14); Dios le enseña a Moisés que su brazo no ha perdido su poder para salvar (Números 11:23); Isaías declara que el brazo de Dios no es débil ni su oído sordo (Isaías 59:1); Jeremías escucha la certeza de los planes de Dios (Jeremías 32:27); Gabriel anuncia a María que nada es imposible con Dios (Lucas 1:37). A pesar de tales declaraciones, tenemos una enfermedad que los sociólogos llaman «tendencia negativa»; nos inclinamos hacia lo negativo en nuestras expectativas. Sin embargo, Dios nos lleva por otro camino. Nosotros y las personas que nos rodean necesitamos escuchar, desesperadamente, el idioma de la esperanza.

No puedes aprender este idioma mediante el estudio de la gramática, el vocabulario y la sintaxis, pero puedes sumergirte en él al mirar a Dios, al adorarlo y al magnificarlo en tu propio corazón y en tu mente y al enfocarte en él en lugar de en tu problema. Cuando llegan las pruebas, tenemos dos opciones: nos centramos en ellas o en Dios. Una de ellas produce vanidad y desesperanza; la otra produce esperanza y fe. Una convierte un grano de arena en una siniestra montaña y la otra demuestra que las montañas son más pequeñas que la palma de la mano de Dios. Frecuentemente se comenta que si te enfocas en algo se volverá grande. Tú y los que te rodean necesitan que alguien cambie el enfoque y la narrativa. Tú puedes hacerlo al hablar el idioma de la esperanza.

Padre, mi mente no debería enfocarse en otra cosa que no seas tú. Recuérdame tu grandeza; tú eres poderoso para salvar y nada es imposible contigo. Amén.

Esperanza en las bendiciones de Dios

Pues nuestras dificultades actuales son pequeñas y no durarán mucho tiempo. Sin embargo, ¡nos producen una gloria que durará para siempre y que es de mucho más peso que las dificultades! (2 Corintios 4:17)

Es probable que, a estas alturas, estés familiarizado con las cargas de este mundo. Sabes que limitan tu enfoque; los detalles insoportables de un momento doloroso o las largas temporadas de descontento aún nos obligan a proteger nuestros corazones del dolor. Las mentes tergiversadas que todos tenemos en cierta medida aumentan lo negativo. Cuando nos encontramos frente a una situación difícil, nos comienza a parecer permanente. Proyectamos el presente hacia el futuro y asumimos que siempre será así, incluso cuando sabemos que no es cierto. Nuestros corazones se resignan fácilmente a la decepción.

Cuando hablamos el idioma de la esperanza, las pruebas son pequeñas y las bendiciones grandes. Pablo hablaba este idioma y aseguró a sus lectores que su encarcelamiento valía la pena, que, en realidad, las rivalidades y celos fomentaban el evangelio y que, sin importar si vivía o moría, el resultado sería una bendición (Filipenses 1:12-24). Se las arregló para darle un giro positivo a las situaciones más negativas, no porque ese «giro» fuera una falsa narrativa, sino porque él sabía que Dios siempre convierte los problemas y las armas del enemigo en bendiciones y gloria. Pablo escribió que, todo obra «para el bien de quienes lo aman y son llamados según el propósito que él tiene para ellos» (Romanos 8:28). De manera más específica, insistió en que «lo que ahora sufrimos no es nada comparado con la gloria que él nos revelará más adelante» (Romanos 8:18) y en que «nuestras dificultades actuales son pequeñas y no durarán mucho tiempo» (2 Corintios 4:17). En otras palabras, la gloria siempre supera el sufrimiento de un creyente en Cristo; siempre.

Sea cual sea la prueba que atravieses, es tan solo un parpadeo en la pantalla de la eternidad. Lo mismo pasa con las personas que te rodean. Tu idioma puede agrandar ese parpadeo de manera alarmante o puede enseñarte la verdad. En el reino de Dios, la esperanza es real. Declárala siempre.

Señor, mi mente insiste en que mis pruebas son grandes y en que tus bendiciones son pasajeras. Tu Palabra manifiesta lo contrario. Enséñame ese idioma extranjero para que se convierta en mi lengua materna, por mi bien, el de los demás y para tu gloria. Amén.

4 DE AGOSTO

2 Corintios 10:3-6

Esperanza en la verdad de Dios

Destruimos todo obstáculo de arrogancia que impide que la gente conozca a Dios. Capturamos los pensamientos rebeldes y enseñamos a las personas a obedecer a Cristo. (2 Corintios 10:5)

En el mercado de las ideas, la verdad siempre debe vencer a la competencia. Sin embargo, no siempre es así, ya que, a pesar de todas nuestras afirmaciones de objetividad, somos inevitablemente subjetivos. Podemos alcanzar algo parecido a una verdad imparcial, pero, al fin de cuentas, escogemos qué considerar y qué ignorar. Sin duda, esto es cierto en el discurso público sobre la fe, pero es aún más real dentro de nuestras propias mentes. No siempre tenemos una perspectiva equilibrada. Asumimos cosas sobre los motivos y los pensamientos de otras personas. Nos imaginamos lo peor. Dejamos que nuestros miedos, preocupaciones, resentimientos, heridas y críticas tengan demasiado peso. En otras palabras, escuchamos mentiras.

Cuando hablamos el idioma de la esperanza, las mentiras son ridículas y la verdad se vuelve clara. Este idioma asume lo mejor y no se avergüenza de que, en ocasiones, se demuestre lo contrario. ¿Por qué? Porque, frecuentemente, en el reino de Dios lo mejor se hace real. Pablo escribió que podemos destruir argumentos y pretensiones que se contraponen a Dios y que podemos capturar nuestros pensamientos y alinearlos con la mente de Cristo. Muchos cristianos no aprovechan estas posibilidades, ya sea en sus conversaciones con los demás o en los conceptos en sus propias mentes, pero eso no anula la promesa. Cuando nuestros corazones se llenan de la cultura del reino de Dios, vemos la verdad y descartamos el engaño.

Una de las posesiones más raras en el mundo actual es una perspectiva saludable. Consigue una. Observa la falsedad, el engaño, el lenguaje hostil y los argumentos opuestos a Dios que se desenfrenan en las redes sociales y en otros foros públicos y ríete de su inutilidad. No te dejes atrapar por esos pensamientos; tú hablas un idioma diferente. Tus palabras y tus actitudes, tu rechazo a participar en discusiones y en debates vacíos, anulan el poder de las mentiras. Tu esperanza prevalece. Es una posesión preciosa; ofrécela gratuitamente a los demás.

Jesús, tú nunca te estancaste en un debate inútil. Hablaste con la verdad, a menudo con firmeza, pero te negaste a tratarla como subjetiva. Que pueda hacer lo mismo y que la verdad que declare siempre traiga vida. Amén

Esperanza en las promesas de Dios

Hasta que su predicción se cumplió; la palabra del Señor lo puso a prueba. (Salmos 105:19)

José pudo haberse desesperado. Dios le dio sueños de gloria de ser usado en sus propósitos de maneras inusuales y poderosas. Sin embargo, desde que manifestó sus sueños a sus hermanos, cada paso que dio parecía llevarlo en la dirección opuesta a la promesa de Dios. Los hermanos de José lo vendieron como esclavo, su amo egipcio lo encarceló bajo falsas acusaciones, su único vínculo con el mundo exterior se olvidó de él. Pudo haberse dejado abatir por la desesperanza y la desilusión. Pudo haber asumido que había perdido la promesa y haberse sentido culpable por haberla compartido. Pudo haber tenido miedo de que Dios lo hubiera olvidado. Sin embargo, cada paso que lo alejaba de la promesa en realidad lo acercaba más a ella. Después de mucho tiempo, en el transcurso de un solo día, fue ascendido a una posición de poder e influencia. Dios cumplió su promesa.

Nosotros también tenemos promesas de Dios, pero, a menudo asumimos que vienen acompañadas de condiciones impresas en letras pequeñas que son más grandes que las promesas. Cuando nos enfrentamos a demoras y a silencios de Dios, comenzamos a desesperarnos. Empezamos a preguntarnos si Dios dijo en serio lo que prometió. Puede ser que José haya tenido esos pensamientos, pero su historia no lo dice. Abraham y Sara sí pensaron de esa manera; su promesa parecía ser demasiado lejana e imposible de alcanzar. David también pensó así; pasaron años de exilio y varios salmos de desesperación antes de conseguir el trono. La brecha entre la promesa y el cumplimiento nos reta, nos pone a prueba y redefine nuestra comprensión de la esperanza.

Cuando hablamos el idioma de la esperanza, la decepción pierde su poder y las promesas se hacen realidad. Estamos llamados a vivir con expectativas, incluso cuando esto nos hace parecer tontos por un tiempo. Debemos comprender nuestro papel. Nuestras voces son los únicos sonidos que el cielo puede usar para explicarle a un mundo decepcionado que hay un Dios que cumple sus promesas y que los que creen en él presenciarán su cumplimiento. Si no expresamos las realidades del reino de Dios, nadie más lo hará. Nunca permitas que la decepción se arraigue en tu corazón, aunque puedas sentirte así por un tiempo. Tú y tu mundo necesitan la realidad de un Dios que hace promesas y las cumple.

Señor, a menudo, tus caminos son difíciles de entender y tus tiempos me ponen a prueba. Aun así, que yo pueda ver la realidad detrás de mis decepciones. Tú has guardado el bien para mí y para todos los que te buscan. Que mis palabras nunca expresen nada menos que eso. Amén.

Seamos realistas

La gran tempestad rugió durante muchos días, ocultó el sol y las estrellas, hasta que al final se perdió toda esperanza. (Hechos 27:20)

Pablo y otros prisioneros fueron enviados a Roma y el impulso profético de Pablo sintió que había problemas por venir. Sin embargo, el capitán del barco y su tripulación continuaron con el viaje. Cuando una violenta tormenta amenazó al barco, la tripulación arrojó la carga y el equipaje por la borda. Aun así, el barco fue arrastrado por las olas durante días y «se perdió toda esperanza». Bueno, no del todo. Al menos un pasajero declaró la voluntad de Dios en la situación e informó a los demás lo que ellos no podían ver con sus ojos naturales. Un ángel le había prometido a Pablo que, aunque ciertamente naufragarían, él y sus compañeros de viaje sobrevivirían. Después de todo, Pablo había recibido la misión de predicar el evangelio a los más altos funcionarios del imperio. Esa misión no terminaría en el fondo del mar.

Entonces, Pablo declaró palabras de verdad y esperanza: «Pues yo le creo a Dios. Sucederá tal como él lo dijo» (v. 25). Nadie lo habría criticado si hubiera expresado: «Creo que todo estará bien, pero está en manos de Dios». O, si hubiera señalado: «Esto es bastante difícil para mí. Llevo un mensaje importante, pero a las personas buenas le pasan cosas malas. En fin, Dios tiene maneras de lograr sus propósitos conmigo o sin mí». Pablo había visto a cristianos, incluso apóstoles, morir. Pudo haberse desanimado, pero decidió escuchar a Dios y hablar el idioma de la esperanza.

Estamos bastante familiarizados con la tendencia de expresar nuestras decepciones y frustraciones con la afirmación de: «seamos realistas», pero ¿es real nuestro «realismo»? ¿Qué pasa si nuestra perspectiva no se alinea con la de Dios? ¿Cuál de las realidades es cierta, la suya o la nuestra? Una cosa es ser honesto sobre nuestros sentimientos y otra es que sean ciertos. Dios entiende nuestros altibajos, pero necesitamos comprender la cultura de su reino. Siempre se inclina hacia la esperanza, la bendición y la gloria. Que nuestro corazón, nuestra mente y nuestra palabra se alineen con las de él.

Señor, tú no juzgas la desilusión con dureza, pero me llamas a la verdad. Si pudiera ver con tus ojos, nunca me desanimaría. Dame el don de la expectativa para todas las bondades que has planificado. Amén.

El gran arquitecto

Estamos cuidadosamente unidos en él y vamos formando un templo santo para el Señor. (Efesios 2:21)

La construcción de la Catedral de Canterbury empezó en el año 597 y no se finalizó hasta 1510, después de más de nueve siglos. En realidad, muchas catedrales medievales se construyeron con cronogramas que duraron siglos. En ocasiones, se construyeron en etapas, con largos períodos intermedios y, a veces, la siguiente etapa no se planificó hasta que fue necesaria. Sin embargo, muchos trabajadores de proyectos de tal magnitud sabían que nunca verían la obra terminada en sus propias vidas. Una generación construía los cimientos necesarios para el trabajo de las siguientes generaciones.

La obra de Dios es así, pero en una escala mayor. Durante mucho tiempo, sus planos estuvieron ocultos para todos menos para algunos líderes principales. En realidad, no fueron visibles hasta la revelación de Jesús, pero ahora son un libro abierto y el proyecto tiene un alcance sorprendente. Ya no incluye solo las partes del primer pacto, sino que se ha expandido a toda la humanidad. Todo el que entre en él por fe se convierte en parte de la gran construcción que ha estado en proceso desde antes del comienzo de los tiempos.

A medida que aprendes a visualizar el enorme proyecto de construcción del maestro, empieza tus interacciones diarias de manera un poco diferente: con paciencia, sabiduría, discernimiento de los dones y los roles de las personas que te rodean, comprensión del lugar donde te acoplas a todo el sistema, apreciación de la diversidad de materiales en uso y sentido de unidad con todos los demás participantes del plan. No es tan solo un edificio hermoso; es un templo santo diseñado y equipado para albergar la presencia del mismo Dios. Es una expresión visible en este mundo de quién es él. Vive con esa perspectiva grande, llena de gracia y gratitud. Tu sentido del destino para los demás los atraerá a la gran empresa de Dios en la tierra.

Padre, tú eres el gran arquitecto y tu obra es increíble. Permíteme vislumbrar no solo los planos, sino también el proyecto terminado. Cautiva mi visión con lo que estás construyendo. Úsame para atraer a muchos hacia él. Amén.

La naturaleza divina

Estas promesas hacen posible que ustedes participen de la naturaleza divina y escapen de la corrupción del mundo, causada por los deseos humanos. (2 Pedro 1:4)

Muchas personas comparan a los cristianos con los no cristianos y no siempre encuentran una diferencia. Los creyentes tienen la ventaja de experimentar transformaciones internas y, en ocasiones, nos preguntamos cómo las personas que no conocen a Dios se desempeñan en un mundo desalentador y que no tiene sentido sin él. Nuestra esperanza y calidad de vida parecen infinitamente mejores, pero nuestras acciones y comportamientos cotidianos no siempre lo demuestran. Eso se debe a que muchos de nosotros no vivimos desde nuestra naturaleza divina. Es probable que algunos ni siquiera pensemos que esto sea posible.

Sin embargo, sí lo es. Parece una afirmación escandalosa sugerir que la humanidad caída pero redimida puede tener la naturaleza divina dentro, pero la Escritura lo corrobora. Es parte de nuestro nuevo nacimiento y la herencia que tenemos a través del Hijo. Está latente dentro de nosotros si no apropiamos las promesas de Dios y vivimos por la fe en él y no nos sirve si desconocemos quiénes somos realmente en él. Sin embargo, la naturaleza divina comienza a emerger para los que tienen la fe y el valor de cumplir sus promesas: la realidad de quiénes somos, lo que él ha hecho y lo que él ha propuesto. Realmente empezamos a experimentar una vida diferente a la que una vez vivimos. La vida se vuelve sobrenatural, maravillosa y nueva.

Por tu bien y por el de los que te rodean, enfócate en aceptar todo lo que el Nuevo Testamento habla sobre ti: tu corazón nuevo (lo veas o no), tu transformación de pecador a santo (la hayas experimentado o no), todo tipo de confirmaciones de la oración y la fe que hacen las obras de Dios (las hayas vivido en su plenitud o no). Tú eres quien él asegura que eres, no quien piensas o sientes que eres. Tú eres nuevo y tienes la naturaleza divina para que la experimentes.

Padre, que la realidad de lo que declaras se vuelva infinitamente más real para mí que lo que pienso, siento o experimento. Dame ojos, pensamientos y palabras del reino. Que tu naturaleza divina florezca en mí. Amén.

En busca del tesoro

En vista de todo esto, esfuércense al máximo por responder a las promesas de Dios. (2 Pedro 1:5)

El descubrimiento español de numerosos depósitos de plata y oro en el Nuevo Mundo incrementó la intensidad de la exploración mundial y alimentó la economía europea en los siglos venideros. La constatación de que los metales preciosos esperaban ser encontrados y explotados por los recién llegados produjo enormes cambios en la riqueza de los reinos y en el equilibrio del poder mundial. ¿Por qué? Porque nadie ignora un tesoro. Las personas dejan todo para buscarlo (Mateo 13:44-46). La búsqueda se convierte en su enfoque.

La redención es un gran tesoro; sin embargo, muchos que afirman creer en ella no exploran sus profundidades ni aprovechan su promesa. Es una situación extraña a la luz de lo que Dios ha mencionado sobre nosotros. El acto de la redención incluye la naturaleza divina, un llamado a una excelencia y gloria asombrosas y provisión para cada situación de necesidad (2 Pedro 1:3). Se nos ha prometido la plenitud de una forma de vivir y ser completamente nuevas, aunque caigamos con facilidad en los antiguos patrones y expectativas. La mayoría de las veces, el tesoro no nos atrae. La visión de nuevos mundos no nos cautiva. Casi siempre fallamos en darnos cuenta de que se nos ha prometido la presencia y el poder de Dios.

Cada problema en la vida y cada obstáculo que enfrentas parece ser un impedimento, pero no es así. Cada uno es una oportunidad, el viento que levanta tus alas, el momento cuando buscamos el rostro de Dios *y lo encontramos*. Los ojos de la fe plantean las preguntas correctas y esperan sus respuestas: *¿Quién quiere ser Dios para mí en esta situación? ¿Qué aspecto de su naturaleza quiere revelarme? ¿De qué maneras quiere que lo experimente en las pruebas o en los problemas que estoy atravesando?* Cada situación de necesidad es un posible momento para experimentar a Dios de alguna manera.

Fija tus ojos en ese tesoro o, como se menciona de manera coloquial, ponlo todo sobre la mesa. Cuando busques experimentar su plenitud, nunca dejes las promesas de Dios descuidadas por ahí. Permite que la naturaleza divina que has recibido se despierte en ti.

Señor, dame la fe para creer y recibir. Que no deje pasar ninguna etapa de los propósitos que has planificado para mí. Que pueda crecer plenamente en tus promesas de la naturaleza divina. Amén.

Isaías 58:6-12

Reparar el mundo

Entonces serán conocidos como reconstructores de muros y restauradores de casas. (Isaías 58:12)

Tikkun Olam es una frase del judaísmo rabínico que se remonta a la *Mishná* y que se ha convertido en un sinónimo de justicia social. Significa «reparar el mundo», e incluye los actos de caridad y reforma social comunes entre los activistas de hoy. Sin embargo, su sentido original no solo implica los actos de justicia sino también la razón detrás de ellos, la participación humana en la obra divina de restauración. Mientras que muchos de nosotros buscamos a Dios para ver lo que hará para arreglar las cosas, a menudo, le devuelve la pregunta a su pueblo. Nos incluye en sus planes.

Muchos cristianos no están familiarizados con este concepto de *tikkun olam*, pero se ajusta al corazón de Dios. No solo reconoce que Dios nos salva *del* mundo, sino que también nos salva *en* el mundo. No llama a su creación una causa perdida y la abandona por algo mejor en el futuro. Él restaura completamente lo que hizo (Hechos 3:21).

Los cristianos tienen una historia que se destaca por predicar el evangelio de la redención, pero el evangelio de restauración se ha perdido en el camino. En realidad, la moneda tiene dos caras. Dios no huye de los problemas, sino que los arregla. No se rinde; se esfuerza en hacer todo nuevo. Las buenas nuevas de salvación no son solo un escape, sino una renovación de vida y del mundo que te rodea.

Por eso, Jesús instó a sus seguidores a pedir que el reino de Dios viniera a la tierra *tal como es en el cielo*. Sí, un día vendrá en su plenitud, pero esto no quiere decir que *solo* pasará en un futuro. Dios no se está tomando su tiempo. Hoy mismo obra en tu vida y en la de los que te rodean. Además, llama a su pueblo a enarbolar la tarea de la restauración.

Si quieres ser como Dios, sé un restaurador. Él repara los muros destruidos y restaura las calles (Isaías 58:12, NVI) y hace nuevas todas las cosas (Apocalipsis 21:5). Tanto amó al mundo que envió a su único Hijo. Y su único Hijo nos envía a cada uno de nosotros al mismo mundo con la misma mentalidad y misión.

Jesús, permíteme ser tus manos y tus pies en la tierra. Has restaurado mi vida; hazme un restaurador en mi rincón de este mundo. Amén.

Guerreros de la libertad

Dejen en libertad a los oprimidos y suelten las cadenas que atan a la gente.
(Isaías 58:6)

Jesús vino para libertad. Así lo declararon Jesús y Pablo (Juan 8:36; 2 Corintios 3:17). La declaración mesiánica anunciada de antaño en Isaías 61:1-2 y afirmada por Jesús en Lucas 4 señala un apasionado interés por parte de Dios por ver a la humanidad liberada de las fuerzas que la mantienen cautiva. Ya sea por opresión espiritual, emocional, relacional, política, física o de cualquier otro tipo, nunca fuimos destinados a estar enjaulados. Fuimos creados para vivir sin ataduras.

Eso no significa que podemos llevar una vida autónoma o de comportamiento amoral que produce toda clase de cautiverios no deseados. Sin embargo, nos indica que podemos soltarnos de las falsas restricciones, expectativas e imágenes que distorsionan nuestro diseño original. Nuestros espíritus fueron creados para elevarse tan libremente como el Espíritu que nos cautiva con su amor. Buscar esa clase de libertad es mucho más importante en la lista de prioridades de Dios para nosotros que las formalidades religiosas que muchos de nosotros usamos para hacernos «santos» o «espirituales». Ese es el significado de las palabras de Dios en Isaías: el «ayuno» que él prefiere es que enfrentemos sin piedad la opresión en todas sus formas, tanto por nosotros como por los demás. Jesús hizo que esa clase de libertad fuera parte de su misión y la hace parte de la misión de todos los que lo siguen. En muchos aspectos, su llamado es nuestro llamado (Juan 20:21). Somos guerreros de la libertad en el sentido más genuino de la expresión.

¿Cómo se ve eso en tu vida? Cuando muchos cristianos enfatizan una preocupación por un cautiverio espiritual o físico, comienzas a preocuparte por todo eso y más. Comienzas a ver cada forma de opresión como una distorsión del diseño original y un enemigo de la vida que Dios nos ha dado. La opresión va en contra del evangelio, esto significa que Dios tiene la solución. Búscala para ti y para los demás donde sea que veas sus estragos. Declara palabras de vida que liberen el espíritu, la mente y el cuerpo de sus cadenas. En cada relación, conviértete en un mensajero del corazón liberado.

Jesús, permite que tu misión sea la mía. Deja que mi corazón palpite con el tuyo cuando presencie la opresión en todas sus formas. Dame la sabiduría, el poder y el amor para ser libre y también para ayudar a los demás a encontrar la libertad. Amén.

12 DE AGOSTO

Isaías 58:6-12

Un corazón para el hambriento

Compartan su comida con los hambrientos y den refugio a los que no tienen hogar. (Isaías 58:7)

A LO LARGO DE LOS SIGLOS, uno de los peligros de la teología cristiana es su tendencia a espiritualizar todo en el Antiguo Testamento. Por supuesto que eventos como el éxodo, la entrada a la tierra prometida y las fiestas de Israel sucedieron de verdad, pero solo se los han considerado como símbolos de verdades más profundas y duraderas. Las batallas de Israel se han convertido en metáforas de nuestras batallas espirituales; el hambre y la sed literales se han convertido en imágenes de nuestra hambre y sed espirituales. Hacemos lo correcto al enfatizar lo espiritual, pero, al hacerlo, a menudo hemos descuidado lo material. Dios aún está preocupado por los cautivos reales y las personas hambrientas. Él todavía quiere satisfacer las necesidades de los que sufren.

Incluso en el Nuevo Testamento, vemos esta tensión cuando Lucas cita a Jesús: «Dichosos ustedes los pobres» (Lucas 6:20, NVI). Mateo también lo hace cuando declara: «Dichosos los pobres *en espíritu*» (Mateo 5:3, NVI, énfasis añadido). El reino de los cielos es una promesa para ambos. Podemos estar razonablemente seguros de que Jesús se refirió a los dos en varias ocasiones y que cada vez utilizó los dos sentidos. ¿Por qué? Porque Dios ha dejado claras sus preocupaciones en su Palabra escrita. Su corazón se inclina hacia los que sufren, los necesitados, los enfermos, los desamparados y los quebrantados de corazón. Si nuestros corazones no se preocupan por ellos… eso sí es un problema.

Dios quiere satisfacer estas profundas necesidades humanas y a menudo lo hace, pero, generalmente, las satisface a través de su pueblo, tal como hace prácticamente todo en este mundo. Él ha elegido la mediación humana por una razón; esto significa que cada uno de nosotros ejercemos un rol en el cumplimiento de sus propósitos en la tierra. Cuando vemos las necesidades a nuestro alrededor, algo en nuestro espíritu debería sentirse obligado a satisfacerlas. Ninguno de nosotros puede abordar todas, pero muchos de nosotros podemos hacer algo más. Cuando lo hacemos, reflejamos el corazón de nuestro Padre de maneras tangibles y memorables. Ponemos vestiduras materiales en un evangelio eterno y demostramos a las personas cómo es Dios en realidad.

Jesús, tú eres un Salvador integral y yo quiero ser un seguidor integral. Muéstrame lo que puedo hacer. No puedo cambiar la vida de todos, pero puedo cambiar la de algunos. Dirige mi corazón hacia el hambriento y el dolido y permíteme satisfacerlos con alimento diario y eterno. Amén.

Como el amanecer

Entonces su salvación llegará como el amanecer, y sus heridas sanarán con rapidez [...]. Entonces cuando ustedes llamen, el SEÑOR *les responderá. «Sí, aquí estoy», les contestará enseguida.* (Isaías 58:8-9)

DIOS PROMETIÓ ALGO extraordinario a su pueblo. Si abandonaban la fe en su propia religiosidad para adoptar la fe en la naturaleza verdadera de Dios, entraría a sus vidas de manera poderosa con sanidad para sus heridas y rescate de sus problemas. Recibirían una respuesta inmediata cuando antes parecía que sus oraciones rebotaban de las paredes del cielo. La capacidad de respuesta del pueblo a las preocupaciones de Dios haría que él respondiera.

¿Por qué Dios estableció estas condiciones? Porque quiere que su pueblo se relacione con él tal como es *en realidad*, para conectarnos con él en los asuntos que más le importan, para reconocer lo que hace, para convertirnos en sus aliados en espíritu y propósito. Isaías escribió a los que habían hecho lo que la mayoría de la humanidad inevitablemente hace. Habían llevado su relación con Dios a falsos estándares de santidad y rituales actuados, con su atención centrada en los principios y en las prácticas que «hacen que la vida funcione». Vistieron sus pecados con ropajes de penitencia y piedad. Perdieron el centro de su fe y olvidaron su verdad principal. tenemos acceso a Dios cuando reconocemos su corazón y alineamos el nuestro con el suyo.

Jesús lo expresó de otra manera: Los que se vistan como siervos, con un amor genuino por los que les rodean, serán grandes en su reino (Mateo 20:25-28). Los que expresan el corazón de Dios al satisfacer las necesidades reales aprovechan el poder que él ha diseñado para nosotros. Los que tienen la compasión de Dios dentro de sí mismos mirarán a los demás con un corazón de compasión y se verán obligados a actuar (1 Juan 3:17). Eso significa estar conectados con Dios y esto lo mueve a él a actuar. Dios busca celosamente los intereses de los que buscan los suyos y las respuestas a sus oraciones se abren paso como el amanecer.

Padre, muéstrame lo que hay en tu corazón hoy. ¿Qué vidas quieres alcanzar? ¿Qué necesidades quieres satisfacer? ¿Cómo puedo ayudar? Guíame por caminos compasivos y permíteme experimentar tu compasión hacia mí. Amén.

Un manantial de vida

El Señor los guiará continuamente, les dará agua cuando tengan sed y restaurará sus fuerzas. Serán como un huerto bien regado, como un manantial que nunca se seca. (Isaías 58:11)

Israel experimentó algunos desiertos y tú también los has experimentado. Vivimos en un mundo desértico y, en ocasiones, comenzamos a pensar que eso es normal, que no hay una tierra prometida, ni un destino con frutos abundantes ni un lugar de alegría y gozo. Sin embargo, los que alinean su corazón con el de Dios descubren que ese lugar sí existe. Se necesita emprender un viaje, pero sí es real. Dios promete ser la fuente, el manantial que florece el jardín de tu vida, el alimento que necesitas en toda temporada. Sus aguas llegan primero *a* ti; luego a la vida de los demás *a través* de ti; después el fruto llega *para* ti, generalmente en ese orden. Lo recibimos como un regalo, luego compartimos lo que hemos recibido para después recibir sus bendiciones en abundancia.

¿Cómo riegas la vida de los demás y produces fruto? Cuando escoges no hacer lo que la mayoría hace: juzgar por las apariencias sus encuentros con los demás. Los ojos naturales ven el comportamiento exterior de las personas alrededor y reaccionan por lo que ven. Sin embargo, nosotros somos llamados a ver más allá de lo superficial y a ser sensibles. En el fondo, todos somos inseguros, llevamos decepciones y tratamos de hacer lo posible para que la vida funcione. Algunos aún están sobrellevando las heridas abiertas de una infancia abusiva o el rechazo de un ser querido de hace mucho tiempo. Otros simplemente atraviesan un momento difícil. Nuestra tarea es ser como Jesús: ablandar a los insensibles, amar a los que no son fáciles de amar, mostrar compasión hacia los que sufren, incluso cuando nada de esto salga a la superficie. Cuando no podemos ver el dolor detrás de una máscara, perdemos la oportunidad de ser un manantial de agua que riega constantemente las vidas de los que nos rodean.

No pierdas esa oportunidad. Te has refrescado con aguas vivas; viértelas. Te han dado alimento; produce fruto al alimentar a los demás. Deja que tus propias heridas sanen para que puedas ser un ungüento que cure a los heridos que te rodean. Conviértete en una corriente que nunca se seque.

Señor, he estado demasiado enfocado en mi propio contentamiento, pero alcanzo la plenitud cuando alimento y bendigo a los que me rodean. Voltea mi mirada hacia el exterior; permíteme ver los corazones heridos que necesitan tu toque. Amén.

El monte más alto

En los últimos días, el monte de la casa del Señor será el más alto de todos, el lugar más importante de la tierra. Se levantará por encima de las demás colinas, y gente del mundo entero vendrá allí para adorar. (Isaías 2:2)

El libro transcendental de H. Richard Niebuhr en la década de los cincuenta, *Christ and Culture* [Cristo y la cultura], explora la interrogante del desarrollo de nuestra posición de habitar *en* el mundo, pero no ser *del* mundo. ¿Seguir a Jesús y participar en el mundo es elegir entre una cosa u otra (Cristo *contra* la cultura)? ¿Deben los cristianos hacer del mundo un mejor lugar (Cristo *de la* cultura)? ¿El reino de Dios está sobre el mundo, pero obra con él (Cristo *sobre* la cultura)? ¿Vivimos en dos reinos a la vez donde damos a Dios lo que es de Dios y al César lo que es del César (la paradoja de Cristo y la cultura)? O, ¿las culturas pueden cambiar para parecerse al reino de Dios (Cristo, el transformador de la cultura)?

Cada una tiene sus defensores y su apoyo bíblico, y cada una tiene sus detractores y sus contrapuntos bíblicos. Sea cual sea la respuesta, como «sal y luz» en este mundo, debemos creer en la posibilidad de la transformación; Jesús realmente puede hacer la diferencia en la vida de las personas. Él salva espiritualmente, pero también redime y restaura. Cumplimos un papel importante en su proyecto de restauración.

Isaías visualizó una transformación de la respuesta del mundo hacia Dios, no después de los últimos días, sino en medio de ellos. Sin embargo, si tomas su visión literalmente, también representa el deseo de Dios por su pueblo en general: ser exaltado en la tierra y que su pueblo influya sobre el mundo que lo necesita. El cumplimiento final de la visión vendrá. Mientras tanto, tenemos que movilizarnos hacia esa dirección: hacia el «monte» de Dios, su manera de hacer las cosas, sus promesas y propósitos, su propia gloria en el centro del universo. Debemos ofrecer la promesa de transformar el corazón, la mente, las relaciones y las experiencias, incluso en nuestra propia época. Debemos presentar el monte del Señor como el más sublime, el mejor, el más satisfactorio y el más agradable de todos los mundos.

Padre, tus caminos son los mejores, no solo para mí, sino también para todos los proyectos de este mundo. Que nunca retroceda ante la excelencia de tus planes y que se los demuestre bien a los demás. Amén.

Juan 13:33-35

Conocidos por el amor

El amor que tengan unos por otros será la prueba ante el mundo de que son mis discípulos. (Juan 13:35)

El cristianismo ha experimentado varias reformas, una de las cuales comenzó a transformar radicalmente la iglesia hace cinco siglos. Una de las fortalezas de esa reforma fue el énfasis en la Palabra de Dios como el fundamento confiable de toda verdad. Uno de sus inconvenientes fue que los cristianos empezaron a definirse a sí mismos por su manera de interpretar esa verdad. Como resultado tenemos, según algunas estimaciones, al menos 35.000 denominaciones (y múltiples corrientes de pensamiento dentro de ellas) en el mundo actual y prácticamente todos creen que han monopolizado el mercado de la doctrina y el entendimiento. Nuestra dedicación a la Palabra de Dios nos ha dividido de maneras innumerables.

La Escritura misma nunca nos define por nuestro entendimiento doctrinal y podemos estar agradecidos de eso. Es más probable que nos definan por nuestro amor por Dios y por los demás, según la verdad y no por sutilezas y diferencias que destruyen la hermandad. Dios nunca cambia, pero su pueblo aprende continuamente, experimenta nuevos retos, crece en entendimiento, adquiere ideas y es guiado de maneras diversas. Nunca llegaremos a terminar con todas las experiencias posibles con su ser infinito. Hasta en la eternidad, lo veremos desde nuevos ángulos y nos maravillaremos de sus obras para siempre. Necesitamos tener la humildad hoy para comprender que nuestra visión de su gloria no define quién es él, sino que contribuye a su imagen completa.

Lo que realmente necesitamos es otra reforma que permita que el cuerpo de Cristo vea y experimente la unidad en el Espíritu. De alguna manera, esto ya está sucediendo, pero gran parte del mundo aún no lo reconoce. No somos reconocidos por nuestro amor, sino por ser tensos, divisivos, condenatorios y argumentativos. El amor deshace tales cosas. No ignora la verdad; simplemente crea puentes entre nuestro entendimiento de la verdad. Alcanza las vidas con verdadera compasión y gracia. Cuando abramos paso a esta clase de amor, cambiaremos no solo la imagen de la iglesia, sino también las vidas de las personas por dentro y por fuera.

Jesús, no hemos cumplido bien con tus propósitos, pero el llamado que nos has dado permanece. Sobre todo, llénanos de amor. Abruma mi corazón con tu compasión por los demás y dame las oportunidades para demostrarla. Amén.

Un nuevo camino

Pondré mis leyes en su mente y las escribiré en su corazón. Yo seré su Dios, y ellos serán mi pueblo. (Hebreos 8:10)

Imagina un mundo donde los que conocen a su Dios simplemente actúan de acuerdo con su carácter porque es algo natural para ellos. No son guiados por la ambición, sino por la revelación. No son instruidos para vivir según principios y rituales, sino que simplemente son como fueron creados. En cada área de la sociedad, se convierten en personas influyentes que tienen ideas divinas y ofrecen soluciones inspiradas por su Espíritu. Llevan luz y esperanza, creatividad, misericordia, servicio, integridad y pureza a todos los rincones del mundo. Manifiestan la presencia de Dios porque está con ellos, sobre ellos e, incluso, dentro de ellos. En esencia, son los puntos de conexión entre el cielo y la tierra que acorta distancias para un mundo caído.

¿Te parece poco realista? Quizás lo sea, basado en nuestra propia experiencia; pero, de acuerdo con la promesa de Dios, no lo es. Además, cuando nuestra experiencia no corresponde con su promesa, una de ellas necesita doblegarse para ajustarse a la otra. No puede ser la Palabra de Dios; tenemos nosotros que ajustar nuestras expectativas. En realidad, el objetivo del pueblo de Dios es levantarse y reflejar su luz sobre ellos. Es que tengamos sus leyes (su voluntad y sus caminos) tan escritas en nuestro corazón que seamos guiados por nuestra nueva naturaleza en lugar de las disciplinas y hábitos que hemos impulsado a nuestra naturaleza caída. Debemos ser personas formadas no por demandas externas, sino por una presencia interna, por el mismo Espíritu de Dios. Influimos a este mundo con lo que *somos*. Solo así podremos hacer lo que debemos hacer.

Tú eres un embajador del nuevo camino. Eso no significa que tienes que ser perfecto para poder influir tu mundo, pero tienes que recibir una nueva naturaleza, no enfocarte en actuar bien sino en llevar la presencia de Dios en cada situación que enfrentes. Él cambia vidas a través de encuentros con su Espíritu y su Espíritu está en su pueblo. Experimenta su presencia, luego permite que los demás la experimenten a través de ti.

Espíritu Santo, lléname hasta desbordarme. Manifiesta tu presencia en mí y a través de mí. Hazme un catalizador para el cambio en cada situación por la que me lleves. Amén.

Nuestras historias de vida

¡Que todo lo que respira cante alabanzas al SEÑOR!
¡Alabado sea el SEÑOR! (Salmos 150:6)

TODOS AMAN UNA BUENA HISTORIA. En realidad, el cerebro humano está programado para aprender a través de la narración. Recordamos las historias, las imágenes y las ilustraciones mucho mejor de lo que recordamos las citas, los hechos y las verdades proposicionales (esto explica por qué Jesús enseñó parábolas y Dios nos dio un libro lleno de imágenes visuales, historias de vidas y metáforas profundas). Percibimos de manera más fácil y profunda lo que experimentamos con nuestros sentidos que la información que procesamos. Nos cautivan las buenas tramas y las escenas memorables.

Si queremos comunicar el evangelio al mundo, entonces tendremos que hacerlo a través de historias: vidas reales, experiencias y artes creativas exhibidas para que todos las vean. Eso no significa que todas las obras de literatura, las obras de arte y las películas cristianas necesitan presentar el plan de salvación o incluir una cita de Juan 3:16. Sin embargo, quiere decir que los grandes temas de redención y restauración necesitan hacer eco en todo momento. La esperanza es de Dios; debemos usarla para alcanzar al mundo que la necesita.

La industria del entretenimiento ha recorrido un largo camino hacia ese fin, incluso cuando no ha sido su intención. Los libros y las películas que incorporan temas redentores de autores y artistas cristianos (las obras de Tolkien o Lewis, las biografías de Wilberforce o Bonhoeffer, los esfuerzos por ilustrar las historias bíblicas) han tocado los corazones y han atraído a las personas hacia la belleza de la restauración definitiva. Sin embargo, las historias de nuestras vidas son más convincentes que las historias de la pantalla grande. Nuestra manera de navegar los retos difíciles, nuestra forma de orientar nuestras vidas enteras hacia Dios y nuestra manera de ver los hilos redentores en todo lo que experimentamos pueden moldear profundamente la vida de los demás. No solo experimentamos el evangelio, sino que también lo vivimos. Además, al vivirlo, lo predicamos con y sin palabras.

Sé creativo en todas las formas de expresión artística y en la vida real. El mundo necesita ejemplos de carne y hueso de humildad, afirmación, redención, integridad, inspiración y esperanza. Narra esas historias a menudo; aún mejor, sé una de ellas.

Señor, mi historia está llena de malos giros, agujeros aparentes en la trama y pasos en falso, pero también está llena de esperanza y promesas de restauración. Úsala como sea tu voluntad. Que cada historia que comparto, idea que tengo y trabajo que realizo señale hacia temas de gloria. Amén.

Daniel 1:17-21

De enemigos a amigos

El rey habló con ellos y ninguno le causó mejor impresión que Daniel, Ananías, Misael y Azarías. De modo que entraron al servicio real. (Daniel 1:19)

Los gobiernos están propensos a la corrupción. Sería difícil ignorar ese hecho en cualquier época de la historia, incluyendo en la nuestra. La frustración y la indignación por los gobiernos humanos dominan los titulares y originan miles y miles de promesas de «cambio». Sin embargo, el cambio real es raro. Las formas del mundo se infiltran en los sistemas y desvían los corazones humanos, incluso los que tienen las mejores intenciones. Anhelamos una sociedad bien administrada.

Entonces, imagina cuán drásticamente notable sería si el pueblo de Dios entrara en las instituciones de este mundo sin corromperse con sus antiguas enfermedades. ¿Qué pasaría si los que tienen el poder consultaran con el Espíritu de Dios y su pueblo para obtener orientación, dirección, oración y un sentido de la voz de Dios para ese momento? ¿Qué pasaría si los cristianos en posiciones influyentes oraran por las soluciones de Dios a los problemas sociales que nadie ha podido resolver... y recibieran respuestas? ¿Qué pasaría si el pueblo de Dios instituyera una nueva cultura política que invite a la cooperación y al compromiso saludables, incluso con personas en extremos opuestos del espectro ideológico? ¿Qué pasaría si nos hacemos conocer como las personas en la tierra con mayor probabilidad de solidarizarse y cooperar los unos con los otros, no para comprometer la verdad sino para alcanzar los intereses comunes?

Estos ideales utópicos pueden estar fuera del alcance de nuestra época, pero la intención y el carácter detrás de ellos no lo está. Muchas más vidas han cambiado por las demostraciones de buena voluntad que por las actitudes inamovibles. Las personas como Daniel y sus amigos y José, antes de ellos, sirvieron a reyes impíos y ablandaron sus duros corazones en el proceso. Fueron colocados en una posición para honrar agendas reales egoístas mientras mantuvieron su integridad e hicieron el bien a los reinos que, a menudo, explotaban a su pueblo. Entendieron una verdad esencial: a largo plazo, hacerse amigo de los adversarios es más provechoso que vencerlos. Si quieres influir en tu mundo, recuerda eso. Busca el bienestar incluso de los que no están de acuerdo contigo y de los que no te agradan. El amor cambia las sociedades corruptas e incluso los corazones más endurecidos.

Señor, nos has llamado a una nueva cultura. No nos conformamos con el sistema del mundo; lo transformamos. Muéstranos cómo hacerlo. Dame gracia para amar a los que no son amados y, como tú, buscar el bienestar de todos. Amén.

Isaías 52:7-10

Pies hermosos

Qué hermosos son sobre los montes los pies del mensajero que trae buenas noticias. (Isaías 52:7)

Con frecuencia se menciona que no serás recordado por tus palabras, sino por cómo se sienten las personas cuando están cerca de ti. Esa es una verdad edificante y profunda para todo el que quiera influir en este mundo, pero también representa una oportunidad extraordinaria. Puedes construir relaciones significativas y duraderas cuando expresas la calidez, la seguridad y la alegría del reino de Dios.

Las quejas, la amargura, el desánimo y el negativismo dejan una impresión duradera que no es buena. Sin embargo, la buena noticia es que siempre hay buenas noticias. Como creyentes de un Padre compasivo, amoroso, sabio y todopoderoso, tenemos historias maravillosas para compartir. Tenemos promesas que declarar, anhelos para proclamar, aspectos positivos para señalar y mucho más. Toda situación en este mundo tiene una esperanza; hasta el peor de los eventos tiene hilos de redención que lo atraviesan. Dios lo ha declarado y lo hemos visto nosotros mismos. No tenemos motivos para desesperarnos.

Aun así, las personas que nos rodean perderán la esperanza. Ahí es cuando llegamos como portadores de las buenas nuevas. Claramente, el mensaje de salvación es el centro de esas buenas nuevas, pero es una salvación integral y para la vida entera. Cuando le enseñamos a los demás la esperanza que hemos recibido a pesar de lo que vivimos en la tierra y le ponemos una luz positiva a los titulares del día, somos portadores de las buenas nuevas. Los medios nos darán un flujo constante de circunstancias trágicas, pero nosotros vemos la imagen completa. Dios obra en este mundo; cosas maravillosas suceden y nosotros podemos participar en ellas y compartir la historia.

Eso significa ser dador de esperanza y portador de buenas nuevas. Las personas son atraídas hacia Dios a través de esas palabras y comienzan a sentir su presencia. Pronto, muchos preguntarán cómo lo pueden conocer. El mensaje se hace simple y las respuestas profundas. Las buenas noticias de cada aspecto de la salvación, no solo en su sentido primordial sino también en su importancia en las situaciones actuales, crean un ambiente celestial. Además, el portador de las buenas nuevas es hermoso ante los ojos de Dios.

Señor, pon palabras hermosas en mi boca. Dame la gracia para hablar palabras profundas y verdaderas de esperanza en cada situación. Atrae a las personas a la promesa de tu reino. Permíteme siempre compartir la naturaleza de tu bondad. Amén.

Por el bien de todos

No se preocupen por su propio bien, sino por el bien de los demás.
(1 Corintios 10:24)

En un mundo caído, la naturaleza humana se vuelve egoísta. Las personas centradas en sí mismas buscan sus propios intereses sobre los de los demás, lo que significa que la forma natural del mundo se inclina hacia la explotación. Por lo general, las personas quieren vender algo para su beneficio, no para el tuyo; quieren promover una idea para su bien, no para el tuyo; quieren obtener cierto estatus para aumentar su autoestima, incluso a expensas de los demás. Lo llamamos naturaleza humana y, en ocasiones, aparece solo de manera moderada. Sin embargo, también conocemos el lado terrible de la explotación en las conquistas, la esclavitud, la opresión y las estafas. El mundo está lleno de personas que se promueven a sí mismas.

Lamentablemente, esta tendencia también puede infiltrarse en la iglesia, aunque no debería. Somos llamados a una cultura completamente diferente. Como personas de una nueva vida, nuestra manera de negociar debería ser diferente a la del resto del mundo. Imagina las posibilidades: políticas económicas libres de explotación y que aun así producen un crecimiento saludable y prosperidad, un capitalismo centrado en el consumidor que sirva a los compradores mejor que a los vendedores, negocios que consideren la ética como un bien en lugar de como una carga. Algunos han descubierto el beneficio de tales actitudes y prácticas; otros se darán cuenta más tarde. En todo caso, el pueblo de Dios debería abrir caminos y guiarlos. El comercio es importante para el reino de Dios y puede ser una plataforma para demostrar su carácter.

Si eres negociante, considera las maneras de aplicar los principios del reino en tus prácticas comerciales. Si ocupas una posición en un negocio, piensa en cómo puedes contribuir al cambio de la cultura. Históricamente, los cristianos a menudo han acomodado los caminos del mundo en sus negocios y han llevado una vida algo distinta en el hogar y en la iglesia. Sin embargo, el evangelio transforma todos los entornos. Incluso da frutos en un ambiente competitivo. Dios honra a los que van en contra de la corriente para seguir sus caminos. Permite que cada área de tu vida, incluso tu negocio y tus finanzas, se conviertan en una plataforma de la sabiduría y el amor que él te brinda.

Señor, tu naturaleza no es egoísta. Enséñame a vivir de acuerdo con ella, incluso en las áreas de este mundo que se resisten. Por el poder de tu Espíritu, que yo pueda buscar instintivamente el bien de los demás en cada situación. Amén.

La sabiduría de arriba

Las personas inteligentes están siempre dispuestas a aprender; tienen los oídos abiertos al conocimiento. (Proverbios 18:15)

En los últimos siglos, muchos cristianos han lamentado las tendencias de la educación que han marginado la revelación bíblica y han enfatizado el conocimiento empírico o cuantificable para excluir todo lo demás. Una de las respuestas a esas tendencias ha sido retirarnos de las organizaciones «seculares» para crear nuestras propias escuelas. Como resultado, se han desarrollado varias instituciones importantes, pero la ausencia de voces cristianas en el sector público también ha sido notable por décadas. No obstante, a pesar de los mejores esfuerzos de muchos, reintegrar la verdad bíblica ha sido difícil. Todavía nos encontramos como voces marginales.

Hasta cierto punto, eso siempre será cierto. Nuestro mensaje siempre será controversial y rechazado por algunos, pero nuestra influencia en este mundo siempre se verá amenazada por el impulso de huir de toda cosa que percibamos como «impía» y aferrarnos a nuestra propia subcultura. Tiene poco sentido apartar nuestra influencia de los grandes sectores de la sociedad para luego lamentar la poca influencia que ejercemos en ellos. Nosotros tomamos las decisiones. Ahora tenemos que remediarlas.

En este tiempo, Dios está llamando a muchas personas a ir a los lugares que dejamos atrás y ser las voces razonables de la verdad. Hay momentos para aislarnos y arraigarnos en nuestro propio entendimiento, pero se pueden encontrar aún mejores oportunidades en un mundo que busca el entendimiento. Necesitamos superar el miedo de las influencias amenazantes que podrían cambiarnos y vivir como personas influyentes que cambian el mundo. Y lo podemos hacer con confianza porque Aquel que está en nosotros es más grande que cualquier versión alternativa de la verdad que el mundo declare (1 Juan 4:4). Si vamos con humildad, deseo de aprender, sensibilidad a otros puntos de vista, convicción sólida de que conocemos al Dios del universo y voluntad para pedirle al Espíritu Santo sabiduría y entendimiento fuera de lo común, podemos agregar luz y verdad a las conversaciones que nos han excluido durante mucho tiempo. Así como Jesús confrontó a los letrados de su época, nosotros podemos ofrecer perspectivas de más allá de este mundo.

Señor, nunca puedo saber todo lo que necesito para enfrentar cada enseñanza falsa en este mundo. Sin embargo, puedo conocer tu verdad y escuchar tu voz. Dame hambre de aprender, sabiduría extraordinaria y entendimiento espiritual para compartir con los demás. Amén.

La familia de Dios

El cuerpo humano tiene muchas partes, pero las muchas partes forman un cuerpo entero. Lo mismo sucede con el cuerpo de Cristo. (1 Corintios 12:12)

«Señor, permíteme reflejar tu naturaleza». Esta oración es frecuente entre los que quieren marcar la diferencia en este mundo. Esto (o algo similar) aparece a menudo, incluso en las páginas de este libro. Sin embargo, cuando oramos estas palabras, con frecuencia pensamos en ellas en términos de nuestro carácter interno, nuestros deseos y motivaciones, nuestra madurez espiritual y la condición de nuestro corazón. Tendemos a olvidar que los únicos contextos donde aparecen estos atributos, las únicas situaciones donde se puede ver la obra del Espíritu Santo y la naturaleza de Dios dentro de nosotros es en nuestras relaciones, especialmente en las cotidianas. Nuestro carácter se revela en nuestras interacciones con los demás a medida que nos desenvolvemos en la vida diaria, pero se revela de manera especial en nuestras familias naturales y en la familia de Dios. Nos parecemos más a Jesús (o no) cuando menos estamos conscientes de la necesidad de ser como Jesús.

Las cualidades de Dios que tendemos a valorar más son de naturaleza social. Lo alabamos por su amor, su compasión, su amabilidad y mansedumbre, su perdón, su paciencia con nosotros y más. Nos impresionan ciertas cualidades como su majestad y su gloria, pero no siempre es probable que las adoptemos en nosotros mismos. Sin embargo, los atributos relacionales de Dios, su forma de tratarnos de manera individual, son los que anhelamos reflejar. El problema es que estamos más conscientes de reflejarlos para los no creyentes, pero nuestro verdadero nivel de madurez se revela cuando los demostramos en el hogar o en la comunidad con el cuerpo de Cristo.

Atesora esas relaciones como oportunidades para demostrar la naturaleza de Dios. El mundo se da cuenta de cuánto nos amamos mutuamente, de nuestra forma de enfrentar los problemas y las fricciones cotidianas. Aún más importante, vivir con espíritus generosos el uno para el otro crea un ejército de personas influyentes en potencia. Los reflectores de la naturaleza de Dios iluminan a otros reflectores y hacen brillar su luz en este mundo.

Señor, que nunca subestime las relaciones en mi familia natural y espiritual. Allí, más que en ningún otro lugar, permíteme reflejar tu naturaleza para levantar a los demás y demostrar tu bondad para que todos la vean. Amén.

Nuestra búsqueda primordial

Busquen el reino de Dios por encima de todo lo demás y lleven una vida justa, y él les dará todo lo que necesiten. (Mateo 6:33)

«Hasta los mejores planes de hombres y ratones pueden fracasar». Así lo escribió el poeta escocés Robert Burns (aunque en un lenguaje más arcaico) y sus palabras se han citado desde entonces porque su mensaje es acertado. Sin embargo, los mejores planes de Dios siempre salen bien. Entonces, la pregunta para nosotros es, ¿cómo pasamos de «mal» a «bien» lo más pronto posible, tanto en el nivel práctico de nuestra vida cotidiana como en el panorama de nuestro futuro? En otras palabras, ¿cómo nos alineamos con los planes de Dios en lugar de perseguir los nuestros?

La respuesta es contraintuitiva, pero es vital para ser sal y luz en este mundo. La mejor manera de reorientar nuestros planes para alinearlos con los caminos de Dios es cultivar una intimidad cara a cara con él, una comunión profunda que incluya un festín regular de su Palabra, conversaciones bidireccionales con él y adoración a los niveles más profundos del corazón. Esa clase de relación eliminará una parte importante de nuestras actividades cotidianas y, tal vez, dejemos de cumplir algunas actividades en nuestra lista de tareas pendientes, pero optimizará el resto de nuestras vidas, hará más eficientes nuestros caminos (al menos según la definición de Dios), generará oportunidades que no podríamos crear por nuestra cuenta y producirá fruto en todo lo que hagamos. No significará una vida sin problemas sino una vida sincronizada con Dios. Además, vale la pena sacrificar cualquier plan que queramos de verdad.

Cuando pasas tiempo en la presencia de Dios, tiendes a alcanzar tus logros de manera más «fortuita» de lo que conseguías cuando hacías tu mejor esfuerzo. Como orquestador de vidas fieles, él nos invita a una clase de relación donde nos rendimos y esperamos que obre en nuestro beneficio. Por supuesto que nosotros hacemos nuestra parte, pero seguimos su ejemplo y tenemos su respaldo. No hay un mejor plan que ese y no hay nada con mayor potencial para influir al mundo.

Padre, me pides que busque tu reino sobre todo lo demás y la primera parte de buscar el reino es buscar al Rey. Mi espíritu tiene hambre y sed de comunión contigo; dejo en tus manos todo lo demás. Amén.

25 DE AGOSTO

Salmos 63:1-5

Intimidad con Dios

Tú me satisfaces más que un suculento banquete; te alabaré con cánticos de alegría. (Salmos 63:5)

El conocido discurso de los auxiliares de vuelo siempre parece alentar al egoísmo en casos de emergencia. Te indican que, si las máscaras de oxígeno caen, debes colocarte la tuya antes de intentar ayudar a tus hijos o a los demás. Por supuesto que eso va en contra del instinto paternal, pero tiene mucho sentido. Si estás incapacitado, no podrás ayudar a los que te rodean. En realidad, para poder dar, debes estar en condiciones de dar.

Esa ilustración conocida señala una importante verdad espiritual que muchos creyentes conocen, pero pocos practican: si no nos alimentamos del Espíritu de Dios, no podremos alimentar a los demás con nada de valor espiritual. De vez en cuando vemos esto cuando los pastores vocacionales están tan ocupados con las actividades del ministerio que se agotan o empiezan a mostrar las grietas en cimientos que han desatendido. Es importante mantener un equilibrio entre la intimidad con Dios (alimento) y el ministerio con Dios (alimentar). Los que reciben sin repartir nunca se saturan y se enfocan en sí mismos; los que reparten sin haber recibido no tienen sabiduría sobrenatural, poder, ni amor para ofrecer. Tener un equilibrio apropiado nos hace fructíferos y satisfechos.

La antigua expresión sobre tener una mentalidad demasiado celestial para hacer algo bueno en la tierra está equivocada. El mundo necesita personas que tengan una mentalidad celestial, que pasen tiempo en la presencia de Dios y que se comuniquen con él. Un corazón que adopta la actitud que David expresó al inicio del Salmo 63 (sed y anhelo de Dios mismo) posteriormente estará satisfecho y, cuando eso ocurra, estará en posición de ayudar a los demás a encontrar la satisfacción que también ansían. La plenitud es contagiosa; las personas son atraídas por los que conocen a su Dios y encuentran satisfacción en él. No hay mejor testimonio que este, no importa cuán desinteresada parezca cualquier otra actitud. Permite que tu alma se llene con el poder y la presencia de Dios, luego derrámala sobre los que te rodean. Tu satisfacción en él lo refleja de buena manera.

Señor, te anhelo; mi alma clama por tu presencia. Satisfáceme con tu abrazo. Dame la fe para saber, en el fondo de mi corazón, cuán profundamente amado y valorado soy para luego amar a los demás como he sido amado. Permíteme dar de forma tan extravagante como he recibido. Amén.

Colosenses 3:16-17

Cuida tu mente

Que el mensaje de Cristo, con toda su riqueza, llene sus vidas. Enséñense y aconséjense unos a otros con toda la sabiduría que él da. Canten salmos e himnos y canciones espirituales a Dios con un corazón agradecido. (Colosenses 3:16)

Tal vez piensas que sabes quién eres, pero ¿realmente lo sabes? La narrativa subconsciente que corre en tu cabeza puede ser terriblemente convincente, incluso cuando menciona una historia poco halagadora. En varias ocasiones, puede retratarte con un tonto, un inadaptado o un problema. Rara vez dudará en señalar tus defectos y errores. Y lo más convincente de todo, te recordará que eres «solo un humano». Casi nunca te proyectará en la plenitud de tu redención.

Sin embargo, como hijo de Dios, un participante de la naturaleza divina, tienes que saber quién eres y superar años de falsos relatos que comunican historias contrarias. Transmite una historia diferente; incluso, repítela en voz alta cuando estés solo. De acuerdo con la revelación de Dios y el llamado que has recibido en Cristo, eres redimido y restaurado, resucitado a una nueva vida y estás sentado con Cristo en lugares celestiales (Romanos 6:4; Colosenses 2:12; Efesios 2:6), destinado para gobernar con él en su trono (Apocalipsis 3:21; 5:10), un ministro de poder y reconciliación (Efesios 1:19-20; 2 Corintios 5:20) y, por medio de la fe, eres capaz de hacer el tipo de obras que el mismo Jesús hizo (Juan 14:12). Aún más importante, eres amado de manera exorbitante (1 Juan 3:13). Si alguna vez vas a tener la influencia y el impacto para los que Dios te creó, debes reconocer estas verdades en lo más profundo de tu espíritu.

Por esa razón, es vital que prestes mucha atención a tu diálogo interno, a los pensamientos que absorbes del mundo, a los pensamientos contagiosos que puedes asimilar de los demás y a los votos internos que has hecho sobre tu propia identidad. No puedes darte el lujo de vivir de un supuesto miedo, rechazo, vergüenza, duda, resignación o confusión. Estas cosas luchan contra tu fe y tu fe es la única moneda que tienes a tu disposición para lograr cosas en el reino de Dios. Naciste para cosas más grandes y el mundo las necesita hoy.

Padre, me has bendecido de manera exorbitante con una nueva identidad, un nuevo llamado y destino como coheredero de Jesús. Me arrepiento de permitir que mis pensamientos venzan a esos dones. Que siempre pueda conocer la plenitud de quien soy en ti y que viva en la sabiduría, el poder y el amor que me has dado. Amén.

Un lugar de crecimiento

Cuando clamo, respóndeme, oh Dios de mi justicia. En la angustia me has aliviado. (Salmos 4:1, LBLA)

LOS PRIMEROS CRISTIANOS atravesaron muchas dificultades. De vez en cuando, fueron perseguidos con dureza. En el ámbito de las ideas, a menudo fueron abucheados. Venían de todos los estratos sociales, pero, con frecuencia fueron tratados como forasteros o farsantes. Aunque ciertamente hubo excepciones (en algunas ciudades y épocas fueron aceptados e incluso admirados), en su mayor parte la vida como cristianos no era fácil en los primeros tres siglos después de la muerte y la resurrección de Jesús. Dios permitió que su pueblo sintiera un poco de angustia.

Ciertamente, eso no era nada nuevo para ellos. Las Escrituras hebreas describen a un pueblo de Dios que soporta numerosas situaciones difíciles y peligrosas. Sin embargo, como lo testigua este salmo de David, Dios está con su pueblo en esos lugares. En realidad, el significado literal de las palabras traducidas como «me has aliviado» lleva el concepto un poco más allá y sugiere que, en realidad, Dios amplía los lugares y la influencia de su pueblo en los momentos más difíciles. Tal vez no sintamos que Dios nos fortalece, nos posicione ni expanda nuestro potencial para influir en esos momentos, pero él lo hace. Nos permite estar en situaciones de dependencia a él, porque si aprendemos bien esa dependencia, podemos manejar cualquier situación. Como el ejercicio que desgarra los músculos para reconstruirlos aún más fuertes, Dios incomoda nuestros espíritus para fortalecer nuestra capacidad de amar y creer. Recibimos la sustancia de la vida en sus momentos más difíciles.

No te resistas al proceso. Dios te está preparando para mayores frutos. Su obra en ti no siempre es cómoda, pero tiene un propósito. Él está preparando las bases para construir tu futuro. Necesitas su obra ahora. Nada en tu vida se desperdicia; no estás trabajando en vano ni estás perdiendo terreno. Dios está ampliando tu lugar.

Padre, nunca me has abandonado. No ignoras mis necesidades. Dame ojos de fe para ver cómo me preparas para dar más fruto. Que nunca me rinda, que soporte siempre y que vea la plenitud de tus bendiciones en su tiempo. Amén.

Atraviesa las tinieblas

El pueblo que camina en oscuridad verá una gran luz. Para aquellos que viven en una tierra de densa oscuridad, brillará una luz. (Isaías 9:2)

Tal como Isaías profetizó, una luz salió de Galilea y la región se llenó de gloria. Los primeros cristianos reconocieron el esplendor del ministerio del Mesías, a pesar de que provenía de un lugar tan oscuro. Si Galilea era casi irrelevante desde la perspectiva judía, estaba aún más lejos de los ojos de Roma, su imperio y el mundo helenístico. Sin embargo, el Mesías se dio a conocer, sus obras fueron visibles para muchos y su mensaje se extendió por todas partes. La luz siempre brilla de manera dramática en los lugares oscuros.

Eso también es cierto para ti. Has sido llamado en el mismo espíritu del ministerio del Mesías (Juan 20:21) y eso incluye tu capacidad de brillar en lugares oscuros. Mientras que muchos se lamentan los sufrimientos que enfrentan y las circunstancias difíciles, tú puedes descansar al saber que Dios te coloca allí con un propósito. No tienes que preguntarte por qué no te «bendice» con las cosas que la mayoría de las personas define como bendiciones. Si vas a vivir una vida sobrenatural, tendrá que ser en lugares donde la luz de Dios aún no esté expuesta. Los milagros ocurren mejor donde hay carencia o necesidad.

Dios te permite atravesar lugares oscuros por dos razones: 1) para que aprendas quién es él y fortalezcas tu fe en él; 2) para que en verdad puedas estar en una posición de mayor influencia. José fue enviado lejos de su ciudad natal y de su familia a Egipto y Daniel y sus amigos fueron enviados a Babilonia en las circunstancias más traumáticas porque Dios quiso enviar luz a los lugares oscuros. Tampoco deberías sorprenderte de ir a lugares oscuros si brillas con su luz. Dondequiera que estés, tu llamado será reflejarlo, brillar con su esplendor y mostrar su naturaleza donde haya reinado la oscuridad. Has visto una gran luz en medio de tu oscuridad; no te pierdas la oportunidad de ser una lumbrera ahora.

Señor, perdóname por concentrarme tan intensamente en mis propias dificultades. Me has resucitado a la vida, me has dado poder para vivir y me has llamado a ofrecer vida a los demás. Permíteme brillar intensamente en todo momento, dondequiera que esté. Amén.

En medio de tus enemigos

El Señor extenderá tu poderoso reino desde Jerusalén, y gobernarás a tus enemigos. (Salmos 110:2)

Probablemente, el Salmo 110:1 es el versículo más citado del Antiguo Testamento en el Nuevo Testamento. Es una profecía mesiánica sobre el futuro reinado del ungido de Dios. El salmo continúa con una imagen bastante sorprendente no solo del rey que extiende su reino y que gobierna sobre los enemigos, sino también como el lenguaje original implica: «en medio de ellos». Los enemigos no habían desaparecido; simplemente se habían subordinado. El propósito de Dios es que su Hijo gobierne en su reino de bondad incluso sobre aquellos que se le opusieron.

Esta es una imagen sorprendente para aquellos que participan en el reinado del Mesías (Apocalipsis 3:21; 5:10). Nos muestra la naturaleza de su reino incluso ahora, mientras está creciendo. También es un llamado de atención a los creyentes que piensan que se les debe otorgar inmunidad de la oposición de este mundo. Algunas ramas de la iglesia han pasado décadas, incluso siglos, en el desarrollo de una cultura de prevención, sugiriendo que la libertad de los enemigos es parte de nuestra herencia. Sin embargo, el reino de Dios ejerce las bendiciones de su poder en medio de los enemigos. Eso significa que nuestro desafío, en estos tiempos, no es ser buenos representantes fieles de Jesús en medio de la nada, sino ser buenos representantes fieles de Jesús en las Babilonias y Romas del mundo moderno. No nos derrumbamos por la oposición de nuestros enemigos, sino que prosperamos en medio de ella. Nos da las bases para mostrar quién es realmente nuestro Mesías.

Demasiados cristianos hablan del regreso al poder de la iglesia primitiva y luego lamentan las condiciones en que prosperó. Si realmente quisiéramos esos tiempos otra vez, nos alegraríamos de ser marginados, expulsados, enfrentados y ridiculizados (todas estas, señales de aquellos tiempos). En realidad, nuestra oposición nos brinda oportunidades para reflejar la naturaleza del Mesías, para dar amor en lugar de odio, bendiciones en lugar de maldiciones y bondad por maldad. Esto nos permite aprender lo que significa gobernar en medio de los enemigos.

Jesús, sufriste una fuerte oposición y, sin embargo, reinaste con gracia. Y tu reinado continuará, incluso en medio de los que te rechazan. Dame este espíritu de superación, esa medida de gracia, mientras tu reino crece y llega por completo. Amén.

Lucas 4:1-13

Cuando la victoria llegue

Entonces Jesús, lleno del Espíritu Santo, regresó del río Jordán y fue guiado por el Espíritu en el desierto, donde fue tentado por el diablo durante cuarenta días. (Lucas 4:1-2)

Has sido enviado a un mundo al que tal vez no le guste la sal y la luz que ofreces. Jesús lo describió como enviar corderos en medio de lobos (Lucas 10:3), pero no necesitas preocuparte. Dios cuida bien de sus corderos. Aun así, no siempre encontrarás el terreno fácil y podrías enfrentar adversidades. Algunas de ellas incluso pueden venir de tu interior.

Quizás, esto te sorprenda, pero si te conoces bien no lo hará. Es probable que tengas suficiente experiencia para reconocer que ciertas situaciones pueden llevarte aparentemente más allá de tus límites, otras pueden hacerte más propenso a ceder y otras despertarán tentaciones que pensaste haber superado hace tiempo. Sin embargo, si aún esperas un momento de victoria sobre estas situaciones, necesitarás comprender la dinámica de la batalla. No vencerás a los lobos (ni a los que aúllan dentro de ti ni a los que te atacan en el exterior) si tu compromiso con Dios no está claro. Tus verdaderas batallas se ganan antes de entrar al campo de batalla.

Vemos esto en el ministerio de Jesús, tanto en su tentación después de su bautismo como en la terrible noche en el huerto de Getsemaní antes de su crucifixión. Lo vemos cuando Israel peleó su primera batalla en Jericó antes de entrar a la tierra prometida y en la unción de David antes de su reinado. Estos tiempos de prueba y tentación fueron intensos pero importantes, necesarias declaraciones de compromiso donde la pureza de la fe fue probada con fuego. Jesús y muchos fieles siervos de Dios ganaron sus batallas antes de salir ante la vista del mundo. Necesitamos hacer lo mismo.

Prepara tu corazón para lo que viene. La victoria de Jesús ya te ha dado poder, pero tendrás que ganar tus batallas antes de acercarte al calor del combate. Reconoce quién eres y la naturaleza del mundo donde te encuentras y camina en el poder que has recibido.

Jesús, ganaste tus victorias mucho antes de la cruz, incluso antes de los mensajes y los milagros que aún nos sorprenden. Que yo gane hoy las batallas que me permitan ganar terreno para tu reino mañana. Fortaléceme como el acero para servir en sabiduría, poder y amor. Amén.

Impulsados por la pasión

Algo que siempre pido en oración es que, Dios mediante, se presente la oportunidad de ir por fin a verlos. (Romanos 1:10)

A MENUDO, PABLO SE LLAMABA esclavo o siervo de Cristo, tal vez en referencia a las cadenas y a los muros que, en ocasiones, lo mantuvieron cautivo, pero más simbólicamente en referencia a su completa devoción a la voluntad de su Maestro. También aspiramos a tal devoción y a menudo preguntamos como un siervo: «Señor, ¿qué quieres que haga por ti?». Queremos estar disponibles para él y alinearnos con su voluntad. Sin embargo, algunas veces, descubrimos que su respuesta vuelve a nosotros en forma de pregunta: «¿Qué quieres hacer por mí?». Él quiere que persigamos los sueños y los deseos que ha puesto en nuestro corazón.

Por supuesto que no seguimos todos nuestros caprichos, ni siquiera cada pasión profunda a largo plazo. Algunas veces nuestros deseos son simplemente nuestros. Pero cuando cultivamos una relación con Dios, somos saturados en su Espíritu, pedimos dirección y nos ofrecemos a él, podemos encontrar pasiones que crecen dentro de nosotros que sospechamos que, originalmente, no fueron nuestras. Esa es la naturaleza de las relaciones íntimas: los corazones se alinean. Además, cuando nuestro corazón se alinea con el suyo, no es importante descubrir el origen del deseo. Sabemos que se ajusta con sus propósitos.

Pasa tiempo disfrutando de la presencia de Dios y permite que él forme tus sueños y tus deseos según su voluntad. Examina tus pasiones. Observa lo que rompe tu corazón y lo que inspira tu esperanza. David anhelaba construir un templo y Dios le respondió que sí al templo, pero no al momento. Pablo anhelaba visitar Roma y Dios le respondió que sí al deseo, pero lo organizó de una manera inesperada. Jesús fue a la cruz por el gozo puesto delante de él (un deseo) y sufrió un dolor insoportable para que se cumpliera. Los deseos dados por Dios son, a menudo, el motor que nos impulsa, incluso cuando los obstáculos se interponen en el camino. Sigue esos sueños que él inspira y permítele hacerlos realidad.

Señor, tú conoces mis anhelos. Tú mismo me has dado muchos de ellos. Ayúdame a decidir cuáles seguir y a cumplirlos en tu tiempo. Permite que mi corazón se conecte con el tuyo y que esté completamente satisfecho con tu voluntad. Que mis sueños, y los tuyos en mí, nos deleiten a los dos. Amén.

Impulsados por los dones

Pues tengo muchos deseos de visitarlos para llevarles algún don espiritual que los ayude a crecer firmes en el Señor. (Romanos 1:11)

La iglesia primitiva tenía un fuerte sentido de los dones, capacidades especiales otorgadas por Dios a través de su Espíritu. Pablo parecía asumir que los dones podían ser impartidos y recibidos de otros, aunque no especificó cómo. Pero mencionó que debían ser compartidos para el beneficio de todo el cuerpo. Se puede decir lo mismo de los dones naturales, los talentos y la creatividad; están diseñados para el beneficio mutuo. Podemos avanzar en descubrir nuestro propósito y nuestras áreas de productividad en este mundo al observar los dones que Dios nos dio.

Nuestras pasiones nos enseñan mucho sobre a dónde vamos en la vida, pero nuestros dones espirituales y naturales nos enseñan a llegar allí. Hay herramientas que Dios utiliza para satisfacer las necesidades de su pueblo y hacer que su cuerpo crezca. Cualquiera que sea el área geográfica, la situación de la iglesia y el campo vocacional al que has sido llamado, tus dones te brindarán las oportunidades de servir a las personas que te rodean. Para muchas de esas personas, la expresión de la naturaleza de Dios que viene a través de ti será uno de los pocos encuentros que tendrán con él. Es posible que no reconozcan la fuente de tus dones y es casi seguro que no podrán explicar lo que han experimentado de él a través de ti, pero algo profundo dentro de ellos resonará con el Creador que los llama hacia él. De alguna manera, se acercarán.

Cultiva los dones que Dios te dio; promuévelos, así como Pablo animó a Timoteo a hacerlo (2 Timoteo 1:6). Úsalos no solo para servir al cuerpo de Cristo, sino también para bendecir a las personas en otras áreas de tu vida. Es posible que nunca puedas nombrar esos dones con precisión y probablemente sea mejor que no intentes explicar el proceso, pero disfrutarás cuando Dios te use para alcanzar los corazones y las mentes. El Creador continúa con su creación, a menudo a través de su pueblo. Eres un vaso desde donde él imparte sus bendiciones a los que las necesitan.

Señor, a menudo estoy más enfocado en tus dones para mí que en tus dones a través de mí. Gracias por el privilegio de ser un medio de tu naturaleza. Por favor, demuestra tu poder a través de mí. Amén.

Impulsados por la personalidad

Cuando nos encontremos, quiero alentarlos en la fe, pero también me gustaría recibir aliento de la fe de ustedes. (Romanos 1:12)

PABLO NO FUE CONOCIDO POR SABER ALENTAR, al menos no como Bernabé. En realidad, podía ser bastante directo y, en ocasiones, exigente. Estaba más enfocado en la precisión teológica, pero tenía un lado alentador, principalmente porque su enfoque teológico enfatizaba el valor supremo de conocer a Jesús. Por eso, instó y animó a la búsqueda total de una relación personal con Cristo. Además, su necesidad de animar lo impulsó constantemente a la luz de las iglesias jóvenes que fueron persuadidas y desviadas por doctrinas contrarias.

Descubrirás que tus dones y llamado se ajustan de alguna manera a la personalidad que Dios te ha dado; por ejemplo, casi nunca llama a un introvertido a un ministerio altamente extrovertido y rara vez llama a un enérgico extrovertido a labores profundamente reflexivas (aunque hay excepciones en ambos casos). Generalmente, los que gustan ver resultados no son llamados a una vida que establece fundamentos para las generaciones futuras, sino aquellos cuya paciencia es inquebrantable. Algunos estilos de comunicación se adaptan particularmente bien a un corazón de pastor, mientras que otros se inclinan más al lado evangelístico. A algunos les encanta profundizar en su Palabra día tras día; otros aman difundirla por todas partes. La pregunta no es cuál de los enfoques es el correcto o qué personalidad se adapta mejor a los propósitos de Dios; todas se adaptan en su reino. La interrogante es cómo vas a usar lo que tienes para ser sal y luz en este mundo.

Comprende tu temperamento, tu grado de volatilidad emocional, tu preferencia por hacer las paces o por provocar una conversación controversial, tu preferencia por la formalidad o simplemente por ser casual y más. Reconoce qué tipo de situaciones mejorarán tu efectividad al servir a Dios. En ocasiones, no tengas miedo de ir más allá; él te moldeará y te usará «fuera de lugar» en momentos estratégicos. Sin embargo, con frecuencia te guiará a la posición donde eres más útil. Busca ese lugar y aprovéchalo al máximo. Cualquiera que sea tu personalidad, deja que sirva a sus propósitos y glorifícalo bien.

Padre, me has creado con un propósito diferente de todos los demás, pero perfectamente adaptado para el servicio en tu reino. Ayúdame a encontrar el lugar que se adapte a mi personalidad. Llévame a mi lugar ideal y a tus planes. Amén.

Romanos 1:10-15

Impulsados por la oportunidad

Quiero que sepan, amados hermanos, que me propuse muchas veces ir a visitarlos, pero, hasta el momento, me vi impedido. (Romanos 1:13)

Sabemos que Dios abre puertas que nadie puede cerrar y cierra puertas que nadie puede abrir. También sabemos que, en ocasiones, llama a su pueblo a avanzar aun cuando las puertas parecen estar cerradas (como al borde del mar Rojo). En algún punto entre esos dos hechos, tratamos de servirle cuando sorteamos las puertas abiertas que él pone frente a nosotros y discernimos cuáles atravesar y cuáles dejar pasar. Vivimos a la medida de nuestras oportunidades.

Si somos perspicaces, nuestras pasiones, dones y personalidades pueden dirigirnos hacia la dirección correcta. Sin embargo, solo Dios tiene soberanía sobre las puertas abiertas en nuestras vidas. Muchos de nosotros lamentamos la falta de oportunidades que vivimos en este momento y olvidamos que Dios confinó a Abraham, Jacob, José, David y a muchos más hasta que llegó su tiempo de oportunidad. Nos esforzamos por una mejor posición y olvidamos que él es el maestro que ubica a las personas en el lugar y el momento correctos. Cuando José parecía estar más alejado de sus sueños, olvidado en una prisión oscura, Dios lo ascendió a la segunda posición más alta de Egipto. Dios nunca se limita por nuestra posición actual o por las puertas cerradas frente a nosotros. Él es el experto director de los que lo buscan en fe para orquestar sus vidas.

Confía en los tiempos de abrir y cerrar puertas. Cuando parezca que faltan las oportunidades, enfócate en la preparación; perfecciona tus dones, fortalece tu carácter y refina tus pasiones. Dios ha organizado las temporadas de tu vida, no en una jerarquía de importancia (todas son importantes para el lugar a donde te lleva) sino en una secuencia de productividad máxima. Alégrate de las temporadas desérticas y errantes; aprende a confiar en tu Dios y a desarrollar fidelidad. Observa los patrones de su preparación y coopera con ellos. Cuando el tiempo llegue, se abrirán todas las puertas correctas, las grandes y las pequeñas.

Padre, dame la sabiduría para saber cuándo empujar las puertas cerradas, cuándo dejar pasar las abiertas y cuándo confiar en tus tiempos ante la duda. Creo que me llevarás a donde necesito ir, con mucha gracia para los pasos en falso y la corrección. Pon tus oportunidades delante de mí y dame ojos para verlas bien. Amén.

Tu tarea

Yo te di la gloria aquí en la tierra, al terminar la obra que me encargaste.
(Juan 17:4)

Jesús estaba seguro de haber hecho todo lo que el Padre le había encargado. Enseñó verdades asombrosas. Sanó y liberó a muchos de la enfermedad y la opresión. Declaró quién era y reunió a los seguidores que le creyeron. Instruyó a unos pocos seleccionados en una escuela itineraria de discipulado. Ahora, en su oración sacerdotal, se entregaba a sí mismo en sacrificio de muerte para revertir una antigua maldición y traer un nuevo tipo de vida a este mundo.

Sin embargo, unos pocos versículos antes, Jesús informó a sus discípulos que aún había verdades para enseñar (Juan 16:12-15). Todavía había enfermos y oprimidos en toda la región; los primeros capítulos de Hechos nos brindan varios ejemplos donde los apóstoles ministraron a las necesidades de la época. Aún se tenía que compartir un mensaje, no solo en los lugares donde Jesús solía ministrar con mayor frecuencia, sino hasta los confines de la tierra (Mateo 28:19-20; Hechos 1:8). Aún quedaban personas por convencer, discípulos por capacitar y poblaciones enteras necesitadas de una nueva vida. Jesús hizo mucho, pero no lo hizo todo.

Eso está implícito en su oración. Él hizo todo lo que el Padre le había encargado y esto significa que hizo solo lo que el Padre le ordenó. Y, si Jesús tuvo una misión específica con un alcance limitado (no en sus implicaciones globales, sino dentro del marco de su vida terrenal), puedes asumir que tu tarea también tiene un alcance limitado. No tienes que asumir toda la responsabilidad, ni sentir el peso del mundo sobre tus hombros ni ponerte en acción cada vez que veas una necesidad. En cambio, necesitas escuchar la voz del Padre y seguirla. Él te guiará a situaciones que lleven tus dones y tu carácter al contexto apropiado para aumentar tus frutos. Él te alineará con sus propósitos. Eres libre de seguirlos, sin culpas por no haber realizado lo suficiente y con la satisfacción de haber hecho lo que tu Padre te ha pedido.

Padre, quiero cumplir mi tarea. Optimiza mi vida para maximizar mi eficiencia. Conecta mis dones con situaciones y necesidades específicas. Dame un fuerte sentido de dirección y libertad dentro de mi misión. Hazme productivo. Amén.

Lucas 10:1-4

La naturaleza del cordero

Ahora vayan, y recuerden que los envío como ovejas en medio de lobos.
(Lucas 10:3)

Cuando Jesús envió a sus discípulos a los pueblos que planeaba visitar, su comisión no era del todo alentadora. Por supuesto que era segura y estaba de acuerdo con la voluntad de Dios, pero no prometía comodidad. Tampoco lo fue la Gran Comisión que Jesús entregó al final de su ministerio terrenal cuando envió a sus seguidores a los confines de la tierra. De una forma u otra, sus discípulos inevitablemente experimentarían un choque de reinos al seguir su ejemplo. Debían colocarse en la primera fila de una batalla cósmica entre los propósitos de Dios y el reino de la oscuridad. En otras palabras, Jesús a menudo los enviaba a lugares a los que no les gustaría ir en otras circunstancias.

Esa comisión continúa hoy y somos parte de ella. Mientras que algunos se aíslan en comunidades cristianas y hacen negocios solo entre círculos cristianos, la mayoría de nosotros somos conscientes de que vivimos y trabajamos en un ambiente que, a veces, puede ser hostil con nuestras creencias. No hay razón para la paranoia; solo es la realidad de nuestro llamado. Pero debemos ser extremadamente cuidadosos con esa realidad para no asumir el carácter del entorno donde hemos entrado. Como ovejas en medio de lobos, tenemos que evitar convertirnos en esos lobos.

Muchos cristianos han fracasado en este aspecto y los resultados han sido trágicos. Las guerras y las inquisiciones son ejemplos destacados, pero para la mayoría de nosotros las tentaciones son más sutiles: la codicia en los negocios, los celos y el egoísmo de un espíritu competitivo, la reorientación de nuestros valores hacia los asuntos claramente terrenales. El gruñido y el ceño fruncido de un lobo son terriblemente inapropiados para las ovejas, incluso cuando aún somos ovejas de corazón.

Nunca olvides tu identidad de oveja. No te conformes con el temperamento del lobo. Discierne el entorno que te rodea y no honres su atractivo. Tu mayor influencia se produce cuando entras en un entorno poco saludable sin asumir su naturaleza. Recuerda que este mundo de lobos realmente le pertenece a tu Pastor y que él lo está recuperando para sus ovejas.

Jesús, tú eres el Buen Pastor y este mundo no les pertenece a los lobos. Es tu herencia y también la mía. Dame la gracia para vivir en él sin doblegarme, como un amable cordero con una determinación intrépida. Que mi bondad calme la locura que me rodea. Amén.

Lucas 10:1-4

Una naturaleza vulnerable

No lleven con ustedes nada de dinero, ni bolso de viaje, ni un par de sandalias de repuesto; y no se detengan a saludar a nadie por el camino. (Lucas 10:4)

El inicio de la película *The Mission* [La misión] de 1986 muestra las escenas de los primeros misioneros en las selvas sudamericanas. Algunos son crucificados según su propio mensaje, mientras que otros simplemente desaparecen. El padre Gabriel, quien resulta ser central en la historia, se adentra en las profundidades de la selva con tan solo su oboe. En cada caso, las personas que contribuyeron para marcar la diferencia en las vidas de los indígenas se vuelven vulnerables. Más adelante en la película, entran líderes con estrategias equivocadas que arruinan la reputación de la iglesia y destruyen el trabajo de las misiones con armas y decretos. La diferencia entre la iglesia como un movimiento espiritual humilde y la iglesia como una institución mundial dominante es sorprendente y devastadora.

Los tiempos han cambiado desde las circunstancias históricas representadas en esa película, pero la naturaleza del evangelio no ha cambiado. Dios no nos ha enviado al mundo para ser sabelotodos, santurrones, fanfarrones que siempre creen tener la razón, sino que fuimos enviados con vulnerabilidad. Su comisión para los setenta y dos seguidores (o setenta en otras versiones) enfatizó la simplicidad: sin bolso, sin zapatos extras, sin distracciones en el camino. Esas instrucciones tomarían un tono diferente más tarde (ver Lucas 22:35-37), pero al principio se basaron en el carácter esencial del evangelio y en la humildad de sus partidarios. Las ovejas salieron en medio de los lobos sin recurrir a nada ni a nadie más que a la voluntad de su Maestro.

Lo mismo sucede, aunque poseamos dinero, zapatos y muchas amistades. Seguimos sin depender de nada; no podemos confiar por completo en ninguna persona ni en nada más, solamente en Jesús. Solo él puede marcar la diferencia en la vida de las personas; lo demás es extra. La actitud que demostramos es mucho más importante que las palabras específicas que declaramos. Somos llamados a iniciar conversaciones, no a ser dictadores; a servir a las personas, no a luchar contra ellas. Nuestro deber es apelar al corazón humano, no condenarlo. En tu misión personal en este mundo, deja de lado toda la manipulación, todas las trampas de la influencia terrenal y vive el evangelio. Eso y solo eso puede cambiar vidas.

Señor, la naturaleza humana complica las situaciones y vivimos en tiempos difíciles. Llévame siempre de vuelta a la simplicidad del evangelio y a la vulnerabilidad de tus caminos. Guíame en la humildad, la compasión y el servicio. Que no tenga otra agenda más que personificar tu verdadera naturaleza. Amén.

7 DE SEPTIEMBRE

Lucas 11:9-10

Sigue pidiendo

Así que les digo, sigan pidiendo y recibirán lo que piden; sigan buscando y encontrarán; sigan llamando, y la puerta se les abrirá. (Lucas 11:9)

Jesús enfatizó la persistencia. Exhortó a sus seguidores a pedir una y otra vez. Les dio el ejemplo de un amigo molesto a medianoche (Lucas 11:5-8) y el de una tenaz viuda que no se quedó callada (Lucas 18:1-8). En varias ocasiones, Jesús prometió a sus discípulos que, si estaban con él en identidad y propósito, podrían pedir cualquier cosa y se les cumpliría (Juan 14:13-14; 15:7,16; 16:23-24). Sus repetidas promesas se presentan como una súplica para colmar al Padre de peticiones. Jesús parece enseñarles que las obras de Dios en este mundo dependían de la disposición de ellos para pedir la ayuda del Señor y así cumplir su misión.

Estas promesas no han expirado; cada uno de nosotros está con Dios, de pie entre el cielo y la tierra para pedir su provisión para un mundo necesitado. Él dio a los primeros seres humanos el dominio sobre el mundo, pero lo perdieron (o al menos, perdieron su versión saludable) y Jesús lo recuperó. Ahora, entrega las llaves del reino a sus seguidores, con promesas continuas de responder a sus oraciones. Por alguna razón, Dios ha dispuesto que su obra en este mundo se cumpla a través de la intervención humana. Cuando no se pudo encontrar a ningún humano digno, Dios se vistió de carne para reinstituir el llamado (Isaías 59:16; 63:5). Cumplió con el rol para el que fuimos creados originalmente, luego nos entregó las llaves para continuar con su cumplimiento. Además, insistió en que pidamos una y otra vez.

Aprovecha esta invitación abierta. Muchas personas oran por un día o dos, incluso por un mes o dos y luego se rinden porque no ven señales de su respuesta. Mientras tanto, los que plantan la semilla de la oración de manera persistente ven sus frutos meses, años, incluso décadas más adelante. Eso sucede porque la oración es un estilo de vida, no una transacción desde una ventanilla de servicio ni un cajero automático. Es relacional, conversacional y duradero. Los que persisten verán su reino venir y se convierten en agentes de la provisión de Dios en este mundo.

Padre, no permitas que me canse de las obras ni de las oraciones que te presento. Alinea mi corazón con tus propósitos y recompensa mi persistencia con frutos. Que tu reino venga hoy, mañana y siempre. Amén.

Inmersión dual

Así que Jesús muchas veces se alejaba al desierto para orar. (Lucas 5:16)

El movimiento monástico cristiano parece haber comenzado alrededor del año 200 en los desiertos de Egipto, donde los ermitaños y los ascetas se retiraron del mundo para acercarse a Dios. Superficialmente, este impulso monástico parecía un desapego de las influencias sociales, aunque los monjes crearon nuevas comunidades de fe y con frecuencia se dedicaban a orar por el mundo que dejaron detrás. Querían estar solos con el Padre, algunas veces por el resto de sus vidas.

A través de la historia, la mayoría de los cristianos han entendido que están «en el mundo», pero no son «del mundo», ciudadanos del cielo que continúan su vida y obran dentro del contexto de la sociedad dominante. Además, es cierto que la gran mayoría de los creyentes son llamados a servir a Dios, entre otras cosas, en las rutinas y las estructuras de la vida diaria. Normalmente, no nos apartamos del mundo para siempre, pero muchos nos alejamos mentalmente; retirados en nuestras propias comunidades de fe, organizados en un mundo paralelo que funciona junto a la sociedad «secular», con nuestras propias escuelas, negocios y organizaciones. Nos cuesta encontrar el equilibrio entre estar a solas con Dios, tener comunión con otros creyentes e influir en el mundo no cristiano. Desconocemos cuánto debemos estar «en el mundo» y cuánto debemos evitar, diligentemente, ser «del mundo».

Como siempre, la vida de Jesús es nuestro ejemplo. A menudo, se retiraba a lugares aislados para estar a solas con el Padre, pero luego volvía a las variadas actividades cotidianas para atender a las necesidades de la sociedad. Eso hacen los sacerdotes cuando representan a la humanidad ante Dios y a Dios ante la humanidad. Encontramos fortaleza en la presencia del Padre, pero también reconocemos nuestro deber de llevar la presencia de Dios al mundo.

Si luchas con cuánto participar en el mundo que te rodea (qué adoptar, a qué renunciar y en qué comprometerte profundamente), deja que Jesús te guie. Llénate de la presencia del Padre, luego pasa tiempo en la presencia de los demás. En ocasiones, retírate, pero siempre prepárate para volver a entrar. Como un puente entre dos reinos, necesitas sumergirte en ambos.

Señor, enséñame a estar a solas contigo y a vivir junto a ti en este mundo. Permite que mi familiaridad con el reino espiritual influya completamente en mi vida en el reino material. Amén.

9 DE SEPTIEMBRE

Mateo 6:16-18

Autenticidad espiritual

Cuando ayunes, que no sea evidente, porque así hacen los hipócritas; pues tratan de tener una apariencia miserable y andan desarreglados para que la gente los admire por sus ayunos. (Mateo 6:16)

JUAN DE LICÓPOLIS, uno de los primeros «padres del desierto» que se retiró a la vida monástica en el desierto egipcio alrededor del año 300, solía advertir a los visitantes del monasterio sobre el orgullo espiritual de imitar las virtudes de un monje. Probablemente conocía por experiencia propia los peligros de atribuirse los méritos de comportamientos correctos que parecen impresionantes desde su exterior, pero que en realidad solo cumplen con su papel por un tiempo. Por un lado, los monjes y sus seguidores enfrentaron la tentación de abandonar sus votos de austeridad y, por otro, enfrentaron la tentación de esforzarse demasiado para mantenerlos. Un enfoque en el esfuerzo personal crea una situación sin salida: el éxito lleva al orgullo; la derrota a la vergüenza; de cualquier manera, la carne es responsable.

Las personas que no son cristianas tienen poca dificultad para discernir las hipocresías del orgullo espiritual, así como de la humildad fingida. Muchos sospechan que actuamos, que alimentamos nuestro ego y que nos esforzamos por impresionar. Una espiritualidad basada en el esfuerzo es una religión superficial, desprovista del poder del evangelio de la gracia. Pone toda la atención en nosotros mismos, en la superación personal, la justicia personal, la autodisciplina, mas no en Cristo. Pierde el enfoque de ser un pecador salvado por gracia, redimido por el poder de Dios y restaurado por su Espíritu. Su meta es impresionar y casi siempre falla.

Nunca pienses en impresionar a alguien con tu espiritualidad, ni siquiera estés consciente de la impresión que causas. Parte de ese pensamiento proviene de las buenas intenciones, pero es una forma de no depender de Dios. La fuerza de tu testimonio proviene de ser quién eres, empoderado más allá de tus propios medios, perdonado aun cuando te has equivocado, confiado en la obra de Dios dentro ti. La autenticidad deja una impresión que nunca puede ser orquestada por el ingenio humano. Más que eso, le da a Dios la oportunidad de mostrar lo que hace en tu vida. Como cristiano, tu testimonio depende de Cristo y solo de él.

Jesús, quiero que te glorifiques en mis fracasos, que seas honrado en mis éxitos y que sobresalgas en todo lo que hago. Llévame a una vida de dependencia para que recibas el crédito por mi discipulado. Guíame a relaciones, lugares y situaciones que demuestren quién eres en mi vida. Amén.

Santiago 1:2-4

Alegría en cada temporada

Amados hermanos, cuando tengan que enfrentar cualquier tipo de problemas, considérenlo como un tiempo para alegrarse mucho. (Santiago 1:2)

Muchos de los padres del desierto se disciplinaron con dureza, se sometieron a una austeridad severa para enfocarse en los asuntos del Espíritu. Es probable que tal privación produjera actitudes frías y sombrías y tal vez fue así para algunos. Pero la mayoría enfatizó la alegría, con hincapié en la importancia del gozo de la vida cristiana. Un monje llamado Apolo consideraba que el desánimo era la suerte de los paganos y la felicidad era un deber cristiano. Él y otros tenían un sentido de responsabilidad para difundir vida y esperanza, para encontrar un motivo de gozo en cada situación y para abrigar al mundo con su alegría. Ellos comprendieron la importancia de la actitud.

Hoy, muchas personas piensan que son víctimas de sus propias actitudes, como si sus pensamientos no dependieran de sí mismos y solo pudieran seguir sus patrones mentales normales. Tanto la Escritura como la experiencia nos enseña lo contrario: podemos elegir la alegría (Santiago 1:2), ordenarle a nuestra alma qué recordar y en qué regocijarnos (Salmos 103:1-2) y decidir por nosotros mismos en qué pensar y en qué no (Filipenses 4:4-8). Una de las razones por las que nos desanimamos o deprimimos tan fácilmente es porque hemos desarrollado fuertes hábitos mentales, patrones de pensamiento que se profundizan cada vez más en nuestros cerebros como el agua que fluye por la ladera de la montaña, que establece riachuelos y senderos difíciles de modificar. Pero estos patrones *pueden* ser cambiados. Como seguidores de Jesús, llamados a pensar en nuevas maneras de influir en nuestro mundo con las verdades del reino, estamos obligados a cambiarlos. Simplemente debemos aprender el poder de la alegría.

Conviértelo en tu prioridad. Tu felicidad y tu alegría no dependen de tus circunstancias, ni siquiera dependen de lo que parece real en tu mente, sino que dependen de las verdades que tu Padre ha declarado y de lo que su Hijo te ha instado a creer. Su Espíritu las hace disponibles justo ahora. Vuelve a entrenar tus pensamientos; date cuenta de la influencia real de tus actitudes y aprovecha las posibilidades de la alegría en cada temporada.

Padre, la alegría es una condición permanente en tu reino, el clima que prevalece, el «pronóstico del tiempo» *de cada «día» en la eternidad. Enséñame a vivir en ella ahora mismo y permite que mis actitudes redimidas y restauradas moldeen a las personas que me rodean para bien. Amén.*

Lucas 6:37-42

Imágenes de gracia

No juzguen a los demás, y no serán juzgados. No condenen a otros, para que no se vuelva en su contra. Perdonen a otros, y ustedes serán perdonados. (Lucas 6:37)

En el libro *The Sayings of the Desert Fathers* [Los dichos de los padres del desierto], un hermano de la comunidad del desierto de Scetis cometió un pecado y el concilio invitó a Moisés el Moro a reunirse para juzgarlo. Entonces Moisés el Moro llenó con agua una jarra que goteaba y la llevó a la asamblea. Cuando los demás le preguntaron qué hacía, les respondió: «Mis pecados gotean detrás de mí y no los veo y hoy he venido a juzgar los errores de otro». Después, el concilio retiró los cargos contra el infractor.[14]

La ilustración visual del padre nos recuerda una importante verdad bíblica que se repite a lo largo de los Evangelios y de las cartas del Nuevo Testamento. Dios no nos ha puesto en la posición de juzgar. Hemos recibido la responsabilidad del discernimiento, pero no es igual que el juicio que tiende a culpar a otros por los mismos pecados que nosotros hemos cometido. Jesús habló con dureza en contra de tal condena, incluso sugirió que no seremos perdonados a menos que aprendamos a perdonar a los demás (Mateo 6:15; 18:35). De alguna manera, nuestras actitudes hacia los que nos rodean están relacionadas con la actitud de Dios hacia nosotros, incluso cuando portamos el nombre de Cristo. Esto debe hacernos reflexionar.

Si Jesús fue tan enfático y trató con tanta seriedad nuestra necesidad de perdonar a los demás, sería sabio que también actuáramos como él en nuestros juicios. Hemos sido llamados a una comunidad de gracia, no para ignorar los problemas reales, sino para traer misericordia en medio de ellos. Nuestro principal pensamiento en nuestra relación con Dios debe centrarse en la medida en que fuimos perdonados y en lo agradecidos que estamos por su misericordia. Cuando ese es el punto de referencia de nuestra relación con Dios, se convierte en nuestro punto de referencia con los demás. Extendemos a otros la misericordia que hemos recibido y algo de la naturaleza de Dios se hace visible. Nos convertimos en imágenes vivientes de la ilustración que Moisés el Moro dio a sus hermanos.

Jesús, no viniste a condenar sino a perdonar, sanar y restaurar. Aquí mismo invito abiertamente a tu Espíritu a sacudir mi consciencia cada vez que deje que mis juicios se eleven por encima de tu misericordia. Déjame encarnar tu gracia y demostrar tu naturaleza. Amén.

Una voz en el desierto

¡Escuchen! Es la voz de alguien que clama: «¡Abran camino a través del desierto para el SEÑOR! ¡Hagan una carretera derecha a través de la tierra baldía para nuestro Dios!». (Isaías 40:3)

JUAN EL BAUTISTA FUE LLAMADO y ubicado de manera única en la historia para ser una voz en un desierto real que preparó el camino para la venida del Señor. Su ministerio cumplió la profecía de Isaías, al menos para la primera venida de Cristo a la tierra. Sin embargo, el abad del siglo XII, Bernardo de Claraval, célebremente declaró que Cristo tiene tres tipos de venidas: su encarnación, cuando nació en Belén; su regreso a la culminación de la época y, en medio de ambas, una entrada más oculta en el espíritu humano por la fe. Esa venida sucede una y otra vez a medida que cada corazón se arrepiente y lo declara su Salvador.

¿De quiénes son las voces que preparan el camino para esas venidas intermedias? Son nuestras. Todos los creyentes somos llamados a preparar el camino del Señor, a hacer carreteras derechas en las tierras baldías de las sociedades humanas, a rellenar los valles y a allanar los montes para que los corazones puedan encontrarlo en medio de lugares ásperos. Eso significa que tienes un llamado y una unción específicas para hablar en contra de los obstáculos de la fe, para mover montañas y dificultades, para revelar la gloria del Señor a los que la verán. Además, como la voz original en el desierto, es posible que tengas que ir en contra de la corriente de tu cultura para lograrlo.

Hay maneras honorables y respetuosas de hacerlo. Es cierto que el evangelio es una piedra de tropiezo, pero podemos ayudar a las personas a recuperar el equilibrio sin afectar el mensaje. Debemos abrir el camino, enderezar la carretera, destacar la belleza de la misericordia de Dios e incluso demostrarla en nuestra propia vida. Debemos evitar las ofensas innecesarias y derramar la bondad de Dios sobre los que no la merecen, así como lo hizo con nosotros. Cuando lo hacemos, fluyen corrientes de agua viva a través de los desiertos ásperos de este mundo, los caminos se vuelven rectos y transparentes y los corazones se abren al reino de Dios. El mismo Jesús que vino y que prometió volver algún día vendrá una y otra vez a través de nosotros a las vidas de los que nos rodean.

Jesús, ¿cómo puedo preparar el camino para ti hoy? ¿Cómo puedo preparar los corazones para reconciliarse contigo? ¿Cómo puedo demostrar tus misericordias? Muéstramelo. Dame oportunidades y convierte mi voz en una corriente y un camino que conduzcan a la vida. Amén.

13 DE SEPTIEMBRE

Génesis 39:2-6

Un tiempo de favor

El Señor *estaba con José, por eso tenía éxito en todo mientras servía en la casa de su amo egipcio.* (Génesis 39:2)

El favor de Dios estaba en las vidas de José y Daniel (Daniel 1:9,17-20). Hasta Jesús creció en sabiduría, estatura y favor ante los ojos de Dios y de las personas que lo rodeaban (Lucas 2:52). Esta bendición intangible, el afecto y el respaldo de los demás, es difícil de describir, pero fácil de ver. Abre puertas de oportunidad, conmueve amistades y da buenos resultados. Es una señal de que Dios está con alguien para darle una ventaja inusual en las circunstancias de su vida.

¿Cómo te ganas ese favor? De acuerdo con los ejemplos en las Escrituras, le llega a los que caminan, de manera fiel, en la tarea que Dios les ha encomendado. Eso es todo. No significa que todas las personas que caminan fielmente de repente experimentarán extraordinarias bendiciones tangibles; en ocasiones, como José y Daniel, largas temporadas de dificultades y luchas parecen señalar el camino hacia las oportunidades y los frutos por venir. Sin embargo, esas temporadas de oportunidad y fruto sí llegan; el favor las asegura. Una vida fructífera no queda sin recompensa, ya sea en este tiempo o en el venidero.

Jesús declaró que su ministerio era una inauguración de un tiempo de favor (Lucas 4:19). Nosotros tenemos la oportunidad de experimentar el favor de Dios. En realidad, ya lo hemos experimentado en Cristo al haber recibido una vida nueva y una parte de su herencia. Esto significa que podemos caminar confiados en que Dios atrae a las personas, las oportunidades y las bendiciones hacia nosotros por el poder del Espíritu en el momento adecuado. Todo lo que debemos hacer es ser administradores fieles.

Busca el favor de Dios. No cometas el error de interpretarlo estrictamente en términos de salud y riqueza (aunque él sana y provee) ni de asumir que cualquier dificultad significa que te has alejado de la voluntad de Dios. Los ejemplos bíblicos no apoyan estos puntos de vista, pero sí apoyan la promesa de que Dios brinda las oportunidades y da frutos a los que lo aman y lo sirven humilde y fielmente. Haz eso y espera su favor hoy. Las puertas se abrirán, los avances llegarán y Dios hará que tus caminos sean rectos y verdaderos.

Señor, dame el favor que le mostraste a José, a Daniel y a muchos otros. En Cristo, recibo la promesa de un tiempo de favor y de la aprobación que le otorgaste a Él. Abre las puertas y aumenta mis frutos para tu gloria. Amén.

Un llamado universal

Por lo tanto, hermanos, escojan a siete hombres que sean muy respetados, que estén llenos del Espíritu y de sabiduría. A ellos les daremos esa responsabilidad. Entonces nosotros, los apóstoles, podremos dedicar nuestro tiempo a la oración y a enseñar la palabra. (Hechos 6:34)

DESDE LOS TIEMPOS de la iglesia primitiva, muchos cristianos han asumido que los que tienen un profundo deseo de servir en el reino de Dios deben ir a la obra de la iglesia. De alguna manera, tenemos la impresión de que el «ministerio» y las «vocaciones seculares» son dos diferentes esferas de influencia. Siempre hubo excepciones, personas que entienden la diversidad del llamado de Dios y los tipos de ministerio que tienen lugar en todas las áreas de la sociedad, pero la mayoría de las personas con un llamado se han sentido alentadas a seguir un ministerio vocacional de tiempo completo. Nos hemos perdido la plenitud de la comisión de Jesús.

Pedro no necesariamente estaba equivocado al insistir que los apóstoles debían predicar en lugar de servir a las viudas (los creyentes desempeñan diferentes roles) pero es gratificante (y algo divertido) que los próximos capítulos de Hechos estén llenos de las hazañas de los hombres que fueron asignados para servir las mesas. Aparentemente, Felipe y Esteban no llevaban dentro un Espíritu menor al de Pedro y Juan. Nosotros ya hemos explorado la importancia de llevar el mismo Espíritu a las empresas, las escuelas, los gobiernos, las tiendas, los medios de comunicación y más. Estos ministerios informales son vitales para llegar al mundo, tal vez mucho más importantes que ciertas posiciones dentro de la iglesia. Pueden ser menos explícitos, pero están ubicados de manera más estratégica. Llevan el carácter y el poder del evangelio a las personas que probablemente no entrarán a una iglesia para ver la obra de Dios.

No descartes la importancia de los ministerios seculares, incluso de los encubiertos. Aprende a verte como el pastor de un grupo de personas, aunque es posible que nunca te llamen «pastor». Ayuda a aprender a los que te rodean, incluso si no eres un maestro. Anima a los demás con la voz de Dios, aunque reconoce que tal vez nunca serás considerado un profeta. Cada seguidor de Jesús es un ministro de su mensaje y un portador de su reino. Aprovecha al máximo tus oportunidades para llevar el Espíritu y su sabiduría a este mundo.

Espíritu Santo, eres el autor del ministerio y eres extremadamente creativo en tu forma de llevarlo a cabo. Úsame donde quieras, de manera visible o encubierta, siempre que sea necesario. ¿Puedo llevar tu carácter, tu mensaje y tu reino a dondequiera que vaya? Amén.

15 DE SEPTIEMBRE

Deuteronomio 28:11-14

Cabezas y no colas

Si escuchas los mandatos del SEÑOR *tu Dios que te entrego hoy y los obedeces cuidadosamente, el* SEÑOR *te pondrá a la cabeza y no en la cola, y siempre estarás en la cima, nunca por debajo.* (Deuteronomio 28:13)

DIOS LE HIZO UNA PROMESA a su pueblo mientras se preparaba para entrar a la tierra prometida. Les manifestó que, si permanecían fieles a él y seguían sus instrucciones, les daría éxito en todo lo que hicieran. Serían acreedores, no deudores; vencedores, no vencidos; cabezas, no colas. Era una promesa de la que solemos distanciarnos, temerosos de comparar al evangelio con un estilo de vida saludable y rico, más enfocado en las bendiciones de Dios que en él mismo. No queremos distorsionar el mensaje de Jesús.

Es cierto que Jesús nos dio un pacto renovado y que esta promesa se entregó durante el antiguo pacto. El pueblo de Dios nunca estuvo a la altura de los estándares de la ley; la naturaleza humana siempre se queda corta. Aun así, hay algo del corazón de Dios en esta promesa, un deseo de que su pueblo sea bendecido, de que prospere (según su definición de prosperidad), de que experimente la plenitud de su reino a más no poder, incluso en estos tiempos. Y, mientras que la naturaleza humana se queda corta, Jesús no. Él cumple el pacto en nuestro lugar. Podemos entrar en el reino de una manera real y significativa justo ahora que está por llegar. Podemos experimentar la plenitud que Dios quiere para nosotros.

No quiere decir que nunca tendremos problemas o enfrentaremos dificultades, ni que nunca tropezaremos y caeremos; sin embargo, en realidad significa que nunca seremos verdaderamente derrotados y que no debemos vivir con una mentalidad derrotista. En estos tiempos, debemos solucionar problemas, cambiar culturas, ser líderes e innovadores, ser cabezas y no colas. Estamos aquí para recibir las bendiciones de Dios y para compartirlas extraordinariamente como heraldos del reino venidero. Cuando vivimos con esa perspectiva, emanamos vida y ofrecemos transformación, lo que las personas que nos rodean necesitan desesperadamente. Ingresamos a los deseos de Dios para su pueblo.

Padre, sé que experimentamos pruebas y tribulaciones en este mundo. Sin embargo, tú nos prometes el poder para vencer. Nos levantamos para liderar y para bendecir. Que hoy lo haga bien y que influya a muchos para tu reino. Amén.

Sabiduría en las palabras

Y ahora, oh Señor, escucha sus amenazas y danos a nosotros, tus siervos, mucho valor al predicar tu palabra. (Hechos 4:29)

Pedro y Juan llamaron la atención de las autoridades y fueron amenazados con otro encarcelamiento. Pero, en lugar de encogerse de miedo o de esconderse con su mensaje, ellos y otros creyentes en Jerusalén oraron por más valentía. Pidieron más de los acontecimientos que los habían metido en problemas, las señales y maravillas que inevitablemente atraen a las multitudes. Vivían en un momento de avance y lo sabían.

No mucho antes, Jesús les instó a ser sabios como serpientes en sus palabras y conducta, a tener cuidado al ser ovejas en medio de lobos (Mateo 10:16; Lucas 10:3). Sin embargo, estos discípulos comprendieron la temporada y no quisieron apagar las obras milagrosas del Espíritu Santo entre ellos. Habría momentos en el futuro cuando se podría dar una respuesta respetuosa de la razón de su esperanza (1 Pedro 3:15-16). Sin embargo, ese no era el momento. El Espíritu levantaba olas y alteraba el orden establecido. Pedro y Juan querían ser parte de su obra.

Precisarás usar esa misma sabiduría cuando demuestres el poder de Dios dentro de ti. Habrá momentos cuando necesites valentía porque es tiempo de levantar olas y alterar el orden establecido. Habrá otros momentos cuando un testimonio algo encubierto sea más efectivo, cuando construyas relaciones y dejes que tu vida hable con el tiempo, cuando agregues palabras en el momento adecuado. Mientras que muchos cristianos se equivocan de una manera u otra (al hablar mucho cuando se necesita sutileza o con tanta prudencia que el mensaje queda sin compartirse), somos llamados a discernir los momentos, entrar en ellos con sabiduría y seguir la dirección del Espíritu.

Aprende a seguir la corriente. Ajusta tu estilo de vida al avance del Espíritu. No solo compartas un mensaje evangelístico sin ser sensible a las necesidades o abierto hacia los que te rodean. Vive un mensaje del reino e incluye palabras cuando sean oportunas. Sé audaz… y sutil… y siempre conéctate con Dios.

Espíritu Santo, dame gran discernimiento para cada momento. Lléname de audacia o de tacto cuando sea necesario y dame perspicacia siempre. Permíteme moverme contigo. Amén.

17 DE SEPTIEMBRE

Colosenses 3:22-25

Conocidos por la excelencia

Y todo lo que hagáis, hacedlo de corazón, como para el Señor y no para los hombres. (Colosenses 3:23, LBLA)

SI QUIERES SER SAL Y LUZ en este mundo de acuerdo con la promesa de Jesús (Mateo 5:13-16), deberás ser de superior calidad a lo que las personas están acostumbradas a ver. Contrario a las apariencias que la cristiandad ha presentado ocasionalmente en la historia reciente, no eres llamado a la mediocridad. Eres llamado a la excelencia. Aunque Dios nos dé gracia abundante en todas las áreas de nuestra vida, esto no es un pretexto para hacer un trabajo mediocre y sin brillo. Si alguien debe ser reconocido por crear y lograr cosas excelentes, debería ser aquel que ha sido restaurado a la imagen de Dios.

Pablo expresó este pensamiento en un pasaje escrito a los esclavos, difícilmente el contexto que la mayoría de nosotros quisiera aplicar a nuestra vida. Sin embargo, dentro de estas instrucciones hay un principio invaluable: todos somos siervos de Dios. Como un buen Padre, él nos abraza y nos anima incluso cuando vacilamos y tropezamos en nuestros esfuerzos. Como buenos hijos, nuestro deseo debe ser entregarle lo mejor. Su reino está marcado por la excelencia; debemos ser pioneros en establecer la calidad y de la integridad en este mundo.

Es probable que estés buscando una determinada posición o una audiencia que te sirvan de plataforma en tu influencia para el reino de Dios, pero la excelencia en la posición o en la audiencia que ya tienes es una plataforma aún mejor. Aunque desees esforzarte más para tus supervisores o clientes, tu servicio para ellos es secundario. En realidad, estás sirviendo al Señor. La calidad de tu trabajo le da credibilidad a tu testimonio y a tu identidad. Cuando pules tus dones naturales para conseguir su máximo brillo y le pides a Dios que les agregue su favor sobrenatural, las cosas suceden. Las personas se dan cuenta y te conviertes en la sal y la luz que no solo testifica del cielo, sino que también es valiosa para este mundo.

Padre, conviérteme en un siervo creíble. Muéstrame cómo maximizar los dones y los talentos que me has dado. Energízame para perfeccionarlos continuamente ante los ojos de los demás y para servirte bien con ellos. Atrae la atención de este mundo hacia la excelencia de tu reino en mí. Amén.

Isaías 30:19-26

Posicionado para hoy

Tus oídos lo escucharán. Detrás de ti, una voz dirá: «Este es el camino por el que debes ir», ya sea a la derecha o a la izquierda. (Isaías 30:21)

Desde los primeros días de la historia de salvación que comenzó con Abraham, Dios ha llamado a su pueblo a situaciones desconocidas y en contra de desafíos abrumadores. En realidad, nunca se lo ha conocido por entregar tareas «factibles»; él es mejor conocido por designar tareas que van más allá de los alcances de la capacidad humana. Ya sea cruzar mares profundos a pie, apoderarse de ciudades amuralladas, enfrentarse a gigantes intimidantes o cambiar al mundo a través de un puñado de personas, el camino casi nunca está libre para los que tienen que transitarlo. Sin embargo, todo lo que Dios le pide a su pueblo es que avance con fe, que dé el siguiente paso.

En cierta manera, eso es un gran alivio. No tenemos que resolver todo el viaje ni tenemos que crear una estrategia global para ser el tipo de sal y luz que transforma el mundo en esta generación. Simplemente necesitamos salir y ser la sal y la luz para dar el siguiente paso que nos designa. Aun así, anhelamos un plan; nos sentimos inseguros si no tenemos uno. No solo queremos conocer el siguiente paso sino también hacia dónde nos llevará. Queremos crear una estrategia que va más allá del futuro que Dios nos permite ver.

Acostúmbrate a la sensación de inseguridad. Es cierto que, en las manos de Dios, no estamos inseguros en lo absoluto: él sabe exactamente hacia dónde vamos. Pero la vida de fe se trata de colocarnos en los propósitos de Dios y luego confiar en que él provea las oportunidades. Debemos aprender a darle el espacio para obrar y sintonizar nuestros oídos con las direcciones específicas que nos da. Cuando lo hacemos, nos guía hacia los gigantes del pasado que solían ser intimidantes, sobre las murallas que solían ser insuperables, a través de los mares que parecían ser intransitables y hacia una cultura que solía resistirnos. Él nos hará brillar de maneras que nunca podríamos haber descubierto por nuestra cuenta.

Señor, guíame de maneras que traigan vida, esperanza y paz a los que me rodean. Por mucho que quiera un plan para toda la vida, muéstrame la manera de ubicarme en el presente. Te confío el mañana. Úsame bien. Amén.

1 Samuel 17:12-23

Las bisagras de la historia

Así que temprano a la mañana siguiente, David dejó las ovejas al cuidado de otro pastor y salió con los regalos, como Isaí le había indicado. Llegó al campamento justo cuando el ejército de Israel salía al campo de batalla dando gritos de guerra. (1 Samuel 17:20)

El padre de David le pidió que llevara pan a sus hermanos al frente de batalla. El ejército de Israel estaba en guerra con los filisteos; un colosal hombre, alto y poderoso, se burlaba de los israelitas y los desafiaba a un duelo que asumió que no aceptarían. La misión de David era simple: entregar comida. Sin embargo, su simple acto de obediencia lo llevó a un momento de crisis que cambió el curso de su propia vida y la guerra de Israel. Se abrieron enormes puertas porque David llevó a cabo su misión.

En general, así funcionan las grandes puertas de la oportunidad. En raras ocasiones las encuentras cuando sales a buscarlas; se abren cuando cumples fielmente tus responsabilidades normales. Demasiadas personas tratan de hacer que las cosas sucedan con la esperanza de abrirse paso hacia el centro de la voluntad de Dios. Sin embargo, ese centro es la fidelidad diaria, el servicio aquí y ahora. Está bien anticipar cosas grandes, pero es posible que no puedas hacerlas suceder. A menudo, las puertas de la historia penden de pequeñas bisagras y, si eres observador, notarás cuando esto sucede. Incluso si no lo observas, Dios te llevará a ellas cuando sea el momento adecuado. Ese momento preciso suele ser un tiempo de crisis, tal como lo fue para los guerreros de Israel cuando llegó David.

No temas a los tiempos de crisis del reino de Dios. Muchos cristianos oran para evitarlos, pero los más sabios oran para estar listos para sobrellevarlos cuando lleguen. Así como los creyentes de Hechos oraron por valentía cuando fueron amenazados y el Espíritu Santo sacudió su entorno, así como la visita de Pablo a Roma se produjo en medio de la controversia y un encarcelamiento injusto, así como hoy muchos creyentes son lanzados a citas divinas que al principio parecen bastante aterradoras, tus circunstancias maximizarán tu testimonio y tus frutos si tan solo eres fiel hoy, mañana y siempre. Sueña en grande, pero no tengas miedo de trabajar en las pequeñas tareas. Se abren puertas enormes para esos siervos.

Señor, prepárame para las oportunidades divinas, los momentos críticos de servicio y las puertas que se abren de repente. Abre mis ojos a su significado en lo mundano. Usa mi fidelidad hoy para grandes cosas mañana. Amén.

Leones y corderos

Pero después de que sus hermanos se fueron al festival, Jesús también fue, aunque en secreto, y se quedó fuera de la vista del público [...]. El último día del festival, el más importante, Jesús se puso de pie y gritó a la multitud [...]. (Juan 7:10, 37)

Jesús sabía cómo hacer una entrada dramática. Hubo momentos cuando se levantó frente a la multitud y gritó, instantes cuando desafió las expectativas de todos los que lo rodeaban y ocasiones en que las personas que buscaban su ayuda hicieron una escena y avergonzaron a los discípulos (con su aprobación). No hay evidencia de timidez en su ministerio, pero también conocía el corazón de los seres humanos, medía sus respuestas y planificaba sus momentos de influencia de manera estratégica. Supo cómo, gentilmente, abrirse paso al corazón de una samaritana en un pozo y cómo distinguir a Zaqueo en medio una multitud. Supo cuándo predicar un mensaje duro con un matiz profético y cuándo un mensaje suave radiante de gracia. Él era y es un experto en la gestión de oportunidades.

Esa es nuestra vocación también. Lo hemos visto identificar a los discípulos como corderos entre lobos y cómo después vivieron su misión en tiempos difíciles. En nuestro deseo de influir en nuestro mundo para el reino de Dios, realmente necesitamos hacer solo dos preguntas en cada situación: 1) *¿Cómo me está guiando Dios en este momento?* Y, en la ausencia de instrucciones específicas: 2) *¿Qué método será más efectivo?* Podríamos descubrir que algunas situaciones requieren un método similar al de un cordero, una demostración del compasivo corazón de Dios; otras necesitan algo parecido a la entrada de un león, una demostración de su celo justo. Ambos son válidos; ninguno es siempre correcto o incorrecto. Nuestro Dios tiene muchas facetas complementarias a su carácter y una variedad de formas de llegar a multitudes de personas. Tenemos que aprender a representarlo de maneras diversas.

Si eres un león por naturaleza, acostúmbrate a los hábitos de los corderos. Si eres un cordero por naturaleza, abraza tu león interior. La mitad de tu llamado es conocer cuál es tu propósito; la otra mitad es conocer cómo llevarlo a cabo. Aprende del León de Judá y del Cordero de Dios y lleva las dos naturalezas dentro de ti.

Jesús, quiero ser como tú; quiero rugir y susurrar y hacer solamente lo que veo hacer al Padre, tal como afirmaste tú. Vísteme de tu naturaleza en cada temporada. Amén.

21 DE SEPTIEMBRE

1 Corintios 14:1-4

Se trata del amor

¡Que el amor sea su meta más alta! (1 Corintios 14:1)

Cuando el cristianismo entró al siglo II, los creyentes se encontraron en una posición diferente a la de antes. Por supuesto que las esporádicas persecuciones locales que marcaron las primeras generaciones de la fe continuarían y desde luego que el estatus minoritario de los cristianos permanecería en los años venideros. Sin embargo, con el tiempo los creyentes se convirtieron en una minoría mucho más significativa. Cuando alguna vez fueron vistos como extrañas anomalías, ahora eran vistos como una congregación atractiva. La comunidad de creyentes crecía cada vez más.

¿Qué impulsó su crecimiento? Las respuestas que, en ocasiones, nos vienen a la mente incluyen la valentía, la fe, el poder de la oración, la disposición para sufrir sin retractarse de sus creencias y más. Sin embargo, los antiguos testigos dan fe de una posesión más importante que atraía a las personas a la iglesia: el amor. Los cristianos eran conocidos por ministrar a los enfermos cuando los demás huían de una enfermedad infecciosa, por mostrar afecto mutuo incluso cuando no estaban de acuerdo, por aceptar a los marginados y por amar a los rechazados. Es cierto que el amor era conocido en todas las sociedades, pero no era tan valorado en la sociedad grecorromana como lo era en las comunidades cristianas. El amor, al menos en ocasiones y en algunos lugares, comenzaba a parecer una forma de vida nueva y auténtica.

Si eres observador, puedes darte cuenta de un fenómeno en tu vida y tu cultura. Las personas que buscan celosamente los dones del Espíritu y la visión de Dios, pero que carecen de un corazón que ama, tienden a sentirse frustrados (incluso cuando llegan a ocupar posiciones importantes en la iglesia). Sin embargo, aquellos cuyas oraciones son motivadas por el amor, cuyo servicio está impulsado por el amor y cuyas vidas están saturadas de amor, experimentan un poder y un crecimiento inusuales. Más que eso, atraen a los demás hacia ellos porque Dios multiplica los frutos cuando el amor está de por medio. Pero cuando no hay amor… no lo hace, al menos no tan a menudo.

Haz del amor tu máxima prioridad, más que ganar personas para Cristo, más que convencer a los demás de tus puntos de vista, más que ejercer los dones espirituales más poderosos. Establece el curso de tu vida mediante el amor divino y observa cómo florece tu vida de maneras que nunca imaginaste. Los milagros de fe y de poder vienen a través de los que aman.

Jesús, enfatizaste el amor a tus seguidores y hemos fallado al ideal con demasiada frecuencia. Llévame de vuelta a él; establéceme en este principio. Permite que mi vida se desborde con el poder de tu amor. Amén.

1 Corintios 14:1-4

La voz de Dios

Pero también deberían desear las capacidades especiales que da el Espíritu, sobre todo la capacidad de profetizar. (1 Corintios 14:1)

Es probable que algunos líderes de los primeros cristianos hayan afirmado profetizar. Fácilmente, podemos imaginar que los apóstoles y los escritores de los textos sagrados asumieron ese papel, pero esa afirmación suena terriblemente presuntuosa para el resto de nosotros. Nuestra humildad puede obligarnos a cuestionarnos sobre nosotros mismos: *¿Quién soy yo para hablar por Dios?* Nuestros juicios podrían obligarnos a cuestionar con más rigor a los demás: *¿Quién eres tú para hablar por Dios?* Ya sea que nos cuestionemos a nosotros mismos o a los demás, este papel difícilmente encaja, con excepción de un dato incómodo: la Escritura nos asigna esta tarea. Pablo instó a sus lectores (a todos, no solo a unos pocos) a buscar el don de profecía y Pedro exhortó a sus lectores a hablar como si hablaran las palabras de Dios (1 Pedro 4:11). A través de su Palabra, el Espíritu de Dios nos da permiso, incluso la responsabilidad, de expresar sus pensamientos a los que nos rodean.

Sin importar lo emocionante o incómodo que eso nos haga sentir, es perfectamente legítimo. No hay necesidad de ir por ahí repitiendo: «Así dice el Señor…»; en realidad, hay muchas razones para *no* hacerlo. Aun así, eres completamente capaz de revelar el corazón de Dios a las vidas de las personas que te rodean. Es posible que no sepas cómo expresar su voz al pie de la letra; ese no es el punto, ya que en ocasiones se comunica con imágenes e ilustraciones, pero puedes expresar su naturaleza y su ministerio de manera suficientemente clara. Has recibido su Espíritu y su revelación por una razón.

Usa estos dones sabiamente; eres falible y siempre tienes la probabilidad de equivocarte. A lo largo de la historia, los cristianos han aterrizado en el lado equivocado de las guerras culturales y los debates polémicos. Sin embargo, también tienes el potencial de estar en lo correcto, de buscar la mente de Cristo, de sincronizarte con el latido del corazón de Dios, de recibir la sabiduría de lo alto. En ocasiones, serás la única persona en la habitación con acceso a la perspectiva del cielo. Exprésala con humildad, pero con confianza. Bendice tu mundo con destellos de las verdades del reino.

Señor, quiero ser conocido por caminar en sabiduría para que los demás busquen mi consejo piadoso. Dame una audiencia para expresar lo que tienes en mente y la credibilidad para ser recibido. Permite que mis palabras se desborden con el aliento y el consuelo de tu corazón. Amén.

23 DE SEPTIEMBRE

Marcos 11:22-25

Corazones indivisibles

Les digo la verdad, ustedes pueden decir a esta montaña: «Levántate y échate al mar», y sucederá; pero deben creer de verdad que ocurrirá y no tener ninguna duda en el corazón. (Marcos 11:23)

«Y NO TENER NINGUNA DUDA EN EL CORAZÓN». Ese es nuestro punto débil, ¿verdad? Nos emocionamos e inspiramos por las extraordinarias promesas de nuestras oraciones de fe. Nos brindan visiones de montañas que se mueven en respuesta a una fe del tamaño de una semilla de mostaza. Y es verdad; la fe es en realidad la moneda del reino de Dios. Así recibimos todo lo que él nos ofrece, ya sea la salvación, el crecimiento o la respuesta a nuestra oración. Sin embargo, cuando se trata de los aspectos que más deseamos, lo que anhelamos profundamente y le pedimos a Dios, a menudo no se hacen realidad. Algo en nuestros corazones cuestiona si es demasiado bueno para ser cierto o nos condena por pedir más de lo que necesitamos. Además, mientras más experimentamos los deseos incumplidos, más tendemos a pedir con incertidumbre. Nuestra fe, la moneda del reino, se vuelve más pequeña que una semilla de mostaza.

Desde luego que el tamaño no es el problema. La pureza sí lo es: la fe que no tiene dudas, miedos ni ansiedades y que confía en las afirmaciones sencillas que provienen de una vida cristiana normal. Si alguna vez vamos a influir en nuestro mundo temporal con la verdad eterna y a participar en el auténtico crecimiento del reino de Dios, tendremos que saber cómo ejercer la fe. Cuando creemos con certeza, algo sucede en los reinos espirituales. Nuestros deseos y peticiones que se alinean con los de Dios tendrán un poder extraordinario para dar forma a las circunstancias y situaciones que nos rodean. Los corazones íntegros mueven el mundo.

Esta es una gran parte de nuestro llamado, vivir con un corazón íntegro. Todo cambia cuando te asocias con Dios para desarrollar una visión para tu vida y tu lugar en el reino y, cuando te activas y hablas en sincronía con esa visión, las montañas se mueven. Los deseos se cumplen y las bendiciones del reino comienzan a mostrarse a través de ti.

Jesús, quiero manifestar palabras de fe alineadas con la voluntad del Padre y con la convicción que has demostrado. Me has llamado a hacer tus obras, a mover montañas y a ver el crecimiento de tu reino. Enséñame el poder de la fe. Amén.

Expresa honor

Deléitense al honrarse mutuamente. (Romanos 12:10)

Con frecuencia, el comportamiento en las sociedades antiguas se basaba en principios de honor o vergüenza. Esto se observa en gran parte de la retórica en las fuentes medio orientales, griegas y romanas, además de en muchos de los escritos de Pablo. Es la naturaleza humana; tendemos a honrar a las personas por los comportamientos y las actitudes que queremos reforzar y a avergonzarlos por los comportamientos y las actitudes que queremos eliminar. El evangelio interrumpe esa dinámica con gracia, pero a menudo, el corazón humano se aferra a ella de manera predeterminada. También comprendemos cuando la Palabra de Dios nos pide que honremos al Señor porque es digno, que honremos a nuestros padres porque es un mandamiento y que honremos cuando corresponda.

Lo que no comprendemos es la dinámica más radical de expresar honor incluso cuando no tenemos ganas o cuando creemos que no corresponde. Sin embargo, la Escritura nos exhorta a honrarnos los unos a los otros por encima de nosotros mismos, sin considerar si la otra persona es digna o no. Eso se parece a las instrucciones de Jesús de amar a nuestros enemigos y orar por los que nos persiguen. Queremos condiciones, razones, un principio de dignidad donde establecemos. Cuando el evangelio va más lejos al pedir honor más allá de ese fundamento, nos resistimos; no se ajusta a nuestras categorías.

Eso no debería sorprendernos. Dios es un experto en desafiar nuestras categorías. Las personas que han extendido el honor más allá de las expectativas normales (a predecesores que participaron en la construcción de instituciones cristianas de maneras impías, a líderes religiosos rivales cuyas opiniones son sinceras pero alejadas de la verdad de Dios, a gobiernos y a jerarquías que han mantenido la paz incluso al aplicar políticas malas, incluso para los enemigos) han ganado corazones, cambiado mentes y han sido excepcionalmente bendecidos por Dios. ¿Por qué? Porque expresan un valor central de su reino; no basar su honor en el pasado de las personas, sino en su potencial. Observan con ojos de fe y lo expresan concretamente. Esa visión es recompensada por Dios y usada por él para cambiar las relaciones de manera poderosa. Los humildes que manifiestan honor superan a los orgullosos que lo retienen y el reino de Dios aparece de manera creciente.

Padre, ayúdame a crear una cultura de honor a mi alrededor y atrae a otros a ella. Permíteme bendecir libremente sin indicios de prejuicio, vergüenza ni restricciones innecesarias. Que mis palabras guíen a muchos desde un mundo de vergüenza hacia un reino de honor. Amén.

El misterio dentro de ti

A estos Dios se propuso dar a conocer cuál es la gloriosa riqueza de este misterio entre las naciones, que es Cristo en ustedes, la esperanza de gloria. (Colosenses 1:27, NVI)

MUCHAS PERSONAS BUSCAN la presencia de Dios, incluso cuando no son conscientes de ello. Necesitan un toque de él, un consuelo de su amor, un indicio de evidencia de su existencia y de su obra a su favor. Anhelan experimentar su bondad, incluso cuando se preguntan si es bueno o real. Viven con una leve esperanza de que algún día se encontrarán con su Creador.

A menudo, oramos por esas personas, conscientes de que nosotros mismos hemos estado en su lugar. No nos encontramos con Dios por ser ingeniosos o diligentes, sino porque él vino a nosotros; se reveló a sí mismo. Oramos para que los demás lo conozcan, así como nosotros, para que él venga a ellos con un toque fresco o una intervención especial en su vida. Y así lo hará. Sin embargo, mientras le preguntamos a Dios cuándo aparecerá, a menudo nos devuelve la pregunta y nos cuestiona cuándo apareceremos nosotros. ¿Por qué? Porque el misterio de su presencia, el núcleo del mensaje del evangelio es «Cristo en ustedes, la esperanza de gloria».

Cristo está en ti no solo para tus esperanzas de gloria, sino también para las de los demás. Eres un portador de Cristo, un anfitrión de la presencia divina, un templo del Dios viviente. Pablo lo dejó claro en varias ocasiones (1 Corintios 3:16; 6:19; Efesios 2:19-22) y es cierto. Si llevas su presencia con fe y seguridad, las personas sentirán algo diferente cuando estés cerca; el ambiente habrá cambiado, aunque las circunstancias sean las mismas. El amor, la paz, la alegría y la fe saldrán de ti porque son características del reino de Dios y su reino está en ti. Conoce tu potencial y úsalo, nunca con arrogancia, sino con fe y humildad siempre. El misterio de la presencia de Dios se revela a través de los que lo llevan bien.

Señor, me has hecho un gran llamado para llevar tu presencia y no hay nada que pueda hacer para fabricarla. Sé fuerte en mí. Lléname con las glorias de tu reino, la paz de tu presencia, la sabiduría, el poder y el amor de tus caminos. Jesús, sé tú en mí. Amén.

Lleva su naturaleza

Y todos los que tienen esta gran expectativa se mantendrán puros, así como él es puro. (1 Juan 3:3)

CON FRECUENCIA, JUAN HABÍA VISTO a Jesús durante su ministerio terrenal y, en su vejez, escribió una carta para los creyentes que nunca lo habían visto, excepto a través de los ojos de la fe. Les aseguró que somos hijos de Dios amados de manera extraordinaria y que seremos completamente transformados cuando Jesús regrese. Nuestros ojos lo verán como realmente es y eso nos cambiará. Mientras tanto, vivimos con una expectativa entusiasta y un deseo de ser puros, tal como es Jesús. En otras palabras, nuestra visión de Jesús en el futuro tiene el poder de comenzar a transformarnos justo ahora.

Nosotros que personalizamos casi todo, especialmente los que vivimos en culturas extremadamente individualistas, olvidamos las implicaciones más amplias de nuestra propia vida. Sin embargo, el proceso de esta transformación debería hacernos pensar. Si somos cambiados al verlo revelarse tal como es y crecemos a su semejanza, entonces los demás pueden ser cambiados al verlo fielmente *a través de nosotros*.

Puede parecer una afirmación absurda (no somos exactamente como Jesús, a pesar de que nuestra meta sea amoldarnos a su carácter), pero la Escritura nos exhorta a hacerlo de todos modos. Juan mencionó un capítulo antes que «los que dicen que viven en Dios deben vivir como Jesús vivió» (1 Juan 2:6) y un par de capítulos después nos asegura que «vivimos como vivió Jesús en este mundo» (1 Juan 4:17). Eso significa que podemos llevar armonía donde hay conflictos, pureza donde hay deseos descontrolados e integridad donde hay falsedad. No caminamos en el espíritu de este mundo sino en contra de la corriente con el Espíritu de Jesús. Incluso, tenemos el potencial de cambiar la dirección de la corriente.

Que esa sea tu meta. Tienes todo el poder espiritual que necesitas y la autoridad de Jesús que te respalda para que personifiques su naturaleza; llévala a todas partes. Vive tu transformación en entornos que necesitan restauración y, a menudo, verás los cambios.

Señor, no conozco los mecanismos para cambiar al mundo y no puedo encontrar las estrategias, pero puedo encarnar tu naturaleza y vivir en tu poder y eso es suficiente. Confórmame según tu semejanza y atrae a muchos hacia ti. Amén.

27 DE SEPTIEMBRE

Hechos 2:1-6

La influencia de la sal y la luz

El día de Pentecostés, todos los creyentes estaban reunidos en un mismo lugar. (Hechos 2:1)

Tal vez, el primer versículo de Hechos 2 nos invita a pensar en un servicio de adoración íntimo o en una comunidad amorosa de personas con ideas afines. Hay algo reconfortante en la unidad que vemos en esta reunión, pero también hay algo notablemente edificante: todos los creyentes, los únicos seguidores de Jesús que el mundo había conocido, pudieron reunirse en un solo lugar. Quizás, otras personas que siguieron a Jesús por un tiempo se dispersaron por Judea y Galilea, pero este era el centro. El movimiento comenzaría aquí y no fue del todo un gran comienzo.

Esa es la naturaleza de la sal y la luz. Una pizca de sal puede sazonar una comida completa. El resplandor de una sola vela o un rayo de luz de la pequeña bombilla de un teléfono celular puede alumbrar una habitación. Jesús nunca enseñó a sus discípulos que solo podían influir en su mundo desde una posición de fortaleza. No comenzaron como la mayoría, sino que empezaron con algo pequeño y terminaron por revolucionar el mundo. Hoy, casi una de cada tres personas en el mundo se identifica como cristiano. Ese es un gran cambio desde una habitación en Jerusalén.

Demasiados cristianos se quejan de ser la minoría en su cultura, incluso cuando no lo son. Sin embargo, hasta cuando su perspectiva es verdadera en lugares donde los creyentes de Jesús son ampliamente superados en número, las quejas no tienen fundamento. Una minoría de personas influyentes puede transformar la forma de ver de una cultura, para bien o para mal. Hemos experimentado tales movimientos en nuestra propia generación y otras generaciones también los han vivido. La clave no es ganar una mayoría y convertir en ley la voluntad de Dios, sino vivir como personas que son radicalmente transformadas por el Espíritu y cambiar corazones y mentes con nuestra vida. Todos podemos hacer eso, incluso cuando el número nos supera.

Dios redujo el ejército de Gedeón a casi nada antes de enviarlo a la batalla (Jueces 7). Él siempre es la mayoría; su pueblo nunca debe temer una pérdida de influencia. Así como la sal del salero o un simple rayo de luz, nosotros podemos hacer una gran diferencia. Vive con esa actitud y cambiarás el mundo.

Señor, contágiame con la belleza de tu reino y permite que mi influencia se extienda. Calla las quejas de tu pueblo y conviértenos en catalizadores del cambio. Que llenemos el mundo con el sabor y el brillo de tus caminos. Amén.

Hechos 2:14-21

Fe y visión

Sus jóvenes tendrán visiones, y sus ancianos tendrán sueños.
(Hechos 2:17)

El Espíritu Santo descendió sobre los creyentes en Jerusalén en el día de Pentecostés y Pedro lo consideró un cumplimiento de la profecía del libro de Joel. Esa profecía no se cumplió completamente ese día; no hubo sangre ni humo y el sol no se oscureció, pero eso no importaba. El advenimiento del Espíritu fue una señal de los planes supremos de Dios, el comienzo de una nueva era, el amanecer de una era venidera. Durante siglos, Dios había entregado palabras y visiones a sacerdotes y profetas esporádicamente, incluso afirmó a su pueblo que sus obras siempre fueron precedidas por una visión profética (Amós 3:7). Ahora, la visión profética ya no sería solo para los que estuvieran excepcionalmente dotados para ver, sino que estaría disponible para todos. Cuando el Espíritu descendió sobre el pueblo de Dios, los dones del Espíritu también descendieron sobre ellos.

Si Dios comunica la visión y la hace disponible para todo el que cree, entonces nos exhorta a vivir y avanzar con ella (que seamos motivados por la visión, que la retengamos en nuestro corazón y mente y que la hagamos realidad a través de la oración, que cultivemos las visiones de su reino y que las declaremos). De cierta manera, así es como vive toda la humanidad; nos imaginamos el futuro y pensamos en maneras de hacerlo realidad de acuerdo con nuestros deseos. Somos soñadores por naturaleza, pero ahora lo hacemos en compañía de Dios; no creamos nuestros propios sueños, sino que permitimos que nos llene de los suyos y cultivamos una visión que nos lleva más profundamente a su llamado. Nos deleitamos en él y dejamos que sus deseos se unan a los nuestros hasta reflejar los propósitos de su reino. Nos movemos en sincronía con el Espíritu.

Si Dios te llama a vivir por visión, necesitas tener una o varias. Cuando ores, visualiza la respuesta. En realidad, a menudo la imagen puede *ser* tu oración y eso vale más que mil palabras. Cuando ames, visualiza su poder; cuando hables visualiza la transformación venidera. No todo se revelará con los detalles que visualizas, pero a menudo lo hará en el espíritu en que visualizas. El reino de Dios viene a través de la visión que le da a su pueblo.

Señor, cultiva mi visión. Permíteme ver lo invisible, caminar por fe, vivir plenamente en el reino espiritual. Usa mis sueños, deseos y visiones para lograr tus propósitos. Amén.

29 DE SEPTIEMBRE

Hechos 9:26-31

Temor y fortaleza

Entretanto la iglesia gozaba de paz por toda Judea, Galilea y Samaria, y era edificada; y andando en el temor del Señor y en la fortaleza del Espíritu Santo, seguía creciendo. (Hechos 9:31, LBLA)

La iglesia primitiva estaba aterrorizada por Saulo, apenas podía creer que la conversión de ese terrorista fuera real, pero también estaba sorprendida de la obra del Espíritu que cambiaba vidas y avanzaba en su causa. Eran días de asombro, una ventana inusual en el tiempo y en el espacio a través de la cual los propósitos eternos se derramaban en el mundo visible. Claramente, Dios hacía algo nuevo.

De cierta manera, eso siempre es cierto. Dios siempre se mueve, siempre hace algo nuevo, hasta cuando no lo vemos. Desde luego que él nunca cambia, pero su reino nunca deja de crecer. Él logra grandes cosas en medio de nosotros. Podemos preguntarnos si la iglesia está creciendo, muchas historias de su retroceso parecen filtrarse a través de los medios de vez en cuando, incluso cuando las cifras globales demuestran lo contrario, pero la duda nunca es si Dios está obrando o no. La pregunta es si tenemos o no ojos para ver lo que él está haciendo. Cuando lo hacemos, ya no podemos sentirnos cómodos con el orden establecido.

Ese es el mensaje que nos transmite Hechos. La iglesia, a lo largo de Judea, Galilea y Samaria, caminaba en el temor del Señor y el consuelo del Espíritu. Esas actitudes nos pueden parecer contradictorias, pero son características de los días de asombro. Cuando las personas de fe tienen ojos para ver, experimentan la realidad edificante de la obra de Dios y la seguridad fortalecedora de la que somos parte. Nos damos cuenta de que vivimos tiempos sin precedentes. Nuestras vidas enteras se vuelven hacia Dios.

Aprende a reconocer la obra de Dios en tu vida, en tu sociedad, en tu mundo. Los titulares no te lo revelarán; de hecho, harán todo lo contrario. Pero el Espíritu sí lo hará. Dios salva, sana y libera a las personas incluso en los lugares más inesperados. Cultiva tu visión para ver su obra; conecta tus pasos con los suyos y sorpréndete.

Señor, tu pueblo anhela la presencia y el poder que experimentaron los primeros creyentes. Seguramente, nunca se ha ido; el crecimiento de la iglesia es fenomenal. Abre nuestros ojos, inspira nuestro corazón y llámanos cada vez más a tu obra. Restaura nuestro asombro. Amén.

Amor

Si tuviera una fe que me hiciera capaz de mover montañas, pero no amara a otros, yo no sería nada. (1 Corintios 13:2)

La Escritura nos enseña a poner el amor como nuestra meta más alta (1 Corintios 14:1); que, si no tenemos amor, todo lo que hacemos no tiene sentido (1 Corintios 13:1-3); que es fundamental en la voluntad de Jesús para sus seguidores (Mateo 22:36-40; Juan 15:12-17); que es la evidencia de haber pasado de la muerte a la vida (1 Juan 3:14) y que los seguidores de Jesús serán conocidos por esta característica dominante (Juan 13:34-35). En otras palabras, nuestro amor es bastante importante.

Eso tiene sentido si Dios es amor (1 Juan 4:8,16). Él es nuestra fuente de vida y nos invita a ser como él, así que sería extrañísimo que el amor no fuera fundamental en nuestra vida en Él. Todas las características de Dios que se mencionan en la Biblia provienen de este atributo central, este amor perfecto, celoso e impresionante que brilla con poder dentro de él y de su pueblo mientras más lo experimentamos. Aunque no obtengamos nada más de la Escritura, aunque nunca más progresemos en la vida cristiana, comprender y demostrar su amor sería mejor que entender todo lo demás. Nada más nos conecta con el corazón de Dios; toda búsqueda alterna carece de sentido sin el amor. Si no amamos, no vivimos la vida cristiana.

Si eso es cierto (y todos los indicios de la Escritura y de la vida de Jesús lo afirman) entonces realmente necesitamos conocer cómo es el amor. ¿Es un sentimiento, una actitud, una acción o todo lo anterior? ¿Siempre hace que la otra persona se sienta bien o es tierno en ocasiones y duro en otras? ¿Tiene que ser expresado o es suficiente con solo tenerlo? La Biblia y nuestra propia experiencia nos enseñan muchas de estas verdades; no solo nos dan instrucciones, sino también ejemplos y modelos a seguir. Para los que quieren influir en este mundo, incluso para los que tan solo quieren conocer a Dios, esto se convierte en la prioridad. Por encima de todo, debemos ser conocidos como los que saben amar.

Señor, enséñame a amar. Lléname, fórmame y conviérteme en una fuente de tu amor. Que el amor se desborde en mí, así como lo hace en ti. Amén.

1 DE OCTUBRE

1 Corintios 13:4-7

Lo que es el amor

El amor es paciente y bondadoso…
(1 Corintios 13:4)

Si examinaras los comentarios que hoy hacen personas cristianas al final de artículos de prensa y blogs, y sacaras conclusiones sobre el cristianismo solo de esas fuentes y de ninguna otra, quedarías con la impresión de que la fe cristiana es contenciosa, pretenciosa, dura, superficial y algo arrogante. Seguramente encontrarías algunas excepciones, pero la mayoría de los comentarios bastaría para convencerte. Tendrías que abrirte paso entre muchas pruebas que indican lo contrario para encontrar lo «paciente y bondadoso».

Tal vez eso se deba a que las personas que tienden a comentar esos artículos y en esos blogs no son representativas del cristianismo en general, o a que la naturaleza misma del foro (el debate anónimo) tiende a sacar a relucir lo peor de nosotros. Aún así, la iglesia está llena de individuos cuyas características nunca permitirían describirlos como pacientes y bondadosos. No somos conocidos por nuestro amor.

Eso tiene que cambiar. Se supone que el amor es la característica distintiva de los seguidores de Jesús, y cuando no es así, las personas no pueden verlo tal como él es. Dios quiere que su pueblo, que no está llamado a encajar, sino a ir contra corriente, exprese su bondad y paciencia a un mundo cruel e impaciente. Estos son dones de su Espíritu (Gálatas 5:22) y no son negociables.

El problema es que la naturaleza humana no está a la altura de esos objetivos. Pero no importa, nunca se nos dice que vivamos según nuestra vieja naturaleza humana. Tenemos opciones. Podemos elegir cada mañana caminar con la paciencia y la bondad sobrenaturales de Dios y apoyarnos en su Espíritu en lugar de seguir adelante con nuestras propias tendencias. Decidir cada día confiar en el poder que hay dentro de nosotros puede cambiar mucho las cosas, incluso aunque necesitemos que se nos recuerde esa decisión en un momento de tensión. La sal y la luz necesitan parecerse mucho a su fuente. La mejor manera de hacer eso, en realidad la única manera efectiva, es dejar que el Espíritu de la bondad y la paciencia reine en nuestro corazón.

Padre, has sido increíblemente paciente conmigo, y tu bondad hacia mí no ha conocido límites. Que nunca sea yo tan hipócrita como para negarles la paciencia y la bondad a los demás. Lléname, dame poder y guíame con la naturaleza de tu amor. Amén.

Lo que el amor no es

El amor no es celoso ni fanfarrón ni orgulloso ni ofensivo…
(1 Corintios 13:4-5)

Mientras buscas vivir una vida de amor, algunas personas pueden tratar de definir esa vida para ti y dictar sus términos. Puede ser que no digan: «Si me amas, harás esto o aquello», pero la insinuación es clara. Aplicarán sus percepciones del amor cristiano a ti, especialmente en lo que se refiere a ellos. No obstante, tu definición de amor no viene de las necesidades y exigencias de los demás, sino del amor del Padre, del ejemplo de Jesús y de la guía del Espíritu. Amarás como Jesús ama, lo que significa satisfacer las necesidades de las personas según *él* las define, no como las definen *ellas*.

Aun así, ciertas actitudes están claramente fuera de los límites del amor genuino, y Pablo identifica algunas de ellas en este pasaje. Tienen un rasgo común: se centran en uno mismo, y ninguna es característica de Jesús. Si bien se nos dice que Dios es celoso (Éxodo 20:5; 34:14; Zacarías 8:2, NVI), los celos de los que habla Pablo son de otro tipo, son la envidia de las posesiones o la posición de otra persona. Aunque vemos que Jesús hace con audacia afirmaciones insólitas (pero veraces) sobre su propia identidad, la fanfarronería a la que se refiere este pasaje es la autopromoción infundada, y el orgullo se basa en percepciones exageradas y en el deseo de ser mejor que los demás. Aun cuando vemos que Jesús utilizó palabras muy ofensivas contra los líderes religiosos que se le oponían, la ofensa mencionada en este pasaje es el menosprecio de los demás para sentirse mejor con uno mismo. Las controvertidas declaraciones y actitudes de Jesús fueron para beneficiar a otros, no en beneficio de su reputación ni de sus necesidades. El amor se proyecta hacia fuera.

Esa es tu guía para saber si caminas o no en el amor. Si te enfocas en el bienestar de los demás, es amor. Si te centras en derribar a otros para levantarte a ti mismo, no lo es. La tendencia humana al egoísmo es la raíz de todas las luchas. Enfoca tu corazón hacia afuera antes de que muestres más síntomas de falta de amor. Sumerge tu corazón y tu mente en el amor que el Padre te ha dado, y muéstrales a los demás cómo es él.

Jesús, tú eres mi modelo y mi mentor. Tu amor fue tierno a veces, duro en otras ocasiones, y siempre fue exactamente lo que se necesitaba. Que la meta de mi vida sea ver a los demás como tú los ves y amarlos bien. Amén.

1 Corintios 13:4-7

Lo que el amor no hace

[El amor] no exige que las cosas se hagan a su manera. No se irrita ni lleva un registro de las ofensas recibidas. No se alegra de la injusticia. (1 Corintios 13:5-6)

EL AMOR ES UNA ELECCIÓN. ***El amor es una acción. El amor no es un sentimiento. El amor actúa.*** Afirmaciones como estas se han vuelto cada vez más comunes en los últimos años a medida que la cultura cristiana responde a las distorsiones de la cultura en general. Defendemos con afán la verdadera definición de amor porque vemos muchas definiciones falsas y terribles aplicaciones erróneas. Desafortunadamente, muchas personas se centran más en preservar la definición que en vivirla, pero la definición es de todas maneras importante. Si el amor debe ser nuestra característica definitoria, necesitamos saber qué es el amor. Necesitamos tratarlo como algo más que un sentimiento y ponerlo en acción. Necesitamos saber lo que hace y lo que no hace.

En consonancia con los versículos anteriores, Pablo enumera algunas cosas que el amor no hace. No es sorprendente que estas *negaciones* se centren en el yo y en lo que resulta de las actitudes mencionadas antes. Aquí se aprecia la autopromoción; un síntoma que aparece cuando se trata de satisfacer de una forma anormal y contraproducente la normal necesidad humana de realización. Nuestra naturaleza caída se centra en obtener lo que necesitamos desde el punto de vista emocional, relacional y material, incluso a expensas de los demás, sin comprender que la clave para conseguir lo que necesitamos es dar a los demás lo que necesitan. Jesús lo dejó claro en sus enseñanzas cuando expresó a sus discípulos que recibirían según la cantidad que dieran (Lucas 6:38). En los caminos del mundo, el corazón hambriento piensa que solo necesita alimentarse a sí mismo. En los caminos del reino, el corazón hambriento es lo suficientemente sabio como para encontrar su plenitud al alimentar a los demás. La única manera de encontrar el amor en este mundo es empezar a desbordar amor.

Que esa sea tu meta. Jesús promete que cuando lo hagas el amor volverá a ti con un flujo aún mayor. El corazón que se centra en sí mismo se autodestruye. El que se enfoca hacia afuera es una bendición para sí mismo y para todos los demás.

Señor, vuelve mi atención a los que me rodean. Perdóname por estar centrado en mí mismo. Elijo satisfacer las necesidades de los demás y confiar en ti para que satisfagas las mías. Que pueda dar mi amor tan libremente como tú. Amén.

Lo que hace el amor

[El amor] se alegra cuando la verdad triunfa. El amor nunca se da por vencido, jamás pierde la fe, siempre tiene esperanzas y se mantiene firme en toda circunstancia. (1 Corintios 13:6-7)

El verdadero amor es incesantemente bueno. Tal vez no hace falta decirlo, pero en un mundo en el que las personas se enamoran y desenamoran con tanta facilidad y tan frecuentemente, en el que el amor es a menudo solo el estado de ánimo del momento, la naturaleza duradera y desinteresada del amor genuino debe destacarse, promoverse y celebrarse. Más aún, debe enseñarse y demostrarse. Servimos a un Dios eterno cuyo amor es eterno; con demasiada frecuencia la inconstancia de nuestro amor contrasta con el suyo.

Dios comprende las debilidades de nuestro corazón caído, pero ha hecho algo realmente asombroso para anular la caída y restaurarnos a su imagen. Tenemos el potencial de amar como él ama. A veces, eso significará regocijarse por la verdad, incluso cuando no sea en nuestro propio beneficio; perdonar los pecados de las demás personas y protegerlas de la vergüenza, tal como Dios nos perdonó y nos protegió; ver el tesoro que Dios ha puesto en los demás en lugar de centrarse en sus defectos y pecados; definir a las personas por su futuro, tal como puede ser, en lugar de definirlas por su pasado, tal como fue; suponer lo mejor, incluso cuando lo peor es posible; ser enormemente paciente mientras las personas luchan con las dificultades de la vida y las consecuencias de sus propios hábitos y errores del pasado; y nunca perder la esperanza. Después de todo, ¿se desespera Dios ante alguna situación? Por supuesto que no. Cuando perdemos la esperanza, no estamos en sintonía con él. Un corazón alineado con él siempre se centrará en el bienestar de las personas y caminará junto a ellas para ayudarlas a alcanzar las bendiciones y los propósitos de Dios.

Fuiste creado para Dios, para conocerlo y amarlo y para disfrutarlo por siempre. Pero parte de ese propósito es haber sido creado para los demás, para conocerlos y amarlos y también para disfrutarlos por siempre. Eso comienza ahora, y solo puede suceder al manifestar el tipo de amor que el Padre ha mostrado a cada uno de sus hijos. Sigue su ejemplo y deja que tu amor perdure.

Padre, tu amor está más allá de mi comprensión, pero no más allá de mi experiencia. Hazme conocerlo, sentirlo y vivirlo profundamente, y atrae a otros a él a través de mí. Amén.

Como él ama

Este es mi mandamiento: Ámense unos a otros de la misma manera en que yo los he amado. (Juan 15:12)

Tienes una historia con Dios. Lo más probable es que sea una historia con altas y bajas; a veces la relación ha sido muy agradable y otras veces oscura o frustrante. Pero en general, sabes que Dios te ama, que te perdona y que ha extendido su gracia en cada área de tu vida. Como cristiano, crees estas cosas, al menos en principio, aunque no las hayas experimentado tan plenamente como te gustaría. Confías en el amor de Dios como fundamento de tu creencia.

Piensa por un momento en todas las formas en que Dios te ha amado. Como ha sido paciente contigo cuando sigues cometiendo los mismos errores; cuando olvidas algo que ya te enseñó hace años; cuando su gracia cubre las cosas que no pudiste o no quisiste pensar, hacer o decir; cuando restauró lo que se había perdido, reparó lo que estaba roto, armonizó lo que estaba fuera de lugar y redimió tu pasado. Piensa en lo mucho que dependes de él para sanar y perdonar, incluso cuando sabes que no lo mereces. Piensa en los misterios de la gracia, siempre inmerecidos, pero siempre suficientes.

Si así es como Dios te ha amado, entonces así es como debes amar a los demás. Jesús lo afirmó en Juan 13:34 y lo reitera aquí, en ambas ocasiones lo expresa como un nuevo mandamiento. Por supuesto, el amor en sí no es un mandamiento nuevo; Jesús y muchos otros maestros ya habían señalado que «amar al prójimo» era un concepto muy importante de la antigua ley (Levíticos 19:18; Marcos 12:29-31). Pero ¿amar a los demás de la misma manera en que él te ha amado a ti? Eso es diferente. Es algo radical, inmolatorio, completamente lleno de gracia y compasión. Es exactamente lo que demostró cuando se vistió como un sirviente y lavó los pies de sus discípulos (Juan 13). Tu misión en la vida no es simplemente recibir el amor de Dios, esa parte tan maravillosa del evangelio, sino también demostrarlo. Amar con la exuberancia que él ha demostrado al amarte.

Jesús, que los demás puedan contar con mi amor como yo cuento con el tuyo. Báñame en tu gracia y déjame irradiarla a los que me rodean. Dame un amor extraordinario y sobrenatural. Amén.

El uso de los dones

Reunió a sus siervos y les confió su dinero mientras estuviera ausente.
(Mateo 25:14)

Un joven predicador escocés ejerció el ministerio pastoral al menos en un par de ocasiones, pero sus doctrinas no siempre eran populares y su salud no siempre lo acompañaba. También enseñó durante un tiempo, pero consideró que sus años «en el ministerio» eran un fracaso. Así que decidió hacer lo que le gustaba hacer, algo que parecía haber recibido como un don y una pasión: escribió ficción fantástica. En una época en la que muy poca gente (y casi nadie en su entorno) escribía ficción fantástica, algunos pensaron que estaba perdiendo el tiempo. Pero sus obras influenciaron a Lewis Carroll, W. H. Auden, C. S. Lewis, J. R. R. Tolkien, G. K. Chesterton y a muchos otros, y, por extensión, a millones de personas que han sido influenciadas por tales autores. Oswald Chambers pensaba que era una lástima que los escritos del escocés fueran tan poco reconocidos. C. S. Lewis lo llamó su maestro. Es un resultado impresionante para un predicador fracasado que terminó escribiendo historias.

El nombre del escocés era George MacDonald, y representa a una gran cantidad de personas que han querido servir a Dios, pero que nunca encajaron en los roles convencionales del ministerio. En muchas épocas de la historia de la iglesia, incluidas la suya y la nuestra, el tipo de trayectoria profesional que tuvo MacDonald generó muchos comentarios como: «¿Por qué dejaría el ministerio para escribir historias? ¡Qué desperdicio!». Pero su trabajo no fue para nada un desperdicio; fue mucho más influyente que el de muchos de los otros siervos de Dios a su alrededor.

Jesús contó la historia de un señor que emprendió un largo viaje y dejó sus bienes con sus siervos. Dos de ellos invirtieron su parte de los bienes y el tercero enterró la suya. Jesús elogió a los inversores y dijo que eran un ejemplo de cómo funciona el reino de Dios. Él da dones y espera que su pueblo los use; no los dones de los demás, no según lo definan los demás, sino como fueron dados en forma exclusiva a cada persona. Los sirvientes están obligados a servir a su señor; pero son libres de decidir cómo. Y la diversidad de formas solo aumenta la gloria de su amo.

Señor, ayúdame a entender el don que específicamente me has dado para servirte y bríndame oportunidades para hacerlo bien; no importa cuán poco convencional, cuán a contracorriente y cuán bien recibido sea. Tú eres mi público. Que estés complacido con lo que hago. Amén.

Romanos 1:18-23

El camino de los necios

Afirmaban ser sabios pero se convirtieron en completos necios.
(Romanos 1:22)

En nuestra cultura, mostrar escepticismo y cinismo puede parecer inteligencia. No importa si el escéptico es capaz de refutar lógicamente una posición, o si un cínico presenta un punto de vista alternativo coherente. El simple uso del sarcasmo y la sospecha para socavar lo que dicen los demás suele ser suficiente para dar al cínico un aire de sentido común y superioridad. Algunos comentarios sarcásticos, una crítica escrita desde una perspectiva «sabia», un gesto de exasperación; todo ello transmite superioridad. Y la técnica es muy fácil de emplear.

Las creencias cristianas a menudo han sido descartadas con mucho cinismo, incluso cuando el cínico no entiende lo que está descartando o tiene pruebas para apoyar una alternativa mejor. En realidad, esa es la esencia del escepticismo, no necesitas una alternativa mejor. No necesitas ofrecer una explicación más coherente en ningún caso; solo necesitas criticar a los demás. Esta actitud pseudointelectual se ha generalizado en nuestra sociedad, y parece socavar la fe de los simples creyentes como nosotros. *Pero no es así.*

Por supuesto, hay preguntas y razonamientos legítimos respecto a la fe, y objeciones genuinas que se pueden discutir. Muchas personas juiciosas han rechazado la fe. La incredulidad en su conjunto no es incoherente ni vacía. Pero gran parte del escepticismo popular lo es, y Pablo pone el dedo en la llaga en Romanos 1. Aquí escribe sobre la trayectoria de la falsa adoración; del paganismo, para ser específicos, que ha adoptado formas mucho más diversas y sutiles en los últimos siglos. El contexto no es pertinente para todos los escarnecedores ni para todos los escépticos irreflexivos, pero la dinámica sí. Dicen ser sabios y convencen a muchos. Pero detrás de los ojos entornados y las expresiones despectivas está la necedad de mentes que no quieren pensar demasiado.

No te dejes intimidar. Cualquiera puede criticar, pero muy pocos en nuestro mundo tienen una cosmovisión coherente. Tú la tienes. Conoce tus creencias, crece en la fe y sobre todo vive el evangelio. Ningún tipo de cinismo derrotará un estilo de vida de sabiduría, poder y amor en el Espíritu.

Jesús, te mantuviste firme ante una tormenta de críticas. Tu Palabra nos exhorta a mantenernos firmes también. El mundo muestra desprecio por tu verdad, pero tú has vencido al mundo. Que yo también pueda vencerlo en todos los sentidos. Amén.

Hipocresía

El criterio que usen para juzgar a otros es el criterio con el que se les juzgará a ustedes.
(Mateo 7:2)

JESÚS NO VINO A ESTE MUNDO para condenarlo, sino para salvarlo (Juan 3:17), y envía a sus seguidores al mundo con el mismo espíritu. Así que no debe sorprender que sea duro con los corazones sentenciosos y las palabras hipócritas. Sus instrucciones son muy claras; no se nos llama a ser críticos con los que nos rodean.

Las palabras más duras de Jesús las dirigió a aquellos que pusieron la pesada carga de la perfección en los demás sin reconocer sus propias imperfecciones. Sus advertencias acerca de juzgar a los demás se dirigen a esa tendencia natural que tenemos, y esa es precisamente la cuestión: él llama a sus seguidores a seguir un estilo de vida sobrenatural. Es la naturaleza caída la que nos hace ver los defectos de los demás sin ser conscientes de los nuestros. Demasiados cristianos condenan a los adúlteros y a los asesinos sin tener conciencia de que la lujuria y la ira en sus propios corazones provienen de las mismas raíces. Cada palabra de condena, cada chisme, cada «no puedo creer que haya hecho eso» viene de un corazón que podría haber hecho lo mismo. Las duras palabras de Jesús estaban dirigidas a ciudadanos rectos que querían una sociedad moral sin enfrentar los pecados de su propio corazón.

Por supuesto, Jesús no excluyó en modo alguno la necesidad de discernimiento ni de un juicio correcto. Pero incluso si llevamos un estilo de vida de sabiduría, poder y amor, casi perfecto y sobrenatural, debemos recordar de dónde venimos. Debemos conocer de qué fuimos redimidos y saber que tenemos la obligación con todo ser humano de llevar la gracia hasta donde él esté.

Seamos conocidos por la gracia. En ciertas condiciones, cualquiera podría terminar donde otros han terminado. Y cuando recibimos la gracia, cualquiera puede ser completamente perdonado y quedar totalmente limpio. Rehúsa encasillar a las personas; en cambio, atráelas a la fuente de la gracia. Más aún, sé tú mismo una fuente de gracia.

Señor, tu deseo es que cada ser humano sepa quién eres y reciba el perdón, la purificación y la restauración. Concédeme una profunda convicción siempre que no esté ayudando a ese deseo. Dame ojos para ver cómo es la gracia en cada situación y para representarla bien. Amén.

Bendiciones de plenitud

Dios bendice a los que...
(Mateo 5:3-10)

Cuando Jesús les dijo a sus seguidores que eran la sal de la tierra y la luz del mundo, enviados con el mismo carácter y propósito con los que él vino, daba continuidad a una enseñanza sobre las bienaventuranzas, o sea, la bendición y la felicidad de sus caminos. Declaró que eran la sal y la luz justo después de que las bienaventuranzas reorientaran sus valores para alinearlos con el reino de Dios. La consecuencia es clara: los seguidores de Jesús tendrán influencia en este mundo en la medida en que asuman su naturaleza y adopten sus actitudes. La misión del reino está esencialmente relacionada con el carácter del reino.

Si eso es cierto, entonces es importante entender lo que estas enigmáticas Bienaventuranzas significan. La clave es la primera palabra de cada bienaventuranza, *makários*, pero es difícil de interpretar. Las dos traducciones más comunes son «bendecido» y «dichosos», pero ninguna expresa el concepto completo. Estas bendiciones indican el camino hacia el florecimiento como ser humano[15] y la experiencia de *shalom* (la plenitud, la totalidad, la integridad y la satisfacción) del reino de Dios. Para todos los que se han preguntado cómo hacer que la vida funcione, cómo experimentar la bendición de Dios o cómo tener alguna sensación de paz, las bienaventuranzas son la respuesta. Y para todos los que quieren ser, como estamos llamados a ser, la sal y la luz de este mundo, este es el fundamento. Si quieres sentirte realizado en la vida, comienza por aquí.

Es cierto, la lista de Mateo 5:3-10 es contraria al sentido común. Lo que dice Jesús puede no parecer el camino a la felicidad. Después de todo, el llanto, el hambre y la persecución rara vez aparecen en nuestras listas de deseos. Sin embargo, estas son las prioridades de Dios para sus hijos por la importante razón de que reflejan su naturaleza y representan sus propósitos. Si queremos encajar en la cultura de su reino sin parecer turistas, esta es la ropa que hay que usar. Y si vamos a ser la sal y la luz, aquí es donde obtenemos nuestro sabor y nuestro brillo. En última instancia, estamos llamados a ser como Jesús, y estas son descripciones adecuadas de él. Muestran quién es a un mundo que anhela su plenitud.

Jesús, no solo me has llamado a creer en ti; me has llamado a ser como tú, a seguir tu ejemplo y a entrar en tu plenitud y en tu gozo. Llévame por el sendero de estas bendiciones a los caminos de tu reino. Amén.

Corazones humildes

Dios bendice a los que son humildes, porque heredarán toda la tierra.
(Mateo 5:5)

Mucha gente prominente del mundo de los deportes, la política y el entretenimiento se promociona y recibe mucha atención. Parece que disfrutan de su fama. Pero ese tipo de actitud no es muy valorada en el reino de Dios. En cambio, la Escritura menciona repetidamente a los de corazón humilde, a los pobres en espíritu, a aquellos que saben cómo inclinarse ante su Dios y servir a sus semejantes. Dios está con esas personas y las exaltará en el momento adecuado. No tienen que exaltarse a sí mismos; pueden confiar en que Dios lo hará en el momento oportuno.

Este es uno de los temas comunes que aparecen en las bienaventuranzas, esas declaraciones de bendición y prosperidad que describen la cultura del reino. Y las promesas son extraordinarias. Los pobres de espíritu y los humildes de corazón no solo tienen el favor de Dios. Heredan el reino de Dios y la tierra de su promesa. Por supuesto, estos son temas antiguos; las palabras de Jesús se basan en los salmos y en los profetas de la antigüedad. Pero él no solo confirma estas fuentes, sino que va un paso más allá, promete toda la tierra a los humildes; y un capítulo más adelante, en Mateo 6:10, les dice a sus seguidores que oren para que venga el reino de Dios. Su reinado implica la restauración de todo lo que ha caído (Hechos 3:21), y los corazones humildes están a la cabeza de ese proyecto. Exalta a aquellos que no se exaltaron a sí mismos.

Esa es una de las razones por las que Jesús promete darle descanso a los que están cansados (Mateo 11:28). Abrirte camino en este mundo, subir la cuesta del éxito y competir con todos los que intentan hacer lo mismo puede ser agotador. Por supuesto, el trabajo duro y las decisiones sabias son importantes, pero también lo es la confianza. Los corazones humildes son capaces de lograrlo, y Dios les abre las puertas a su debido tiempo. Haz tuya esa actitud. Puede que nunca estés rodeado de muchos admiradores, pero encontrarás muchos amigos. Las personas se sienten atraídas por aquellos que confían en su Dios, y podrás mostrarles lo que significa ser bendecido.

Señor, enséñame el equilibrio entre la audacia de la fe y la humildad de corazón. Pongo mi confianza en ti para que me abras las puertas, me levantes y me ubiques donde tú quieras. Que pueda yo encajar perfectamente en la cultura de tu reino venidero. Amén.

Mateo 5:1-12

Justicia, misericordia y paz

Dios bendice a los que tienen hambre y sed de justicia, porque serán saciados.
(Mateo 5:6)

Tus metas en la vida dicen mucho de ti. Las cosas que anhelas, los sueños que tienes, las fuerzas que te impulsan hacia adelante indican el estado de tu corazón y las prioridades que has abrazado a lo largo del camino. Ellas pueden incluir objetivos de muchos tipos, personales, profesionales, familiares, financieros, relacionales y más, y no hay nada malo en ninguno de ellos. Pero una vida que prospere y lleve la influencia del reino en este mundo tendrá como fundamento los valores del reino. Buscará la justicia o la «rectitud» en todas las situaciones, la misericordia para todos los que la necesitan y la paz en toda su plenitud; es decir, la *shalom* de Dios. Adoptará las prioridades del Rey.

Estos han sido siempre los valores de Dios, indicios de sus propósitos en este mundo. Algo debería molestarnos cuando vemos la injusticia y la maldad, los bordes afilados de este mundo que hieren los corazones y destruyen la vida, la naturaleza fracturada de la existencia humana que nos mantiene perpetuamente insatisfechos. Los que han abrazado la cultura del reino de Dios tendrán hambre y sed de soluciones, llevarán la misericordia dondequiera que vayan y ofrecerán integridad y sanidad a las almas heridas y fragmentadas. Serán llamados hijos de Dios (Mateo 5:9), serán tratados con compasión (Mateo 5:7) y finalmente serán saciados (Mateo 5:6). Nadie que adopte el programa de Dios quedará decepcionado.

Aquellos que encarnan las bienaventuranzas y son portadores de la cultura del reino tienen lo que el mundo necesita, aunque muchos consideren que estas bendiciones son lo contrario de sus necesidades. La sociedad moderna está hambrienta de soluciones y de restauración, y los verdaderos ciudadanos del reino están llamados a ofrecerlas. Si buscas el reino de Dios y su justicia (es decir, la rectitud, la misericordia y la paz), recibirás eso y mucho más. Darás un fruto que durará por siempre y saborearás su bondad incluso ahora. Experimentarás el tipo de vida que no solo te hará crecer sanamente, sino que ayudarás a que otros lo hagan también.

Jesús, demostraste rectitud, misericordia y shalom a lo largo de tu ministerio terrenal, y enseñaste a tus seguidores a mostrarlos también. Edifícame en estas cosas. Conviérteme en un catalizador para los caminos del reino. Satisface mi hambre y mi sed para que pueda curar el quebrantamiento de los demás. Amén.

Tu herencia

Dios bendice a los que tienen corazón puro, porque ellos verán a Dios.
(Mateo 5:8)

Algunas personas están interesadas en crear riquezas para gastarlas. Pero aquel que ve a su familia como un esfuerzo de muchas generaciones está más interesado en reunir bienes para pasarlos a la siguiente generación y así seguir expandiéndose. La cuestión no es gastar lo que se ha reunido, sino invertirlo en algo grande. Los ojos de la fe siempre ven posibilidades cada vez mayores. La fortuna de la familia está destinada a crecer constantemente.

Así es como funciona la familia de Dios, aunque normalmente con un conjunto diferente de bienes. Dios invierte en sus hijos, y como el señor de la parábola de las bolsas de plata (Mateo 25:14-30), espera que sus hijos inviertan en otros. ¿Por qué? Porque el reino de Dios es un enorme proyecto de construcción que perdura a través de todas las generaciones hasta el final de los tiempos y más allá. Aquellos que abrazan la cultura del reino, los que encarnan las características presentadas en las bienaventuranzas, reciben una herencia del reino. En realidad, nos convertimos en coherederos con Jesús. ¿Y qué es lo que él merece heredar? Lo merece todo. Recibimos todo lo que existe

Por eso las bienaventuranzas prometen que los humildes heredarán toda la tierra (Mateo 5:5) y los que son pobres en espíritu tendrán el reino de los cielos (5:3). Por supuesto, la herencia mayor es la relación cara a cara con el Padre (5:8). Los que solo buscan el reino buscan solamente lo que pueden obtener de Dios. Los que conocen al Rey tienen el amor y el gozo de la relación más estimulante del universo y también el reino. En otras palabras, centrarse sinceramente en el Rey y en sus caminos da lugar a la máxima satisfacción. Esa es la inmensidad de la promesa hecha por Jesús.

Todo ser humano anhela esto, aunque muchos no lo sepan. Todas las cosas en el cielo y en la tierra fueron creadas para el Hijo (Colosenses 1:16), y todos los que han sido adoptados en su familia por la fe se convierten en herederos junto con él (Romanos 8:17). Adopta el carácter y las promesas de la cultura familiar, y ofrécelos a los demás generosamente. Una herencia tan vasta está destinada a ser compartida.

Señor, los tesoros de tu reino son más grandes de lo que puedo imaginar, pero los ofreces a aquellos que tienen las prioridades y los deseos correctos. Dale forma a mi visión, a mis sueños y a mi corazón para que sean puros. Déjame verte y recibir tu reino. Amén.

Mateo 5:1-12

Una inversión duradera

Dios bendice a los que son humildes, porque heredarán toda la tierra.
(Mateo 5:5)

ENTRE LOS PENSADORES Y ESCRITORES cristianos del siglo XVII existió la tendencia a enfatizar la soledad y la separación del mundo. Muchos pietistas, jansenistas, puritanos y otros consideraban que abandonar el mundo era su vocación sagrada, que todo lo celestial y espiritual era tan completamente «diferente» de la vida en esta tierra corrupta que nadie podía acercarse a Dios sin alejarse de los compromisos de la sociedad y la vanidad de los placeres fugaces. Hicieron hincapié en la llegada del reino de Dios no en la tierra sino en el cielo. Algunos olvidaron que los humildes heredarán la tierra y se centraron en heredar una existencia muy alejada de ella.

Los escritores de devocionales de ese siglo, muchos de los cuales han tenido una profunda influencia en las creencias y prácticas actuales, tenían razón respecto a que es muy valioso mantener una separación espiritual de las influencias de un mundo caído. Pero como muchos reformadores han enseñado, esa actitud de separación puede mantenerse incluso cuando se participa en los sistemas y las instituciones del mundo. Dios no permanece separado del mundo, no mantiene a la humanidad a distancia ni se niega a invertir su corazón en nosotros. Y nosotros tampoco deberíamos hacer eso.

Busca vivir en equilibrio, intégrate completamente en la vida que te rodea sin que tu corazón adopte sus formas. La cuestión no es dónde vives ni dónde trabajas, sino dónde se encuentran tus afectos. El amor de Dios alejará tu devoción de la corrupción del mundo, pero también te obligará a ir al mundo con amor y compasión. Si crees que debes escapar del mundo y abandonarlo, nunca influirás en él. Si te ves a ti mismo como un heredero del mundo, invertirás en él. Y si inviertes lo que Dios te ha dado, el fruto y los dones de su Espíritu, tu herencia será aún más hermosa.

Señor, no estoy completamente seguro de lo que significa heredar la tierra, pero sé que tienes planes para este planeta con aquellos que son humildes y se someten a ti. Que pueda yo crecer diariamente en verdadera humildad y compartir la plenitud de tu herencia. Amén.

El precio de la verdad

Dios los bendice a ustedes cuando la gente les hace burla y los persigue y miente acerca de ustedes y dice toda clase de cosas malas en su contra porque son mis seguidores. (Mateo 5:11)

LAS VENTAJAS DE SER LA SAL Y LA LUZ en este mundo incluyen la herencia de Jesús, que es todo. Las Bienaventuranzas prometen el reino de los cielos y la tierra a aquellos cuyos corazones son humildes y conocen a Dios. Pero ser la sal y la luz también tiene un precio; nos pone en conflicto con un mundo que tiene un programa opuesto. Cuando los que abrazan la cultura del reino interactúan con los que no lo hacen, ocurren cosas. Nuestro camino no parece muy atractivo ni efectivo, y solo aquellos con ojos de fe pueden entenderlo.

Por lo tanto, las actitudes del reino tendrán un doble efecto, atraerán a muchos hacia ti y alejarán a muchos otros. Adoptar la cultura del reino no te granjeará el cariño de gran parte del mundo, y el resultado es la tirantez, a veces el conflicto e incluso la persecución. Como ciudadano del reino con algún nivel de influencia en tu entorno, debes estar preparado para enfrentar situaciones en ese rango de posibilidades. Y si te encuentras en una situación extrema, como les ha ocurrido a muchos a lo largo de la historia, en la que te persiguen simplemente por ser un seguidor de Jesús que adopta su carácter y abraza su misión, deberás regocijarte.

Esto va en contra de nuestros instintos, a nadie le gusta sufrir la injusticia, pero puede ser una señal de que estás representando a Jesús adecuadamente. La sal quema las heridas y la luz ciega los ojos acostumbrados a la oscuridad. El mundo está lleno de heridas y oscuridad, y es posible que tu influencia no sea siempre bienvenida. Sin embargo, has sido elegido y llamado, eres un embajador de los caminos del reino, un representante de la cultura del reino y un ejemplo de la vida del reino para aquellos que lo recibirán. No te apartes de tu misión ni cedas a la presión para que cambies tu carácter, ni siquiera ante los insultos y las ofensas, pues son indicadores de tu fuerza, son la reacción de la oscuridad ante la luz. Continúa brillando, como Dios ha hecho por ti.

Jesús, has resistido con paciencia y gracia los insultos, las burlas, los malentendidos, las ofensas y la persecución. Que pueda yo tener ojos de fe y fuerza de carácter para hacer lo mismo. Plántame firmemente en el suelo de tu reino y hazme dar fruto incluso en las condiciones más difíciles. Amén.

Santiago 5:16-18

Oraciones poderosas

La oración ferviente de una persona justa tiene mucho poder y da resultados maravillosos. (Santiago 5:16)

En 1857, un misionero laico llamado Jeremiah Lanphier decidió realizar una reunión de oración, un día laborable, para los empresarios que trabajaban en la parte baja de la ciudad de Nueva York. Pensó que a algunos de ellos les gustaría orar durante la hora en que los negocios permanecían cerrados, así que repartió volantes e invitó a muchos en el distrito. Pero a la hora de comenzar la primera reunión, nadie había llegado. Solo unos pocos fueron llegando más tarde. Pero los que acudieron acordaron intentarlo de nuevo la semana siguiente y la siguiente, y a los seis meses más de 10.000 hombres se reunieron para orar. En las cercanías comenzaron a surgir avivamientos con cientos de conversiones que luego se extendieron más lejos. Un movimiento espiritual había comenzado.

Hay historias similares con otros movimientos de oración: el movimiento moravo, los avivamientos de Corea y muchos más. En realidad, la historia ha sido moldeada en mayor medida por los desconocidos soldados de la oración que por los famosos nombres y rostros que aparecen en nuestros libros de texto. Eso se debe a que los actores de la historia representan sus escenas en un escenario gobernado por un Dramaturgo y sus tramoyistas. Cuando él responde a las plegarias de su pueblo, la marea cambia y las tendencias dan paso a las corrientes de su reino. Construye algo magnífico a través de las oraciones y la fe de los ciudadanos del reino.

Debido a tu conexión con la fuente de la vida, tienes más influencia en este mundo de lo que imaginas. Puede que nunca seas reconocido por ese poder; puede que ni siquiera veas sus efectos en ti mismo. Pero las personas con ojos de fe reconocen el potencial y lo aprovechan. Al igual que Jeremiah Lanphier, y muchos otros antes y después, creen que clamar a Dios por sus propósitos es mucho más poderoso que tratar de realizar los nuestros. Una vida de oración cambia el curso de la historia y bendice a un mundo que se resiste ante su propio Creador. Te pone en una posición de autoridad sin importar el poco poder terrenal que tengas. Y te hace compañero de Dios en su misión de rescatar, redimir y restaurar la vida de muchos.

Señor, llena mi corazón y mi boca con las palabras de las oraciones que quieres responder. Que se haga tu voluntad y que tu reino venga a mi vida, familia, ciudad, nación y mundo a través de mis oraciones de fe. Derrama tu Espíritu sobre mí, por mí y a través de mí. Amén.

Ten en cuenta el precio

Todo el que quiera vivir una vida de sumisión a Dios en Cristo Jesús sufrirá persecución. (2 Timoteo 3:12)

SIENDO UN VEINTEAÑERO, cuando ya había sido miembro del Parlamento durante varios años, William Wilberforce se enfrentó a una gran decisión. La naturaleza de su reciente experiencia de conversión lo había marginado en la sociedad educada. ¿Continuaría en la vida pública y se enfrentaría al mismo desprecio que algunos de sus pares evangélicos habían enfrentado? ¿O se retiraría de la vida pública y dedicaría su vida al trabajo evangélico? Sus amigos lo alentaron a tomar la primera opción, y Wilberforce finalmente estuvo de acuerdo. Decidió dedicar toda su energía a actividades políticas para el bien de la sociedad. Sus puntos de vista conservadores irritarían a algunos, pero cambiarían su país para bien. Luchó con éxito por la abolición del comercio de esclavos y luego contra la esclavitud misma.

Muchos cristianos enfrentan hoy la misma disyuntiva, tal vez no en un escenario tan prominente, pero sí en un entorno igualmente hostil. Las opiniones bíblicas no siempre son bienvenidas en la «sociedad educada» ni, como diríamos hoy, por la opinión pública dominante. Nos encontramos nadando a contracorriente en un océano de ideas. Eso es normal; Jesús les aseguró a sus seguidores que muchos serían perseguidos (Juan 15:18-25), y los puntos de vista no bienvenidos están muy lejos todavía de la condición de «perseguidos». Algunos son llamados a alejarse de la oposición y trabajar dentro de la iglesia. Otros, como Wilberforce, son llamados a enfrentar la oposición y trabajar por el cambio social. Es importante conocer cada situación.

Ten en cuenta el precio a pagar, pero debes saber que los beneficios siempre lo superarán. Wilberforce cambió su nación directamente, y gran parte del mundo indirectamente. Vio algunas de las recompensas de su trabajo en esta vida y seguramente consideró que las dificultades valían la pena. En la eternidad, ciertamente ha experimentado el fruto de su trabajo. Tú también lo harás. Aférrate a los valores del reino y rehúsa comprometerlos ante las siempre cambiantes mareas del razonamiento humano. Muestra sensibilidad respecto a lo que otras personas han aprendido y a cómo ven el mundo, pero también insiste en lo que Dios te ha mostrado y en cómo él ve. Una vida piadosa amerita la resistencia que enfrentas al vivirla.

Señor, fortalece mi determinación y aumenta mi fortaleza para responder a tu voz por encima de todas las demás. La audiencia de mi vida eres tú. Que mi devoción obtenga recompensas duraderas, que sea una bendición para mi sociedad y dé frutos eternos para tu reino. Amén.

Filipenses 1:12-24

Cambia el guion

Todo lo que me ha sucedido en este lugar ha servido para difundir la Buena Noticia. (Filipenses 1:12)

Las actividades normales de la vida rural en las colinas del sudeste asiático se ven interrumpidas por la estación de las lluvias, y los planes para viajar y comerciar a menudo se dejan en suspenso hasta que el clima sea más predecible. Pero la misionera canadiense Isobel Kuhn, quien trabajó en las aldeas tribales de los lisu a mediados del siglo xx, decidió aprovechar el mal tiempo e iniciar la Escuela Bíblica de la Estación Lluviosa, un programa para enseñar a los nuevos creyentes los fundamentos de la vida cristiana. El proyecto tuvo un gran éxito, y muchos estudiantes se convirtieron en líderes de las iglesias en las aldeas. Kuhn cambió el guion para convertir en una oportunidad lo que parecía ser una situación adversa.

La Escritura está llena de ejemplos similares: cuando las doce tribus de Israel cruzan a la tierra prometida a pesar de que el río Jordán estaba en fase de inundación; cuando el pequeño ejército de Gedeón gana una enorme batalla; cuando Josafat convierte la vulnerabilidad de su ejército en una ocasión para demostrar el poder de la alabanza; cuando David desafía a Goliat y a los filisteos; cuando Ester cambia el curso de los acontecimientos en medio de un complot malvado contra su pueblo y lo salva; al declarar Pablo que su encarcelamiento era en realidad una gran tribuna para compartir el evangelio; y sobre todo cuando una cruz y una tumba se convierten en la victoria final de una batalla cósmica. Dios es un cambiador de guiones por naturaleza, e invita a su pueblo a la misma dinámica. Las amenazas son a menudo oportunidades; la derrota nunca es realmente una derrota; y las victorias vienen de los héroes más improbables.

Si este es un nuevo patrón para ti, bienvenido a la vida en el reino de Dios, donde la adversidad rara vez es lo que parece. Se te invita a participar activamente en los cambios inesperados de los acontecimientos; a ser el vencedor que no se desconcierta al estar contra la pared; a ser la persona débil, humilde o tonta que demuestra el poder y la sabiduría de Dios. Tu vida puede ser una vitrina para las hazañas de tu Padre, que ama crear cosas nuevas de la nada y llamar las cosas que no son como si ya existieran (ver Romanos 4:17, NVI). Demuestras su creatividad con solo dejarlo obrar en tu vida. Confía en que él creará oportunidades para ti que te darán buenos resultados y servirán a sus propósitos.

Señor, es increíblemente difícil cambiar mi forma de ver la adversidad, pero la fe siempre puede convertirla en oportunidad. Te invito a que me hables, a que me recuerdes las oportunidades que hay en la adversidad y a que muestres victorias creativas a través de mí. Amén.

Zacarías 4:8-10

Pequeñas grandes cosas

No menosprecien estos modestos comienzos, pues el SEÑOR *se alegrará cuando vea que el trabajo se inicia. (Zacarías 4:10)*

EDWARD KIMBALL ERA MAESTRO de escuela dominical en una iglesia de Boston, un papel no carente de importancia y sin duda una inversión de tiempo y energía que vale la pena. Pero Kimball es apenas conocido en la historia cristiana, excepto por una contribución fundamental: visitó a un joven llamado Dwight Moody, que trabajaba en una tienda de calzado, y lo llevó a Cristo. Moody se convirtió en el evangelista más conocido del siglo XIX, predicó a unos 100 millones de personas, influenció a muchos otros importantes ministros y evangelistas y fundó la Iglesia Moody y el Instituto Bíblico Moody en Chicago, instituciones que han formado a muchos para el servicio cristiano. Una visita a una tienda de calzado cambió el rostro del evangelismo y millones de vidas.

Esta historia se cuenta a menudo para animar a las personas que sienten que tienen poca influencia en el reino de Dios, y por razones comprensibles. Kimball seguramente hizo muchas contribuciones positivas a la sociedad y a las personas que lo conocieron, pero es conocido por influenciar a alguien que a su vez influyó en millones de almas. Es un ejemplo de un pequeño catalizador que impulsa un gran cambio, es el poder de los sucesos menores para generar grandes movimientos y un estudio de caso de cómo funciona a menudo el reino de Dios. Para todo aquel que piensa que no tiene nada que ofrecer, Kimball es un recordatorio de que una conversación puede cambiar el curso de la historia.

No pienses que tus contribuciones a la obra de Dios son cosas pequeñas ni descartes su potencial para cambiar vidas. Puede que nunca veas un impacto significativo en este lado del cielo, pero eso no significa que no lo hayas tenido. No sabes lo que tu fidelidad ha logrado, pero no es tu tarea averiguarlo. Dios lo sabe y apreciará tu contribución. Usa bien tus dones, úsalos con fidelidad y déjale los resultados a él. Desde tu lugar en la eternidad, estarás agradecido por las cosas que has hecho. Incluso ahora, la gente que recibe la influencia de tu vida probablemente ya lo está.

Señor, es fácil sentir que mi trabajo nunca es suficiente, que las necesidades son demasiado grandes y mis ofrendas demasiado pequeñas. Cambia mi percepción de esto. Dame atisbos de los resultados. Enséñame a estar agradecido por el privilegio de servirte, incluso en formas aparentemente insignificantes. Amén.

19 DE OCTUBRE
Juan 12:44-50

Una edad de gracia

He venido para salvar al mundo y no para juzgarlo. (*Juan* 12:47)

Los pensadores cristianos medievales prestaron mucha atención a los grados del pecado. Mostraron una obsesión casi matemática respecto a las consecuencias que traía cada uno de ellos, a los niveles de recompensas y castigos que en la vida después de la muerte merecía cada categoría de justicia e injusticia y cuánto tiempo cada grado de pecado detenía a una persona antes de alcanzar el paraíso final. Todo este esquema, por muy variado y fluido que fuera, no era un reflejo del reino de Dios sino del deseo del mundo de tener una justicia meticulosa. La sociedad estaba llena de injusticias; la iglesia imaginaba un sistema que funcionaría, incluso en la otra vida.

Es algo comprensible. Nos sentimos incómodos cuando la gente no es castigada por sus malas acciones e injusticias. Queremos que paguen. Y tenemos razón al esperar que las autoridades mantengan la paz y establezcan el orden en la sociedad. Esa es la función del gobierno en este mundo, y Dios ha dejado claro a través de los profetas que está totalmente del lado de la justicia. Pero si aplicamos nuestro instinto de venganza en las relaciones personales y a los adversarios espirituales, y a nosotros mismos, nos encontramos con un problema. Todos somos culpables de múltiples delitos. Necesitamos un Salvador que nos perdone, nos limpie y nos renueve. Ninguno de nosotros puede soportar el peso de sus propios defectos, debilidades y pecados.

Estamos llamados a demostrar otro camino, una alternativa a un mundo lleno de venganza: un reino de gracia. No podemos vivir en ambos sistemas al mismo tiempo, ni aplicar selectivamente la justicia a algunos y la gracia a otros y a nosotros mismos. Es todo o nada. Cuando entramos en la gracia que Dios nos da por la fe, también comprendemos que debemos dar lo que hemos recibido. Así es como funciona su reino. Hemos sido perdonados completamente; así que debemos perdonar del mismo modo.

Jesús no fue enviado a este mundo en una misión de juicio. Tampoco tú. Cuando declaró su misión en la sinagoga de Nazaret anunció que había llegado el tiempo del favor de Dios (Luc. 4:18-19), y nosotros debemos declarar lo mismo. Como ministro de la misión de búsqueda y rescate de Dios en este mundo, debes representar la cultura de la gracia.

Jesús, has demostrado que los corazones crecen a plenitud en un clima de amor; ese es el camino de tu reino. Gracias por tu gracia en mi vida. Que otros puedan experimentarla a través de mí. Amén.

Preparado para influir

¿Acaso encontraremos a alguien como este hombre, tan claramente lleno del espíritu de Dios? (Génesis 41:38)

José había esperado años para tener la oportunidad de salir de la cárcel. Tal vez anhelaba regresar a su tierra natal o tal vez vivir sin el recuerdo de haber sido vendido como esclavo por sus hermanos años antes. De cualquier manera, los sueños que Dios le había dado, esos que irritaban tanto a sus hermanos, parecían haber quedado en el pasado. Pero ahora el faraón de Egipto estaba satisfecho con la sabiduría de José y le otorgaba una posición extraordinariamente alta. El espíritu que inspiraba a José era claramente visible para los que le rodeaban.

Muchos de nosotros anhelamos ese tipo de influencia reconocible. Queremos recibir sabiduría, poder y amor desde lo alto y queremos que la gente vea la presencia del Espíritu en nosotros. Nos decepcionamos cuando el mundo descarta nuestras creencias por considerarlas alejadas de la realidad, irrelevantes o ingenuas, y cuando el cuerpo de Cristo no valora nuestros dones. Olvidamos que José fue rechazado por sus hermanos, falsamente acusado por la esposa de su amo, encarcelado por su amo y olvidado por otros prisioneros que podrían haber abogado por su liberación. Pasó años en los escalones más bajos de la sociedad, encontró el favor de Dios y ocasionalmente de otras personas, pero continuó confinado por circunstancias desafortunadas. Parecía estar atrapado.

Podemos identificarnos con esta situación, pero debemos recordar que nunca estamos atrapados en nuestras circunstancias, no importa cuán confinados nos sintamos o cuánto tiempo nos hayamos sentido así. El día antes de que el faraón llamara a José para interpretar sus sueños, este se encontraba en prisión y sin perspectivas de salir. Allí había pasado dos largos años. La solución de Dios estaba a un día de distancia, pero José no podía saberlo. Todo lo que podía hacer era fortalecerse en el Espíritu hasta que el plan de Dios se llevara a cabo. Todo sueño que tengas para servir a Dios e influir en este mundo, que sea tu prioridad. Las puertas de Dios se abren en el momento perfecto para aquellos que han preparado sus corazones para ese instante.

Señor, no tengo que ver las puertas abiertas para saber que eres tú quien las abre. Confío en que tú escoges el momento. Apresta mi corazón para llevar el peso de mi vocación, y hazme fuerte en el Espíritu para las obras que has preparado. Amén.

Enviado

Así está escrito, que el Cristo padeciera y resucitara de entre los muertos al tercer día; y que en su nombre se predicara el arrepentimiento para el perdón de los pecados a todas las naciones, comenzando desde Jerusalén. (Lucas 24:46-47, LBLA)

Los indicios a lo largo del Antiguo Testamento dejan claro que el interés del Dios de Israel iba más allá de Israel, que su Palabra sería una luz para los gentiles, que Israel sería el primogénito (no el único) de las naciones, que la gloria de Dios cubriría finalmente la tierra y que muchos llegarían a Dios a través de los judíos. Antes de Jesús, esa misión global era más una fuerza centrípeta que centrífuga; estaba enfocada en el centro y las naciones eran atraídas hacia el trabajo que Dios hacía. Personas como la reina de Saba vinieron a Jerusalén para ver las maravillas de su templo, la sabiduría de su rey y las bendiciones que su Dios le había otorgado. Los profetas declararon que Dios haría que Jerusalén fuera motivo de alabanza en toda la tierra. Incluso cuando el pueblo de Dios fue llevado al cautiverio, sus corazones aún se volvían hacia la Ciudad Santa como centro de la obra de Dios.

En el Nuevo Testamento, esa fuerza centrípeta se convirtió en una fuerza centrífuga que impulsó a los creyentes hacia afuera para llevar el mensaje a todas las naciones. Jesús les dijo a sus discípulos que fueran por todo el mundo, y la persecución, el comercio y los viajes misioneros llevaron el evangelio lejos de sus orígenes geográficos. En lugar de atraer a la gente, la iglesia se centró en enviar personas al mundo. La misión global se convirtió en verdaderamente global.

Todavía vivimos en esta era de movimiento hacia afuera, donde el centro geográfico del evangelio se ha trasladado varias veces, donde se envían misioneros a países remotos (y recibimos otros nos son enviados) y en la que la Biblia todavía se traduce a los idiomas de grupos de personas lejanos. Pero la misión es más que geográfica. Va más allá de los muros de nuestra iglesia local hasta el lugar de trabajo, el mercado, las organizaciones comunitarias y cualquier otro lugar al que vayamos. Nuestra misión está integrada en cada aspecto de nuestras vidas, a veces de forma sutil y creativa, para atraer, alcanzar y elevar hasta que la gloria de Dios cubra realmente la tierra, a través de nosotros.

Señor, impregna mi identidad con tu misión. Abre mis ojos para verme a mí mismo como una parte vital e integral de tu redención global. Que pueda llevar tu presencia, es decir, tu sabiduría, poder y amor, a todas las áreas de la vida. Amén.

Hechos 8:1-8

Extranjeros a propósito

Ese día comenzó una gran ola de persecución que se extendió por toda la iglesia de Jerusalén; y todos los creyentes excepto los apóstoles fueron dispersados por las regiones de Judea y Samaria. (Hechos 8:1)

La Escritura se refiere a los ciudadanos del cielo como extranjeros, forasteros, extraños, nómadas y otras descripciones que nos diferencian de una existencia puramente terrenal. Tales palabras son a veces reconfortantes y otras inquietantes. Nos recuerdan que estamos enraizados en la eternidad, pero también que no encajamos aquí. A veces la condición de extranjeros nos ha sido impuesta de manera extrema; ha habido persecuciones desde los primeros días de la iglesia y continúan en muchos países hoy. Millones de mártires dan testimonio de la incompatibilidad entre el reino de los cielos y los proyectos terrenales.

Por muy incómodo que sea, nuestra condición de extranjeros es a propósito. Vemos en la Escritura y en la historia que casi siempre que Dios ha dispersado a su pueblo (o más bien ha permitido que un opresor lo haga), de alguna manera ha hecho avanzar su reino. Esta es una de las formas en que Dios lleva su sal y su luz a los lugares más lejanos del mundo. No es el autor de la persecución, por supuesto; pero siempre ha demostrado su capacidad para incorporar incluso las peores decisiones humanas en sus propósitos generales, planificándolas y compensándolas con antelación. La disfunción de las familias patriarcales, las decisiones de los reyes malvados, las persecuciones de su pueblo, todo ha servido a sus propósitos. Él sabe cómo llevar a cabo su plan a pesar de las tragedias de la vida, incluso en conjunción con ellas.

No desprecies tu condición de extranjero en este mundo. Habrá momentos en que te sientas en casa, cuando las cosas vayan bien y parezcas encajar. Gracias a Dios por esos momentos. Pero agradécele también por la forma en que logra sus propósitos a través de los duros rechazos y las sutiles exclusiones que puedes sufrir. En última instancia, servirán a sus propósitos, así como a los tuyos. Tu misión en la vida nunca debe verse comprometida por la resistencia del mundo a ella.

Señor, dame la entereza para perseverar en los tiempos difíciles y frente a las injusticias, y dame la visión para ver tus propósitos más elevados en ellos. Hazme dar fruto sin importar las condiciones del suelo en el que estoy plantado. Cumple tus propósitos en mí y a través de mí. Amén.

23 DE OCTUBRE

Números 13:25-33

Una verdad superior

Comenzaron a divulgar entre los israelitas el siguiente mal informe sobre la tierra: «La tierra que atravesamos y exploramos devorará a todo aquel que vaya a vivir allí. ¡Todos los habitantes que vimos son enormes!». (Números 13:32)

MOISÉS ENVIÓ DOCE EXPLORADORES a la tierra prometida, no para averiguar si podía ser tomada, sino para desarrollar algunas estrategias que permitieran hacerlo de la mejor manera, y la mayoría de ellos regresaron completamente paralizados por el miedo. Todo lo que podían ver era lo difícil de la tarea. Desde su punto de vista, había gigantes y obstáculos y todo tipo de fuerzas opuestas. Pero dos de los exploradores tenían una mejor perspectiva, una que se alineaba con lo que Dios ya había hablado. Los obstáculos y la oposición eran reales, decían, pero también lo era la promesa de Dios. Después de todo, esta era la tierra *prometida*. Pero los críticos superaron a los hombres de fe y la multitud que escuchaba entró en pánico. La nación tuvo que vagar durante otra generación.

Por desgracia los críticos tienen ese tipo de poder. Lo que dicen puede ser cierto, pero rara vez enfatizan la verdad superior de lo que Dios ha dicho. Se limitan a una perspectiva humana e ignoran la posibilidad de una divina. Y el mundo está lleno de tales voces.

Lamentablemente, también lo está la Iglesia. «No funcionará» es una afirmación convincente, y ha malogrado numerosas visiones dadas por Dios a lo largo de la historia. Los planes deben ser prudentes y bien pensados, y se deben plantear las objeciones apropiadas, pero cuando Dios nos ha guiado, cuando se trata de su palabra, las objeciones pierden relevancia. Cuando Dios ha hablado, las voces de los críticos deben apagarse. Con Dios, ningún obstáculo es insuperable.

Criticar es fácil, pero la fe y la visión hacen que las cosas sucedan. No seas una de esas personas que señalan todos los problemas sin nunca ofrecer alguna solución. Dios tiende a satisfacer a los visionarios, no a los críticos. Incluso cuando las visiones decaen, nos llevan más lejos que la carencia de ellas. Elije ver las cosas desde una perspectiva centrada en Dios y luego adéntrate en la visión que has recibido. Él te guiará fielmente a las tierras de la promesa.

Señor, dame una visión que venga de tu perspectiva y se ajuste a tus propósitos, y hazme resistente a todos los que la refuten. Dame el discernimiento para saber la diferencia entre un consejo constructivo y una crítica destructiva. Que mi fe se mantenga firme ante la oposición. Amén.

Si Jesús fuera el Señor

¿Por qué siguen llamándome «¡Señor, Señor!» cuando no hacen lo que digo?
(Lucas 6:46)

Imagina que Jesús se te aparece y te dice: «Aprecio tus esfuerzos, pero ahora tomaré todas las decisiones en tu vida. Voy a reorganizar algunas cosas. Te enseñaré los valores, otorgaré los dones y te guiaré en los propósitos de mi reino. Pronto tendrás una perspectiva diferente, pero creo que te gustará. Te va a encantar tu nueva vida».

¿Cómo crees que sería tu vida si Jesús tuviera las riendas de ella? Es una pregunta interesante que debería guiarnos a diario. Después de todo, él es el Señor y se supone que debería guiarnos y moldearnos incluso ahora. Pero que podamos imaginar cómo *sería* si él fuera realmente el Señor de nuestras vidas, y que al hacerlo imaginemos algo diferente de lo que experimentamos ahora, indica que no estamos completamente sometidos a su señorío. Lo llamamos Señor sin tratarlo realmente como tal.

Una de las mejores cosas que puedes hacer en tu crecimiento como seguidor de Jesús es preguntarte a ti mismo: «¿Cómo sería la vida si…?». La pregunta es aplicable a tu vida personal, tu familia, tu trabajo y toda área de la vida. Si Jesús estuviera a cargo, ¿cómo reorganizaría las cosas? El ejercicio de preguntar y visualizar la respuesta va encaminado a desarrollar una perspectiva del reino en tu corazón. En algún momento, esa perspectiva te lleva a la acción. Puedes incluso descubrir que Jesús *está* reorganizando tu vida para que sea más coherente con su naturaleza y sus planes. La pregunta puede dar lugar a un cambio significativo.

Con palabras similares a las del versículo de hoy, Jesús dio un ejemplo muy específico de su deseo de reordenamiento. Lavó los pies de sus discípulos y les dijo que siguieran su ejemplo al hacer lo mismo con los demás (Juan 13:13-15). Pero eso es solo el principio. Pídele que rediseñe tu mundo personal, por dentro y por fuera. Permítele reordenar tu modo de ver las cosas. Experimenta lo que significa que él sea en realidad el Señor de tu vida.

Jesús, puede que nunca te siga a la perfección, pero no quiero seguirte a medias. Responde con experiencias reales a mi pregunta de cómo sería la vida contigo como Señor. Reorganiza mi vida como creas conveniente. Amén.

Si Jesús fuera el gobernante

¡Bendiciones al Rey que viene en el nombre del S*EÑOR*! *¡Paz en el cielo y gloria en el cielo más alto!* (Lucas 19:38)

GRAN PARTE DE LA HISTORIA es la historia de las contiendas políticas. En la actual era de la democracia, vemos ciclos de debates y disputas sobre políticas y candidatos. Debates similares abundaban en la época de las monarquías y los imperios, no sobre quiénes gobernarían sino sobre cuán bien lo hacían. Algunos gobiernos han sido buenos, otros han sido malos, pero ciertamente ninguno ha sido perfecto. La pregunta fundamental en todas las discusiones sobre ideología política es cómo es un buen gobierno, y de ahí surgen muchas otras preguntas: ¿Qué grado de control debe tener? ¿A quién debe rendir cuentas? ¿Qué políticas debería aplicar? Y así sucesivamente.

¿Y si Jesús fuera el gobernante? *Es* el Rey del universo, por supuesto, pero si el Jesús viviente se presentara en carne y dirigiera uno de nuestros gobiernos, ¿cómo sería? ¿Qué asuntos serían importantes para él? ¿Qué tan activos esperaría él que fueran sus súbditos o ciudadanos? ¿Qué tipo de autoridad delegaría y qué tipo de autoridad ejercería él mismo? ¿Buscaría ejercer control o influenciar? ¿Hacer cumplir la legislación o cambiar los corazones? Estas preguntas podrían extenderse, pero basta con algunas para estimular tu imaginación. Si Jesús estuviera a cargo de tu país, ¿qué tipo de ambiente crearía?

La respuesta a esta pregunta debe guiar no solo tus decisiones políticas sino también tu sentido de responsabilidad cívica. Jesús tiene la oportunidad de cambiar la sociedad para bien, en formas muy reales, a través de su gente fiel que está estratégicamente ubicada en vecindarios, ciudades, condados, estados y naciones. Si quieres ser la sal y la luz en una democracia, debes tener algún entendimiento de cómo sería Jesús (y lo es, a través de su gente) la sal y la luz de esa democracia. Pídele esa comprensión, y no te sorprendas si obtienes respuestas inesperadas. Entonces vive como un seguidor de Jesús, con una perspectiva del reino, dondequiera que él te ubique en la sociedad.

Jesús, es difícil imaginarte vinculado a la política, pero también es difícil imaginarte ajeno a los temas reales que afectan la vida. Muéstrame ese equilibrio. Llévame a posiciones de influencia. Déjame ser parte del cambio que deseas. Amén.

Si Jesús fuera director general

Pues ni aun el Hijo del Hombre vino para que le sirvan, sino para servir a otros y para dar su vida en rescate por muchos. (Mateo 20:28)

Los modelos de negocios van y vienen. Algunos han enfatizado un liderazgo fuerte, casi autoritario. Otros han hecho hincapié en liderar con el ejemplo e incluso con el servicio. Todos tienen sus pros y sus contras, y hay ejemplos de todo tipo en casi todos los sectores de la economía. Pero si Jesús fuera hoy el director general de una empresa, ¿cómo la dirigiría? ¿Qué valores se destacarían en su empresa? ¿Cómo equilibraría la obtención de suficientes beneficios para pagar a sus empleados y brindar un excelente servicio con la entrega de donaciones caritativas que beneficien a la sociedad en general? ¿De qué manera cuidaría a su personal y les daría oportunidades para crecer? ¿Qué esperaría de ellos en cuanto a excelencia, actitud, ética de trabajo, carácter y relaciones laborales? Si él dirigiera el negocio, ¿qué ambiente crearía allí?

Esto puede parecer una situación frívola e hipotética pues Jesús nunca mostró ningún interés en dirigir un negocio, ¿no es así? Pero tiene implicaciones significativas para todos los líderes empresariales y para el personal de una compañía. Con un poco de adecuación, esas implicaciones también podrían aplicarse fácilmente a las organizaciones sin fines de lucro. Lo cierto es que Jesús está vivo y activo, no solo como nuestro intercesor a la derecha del Padre, sino también como la presencia viva entre nosotros. Su Espíritu vive en nosotros, nos guía e implementa la voluntad del Padre en este mundo a través de nosotros, al menos idealmente. Así que para aquellos que dirigen cualquier tipo de negocio, ¿cuál es la voluntad del Padre?

Dedica un momento a imaginar cómo sería hoy la sal y la luz de Dios de forma práctica en la organización general y en las operaciones diarias de nuestras empresas. Por sus palabras a sus discípulos, sabemos que Jesús lideraría sirviendo; lo dejó claro. ¿Pero cómo sería su servicio? ¿Cómo bendeciría a todos los participantes? ¿Cómo serviría a la sociedad en su conjunto? Responder a esas preguntas te acercará a una perspectiva del reino en tu trabajo, y esa perspectiva podría cambiar el mundo, o al menos el lugar en que estás, de manera profunda.

Jesús, insististe en que el camino a la grandeza era servir, no ganar poder y mandar a los demás. Dame un corazón para el servicio. Muéstrame cómo vivir una vida del reino en las instituciones de este mundo. Amén.

Lucas 2:41-48

Si Jesús fuera un maestro

Tres días después, por fin lo encontraron en el templo, sentado entre los maestros religiosos, escuchándolos y haciéndoles preguntas. Todos los que lo oían quedaban asombrados de su entendimiento y de sus respuestas. (Lucas 2:46-47)

¿CÓMO SERÍA UN AULA dirigida por el Hijo de Dios? Podemos vislumbrar en los Evangelios la respuesta a esa pregunta en un contexto antiguo: Jesús enseñó a sus discípulos durante más de tres años según la costumbre de la época. Pero si fuera un maestro en nuestra sociedad de hoy, ¿cómo sería? Si fuera el rector o el director de una escuela, o cualquier tipo de educador moderno, ¿qué tipo de ambiente crearía?

Estas preguntas son relevantes para cada seguidor de Jesús cuya vida se relacione con una escuela, ya sea una escuela pública o privada, un colegio o una universidad, como estudiante o padre de un estudiante, y sin duda como maestro o director. Las técnicas pedagógicas han cambiado mucho a lo largo de los años, y conocemos mucho más sobre el proceso de aprendizaje que antes. Pero si lo que sabemos a nivel profesional se combina con la naturaleza y el carácter de Cristo (su paciencia, su valor para los que están aprendiendo, sus formas creativas de demostrar algo) podríamos cambiar la sociedad transformando uno a uno los estudiantes. Podríamos llevar la influencia del reino a las aulas de la vida.

No se trata de llevar a Dios a las aulas a través de palabras y oraciones, ni tampoco del plan de estudios ni de las filosofías actuales de los expertos humanos. El entorno del reino de Dios no depende del tipo de cosas que nuestras sociedades han debatido en las últimas décadas. Las personas que llevan a Jesús dentro pueden cambiar la atmósfera solo con ser como él, independientemente de las políticas y los planes de estudio. Casi nadie se resistiría a su bondad ni a la creatividad de sus caminos. Si él está en ti, y tú estás en un aula, él está allí. Permítele transformar tu corazón y el de los demás a través de ti simplemente al expresar su naturaleza.

Jesús, hemos estado mucho más preocupados por nuestras políticas educativas que por los corazones de nuestros educadores. Cambia nuestra perspectiva. Permítanme influir en los corazones de la forma en que lo hiciste: aprender como aprendiste, enseñar como enseñaste y vivir como viviste. Amén.

Si Jesús fuera un padre

Y, debido a que somos sus hijos, Dios envió al Espíritu de su Hijo a nuestro corazón, el cual nos impulsa a exclamar «Abba, Padre». (Gálatas 4:6)

DIOS ES NUESTRO PADRE. Ese es el privilegio de todos los que creen (Juan 1:12). Dios lo planeó así incluso antes de haber hecho el mundo (Efesios 1:4-5) y nuestra relación con él nos lleva a la experiencia de ser inimaginablemente amados (1 Juan 3:1). Si lo reconocemos como nuestro Padre, podemos aprender mucho de él sobre la crianza de los hijos. En realidad, podemos aprender bastante sobre la naturaleza de las familias. Como creyentes, hemos sido adoptados en la familia divina y el amor nos lleva a una conciencia más plena de la extraordinaria relación que tenemos con Cristo, en él y a través de él. Vivimos en medio de un patrón divino.

Pero conforme a nuestro tema de ser como Jesús, preguntémonos cómo podría él dirigir un hogar. Si Jesús fuera el padre de nuestra familia hoy, no de la familia espiritual de Dios en su conjunto, sino de la familia que vive en nuestro hogar actual o con la que interactuamos regularmente, ¿qué ambiente crearía? ¿Qué tipo de valores expresaría esta familia? ¿Cómo se comunicaría, corregiría a sus hijos, expresaría su amor, cultivaría nuestra fidelidad y haría funcionar la vida diaria? ¿Cómo influiría en sus seres queridos y cómo querría que nos influyéramos mutuamente? ¿Qué cosas dispondría de otro modo?

Estas preguntas que nos hemos estado haciendo en los últimos días sobre cómo crear un entorno similar al de Jesús se aplican a todos los ámbitos de tu vida, pero donde son más importantes es en tu familia. Cuando el hogar no es un reflejo del reino (con su calor, su plenitud, su valor para la gente que se nutre de él) el dolor de un mundo caído es más evidente que nunca. A veces no tienes un control completo de ese entorno; otras personas también inciden en él. Pero sí tienes influencia. Tus oraciones, tu fe y tu actitud, incluso bajo estrés, pueden convertirse en catalizadores espirituales para un cambio real. Con el tiempo, puede que veas el reino crecer en tu hogar de maneras sorprendentes. Y cuando suceda, también fluirá hacia todas las demás áreas de la vida.

Jesús, quiero que mi hogar se parezca mucho a tu reino; cada relación, cada expresión, cada momento de cada día. Muéstrame cómo lograrlo. Cueste lo que cueste, enséñame a reorganizar la vida para que mi familia se parezca a la tuya. Amén.

Colosenses 1:15-20

El patrimonio familiar

Por medio de él [Cristo], Dios creó todo lo que existe en los lugares celestiales y en la tierra. Hizo las cosas que podemos ver y las que no podemos ver [...]. Todo fue creado por medio de él y para él. (Colosenses 1:16)

HAS SIDO ADOPTADO en la familia divina, y hay algo que debes saber. Es la familia más rica del universo; tu Padre es el dueño de todo y tu hermano mayor es el heredero de todo. Pero te ha hecho coheredero con él. Eso significa que tú heredarás todo; en realidad, ya es tuyo. Puedes vivir en esta propiedad real incluso ahora. Si hay algo que quieras hacer, cualquier parte de la herencia que quieras gastar (por supuesto, en conformidad con los propósitos de la familia), todo lo que tienes que hacer es presentarle una propuesta al Padre en el nombre del Hijo. Puede que necesite alguna mejora, pero es una petición legítima. Tienes acceso a la fortuna de la familia.

Cuando aprendes a orar desde esa perspectiva, no como un extraño que trata de obtener bendiciones del cielo, sino como un hijo o hija ya inscrito en la herencia familiar, tus oraciones comienzan a tomar un tono diferente. No ruegas; pides. No te preguntas si tu indignidad te descalifica; estás vestido con Cristo y su dignidad es suficiente. No pides con propósitos egoístas; lo haces porque la familia está en una misión y tiene un plan para prosperar y expandirse. Las oraciones comienzan a llenarse de fe cuando adoptan esa perspectiva y ese tono. Y la fe es lo que dice Dios que lo impulsará a responder.

Aprende a orar como un hijo que ya tiene participación en la herencia. Ve el mundo como el patrimonio de tu familia y presenta peticiones encaminadas a solucionar todo lo que esté mal en él. Conoce los propósitos del Padre y alinéate con ellos. Su reino vino en el Hijo, ahora viene a través de sus hijos e hijas y vendrá en plenitud cuando el Hijo regrese. Vive, y pide, como un heredero que anhela la restauración de todas las cosas buenas.

Padre, enséñame los caminos de nuestra familia para poder usar nuestra herencia en función de tus propósitos. Déjame vivir en su abundancia y pedir como un niño, desde una posición de privilegio. Que yo pueda bendecir al mundo con todo lo que has dado. Amén.

El plan familiar

A Dios, en toda su plenitud, le agradó vivir en Cristo y, por medio de él, Dios reconcilió consigo todas las cosas. Hizo la paz con todo lo que existe en el cielo y en la tierra por medio de la sangre de Cristo en la cruz. (Colosenses 1:19-20)

Gran parte de tu discipulado, y por lo tanto de tu misión como sal y luz en este mundo, será aprender los caminos de la familia real y entender sus propósitos. No se te da tu parte de la herencia para que te desvíes y vivas apartado de los caminos de Dios, aunque sin duda te beneficiarás de ellos. Estás siendo educado y entrenado, del mismo modo que cada niño es educado por su familia natural para adoptar los caminos de esa familia y adaptarse a su entorno. Cuanta más comprensión de los intereses de la familia muestres, mayores serán los recursos que el Padre y el Hijo te confiarán. Por supuesto, los dones que te otorgan ya son tuyos; simplemente estás aprendiendo a usarlos. Estás llamado a aprovechar las enormes riquezas de este reino, todos los recursos que se te han concedido, para reconciliar el mundo con tu Padre el Rey y hacer que la gente recupere sus bendiciones.

Por supuesto, la riqueza del reino no se parece a la riqueza mundana, aunque las finanzas ciertamente caen dentro del patrimonio real. Que tu Padre sea dueño del ganado de mil colinas (Salmos 50:10) y que ofrezca dones buenos y perfectos (Santiago 1:17) nos indica que es Rey tanto del mundo visible como del invisible. Los recursos más poderosos que has recibido provienen del reino invisible, lo cual explica por qué tu formación es permanente. No son dones fáciles de entender. Tienen el potencial de redimir, regenerar, reconciliar y restaurar. Son sobrenaturales, y solo aquellos con ojos de fe pueden verlos y aprender a usarlos.

Dedícate a esta misión. Toda la plenitud de Dios habita en Cristo, y Cristo habita en ti. La herencia familiar radica en esa relación, y su riqueza está a tu alcance ahora. Explora este patrimonio, adopta el carácter de la familia real y pide aprender a usar bien sus recursos. Haz tuyos sus planes y vive para cumplirlos.

Jesús, tú conoces el patrimonio del Padre mejor que nadie; enséñame sobre su carácter, sus bienes y sus planes. Déjame ver los dones con ojos de fe y usarlos con sabiduría, poder y amor sobrenaturales. Amén.

Hechos 16:16-24

Una imagen verdadera

«¡Toda la ciudad está alborotada a causa de estos judíos! —les gritaron a los funcionarios de la ciudad—. Enseñan costumbres que nosotros, los romanos, no podemos practicar porque son ilegales». (Hechos 16:20-21)

Un subtema interesante a lo largo del libro de los Hechos es la percepción errónea que tenían los no creyentes sobre los cristianos, por ejemplo: que los cristianos pensaban que Jesús destruiría el templo (Hechos 6:14), o que se estaban rebelando contra el César (Hechos 17:7), o que uno de sus líderes más prominentes llevaba a gentiles a los patios interiores del templo para profanarlo (Hechos 21:28). Se decía que los cristianos tenían orgías y participaban en el canibalismo (malentendidos sobre la Cena del Señor) y que perturbaban la paz pública. Por supuesto, las percepciones negativas no se limitan a la época del Nuevo Testamento; han continuado a lo largo de la historia y están muy difundidas hoy en día. En ocasiones los cristianos hacen cosas que pueden dar lugar a una reputación negativa, pero a veces esa mala fama es una gran distorsión. Nuestra imagen ha pasado por todo tipo de manos hostiles y ha salido distorsionada.

Una de tus tareas en esta vida es mejorar la reputación de los cristianos dondequiera que vayas. No importa si tus fortalezas son intelectuales, relacionales, de carácter, artísticas, financieras, físicas, o alguna combinación de algunas de ellas, tienes la oportunidad e incluso la responsabilidad de usarlas bien y desafiar los estereotipos. Si crees que has dañado tu reputación con errores del pasado, ahora tienes realmente una gran oportunidad para demostrar humildad y el poder de la redención y la restauración. Independientemente de las circunstancias, las personas con las que te relaciones deben ver que tienes cierto parecido con Jesús. Tienes la oportunidad de mostrarles eso con los dones, la fe y las actitudes que él te ha dado.

No fuerces las cosas, ni te sientas responsable de las impresiones de los demás sobre los cristianos. Algunos decidirán estar prejuiciados contra las personas de fe, sin importar lo que hagas. Pero puedes tener un impacto positivo en aquellos que han recibido una falsa impresión, o incluso una impresión verdadera pero negativa. Vive con sabiduría, poder y amor, con mucha gracia y comprensión, y deja claro que la imagen que a menudo se presenta al mundo no se parece a la imagen de Dios en ti.

Jesús, tú eres la imagen exacta de Dios y yo quiero ser tu imagen exacta, tanto como mi personalidad y mis dones puedan reflejarte. Deja que tu reputación sea mejorada en mí. Amén.

El camino de las ovejas

Pues tuve hambre, y me alimentaron. Tuve sed, y me dieron de beber. Fui extranjero, y me invitaron a su hogar. Estuve desnudo, y me dieron ropa. Estuve enfermo, y me cuidaron. Estuve en prisión, y me visitaron. (Mateo 25:35-36)

La parábola de las ovejas y las cabras en el juicio final es una imagen poderosa, pero también controvertida. Durante siglos, los intérpretes se han obsesionado con sus detalles. ¿Se refiere Jesús a todos los pobres, oprimidos y olvidados, sin importar sus creencias? Cuando menciona al más insignificante de «mis hermanos», ¿se refiere a los desatendidos en general o a los desatendidos entre los judíos (sus familiares), como una declaración sobre nuestro nivel de preocupación por la nación elegida? ¿Apoya Jesús realmente una doctrina de salvación por obras (es evidente que la diferencia entre las ovejas y las cabras está en las acciones no en las creencias) o está insinuando que la verdadera fe siempre se traduce en obras? Todas estas son preguntas legítimas, pero a veces en medio de ellas hay una perspectiva mucho más amplia: los valores de Dios.

La compasión de Dios se dirige específicamente a las personas que sufren, incluso cuando sus heridas son autoinfligidas. Está claro en toda la Escritura que él se siente atraído por los quebrantados de corazón, los pobres y los oprimidos. No categoriza su compasión con falsas divisiones entre la evangelización y la acción social ni entre las políticas de gobierno y las individuales. Si realmente viviéramos como él, no encajaríamos del todo en ninguna denominación en particular ni en ningún partido político específico. Simplemente nos preocuparíamos, y mucho, por aquellos que sufren.

Como Jesús, evita las disputas políticas y las minucias filosóficas. Pon en práctica tu amor y haz algo de verdad. Contribuir a los ministerios de misericordia es una forma de ser sal y luz en este mundo; participar personalmente en las actividades es aún mejor. Si parte de tu misión en la vida es encarnar los valores de Dios, inspírate en las fuertes palabras de Jesús sobre la compasión y vive como una oveja.

Jesús, que nunca me vea envuelto en distracciones que socaven la verdad de tus palabras. Nos llamas a todos a satisfacer las necesidades físicas y emocionales reales. Muéstrame cómo. Dame oportunidades. Suaviza mi corazón con una compasión como la tuya. Amén.

Mateo 25:31-46

Jesús en otras ropas

Les digo la verdad, cuando hicieron alguna de estas cosas al más insignificante de éstos, mis hermanos, ¡me lo hicieron a mí! (Mateo 25:40)

HA HABIDO MOMENTOS en la historia cristiana, específicamente cuando aquellos que reivindicaban el nombre de Cristo estaban en posiciones poderosas o dominantes, en que las instituciones cristianas han oprimido a los marginados y a los olvidados en lugar de satisfacer sus necesidades. Los gobiernos «cristianos» han perseguido a supuestos herejes, a poblaciones no evangelizadas e incluso a personas inocentes que eran vistas como posibles amenazas o aberraciones. Según la parábola de las ovejas y las cabras, en Mateo 25, los instigadores de tal violencia e injusticia se encontrarán con Jesús en el reino eterno y quedarán atónitos al descubrir que él fue víctima de sus persecuciones. En cualquier lugar y en cualquier época, Jesús está vinculado de alguna manera con el «más insignificante de éstos», incluso si la iglesia considera que el «más insignificante de éstos» es indigno o carece de importancia.

Jesús se identifica con los que sufren, con los oprimidos y los olvidados, incluso cuando esas personas tengan la culpa de sus propios problemas. Un observador perspicaz notará que él no dice: «Estuve *injustamente* en prisión», solo «estuve en prisión (v. 36). Las personas que buscan evitar la responsabilidad de preocuparse por los demás encontrarán todo tipo de razones para no identificar a Jesús con los desamparados. Pueden encontrar muchas excusas para no ensuciarse las manos con aquellos que están en una situación crítica y sufren dolor, pueden asumir que Jesús solo se identifica con los piadosos y los de corazón puro, pero sus palabras no dejan margen para interpretaciones. Él ha entrado en el dolor de este mundo, ha mirado a las personas que están llenas de su Espíritu y en esencia ha dicho: «¿Qué van a hacer al respecto?».

Esa es una buena pregunta que debemos hacernos frecuentemente. ¿Qué vas a hacer con las personas que están sufriendo? ¿Cómo vas a ayudarlas? Si estuvieras convencido de que Jesús está en ellos, ¿cómo responderías? Esto no es solo teología; Jesús te lo está preguntando. Bienaventurados los que responden con compasión.

Jesús, perdóname por descuidar a las personas con las que te has identificado. No siempre sé cómo responder; sus necesidades son mayores que mi capacidad de satisfacerlas y más complicadas que la falta de fondos. Lléname con tu compasión y con tus recursos, espirituales, emocionales, financieros y más, para ayudar. Amén.

Líneas divisorias

¡No crean que vine a traer paz a la tierra! No vine a traer paz, sino espada.
(Mateo 10:34)

SOMOS GENTE DE PAZ. Esa es nuestra vocación. La sal y la luz ofrecen la *shalom* del reino de Dios de muchas maneras, de forma espiritual, material, emocional, relacional, física y mucho más. Bendecimos, influenciamos para cambiar las cosas y representamos la bondad de un Dios muy bueno. Pero si somos honestos con nosotros mismos y fieles a las palabras de Jesús, sabemos que nuestro mensaje no siempre trae paz. Jesús fue motivo de grandes disputas durante su ministerio terrenal y lo ha continuado siendo desde entonces. Familias, ciudades y naciones se han dividido por su identidad. Las almas se han visto obligadas a tomar uno u otro lado. Y el impacto del evangelio raramente permanece oculto. La verdad genera olas.

Nuestro objetivo es tener una influencia totalmente positiva en el mundo que nos rodea, pero tenemos que ser conscientes de que a veces nuestra influencia provocará divisiones. Aunque algunos cristianos tienen una naturaleza contenciosa y parecen sentirse atraídos por las palabras y las acciones divisorias, ese no es nuestro llamado. Pero la naturaleza del mensaje de redención y restauración a través de un Salvador crucificado y resucitado sí divide las lealtades y a veces provoca reacciones viscerales en personas que han sido lastimadas por la iglesia, decepcionadas por Dios, o incluso en aquellas que simplemente están atascadas en su egocentrismo. Las razones varían; la naturaleza del mensaje no, y a veces creará una conmoción.

Prepárate para eso, y se comprensivo con los corazones de aquellos que reaccionan negativamente debido a sus propias heridas espirituales. Guía siempre con amor, no con una verdad dura. Pero en el contexto del amor, no dejes que tu sal pierda su sabor ni que tu luz pierda su brillo. Dios logró mucho en medio de todas las reacciones negativas del Nuevo Testamento, y aún lo hace. Jesús sigue siendo una línea divisoria, y las almas todavía tienen que elegir si creerle o no. En ocasiones enfrentarán esa decisión al escucharte y observarte mientras vives a semejanza de Jesús. Deja que lleguen esos momentos, y en medio de ellos ofréceles la paz a todos los que la reciban.

Jesús, fuiste un signo de interrogación en persona, siempre provocaste una decisión, y mi unión contigo me hace ser igual. Dame la sabiduría para evitar conflictos innecesarios y enfrentar los verdaderos. Concédeme paz incluso cuando me convierta en una línea divisoria. Amén.

Mateo 12:34-37

Palabras irrespetuosas

Y les digo lo siguiente: el día del juicio, tendrán que dar cuenta de toda palabra inútil que hayan dicho. (Mateo 12:36)

Tal vez hayas notado una tendencia. El advenimiento de la cultura de Internet y las plataformas públicas que ha creado han dado lugar a niveles sin precedentes de un debate social que es cualquier cosa menos civilizado. Ya sea desde la cobertura del anonimato o por la facilidad de mezclarse con una multitud de otras voces, las personas se sienten cómodas al llenar sus comentarios de veneno e improperios, hasta el punto de que las discusiones ya no son discusiones. Se convierten en ruido, y a menudo el ruido tiene un tono muy agresivo.

Los cristianos pueden participar en este tipo de diálogo y también asumir su carácter destructivo. Algunos llegan a llamar idiotas e imbéciles a las personas que no están de acuerdo con ellos. Palabras que nunca saldrían de la boca de Jesús ni de los apóstoles salen de los teclados de los debatientes en línea. Estas actitudes también se extienden muy fácilmente a las conversaciones cara a cara. Pero el tono es solo una parte del problema. A un nivel más profundo, la gente parece estar perdiendo la capacidad de adentrarse en la cosmovisión de otra persona y ver un asunto desde su punto de vista. Discutimos con palabras que encajan en nuestra propia cosmovisión pero que apenas tienen sentido en otra. Insistir una y otra vez con la lógica bíblica tiene poco efecto en alguien que no cree en la Biblia. Sería mucho más beneficioso ser capaz de ver desde su perspectiva y luego aplicar principios bíblicos genuinamente útiles a cuestiones muy reales. Olvidamos que el asunto no es convencer a la gente de nuestras opiniones; es abrir los corazones a la influencia del Espíritu de Dios. Los debates y las discusiones contenciosas rara vez, por no decir nunca, logran ese objetivo.

Aprende a establecer lazos de empatía con los demás y a ver desde su perspectiva antes de expresar tus opiniones. Que tus palabras sean edificantes, alentadoras y sazonadas como con sal (Efesios 4:29; Colosenses 4:6, LBLA). Si la lengua tiene el poder de determinar el curso de una vida (Santiago 3:3-6), usa la tuya para dirigir tu vida y la de los demás hacia la bendición y la paz.

Señor, perdóname por las palabras inútiles. Usa mi lengua para expresar tus pensamientos, tu amor y tu alabanza. Enséñame a no atacar nunca otras opiniones en detrimento del amor. Amén.

Ponerle un rostro a Dios

Sean santos en todo lo que hagan, tal como Dios, quien los eligió, es santo.
(1 Pedro 1:15)

El terrorismo de las últimas décadas le ha puesto un rostro perturbador al islam. La gran mayoría de los musulmanes dirían que los actos terroristas no tienen nada que ver con su religión, y podemos entender esa objeción. Usamos una lógica similar cuando decimos que las Cruzadas, la Inquisición y la quema de cruces por el KKK no tienen nada que ver con el cristianismo real. No se puede definir una religión según todos los que aseveran ser sus representantes. Sin embargo, las personas de fuera lo hacen. Todos tendemos a juzgar un sistema de creencias por sus representantes más visibles, incluso cuando esos representantes son visibles debido a las razones equivocadas. Lo quieran o no, ponen un rostro a su Dios.

Piensa en eso. Las personas que usan la violencia hacen una declaración sobre la naturaleza de su Dios y alejan a la gente de él. Así también ocurre con aquellos que expresan su juicio sobre los defectos y las deficiencias de los demás, que hablan de lo mucho que aman la Palabra de Dios, aunque no hayan encontrado el tiempo para leerla completamente, que dicen amar a los demás sin estar realmente interesados en ellos, y así sucesivamente. Se aplica la misma dinámica, aunque en diferentes extremos. Con razón o sin ella, las personas juzgarán tu fe por tus acciones y actitudes. Para bien o para mal, le pones un rostro a tu Dios.

Sé cuidadoso con la forma en que reflejas la naturaleza de Dios. Estás llamado a ser como él, no a reivindicar su nombre y luego actuar con un espíritu diferente. Si la gente juzga el cristianismo por cómo representas a Jesús, entonces represéntalo bien. Ante todo, fuimos creados a su imagen con ese propósito, y esa es la razón por la que Jesús vino como la imagen exacta de Dios y la expresión de su carácter (Hebreos 1:3). A través de él, retornaremos a la imagen que se nos dio en un principio para que podamos representarlo con precisión. Sea cual sea el rostro que le pongas, que muestre la verdad de quién es.

Padre, perdóname por ser una representación caída y distorsionada de lo que eres. Devuélveme a tu verdadera imagen, y déjame reflejarte bien. Que pueda yo mostrar siempre tu verdadero rostro. Amén.

2 Pedro 1:16-21

Hasta que el día amanezca

Ahora confiamos aún más en el mensaje que proclamaron los profetas. Ustedes deben prestar mucha atención a lo que ellos escribieron, porque sus palabras son como una lámpara que brilla en un lugar oscuro hasta que el día amanezca y Cristo, la Estrella de la Mañana, brille en el corazón de ustedes. (2 Pedro 1:19)

A pesar de todos sus beneficios, la Reforma marcó el comienzo de un giro hacia el interior, un movimiento hacia una fe muy personalizada en la que cada individuo se responsabilizaría de su propio crecimiento espiritual. El proceso llevó bastante tiempo, muchas iglesias y comunidades de fe de la época de la Reforma veían la religión como un asunto colectivo e impusieron la disciplina eclesial a los individuos por el bien del grupo, pero ese enfoque nos parece hoy una intromisión. La fe se ha convertido en una cuestión privada, una preocupación personal, no es asunto de nadie más que nuestro. Queremos ser tratados como adultos espirituales que pueden tomar decisiones por sí mismos.

Sin embargo, al tomar nuestras decisiones, es importante recordar que otras personas tienen interés en nuestro crecimiento espiritual. No es solo un asunto privado, por más personal que parezca. A medida que nuestra fe crece, Cristo se va formando en nuestros corazones; la Estrella de la Mañana comienza a brillar, amanece y la realidad del Espíritu se manifiesta a través de nosotros. Experimentamos enormes beneficios personales en ese proceso, pero es mucho más grande que nosotros mismos. El mundo *necesita* este amanecer del nuevo día. La Estrella de la Mañana no se levanta en nosotros para quedar en secreto. Isaías expresó: «la gloria del Señor se levanta para resplandecer sobre ti» (Isaías 60:1), y él uno de los profetas a los que debemos prestar mucha atención, según nos exhorta la primera mitad del versículo de hoy. El Jesús en nosotros es un asunto colectivo. Se levanta por el bien del mundo.

Podemos alegrarnos de que los días en que la comunidad espiritual controlaba a sus miembros ya no sean tan comunes. Pero los días en que sus miembros ofrecen su crecimiento espiritual y sus dones a la comunidad continúan. Jesús obra en nosotros por nuestro bien, pero no solo por el nuestro. Su luz se eleva para brillar. Su gloria se hace visible. Tu crecimiento en él, y el suyo en ti, es una bendición para el mundo.

Señor, es difícil imaginar que las palabras de los profetas se cumplan en tu pueblo hoy, y específicamente en mí. Toma forma plena en mí para la gloria de tu nombre. Deja que el día amanezca para mí, en mí y a través de mí. Amén.

Un favor incómodo

Cuando la reina de Saba se enteró de la fama de Salomón, fama que honraba el nombre del SEÑOR, *fue a visitarlo para ponerlo a prueba con preguntas difíciles.* (1 Reyes 10:1)

«HONRARÁN AL SEÑOR TU DIOS [...] porque él te ha llenado de esplendor» (Isaías 60:9). Estas palabras fueron profetizadas al pueblo cautivo de Judá como una promesa de gloria futura. Evocaban imágenes de la gloria pasada, y esa era una de las razones por las que eran tan poderosas. La era de David y Salomón fue la edad de oro de Israel, la etapa en que las fronteras del reino se expandieron como nunca antes y Dios estableció la paz en todo el territorio (1 Reyes 5:4). Muchos reyes habían oído hablar de la fama de Salomón, entre ellos la reina de Saba, un reino árabe. No solo se maravillaban de la gloria de Salomón, sino que reconocían que el favor que había recibido era un reflejo de su Dios. La gente honraba al Dios de Israel por lo que veían en su pueblo. Reconocían de dónde venían el éxito y la prosperidad.

La sabiduría, la riqueza, el poder y los logros de Salomón eran evidencia del favor de Dios, y eran símbolos materiales de bendiciones mucho más ricas que adornaban a todo el pueblo de Dios en un período de fecundidad. Pronto esta gloria se vería empañada por la división y las distorsiones de la adoración, pero por el momento, la grandeza de Israel era un magnífico testimonio de la gloria de Dios. Su pueblo estaba en la envidiable posición de reflejar la bondad de Dios simplemente experimentándola.

Estos momentos llegan, incluso hoy en día, e incluso aunque podamos sentirnos muy incómodos con ellos. (Tal vez hayas notado cómo muchos de nosotros nos disculpamos por cualquier indicio de «estar sobresaliendo» en nuestra vida). En tu misión de honrar a Dios y reflejar su gloria, a veces te conviertes en el centro de atención. No hay nada malo en ello; no necesitas acompañar cada éxito con la incómoda aclaración de que ha sido por él, no por ti. Tu devoción por él se hará evidente, y mucha gente llegará a la conclusión de que vives un momento caracterizado por su favor visible y tangible. Si no has sido reacio a glorificarlo en tiempos de carencias, no temas pedirle también tiempos de abundancia. Tienes el privilegio de honrarlo en toda situación, no importa cuán buena sea.

Señor, gran parte de mi experiencia me ha enseñado a honrarte en tiempos difíciles y a sentirme un poco culpable por los buenos tiempos. Déjame sentirme cómodo con todas las formas de tu favor. Que pueda honrarte con plena satisfacción en todo momento y que siempre refleje tu bondad. Amén.

Proverbios 22:17-29

Más allá de la habilidad

¿Has visto a alguien realmente hábil en su trabajo? Servirá a los reyes en lugar de trabajar para la gente común. (Proverbios 22:29)

ESTAMOS LLAMADOS A DESTACARNOS. Muchos nos sentimos bastante incómodos cuando somos el centro de atención, y algunos han experimentado el dolor de sobresalir por las razones equivocadas. Pero se nos da la luz de Dios con el propósito de brillar, y eso significa que llamaremos la atención. No significa que todos estemos llamados a ser evangelistas o predicadores elocuentes. Pero cuando nos dedicamos con diligencia al trabajo que Dios nos ha dado, ya sea que la iglesia lo vea como sagrado o secular, él nos llevará a posiciones de influencia. Nos destacaremos porque tenemos algo que vale la pena ofrecer.

En la Escritura a menudo hemos visto este principio: en el caso de José ante el rey de Egipto, Daniel y sus amigos ante el rey de Babilonia, o en el llamado a todos los creyentes para que sirvan a sus amos y jefes terrenales como si estuvieran sirviendo al Señor. Hemos visto que la mediocridad no es un testimonio de la naturaleza de nuestro Dios, pero la excelencia sí. Tenemos todas las razones para alcanzar la excelencia en los dones y talentos que se nos han dado, y para esforzarnos por obtener el tipo de conocimiento que contribuye al mundo a la vez que señala a Dios. Estamos destinados no solo a representar su sabiduría, poder y amor, sino a representarlos de la forma más completa y plena posible. Y según la promesa de su Espíritu, podemos hacer mucho.

Como creyente, que sea tu objetivo estar a la vanguardia en cualquier campo en el que trabajes. Independientemente de que ese objetivo resulte en una posición de liderazgo o no, y ciertamente no tiene por qué serlo, puedes ser conocido por la innovación, la creatividad y los altos estándares. La sabiduría de Proverbios sugiere que cuando lo logres, finalmente llegarás a posiciones de influencia. Allí, y en todo momento, eres un testimonio de la calidad de los caminos de Dios. Tus dones abren las puertas; posiblemente a posiciones de influencia, pero más importante aún, abre las puertas de los corazones.

Señor, solo puedo imaginar que Jesús tenía excelentes habilidades como carpintero y una ética de trabajo encomiable. Que pueda seguir sus pasos incluso en estas cualidades. Que mis obras den testimonio de tu naturaleza, que abran puertas de influencia y glorifiquen tu nombre. Amén.

Satisfecho

Abres la mano y sacias con tus favores a todo ser viviente.
(Salmos 145:16, NVI)

Los monjes y las monjas que adoptaron un estilo de vida ascético a finales de la Edad Media a menudo hacían esfuerzos extraordinarios para reprimir sus impulsos. El propósito no era solo la privación autoimpuesta. Su objetivo era someter cada sentido físico para cultivar los sentidos espirituales. La mayoría buscaba la simplicidad y la austeridad, pero algunos iban mucho más allá de estos ideales. Hicieron su comida lo más insípida posible y comieron lo menos posible; soportaron el frío y el calor extremos sin tratar de modificar sus condiciones; se privaron del sueño para dedicarse a la oración; y se infligieron castigos corporales. Difícilmente esto lograba su objetivo (el dolor tiende a intensificar los sentidos, no a someterlos) pero sí reflejaba un deseo genuino. El corazón humano está desesperado por ir más allá de las limitaciones terrenales y experimentar algo de las bendiciones del cielo.

La buena noticia es que podemos probar el cielo en la tierra sin negar los sentidos que Dios nos ha dado. La autodisciplina nunca es algo malo, pero no es capaz de llevarnos a experiencias divinas. Sin embargo, Jesús sí es capaz y su Espíritu nos ofrece encuentros con el Padre que pueden transformarnos desde dentro. Que el primer milagro conocido de Jesús fuera en una boda, donde hubo baile y bebida y una alegre celebración, debería indicarnos algo sobre sus propósitos para nosotros. Quiere que estemos satisfechos con la vida, no superficialmente felices, no que seamos autocomplacientes al saciar nuestros sentidos, sino que tengamos la plenitud de la alegría. Eso es posible tanto si las circunstancias se alinean con nuestros deseos como si no lo hacen. Pero a menudo satisface nuestros deseos solo para mostrarnos lo bueno que puede ser.

El corazón que siempre anhela algo más no honra bien a nuestro Padre. Se honra a Dios cuando estamos satisfechos en él, cuando reconocemos lo que nos da, le damos las gracias y lo disfrutamos al máximo. Nos convertimos en testimonio de su bondad cuando nos permitimos experimentarla. Disfruta de toda abundancia que te dé y vive con gratitud. Deja que el mundo vea un buen Padre en ti.

Señor, perdóname por lo que implica mi descontento: que no me das lo suficiente, que no eres lo suficientemente bueno, o que por alguna razón me niegas tus bendiciones. Deleita mi corazón con cosas buenas, y recuérdame celebrarlas. Que me desborde la plenitud de la alegría. Amén.

Santiago 3:3-12

Palabras que bendicen

La bendición y la maldición salen de la misma boca. Sin duda, hermanos míos, ¡eso no está bien! (Santiago 3:10)

La lengua es poderosa. Santiago habló de ella en términos negativos, pero también mencionó sus aspectos positivos: puede bendecir a los demás y alabar a Dios. En realidad, como hemos visto, Dios usó palabras para crear el mundo (Génesis 1), y si mediante la palabra nuestro Padre puede crear cosas nuevas de la nada (Romanos 4:17) y nos ha hecho a su imagen, podemos hacer lo mismo al menos en algún sentido. Algunas personas sugieren que podemos crear nuestra propia realidad con nuestros pensamientos y palabras, lo que nos da bastante soberanía sobre nuestra vida, que debería pertenecer por derecho a Dios. Pero incluso si exageran este punto, hay un elemento de verdad en ello. Nuestras palabras son expresiones de nuestra fe, de lo que realmente creemos en el fondo del corazón, y nuestra fe da forma a nuestra vida (Mateo 9:29).

Eso significa que debemos ser muy cuidadosos con lo que decimos. Y más importante aún, debemos ser cuidadosos con lo que creemos, pues finalmente se manifiesta en lo que decimos. Por ejemplo, ¿y si nuestras palabras y actitudes han creado el mismo mundo que criticamos? ¿Y si en nuestra constante insistencia de que «las cosas van cada vez peor», Dios honra nuestra fe, esa fe negativa y sin esperanzas, y declara: «Bien, esto es lo que imaginabas»? ¿Y si nuestras palabras, en lugar de ser la sal y la luz, tienen el efecto del veneno y la oscuridad? O, para decirlo más sencillamente, ¿qué pasaría si nuestras palabras se oponen a la esperanza del evangelio y a la alegría del reino?

Muchas veces se oponen. Todos hemos sido culpables de tales cosas. Aún así, Dios nos da una oportunidad extraordinaria para bendecir a los demás sin discriminación, es decir, pronunciar bendiciones para nuestro mundo, desear paz a cada corazón y mente, y alegría plena a cada alma que la anhela. Él nunca nos dice que esperemos hasta que la gente se lo merezca ni que distribuyamos cuidadosamente las bendiciones según le corresponda a cada cual. Él da abundante gracia y bocas para hablar de ella en todas partes.

Señor, permíteme ser generoso con tu gracia, perdón, bendición y favor. Tú me diste tales cosas libremente; que yo pueda darlas libremente a los demás. Llena mi boca con la paz, el amor y la alegría de tu reino. Amén.

Ver el tesoro

El reino del cielo es como un tesoro escondido que un hombre descubrió en un campo. (Mateo 13:44)

El reino de los cielos es como un tesoro. Cuando Dios lo concibió, sabía que valía la pena el sacrificio de su Hijo. Cuando lo ves, comprendes que vale todo lo que tienes. Entonces, ¿qué pasa cuando lo ves crecer dentro de ti? ¿Es un asunto trivial, o atrae toda tu atención? O para ir más allá, ¿qué pasa cuando lo ves, o ves su potencial, en la vida de las personas que te rodean? ¿Cautiva tu corazón?

Con mucha más frecuencia, miramos a los demás y vemos sus defectos. Admiramos a algunas personas, por supuesto, pero también nos damos cuenta de que todo ser humano tiene la capacidad de decepcionarnos. Cuando lo hacen, empezamos a definirlos de forma diferente, por sus errores o por nuestras propias percepciones erróneas. Tendemos a centrarnos en la vasija terrenal de la naturaleza humana. Pero dejamos de ver los tesoros que contiene la vasija.

Dios no nos ve de esa manera. Él es muy consciente de nuestra naturaleza terrenal, pero también nos dice que tenemos un tesoro inimaginable dentro (2 Corintios 4:7). Somos portadores de su reino, anfitriones de su presencia, encarnamos la naturaleza divina que él nos ha dado (2 Pedro 1:4). Él nos ve de acuerdo a nuestro futuro, no según nuestro pasado, y siempre nos llama a alcanzar nuestro potencial en lugar de centrarse en las deficiencias. Conoce nuestro destino en Cristo, y es una imagen magnífica.

Aprende a alinear tu visión con la de Dios para que puedas ver un tesoro de valor incalculable no solo en ti sino también en los demás. Eso cambiará tus relaciones. Dejarás de medir a las personas por sus defectos y te sorprenderás al ver que la imagen de Cristo se va formando en ellas. No las verás por su naturaleza terrenal sino por la naturaleza divina prometida. Puede parecer que las personas son el resultado de su pasado, pero no lo son. Tampoco lo eres tú. En Cristo, por la fe, todos somos vasijas de gloria. Deja que tus ojos de fe vean el tesoro escondido, el reino escondido en los corazones humanos, y celébralo como lo hace Dios.

Señor, dame una visión de la plenitud de Jesús en cada persona, independientemente de si ya lo acepta o no. Muéstrame la gloria de nuestro futuro. Y entonces hazme tratar a todos según esa visión. Amén.

1 Tesalonicenses 5:9-11

Expresar con palabras el tesoro

Así que aliéntense y edifíquense unos a otros, tal como ya lo hacen.
(1 Tesalonicenses 5:11)

SI SE LO PEDIMOS, Dios nos dará ojos para ver el tesoro que ha puesto dentro de otras personas: las muestras del carácter de su reino y los dones que ya han sido dados o que son dones potenciales en su futuro. Cuando aprendemos a ver a las personas según su futuro, ya sea una certeza o solo una posibilidad, las tratamos de manera diferente. Pero nuestra responsabilidad no termina cuando vemos. Algo sucede cuando vamos más allá de la observación y anunciamos la gloria del reino que hay en otra persona. Cuando expresamos con palabras lo que hemos visto, nos edificamos mutuamente y aceleramos la transformación en nuestro verdadero ser, dado por Dios.

La Escritura nos insta a hacerlo, ya sea a través de alguna revelación profética (1 Corintios 14:3) o del estímulo natural que se da cuando la gente se preocupa por los demás (1 Tesalonicenses 5:11; Hebreos 10:24-25). Todavía podemos notar los pecados de los demás (la naturaleza humana, tanto la caída como la redimida, puede ser muy perspicaz) pero nunca se nos dice que nos centremos en ellos. No, se nos dice que nos consolemos unos a otros, que perdonemos y restauremos cuando sea necesario, y que nos edifiquemos unos a otros siempre que podamos. Debemos notar la gloria que hay dentro de las demás vasijas de barro y ser elocuentes al recordarles que allí está. Y necesitarán el recordatorio; la gente puede ser extremadamente olvidadiza respecto a las bendiciones de la redención.

Mucha gente ve a los cristianos como personas que se atacan unos a otros. Necesitamos reconstruir nuestra verdadera vocación para que nos vean de una forma totalmente distinta. Cada creyente es una piedra viva en el templo de Dios, el lugar donde habita su gloria. Puede que no lo veas en ti mismo, y por eso necesitas que los demás creyentes reconozcan el tesoro y lo estimulen, y ellos también necesitan que tú hagas lo mismo. Cuanto más nos centramos en los tesoros que hay en cada uno de nosotros, más crecen. Cuanto más nos animemos mutuamente, más fuertes seremos, tanto los que animan como los que son animados. Y cuanto más fuerte seamos, más se parecerá el cuerpo de Cristo al reino de Dios y a la comunidad de amor que debe ser.

Señor, perdóname por centrarme en los defectos de los demás y por descuidar el ministerio de animar. Dame palabras oportunas que edifiquen a los demás y me fortalezcan a mí y a ellos. Amén.

Corazones ardientes

Somos la obra maestra de Dios. Él nos creó de nuevo en Cristo Jesús, a fin de que hagamos las cosas buenas que preparó para nosotros tiempo atrás. (Efesios 2:10)

«SÉ QUIEN DIOS QUISO QUE FUERAS y harás arder el mundo». Se dice que estas palabras, con alguna que otra variación, provienen de Catalina de Siena, una visionaria del siglo XIV conocida por desafiar a una iglesia llena de presunción y en conflicto. Este pensamiento nos reconforta porque sugiere que no debemos comportarnos como alguien más, ni servir a los planes de otra persona, ni imitar los talentos y dones ajenos para hacer lo que estamos llamados a hacer. Es un desafío porque sugiere que estamos destinados a tener un tipo de influencia que tal vez no tengamos todavía. Establece un equilibrio entre lo que somos ahora y quienes estamos destinados a ser.

Vivirás gran parte de tu vida en esa tensión. No has sido creado por ninguna otra razón que para ser quien originalmente estabas destinado a ser. Tu verdadera identidad, la persona en lo profundo de tu ser que no ha sido distorsionada por tus propios pecados ni por los de otros, ha sido redimida y ahora está siendo restaurada. Mientras que muchas personas adoptan identidades falsas para hacer frente a sus caídas, tú puedes confiar en los propósitos de tu Padre. No estás llamado a reflejar otra imagen que no sea la de Cristo tal y como se está formando en ti. Tampoco debes abrazar tu naturaleza caída al hacer que tus defectos y errores sean parte de tu identidad, como han hecho muchos. La Escritura nunca nos insta a aceptar que nacimos así; nos obliga a crecer en la nueva identidad en la que hemos nacido, para vivir. Vamos en busca de nuestro verdadero ser, que solo podemos encontrar en Cristo, según él nos guía hoy y todos los días.

Haz eso, y harás arder el mundo, o al menos el lugar donde te encuentras. El mundo tiene una gran necesidad de personas que sepan quiénes son realmente y vivan esa identidad a plenitud. Sé uno de ellos hoy.

Señor, enciende mi corazón, mi verdadero yo, con el poder de tu verdad y tu amor, y haz que esa llama se extienda más allá de mí. En todos los sentidos, déjame ser todo lo que tú quieres que sea. Amén.

14 DE NOVIEMBRE

Juan 20:19-23

Catalizadores para la gracia

Reciban al Espíritu Santo. Si ustedes perdonan los pecados de alguien, esos pecados son perdonados; si ustedes no los perdonan, esos pecados no son perdonados. (Juan 20:22-23)

A LO LARGO DE LA HISTORIA, a menudo los jueces y los inquisidores han sentido un peculiar deleite en su capacidad de proclamar la culpa o la inocencia, particularmente en su capacidad de condenar. Tal vez eso no debería sorprendernos; en un mundo lleno de males es normal sentir alguna satisfacción al corregirlos. Desde luego, el esfuerzo por librar al mundo del mal puede fácilmente conducir a su propio tipo de mal. Ejemplo de ello son las cacerías de brujas (en sentido literal o figurado) que convirtieron una búsqueda equivocada de la justicia en un patrón de injusticia. El poder de condenar es muy peligroso en manos de personas que parecen disfrutarlo.

Como personas llamadas a ser sacerdotes (1 Pedro 2:9; Apocalipsis 1:6), se nos da un poder similar. Ser despiadado no debería ser atractivo para nadie que tenga un corazón compasivo, pero lo que realmente debería motivarnos es la primera mitad de la declaración de Jesús. Tan pronto como sopló sobre sus discípulos para que recibieran el Espíritu Santo, les dijo que tenían el privilegio de declarar el perdón de los pecados. Lo expresó de una manera que sugiere un papel más activo que el de simplemente declarar lo que el Padre ya ha hecho. Dio a entender que el perdón otorgado por ellos significaba algo en los reinos celestiales, que la decisión de perdonar o no perdonar estaba en cierto grado en manos humanas en asociación con el Espíritu que acababan de recibir. Por mucho que queramos dejar en manos de Dios todos los asuntos de la gracia y la misericordia, él nos incluye en el proceso. Somos ministros de su perdón.

Disfruta de este don y úsalo libremente. Aprende a ver con compasión y ojos de fe el peso de la culpa y la vergüenza que hay sobre todo corazón humano, incluso en aquellos que cargan este peso de forma ofensiva. Ora por el perdón de los que están listos para recibirlo, y también por el de aquellos que no lo están. Considera tu compasión y tus palabras como catalizadores de la obra de Dios en sus vidas. Usa tus privilegios sacerdotales para conectar a los pecadores no perdonados con la misericordia de su Dios.

Jesús, seguramente no confiarías en tus seguidores para implementar el perdón divino a menos que confiaras aún más en la obra de tu Espíritu en ellos. Lléname de una sabiduría y misericordia espiritual que coincida con la tuya. Convierte mis actitudes y mis palabras en expresiones de tu gracia ilimitada. Amén.

Oraciones sacerdotales

Pido que les inunde de luz el corazón, para que puedan entender la esperanza segura que él ha dado a los que llamó —es decir, su pueblo santo—, quienes son su rica y gloriosa herencia. (Efesios 1:18)

En la mayoría de las religiones, ciertas personas son designadas para realizar funciones sacerdotales, se les llame sacerdotes o no. Son mediadores entre las esferas humana y divina, representan a la humanidad ante Dios y a Dios ante la humanidad y hacen llamamientos a la armonía entre ambos. Los sacerdotes del Antiguo Testamento desempeñaban ese papel en el culto y los sacrificios del templo. A los sacerdotes del Nuevo Testamento (todos los creyentes) se les han asignado funciones similares de formas más sutiles; solo se apela al sacrificio de Cristo y, a través de él, son ministros de la reconciliación entre Dios y su mundo (2 Corintios 5:18-21). Estamos entre el cielo y la tierra con un mensaje de paz y restauración.

Uno de nuestros mayores privilegios como sacerdotes es el poder de la oración. A veces oramos por las necesidades de este mundo sin tener claro qué peticiones se ajustan a la voluntad de Dios, pero podemos estar seguros de que él anhela mostrar su compasión y su gracia. Y si queremos ejemplos específicos de cómo es este tipo de oraciones, podemos encontrar varias: las oraciones apostólicas del Nuevo Testamento. Aparecen en varias partes y están allí para que las usemos; Pablo plasmó sus oraciones en algunas de sus cartas (para ejemplos, ver Efesios 1:16-20; 3:14-21; Filipenses 1:9-11; Colosenses 1:9-12). Cuando oramos por la gente que nos rodea con oraciones apostólicas inspiradas por el Espíritu, podemos estar seguros de que pedimos según la voluntad de Dios. Y podemos estar seguros de que él las responderá.

Para empezar, prueba la oración de Efesios 1:16-20. Puedes utilizar los nombres de personas específicas, incluyendo el tuyo, si así lo deseas. Imagina que Dios llena a su pueblo con el resplandor de su gloria, la esperanza de su llamado y las riquezas de su herencia. Imagina que le da poder para creer. Ora intensa y repetidamente, día tras día, y observa lo que él hace. Busca otras oraciones en la Escritura y úsalas libremente. El reino viene a través de las oraciones del pueblo de Dios en el nombre de su Hijo. Aprovecha a diario la oportunidad.

Padre, has prodigado tu amor a tu pueblo, y hay más para dar. Que mis oraciones abran las puertas de tu amor y todas sus bendiciones a las personas que me rodean. Llena mi boca con palabras de fe apostólicas y sacerdotales que transformen vidas. Amén.

16 DE NOVIEMBRE

Juan 14:12-14

Tu llamado seguro

Pueden pedir cualquier cosa en mi nombre, y yo la haré, para que el Hijo le dé gloria al Padre. (Juan 14:13)

Tal vez ya has descubierto la voluntad de Dios para tu vida y la vives hoy. O tal vez aún la buscas, y te preguntas hacia dónde te podría estar llevando él. Dondequiera que estés en ese camino, puedes tener la certeza de que tu llamado incluye interceder por este mundo. En tu posición de sacerdote que se encuentra entre el cielo y la tierra para presentar las necesidades del mundo a Dios y la voluntad de Dios al mundo, Jesús y su Palabra te han exhortado repetidamente a orar. Es uno de los pocos llamados de los que puedes estar seguro, incluso cuando no sepas qué otra cosa hacer.

Jesús repitió sus promesas sobre la oración varias veces en la larga conversación que aparece en Juan 13–16 (ver 14:13-14; 15:7, 16-17; 16:23-24). En algunas declaraciones, el propósito es que el Hijo glorifique al Padre. En otras, es para que los discípulos puedan dar fruto. Estos propósitos marchan juntos, y nos dan una imagen del Padre, el Hijo y los seguidores del Hijo en estrecha colaboración para llevar a cabo los planes de Dios en este mundo. Hemos visto cómo las oraciones apostólicas describen esos planes, que son de gran alcance; van desde la redención y la restauración del espíritu de los seres humanos individuales hasta el cumplimiento de todos los propósitos de Dios en Cristo. Al considerar la repetición de las promesas de Jesús en estos capítulos, por no mencionar las muchas promesas sobre la oración en otras partes de la Escritura, obtenemos una clara imagen de cómo Dios cumple su voluntad. Es a través de las oraciones de su pueblo. Cuanto más oramos, más se cumple a través de nosotros.

Vale la pena levantarse para eso cada mañana. El Dios del universo nos invita a su salón del trono con el objetivo de elaborar una estrategia para sus propósitos, identificar los lugares donde más se necesita cumplirlos, y hacer que se cumplan por la fe a través de la oración. Puede que no siempre concibamos nuestras oraciones de un modo perfecto, pero incluso en esos casos, él le responde al corazón que las eleva. Acepta esa invitación, y aprovecha la oportunidad íntegramente. Nuestras oraciones hacen avanzar sus propósitos e implementan su voluntad en el mundo que nos rodea.

Espíritu Santo, alimenta mis oraciones, y deja que ellas alimenten tu obra en este mundo. Dame indicios de su poder. Motívame. Que pueda ver tu gloria y mi utilidad en tus respuestas. Amén.

Intercesión imparcial

Ora de ese modo por los reyes y por todos los que están en autoridad, para que podamos tener una vida pacífica y tranquila, caracterizada por la devoción a Dios y la dignidad. (1 Timoteo 2:2)

Uno de los beneficios más reconfortantes de una democracia liberal es la libertad de sus ciudadanos para criticar a sus líderes. Ya han pasado los días en que un comentario negativo daba lugar a una multa, la prisión o incluso la muerte. La mayoría gobierna en una democracia, y los líderes sirven, al menos en teoría. Pero, aunque la libertad de criticar tiene el objetivo de hacer responsables a los líderes, también puede socavar un importante principio espiritual: que los cristianos deben orar por su gobierno, incluso cuando no les guste las personas que lo lideran.

Por supuesto, Pablo escribió sus instrucciones a Timoteo mucho antes de que surgieran las democracias liberales modernas. Grecia y Roma tuvieron en ocasiones algún grado de representación democrática, pero el Nuevo Testamento se escribió en una época de gobierno imperial. Los emperadores y los gobernantes locales tenían bastante libertad para actuar. Algunos eran buenos, otros eran malos y otros eran muy malos. Aún así, se nos dice que oremos por ellos, que intercedamos por ellos, que busquemos su bienestar, e incluso que demos gracias por ellos (v. 1). Al orar por el bienestar de nuestros líderes, también oramos por el bienestar de la iglesia. Cuando la sociedad va bien, los beneficios se extienden a casi todo el mundo. Cuando va mal en la cima, los efectos negativos se transmiten. Nuestras oraciones son fundamentales para buscar la bendición de Dios en nuestras comunidades, nuestras ciudades y nuestras naciones.

Demasiados cristianos pasan más tiempo quejándose de los caminos del mundo que pidiéndole a Dios que intervenga en ellos. Esta puede ser una reacción democrática, pero no es para nada una respuesta sacerdotal. No querrás ser el tipo de sal que se frota innecesariamente en las heridas ni la luz que ciega sin necesidad. Tu misión es bendecir en la verdad, pero también en el amor. Usa tus oraciones generosamente, ora incluso por los líderes a los que no les diste tu voto. Busca la bondad de Dios para todos: la iglesia, la sociedad laica y las personas que ocupan cargos, así se fortalecerán todos.

Señor, dame el valor para expresar mi opinión y la humildad para bendecir a aquellos que no están de acuerdo con ella. Otórgales a nuestros líderes la sabiduría para hacer cosas buenas, incluso cuando no te conocen. Fortalece la iglesia al fortalecer la sociedad en la que vivimos. Amén.

Oraciones de fe

Ustedes pueden orar por cualquier cosa y, si tienen fe, la recibirán.
(*Mateo 21:22*)

J. O. Fraser, un misionero británico que a principios del siglo xx trabajó con el pueblo lisu en el sudeste asiático, desarrolló una interesante técnica para las oraciones de fe. En ese momento, el gobierno canadiense ofrecía tierras a los ciudadanos británicos como incentivo para que se mudaran a Canadá. Los territorios occidentales estaban abiertos de par en par, y el gobierno quería que la gente los cultivara. Los inmigrantes podían pedir hasta 160 acres (65 hectáreas) de tierra, pero solo si se comprometían a cuidarla, a aceptar las condiciones del gobierno y a vivir en ella de forma productiva. Era una invitación abierta a distribuir y administrar los recursos en beneficio del reino británico.

Fraser creía que a los cristianos se les había dado la misma oportunidad en el reino de los cielos. Las promesas de Jesús sobre la oración se refieren a eso. Hay muchas tierras que esperan ser ocupadas por la fe y cultivadas por administradores responsables. Pero hay condiciones. Debemos pedir de una forma específica, comprometernos a cuidar la tierra fielmente, levantarnos y avanzar hacia la promesa, y luego cultivar lo que se nos ha dado. Dios ha decidido expandir su reino a través de las oraciones y las obras de aquellos que lo representan fielmente. Al comprender la dinámica de la oración y actuar según ella, recibimos las respuestas prometidas.

Muchas «tierras» en este mundo permanecen fuera del reino de Dios, y recibimos promesas asombrosas para expandirnos en ellas. Algunos cristianos ven la situación y se retiran a sus propias comunidades para defender su fe, pero el corazón compasivo de un sacerdote identifica una oportunidad y la aprovecha. La oración de fe es el catalizador que reclama la tierra no reclamada y asume la tarea de administrarla bien.

Aprende a orar con el tipo de especificidad y compromiso que muestra un solicitante de tierras respecto a su nueva propiedad. Comprende que los dones de Dios son gratuitos, pero deben administrarse con cuidado y fidelidad. Desarrolla una visión para el territorio de tu vocación, y luego pídeselo a Dios con fe y realiza acciones firmes y definidas para adentrarte en él.

Jesús, lléname con el tipo de fe que recibe tus promesas de forma conclusiva y completa. Dame un territorio espiritual para administrarlo y cultivarlo. Enséñame a pedir según tu voluntad, y a hacer crecer tu reino a través de la fe y las oraciones de tu pueblo. Amén.

Romanos 10:14-15

Las noticias son buenas

¿Y cómo irá alguien a contarles sin ser enviado? Por eso, las Escrituras dicen: «¡Qué hermosos son los pies de los mensajeros que traen buenas noticias!». (Romanos 10:15)

Pablo se apasionaba con el mensaje de salvación, y conocía su trascendencia para los judíos y para los gentiles. Sabía que la salvación venía a través de la fe en Cristo, pero se daba cuenta de que la gran mayoría de las personas fuera de los círculos judíos nunca había oído hablar de Jesús. De modo que citó un pasaje de Isaías sobre los mensajeros que traían las buenas noticias de la salvación de Dios, es decir, cómo él defiende a su pueblo y logra la salvación para ellos. En Isaías, la profecía incluye una asombrosa descripción de un Siervo sufriente que vendría en el futuro. En Romanos, Pablo se refiere al mismo Siervo sufriente cuyo trabajo ya estaba hecho.

Este es un hermoso y muy citado pasaje sobre la urgencia del evangelio y la importancia de la fe en Cristo, y sirve bien a esos propósitos. Pero a veces se obvia en el debate la naturaleza de la noticia en sí. La Buena Noticia no nos exige más que la ley, aunque sus estándares son mucho más altos. No nos promete una vida de penurias y disciplina, aunque las cosas no siempre serán fáciles, y la disciplina rara vez es algo malo. No nos promete cosas imposibles que nunca se podrán cumplir. Y se concibió para nunca frustrarnos.

Es bueno saberlo, porque muchos cristianos se sienten frustrados por las exigencias de la rectitud, el temor a que las promesas del evangelio sean falsas, el peso de tratar de ser como Jesús sin el poder para realmente serlo y las cargas que nunca debieron soportar. Muchos no cristianos ven esa frustración, y a cristianos que no cumplen con lo que afirman, y suponen que la buena noticia no es tan buena.

Pero lo es. Está llena de libertad y esperanza. En tu propia vida y en las conversaciones con los demás, recuerda que el evangelio, cuyo significado literal es «buena noticia», es en verdad una buena noticia. No te dejes agobiar por las versiones falsas, y vive con paz y alegría. Ese es un mensaje que el mundo de hoy necesita escuchar.

Señor, por favor nunca dejes de recordarme que, si el evangelio que vivo no me libera, entonces no es el evangelio. Lléname de vida, esperanza, paz, alegría y amor, y atrae a muchos a la buena noticia de salvación a través de tu pueblo. Amén.

1 Corintios 2:1-5

Solo Jesús

Pues decidí que, mientras estuviera con ustedes, olvidaría todo excepto a Jesucristo, el que fue crucificado. (1 Corintios 2:2)

La visita de Pablo a Corinto se produjo justo después de su sermón en el Concilio Supremo de la ciudad, donde habló de la religión y la filosofía griegas para introducir su mensaje de esperanza (Hechos 17:22-31). Aunque había predicado sobre Jesús anteriormente en Atenas (Hechos 17:16-18), no mencionó el nombre de Jesús en este sermón. Cuando Pablo mencionó la resurrección de los muertos, los que lo escuchaban se rieron de él y lo interrumpieron. Finalmente, Pablo dejó Atenas con pocos conversos. Llegó a Corinto con un enfoque diferente: centrarse por completo en Cristo crucificado.

Nada en el mensaje de Pablo en Atenas estaba equivocado, y Dios lo usó para que algunos conocieran la verdad. Pero en Corinto, Pablo dejó a un lado las palabras elevadas y volvió a la simplicidad del evangelio: que la crucifixión de Jesús era un sacrificio necesario para nuestra redención y nuestra limpieza del pecado. No sintió necesidad de impresionar a sus oyentes (1 Corintios 2:1); adoptó la debilidad y la humildad (v. 3); y solo confió en el Espíritu Santo para cambiar las mentes y los corazones. Reconoció que la elocuencia, independientemente de lo útil que pueda ser a veces, no es la clave del evangelio. La clave es la intervención sobrenatural.

Es importante que nosotros también lo recordemos eso. Predicar el evangelio con palabras elocuentes, pruebas fehacientes, razonamientos lógicos, actitudes encantadoras y todo lo demás puede ser útil y efectivo, pero el verdadero poder del mensaje viene de Dios y se centra en la simplicidad de la muerte y resurrección de Jesús. En una cultura que enfatiza los escenarios de «qué pasaría si», la relatividad de «a cada uno lo suyo», y la clasificación de intrincadas explicaciones y ramificaciones, todo lo cual puede ser importante a veces, el mensaje de un Salvador que murió por los pecados y resucitó a la vida sigue siendo poderoso. Siempre debes regresar a eso; en tu propia vida devocional y en tus conversaciones espirituales con los demás. Llena tu vida de humildad, oración y dependencia de Dios, y dale espacio a él para obrar. En última instancia, su mensaje no depende de ti, su productividad está totalmente en sus manos.

Señor, Tú sabes cómo inspirar una retórica poderosa, razonamientos brillantes y conversaciones efectivas, pero has determinado que el poder del evangelio esté en su simplicidad. Atrae a muchos al mensaje de Jesús, que fue crucificado, resucitado y vive hoy en cada creyente. Amén.

Devoción genuina

La religión pura y verdadera a los ojos de Dios Padre consiste en ocuparse de los huérfanos y de las viudas en sus aflicciones, y no dejar que el mundo te corrompa. (Santiago 1:27)

En el siglo XXIII, un movimiento espiritual comenzó en la región de los Países Bajos, en el norte de Europa. Ciertas mujeres llamadas beguinas adoptaron un estilo de vida de devoción. Vivían juntas, vestían ropas humildes, trabajaban para mantenerse a sí mismas y buscaban imitar a Jesús en el cuidado de los pobres y en llevar un estilo de vida sencillo. Eran algo así como monjas, pero no permanecían separadas del mundo, no estaban atadas permanentemente por ningún voto, y no se subordinaban a ninguna autoridad ni organización oficial. Permanecían integradas en la sociedad, aunque se diferenciaban de ella.

Este es un equilibrio difícil de mantener, pero es algo que todo cristiano debe tratar de lograr. Estamos llamados a vivir una vida diferente pero también a permanecer en el mundo para ejercer nuestra influencia en él. Las beguinas lograron dedicarse a Cristo y vivir con devoción mientras continuaban sus actividades normales de trabajo y las relaciones comunitarias. Su devoción influyó en cómo se ganaban y gastaban el dinero, cómo se relacionaban con los demás, cómo desarrollaron un sentido de comunidad y compañerismo y cómo participaron en la vida religiosa más amplia del pueblo. Dejaron que su compromiso diera forma a cada área de su vida. En otras palabras, hicieron lo que se supone que deben hacer los cristianos.

Puede que los cristianos de hoy no se vistan de una forma diferente ni sean reconocibles solo por los hábitos de trabajo y consumo (aunque al parecer hemos desarrollado nuestro propio vocabulario y subcultura). Sin embargo, se nos insta a llevar una vida diferente a la del mundo mientras permanecemos en medio de él. Somos ministros de curación que deben asumir la responsabilidad de satisfacer las necesidades y resolver los males sociales. Somos servidores del bien común que aman el mundo, pero no la mundanidad y que se esfuerzan por no mancharse con sus corrupciones. Vivimos como la sal y la luz al demostrar lo que apoyamos en lugar de centrarnos en lo que no. Debemos recordar siempre que somos seguidores de un Salvador dedicado a salvar a las personas en su caída, su quebrantamiento y su dolor.

Jesús, mi compromiso contigo siempre tiene repercusiones en mi forma de vida. Transfórmame completamente para diferenciarme del mundo que me rodea y para amarlo como tú lo haces. Concédeme una devoción pura y genuina. Amén.

Salmos 137:1-6

En un país extranjero

¿Pero cómo podemos entonar las canciones del SEÑOR mientras estamos en una tierra pagana? (Salmos 137:4)

¿QUÉ HACES CUANDO tu sociedad te impide seguir un estilo de vida bíblico? Los judíos que habían sido llevados cautivos a Babilonia y luego a Persia comprendieron que era prácticamente imposible seguir todos los mandamientos de la ley de Moisés. Con dificultad, podían cumplir las leyes dietéticas, como lo hicieron Daniel y sus amigos, pero cumplir las leyes de sacrificio en el tabernáculo o el templo (que ya no existían), cumplir ciertos aspectos de las fiestas y mantener un sacerdocio viable eran imposible. Jerusalén estaba en ruinas. Estaban lejos desde el punto de vista geográfico, espiritual y emocional, y tenían que aprender nuevos caminos sin comprometer su fe.

Experimentamos algo similar hoy, a menudo sin darnos cuenta de lo lejos que estamos de casa. Las instrucciones de Dios están escritas en nuestro corazón, pero nuestro corazón tiene que vivir en un mundo que dificulta su cumplimiento. Es extremadamente difícil vivir en una cultura caracterizada por el crédito sin cobrar ni pagar intereses, y la enseñanza bíblica rechaza enfáticamente ambos procederes. Es todo un reto tratar de alcanzar la simplicidad bíblica en una sociedad que prácticamente te exige un transporte caro, comunicaciones de alta tecnología y estar disponible casi permanentemente. A menudo nos parece innecesario cuidar de las viudas y a los huérfanos cuando tenemos programas públicos y privados que lo hacen. Nuestra cultura cambia nuestra forma de pensar y la aleja de la pureza bíblica.

Entonces, ¿qué hacemos? Al igual que los judíos dispersos, nos adaptamos a las circunstancias y preservamos nuestras características tanto como podemos. Reconocemos la esencia de las instrucciones de Dios incluso cuando los detalles están culturalmente lejos de nosotros. Cantamos canciones del Señor, incluso en una tierra espiritualmente distante. Hacemos preguntas difíciles sobre los absolutos y la relatividad cultural, y buscamos un balance entre ellos lo mejor que podemos.

Nuestra vocación como cristianos en medio de culturas no cristianas (o históricamente cristianas) nos hace sentir como extranjeros en otra tierra. En realidad, la Escritura utiliza la misma metáfora. Acepta tu condición de extranjero. Considérate como un viajero que pasa por este mundo. Y ancla tu corazón en la verdad eterna. Las canciones del Señor van a donde tú las lleves.

Señor, mi incomodidad en este mundo no es casual. Soy un ciudadano del cielo que vive en una tierra extranjera. Aprovecha al máximo mi participación en el mundo, pero mantenme anclado en tu reino. Amén.

Lucas 11:37-54

Sin hipocresía

Ustedes, los fariseos, son tan cuidadosos para limpiar la parte exterior de la taza y del plato pero ustedes están sucios por dentro. (Lucas 11:39)

A FINALES DE LA EDAD MEDIA, muchos clérigos y altas autoridades eclesiásticas predicaron las virtudes de la renuncia, pero su propia vida fue ejemplo de lujos y excesos. Muchos predicaban la moralidad y el celibato mientras tenían concubinas. Muchos predicaban las virtudes de la honestidad y la integridad mientras manipulaban los procesos que les permitían llegar a sus puestos. Fueron un ejemplo, entre muchos, en todas las épocas, de hipocresía espiritual.

No tenemos derecho a condenarlos, ya que la hipocresía también es común en nuestra época. Predicamos la moral bíblica, pero somos menos exigentes con nosotros mismos y con los que nos rodean. Condenamos la codicia mientras muchos a nuestro alrededor se aprovechan de los valores capitalistas para explotar a otros en beneficio propio. Condenamos a los gobiernos por asumir demasiada responsabilidad por el bienestar de la gente, pero descuidamos asumir tales responsabilidades nosotros mismos. Al igual que predicadores y maestros de épocas pasadas, violamos nuestras propias normas, a menudo sin notar la contradicción.

Jesús expresó duras palabras sobre los hipócritas que enseñaban un mensaje externamente y en su interior vivían de otro modo. Y aunque todos tenemos nuestras inconsistencias, pues a fin de cuentas nadie se recupera completamente de su naturaleza caída, no somos tan diligentes en eliminarlas como deberíamos. Como resultado, gran parte del mundo está convencido de que los cristianos no son diferentes de los demás y que solo han aprendido a limpiarse externamente (a veces). No siempre ven en nosotros claros ejemplos de corazones transformados y de vidas íntegras.

Dales tú ese ejemplo. Vive con un corazón transformado, y haz todo lo posible para comportarte con integridad en cada área de la vida. Sé honesto respecto a tus faltas, pero también acerca de cómo Dios te redime y te restaura a su imagen. Admite tus inconsistencias, pero también esfuérzate por erradicarlas. Deja que el mundo vea en ti autenticidad espiritual, una profundidad genuina y una vida coherente de amor y compromiso. Dios te ha creado de nuevo; confía en su Espíritu y vive así siempre.

Jesús, tú ves a través de mí, y quiero que estés satisfecho con lo que ves. Me cubre tu perdón y he nacido de nuevo; deja que mi experiencia sea coherente con mi nueva naturaleza. Haz de mí un ejemplo que el mundo deba ver. Amén.

Colosenses 1:11-14

El gran traslado

Él los hizo aptos para que participen de la herencia que pertenece a su pueblo, el cual vive en la luz. Pues él nos rescató del reino de la oscuridad y nos trasladó al reino de su Hijo amado. (Colosenses 1:12-13)

Uno de los temas más importantes del Evangelio de Juan es el contraste entre la oscuridad y la luz. «La luz brilla en la oscuridad», escribió, «y la oscuridad jamás podrá apagarla» (Juan 1:5). Las palabras y las obras de Jesús resaltaron la interacción entre la oscuridad y la luz. Pablo también escribió sobre este tema, y les recordó a los colosenses que habían sido trasladados de un reino a otro, rescatados de un mundo de oscuridad y trasplantados al reino de la luz. Es una imagen impresionante, y resulta atractiva a todos los que amamos las distinciones claras y los asuntos en blanco y negro. Nos recuerda que no vivimos en el gris.

Sin embargo, en nuestra experiencia diaria encontramos el gris con mucha frecuencia. En ocasiones nos confronta y nos confunde; a veces lo buscamos por nuestra cuenta. A pesar de todas las gloriosas promesas de nuestro traslado al reino de la luz, todavía elegimos incursionar en la oscuridad de vez en cuando. Incluso cuando no lo hacemos, encontramos sombras en la periferia de la verdad, áreas limítrofes entre el bien y el mal, sin obtener respuestas claras. Los especialistas en ética son duchos en señalar dilemas morales que nos dejan sin opciones claras, y la vida nos presenta muchos ejemplos de ello. Con el tiempo, podemos olvidarnos del reino en el que vivimos, o al menos olvidar el brillo del que hemos elegido, y la luz se hace mucho menos visible.

Por eso puede ser un ejercicio saludable volver al principio de vez en cuando, de una forma mental, emocional y espiritual, no para regresar a alguna inmadurez anterior, sino para recordar quiénes fuimos y de qué fuimos rescatados. Cuando repasamos nuestro primer amor, aquellos momentos en que el evangelio de la luz nos cautivó y su luz nos transformó, algo sucede en nuestro interior. Las cosas se vuelven más claras. La luz que hay dentro de nosotros brilla de nuevo, Dios nos recuerda nuestras prioridades y el gris comienza a retroceder.

Jesús, que nunca olvide el asombroso rescate que realizaste en mi nombre ni la herencia que me has dado como ciudadano del reino de la luz. Reaviva el fuego dentro de mí; recuérdame mi amor; y aléjame de la oscuridad una vez más. Amén.

1 Timoteo 6:15-16

Ver a Dios

Vive en medio de una luz tan brillante que ningún ser humano puede acercarse a él. Ningún ojo humano jamás lo ha visto y nunca lo hará. (1 Timoteo 6:16)

Durante la Edad Media, los cristianos pensaban mucho en la visión beatífica: la posibilidad de ver a Dios directamente, sobre todo en los lugares más altos del cielo después de la muerte. Esta visión es un tema prominente en la teología de Tomás de Aquino, es el clímax de la *Divina Comedia* de Dante y la esperanza de muchos creyentes para su estado final de felicidad absoluta. Se nutre del anhelo que todo corazón humano tiene de encontrar la presencia divina de manera visible y completa y nos da un sentido de propósito.

Sin embargo, no tenemos que esperar a la otra vida para comenzar a experimentar a Dios. Por un lado, la Escritura nos dice que nadie puede verlo (Éxodo 33:20; Juan 1:18; 1 Timoteo 6:16; 1 Juan 4:12). Por otro lado, se nos dice que Moisés habló con él cara a cara (Éxodo 33:11); Dios se le apareció a Abraham en forma humana (Génesis 18:1); Jacob vio su rostro (Génesis 32:30); Isaías vio al Señor sentado en su trono (Isaías 6:1); Daniel vio al Anciano de Días en su trono (Daniel 7:9-10, LBLA); Ezequiel vio la gloria del SEÑOR (Ezequiel 1:28); Juan vio al que estaba sentado en el trono (Apocalipsis 4:3); nosotros podemos ver la gloria del Señor (2 Corintios 3:18); y lo veremos tal como él es (1 Juan 3:2). En algunos casos, estas visiones eran representaciones físicas de Dios o manifestaciones de su gloria; en otros, parecen ser visiones directas de Dios mismo. En cualquier caso, son indicios de la visión beatífica, no en la otra vida sino durante la vida de las personas en la tierra.

Pablo y Juan tenían claro que ver a Dios, o alguna representación verdadera de él, tiene el poder de transformarnos a su imagen. En vista de eso, uno de nuestros objetivos más importantes debería ser verlo más claramente cada día, pedirle que se nos revele cada vez más. Hoy podemos tener una visión de lo que los escolásticos medievales consideraban como un suceso final de un día. Y al hacerlo, nos convertimos en aquello que el mundo más necesita: hijos de Dios que verdaderamente se han transformado a su imagen.

Señor, quiero verte, en cualquier forma y con cualquier grado de intensidad que permitas. Deja que mi visión de ti me cambie para siempre, y dame el poder de vivir a tu imagen. Concédeme ahora una visión de lo que experimentaré plenamente algún día. Amén.

Inmerso en el amor

Su fiel amor perdura para siempre.
(Salmos 136:1)

El salmo 136 menciona muchas cosas que Dios hizo a favor de Israel, y cada frase termina con un recordatorio enfático: «Su fiel amor perdura para siempre». Esta declaración aparece en cada uno de los 26 versículos de este salmo, y deja claro que todas las obras de Dios, incluso sus obras de juicio, están motivadas por el amor. A menudo vemos este tema en la Escritura, particularmente en los escritos del Nuevo Testamento sobre la obra de Cristo. Jesús fue enviado al mundo porque Dios ama al mundo. Ha derramado su amor sobre nosotros profusamente, y se nos insta a comprender las dimensiones de ese amor y todo su poder. En realidad, Dios *es* amor. Es la característica que lo define.

Esto significa que si quieres conocer a Dios, y si quieres que el mundo lo conozca, tendrás que saturarte de ese amor. A veces puede parecer egoísta bañarse en el amor de Dios tan a fondo y de un modo tan individual, pero es la única manera en que puedes convertirte en el recipiente de amor que él quiere que seas. Serás capaz de amar a los demás solo en la medida en que experimentes su amor por ti. Perdonarás a los demás solo en la medida en que experimentes el perdón que él te otorga. Bendecirás a los demás solo en la medida en que hayas comprendido la bendición en tu propia vida. Tu capacidad de dar amor depende totalmente de tu capacidad de recibirlo. Esto le dará forma a tu vida más que cualquier otra fuerza.

Lo anterior contradice categóricamente algo que muchos de nosotros hemos asumido en algún momento: que el amor de Dios es solo la base del cristianismo y que luego debemos buscar cosas más elevadas. De acuerdo con la Escritura, no hay cosas más elevadas. Esto es todo. Después de haber sido muchos años seguidor de Jesús, casi todo lo que escribió el discípulo Juan en las epístolas de su vejez estaba relacionado con este tema. La esencia de la vida cristiana es ir más profundo en la experiencia del amor de Dios e ir más lejos en la expresión del mismo. Nuestra vida de fe comienza y termina con el amor de Dios. Así como nuestro testimonio e influencia en este mundo. Sumérgete en él completamente.

Señor, haz que mi camino contigo sea una historia de encuentros cada vez más intensos con tu amor. Sumérgeme en él. Deja que me transforme. Que me llene tanto que me desborde con él en las vidas de todos los que me rodean. Amén.

Santiago 2:14-17

Una fe visible

Supónganse que ven a un hermano o una hermana que no tiene qué comer ni con qué vestirse y uno de ustedes le dice: «Adiós, que tengas un buen día; abrígate mucho y aliméntate bien», pero no le da ni alimento ni ropa. ¿Para qué le sirve? (Santiago 2:15-16)

La salvación viene por la gracia a través de la fe. Así también ocurre con la santificación, nuestro proceso de crecimiento hacia la madurez espiritual. Esto queda claro en la Escritura, especialmente en las epístolas de Pablo, que enfatizan el don gratuito de la vida eterna dado a todos los que creen. Pero incluso con esa doctrina clara, surgen preguntas. ¿Qué es la fe? ¿Cómo es? ¿Es simplemente una cuestión de aceptación intelectual, o realmente produce algo? ¿La verdadera fe se manifiesta siempre en nuestra vida exterior? Estos fueron temas polémicos durante la Reforma protestante, también lo fueron antes de ella y lo han seguido siendo desde entonces. La creencia interna produce algún tipo de manifestación externa, incluso cuando esa manifestación sea simplemente un subproducto.

Santiago enfatiza ese lado de la fe, y probablemente lo contrapone intencionalmente a la enseñanza de Pablo. No es que estos dos escritores apostólicos estuvieran necesariamente en conflicto, pero sí difieren en su enfoque. Y el punto de vista de Santiago, al igual que el bíblico, está claro: si la fe interna es genuina, produce resultados externos. La persona que afirma tener fe, pero no experimenta ningún cambio práctico en su estilo de vida ni en sus valores, no tiene realmente fe. La fe es la clave de todas las cosas en el reino de Dios. Pero la fe siempre obra.

Busca que tu fe sea relevante para el mundo que te rodea. Por ejemplo, si realmente crees que Dios cuida de los pobres, deja que eso te impulse a actuar en favor de ellos. Si realmente crees que Dios responde a las plegarias, ora con todo tu corazón. Si realmente crees que Dios protege y provee a su pueblo en todas las circunstancias, no dejes que palabras pesimistas salgan de tu boca. Y si realmente crees que todas tus posesiones provienen de Dios y que en última instancia pertenecen a él, úsalas de acuerdo con sus propósitos. Si tu fe no es visible, no tendrá ninguna influencia ni en tu vida ni en la de los demás. Si se hace visible, transformará el mundo a tu alrededor.

Señor, deja que mis creencias se manifiesten en todas las áreas de la vida. Hazlas poderosas, visibles y transformadoras. Que las personas puedan ver mi fe porque la exprese en mis acciones. Ayúdame a expresar mi fe hoy con acciones concretas. Amén.

Marcos 12:28-34

Un amor visible

«Amarás al Señor tu Dios con todo tu corazón, con toda tu alma, con toda tu mente y con todas tus fuerzas». [...] «Amarás a tu prójimo como a ti mismo». Ningún otro mandamiento es más importante que éstos. (Marcos 12:30-31)

En un conocido pasaje que aparece en tres de los cuatro evangelios bíblicos, Jesús respondió a una pregunta sobre el mandamiento más importante. El más importante, afirmó, es amar a Dios con todo lo que hay en nosotros, y un segundo mandamiento igualmente importante es amar a los demás. Toda la Palabra de Dios podría resumirse en estos dos mandamientos, y todos los demás mandamientos caen en una de esas dos categorías: nuestro amor vertical hacia Dios o nuestro amor horizontal hacia los demás. Son parte del mismo paquete, y vienen envueltos en la Fuente del amor.

¿Pero cómo es este amor? ¿Es una actitud, una acción o un poco de ambas cosas? ¿Es algo que nos sucede o una elección que hacemos? Estas son preguntas comunes, normalmente contestadas con un énfasis en las expresiones concretas de este amor. Aunque a menudo internalizamos la fe y somos reacios a hablar de sus obras, hacemos lo contrario con el amor, lo externalizamos y minimizamos sus aspectos internos y emocionales. Instintivamente sabemos que tiene que tener algún tipo de efecto práctico.

Y lo tiene. El poder más transformador que hay en la tierra es el amor divino. Pero las personas raramente experimentan el amor de Dios sin intermediarios, es decir, directamente de él mediante algún tipo de experiencia espiritual individual. Para la mayoría de la gente, la única manera de experimentar su amor es a través de aquellos que lo portan. Para expresar su amor en este mundo, Dios normalmente se vale de aquellos que lo han experimentado y que después lo difunden, lo demuestran y lo expresan como si él se expresara a través de ellos.

Puede que no te sientas calificado para compartir esta clase de amor, pero esa no es la cuestión. Independientemente de cómo te sientas al respecto, *estás* calificado simplemente en virtud de haber experimentado a Dios. En realidad, como por su naturaleza el amor de Dios es dado a aquellos que no lo merecen, se expresa mejor a través de quienes no lo merecen. Eso nos incluye a todos nosotros. Todos somos capaces de manifestar el amor, la compasión y el afecto de nuestro Padre, y todo lo que recibimos son beneficios al hacerlo.

Señor, haz visible mi amor. Dame oportunidades para expresarlo, a ti y a los demás. Que me inunde y se desborde desde mi interior, y que lleve a los que me rodean la compasión y el afecto de tu corazón. Amén.

Lucas 12:13-21

Carpe Aeternum

Luego me pondré cómodo y me diré a mí mismo: «Amigo mío, tienes almacenado para muchos años. ¡Relájate! ¡Come y bebe y diviértete!». (Lucas 12:19)

CARPE DIEM. APROVECHA EL MOMENTO. Solo se vive una vez. Come, bebe y diviértete, porque mañana morirás. Cada una de estas máximas, la última de las cuales aparece en las desilusionadas reflexiones de Eclesiastés, expresa el mismo pensamiento: que es importante vivir la vida al máximo porque el futuro es muy incierto. Hay verdad en estos dichos; todos queremos aprovechar al máximo el tiempo que se nos ha dado. Pero el sentimiento que hay detrás de ellos a menudo incluye la desesperación, la desesperanza, la melancolía y la duda sobre lo que realmente significa la vida. Sugieren que el presente es lo más importante porque puede ser todo lo que tengamos.

Y no es así, por supuesto. La Escritura es clara en cuanto a que la creación tiene una dirección y un propósito y que la muerte no es el final para ninguno de nosotros. Pero la mentalidad de *carpe diem* da forma a los caminos del mundo. Al no estar anclados en la eternidad, los seres humanos adoptan un conjunto de actitudes instintivas: Buscamos la comodidad y la facilidad en lugar de la verdad dura y dolorosa; minimizamos el quebrantamiento y el pecado en lugar de reconocerlos y recibir la redención y la restauración, hacemos hincapié en el potencial, el poder y los logros humanos en lugar de resaltar la aceptación y el destino que Dios nos ha dado; y buscamos desesperadamente experiencias temporales, ahora, antes de que llegue la muerte, en lugar de tratar de maximizar nuestra experiencia de la eternidad. En otras palabras, dedicamos todas nuestras energías a sacarle el máximo provecho a la «vida», y olvidamos que la vida presente es solo una parte muy pequeña de la vida tal como es en realidad.

No cometas ese error. *Carpe aeternum*, es decir, aprovecha la eternidad, no solo el día. Es fácil caer en un enfoque temporal de la vida, principalmente cuando todos a nuestro alrededor ven ese enfoque como algo normal y natural. Hay una gran diferencia entre vivir aterrorizado ante el reloj que camina y esperar pacientemente que comience el tiempo sin fin. Muchas personas, incluso muchos de los que dicen seguir a Jesús, buscan un rédito inmediato en sus inversiones de tiempo, energía y recursos. Pero nosotros deberíamos buscar réditos eternos en inversiones mucho más previsoras y convertirnos en modelos de paciencia, paz y verdad eterna.

Señor, ayúdame a encontrar el equilibrio entre aprovechar al máximo el tiempo que me has dado y vivir con una perspectiva eterna. Prefiero invertir mi vida que gastarla. Que siempre pueda aprovechar el reino, no solo el día. Amén.

30 DE NOVIEMBRE

Proverbios 3:5-6

¿Cuál camino?

Busca su voluntad en todo lo que hagas, y él te mostrará cuál camino tomar.
(Proverbios 3:6)

Robert Frost escribió sobre dos caminos que se separaban en un bosque amarillo, y que él, afligido por no poder recorrer ambos, eligió el menos transitado.[16] Muchos de los que han seguido a Jesús a lo largo de los siglos han experimentado lo mismo, que el sendero menos transitado es el importante; aunque en cierto sentido, ellos han logrado que el camino del discipulado haya sido recorrido por muchos. En cualquier caso, nos enfrentamos a decisiones en esta vida, decisiones sobre qué camino tomar, en qué corriente navegar y cuánta resistencia estamos dispuestos a enfrentar en el proceso. Algunos encontraremos que el camino de Jesús encaja bien en nuestra cultura; otros descubriremos que su guía en nuestra vida nos hace ir en contra de las fuerzas que nos rodean. El camino correcto no es ni el más ni el menos transitado; es el que Dios nos lleva a seguir, y encontrarlo pocas veces es un proceso fácil.

Martín Lutero siguió sus convicciones y vio cómo eran atacadas a cada paso, pero se mantuvo firme cuando se presentó ante la asamblea imperial. Dietrich Bonhoeffer y el movimiento de la Iglesia Confesante se sintieron obligados a elegir un camino que puso en peligro sus vidas. En cualquier dirección que Dios te guíe, en algún momento irás en contra de tu cultura, aunque solo sea de una forma aparentemente menor. Tu resistencia ante las corrientes contrarias de viajeros que siguen los caminos del mundo puede que nunca sea tan impresionante como la de Lutero o Bonhoeffer, pero es importante de todos modos, no por jugar el papel de antagonista, que nadie desea, sino por demostrar el verdadero curso del reino. El reino fluye en contra de los caminos del mundo, y es fácil para muchos creyentes quedar atrapados en la corriente equivocada. Tu trabajo es avanzar en la dirección correcta e invitar a otros a hacerlo, con el amor. Dios está mucho más interesado en tu camino que tú. Él te ayudará a encontrarlo, y eso lo cambiará todo.

Señor, guía mis pasos, incluso cuando no esté convencido de la dirección que he recibido. Cuando mire hacia el futuro o reflexione sobre el pasado, ayúdame a reconocer tu guía. Haz que mi camino tenga influencia y resultados positivos duraderos. Amén.

1 DE DICIEMBRE

1 Corintios 15:12-20

Señales de la eternidad

Si nuestra esperanza en Cristo es sólo para esta vida, somos los más dignos de lástima de todo el mundo. (1 Corintios 15:19)

Durante el transcurso del siglo xx, varios de los teólogos más prominentes del cristianismo decidieron que la idea de la vida después de la muerte no encajaba en la mente moderna y que no podía sostenerse a la luz de las ideas filosóficas y los conocimientos científicos actuales. Aún así, continuaron elogiando las implicaciones éticas de nuestra fe, conservaron algún concepto amorfo de Dios y algunos incluso sugirieron que valía la pena vivir como cristiano solo para esta vida. En este sentido, no estaban de acuerdo con Pablo, quien consideraba que nuestra fe era digna de lástima si nuestra esperanza era solo para esta vida. Después de todo, toda nuestra fe se fundamenta en la resurrección de Jesús. Pero para estos teólogos, el cristianismo se había convertido en una filosofía, no en una fe concreta.

Por supuesto, este enfoque no satisface el corazón humano, que fue creado para la eternidad y anhela una esperanza duradera. No alimentará a los hambrientos de nuestra época. Nuestro mensaje es mucho más transformador de la vida y tiene implicaciones mucho mayores. Permite que el espíritu perciba realidades invisibles y ancla nuestra vida en la verdad eterna. Les da a las personas una razón para vivir que es mucho más profunda que una buena idea.

Mientras vives tu fe a la vista de los demás, asegúrate de que sea mucho más que un sistema ético o una filosofía religiosa. Ciertamente debería dar forma a tu ética y a tu cosmovisión, pero también debería llenarte de una esperanza palpable que otros puedan sentir. Todas tus relaciones son con personas que vivirán después de la muerte; toda prueba que enfrentes se verá eclipsada por las glorias venideras; cada decisión que tomes tiene el potencial de estar revestida de significado. La resurrección es verdadera, independientemente de que se ajuste a la mentalidad moderna o no, y es nuestro mensaje de esperanza para la gente que busca desesperadamente algo en lo que fundamentar sus esperanzas. Te conviertes en la prueba A de los argumentos a favor de la eternidad simplemente al vivir tu fe y permanecer anclado en el reino espiritual. Nunca pierdas ese enfoque. Vives en la resurrección, tanto hoy como en la era venidera.

Jesús, tu resurrección es la puerta hacia la vida para todos los que temen a la muerte, la esperanza de eternidad para todos los que se sienten atrapados en el tiempo. Permíteme representar esa vida y esperanza y ser una señal permanente de la realidad de tu reino. Amén.

2 DE DICIEMBRE

Esdras 3:1-3

Devoción incondicional

A pesar de que tenían miedo de los lugareños, reconstruyeron el altar en su sitio original. Luego, cada mañana y cada tarde, comenzaron a sacrificar ofrendas quemadas al SEÑOR *sobre el altar.* (Esdras 3:3)

El pueblo de Judá pasó años reasentándose en el territorio luego de la devastación causada por los babilonios, y no fue un proceso fácil. Las poblaciones locales habían continuado viviendo allí en ausencia de los cautivos, y como es lógico veían con disgusto el regreso de los exiliados más de un siglo después. Para Esdras y sus compañeros, su proyecto de reconstruir Jerusalén y el templo era obra de Dios. Para los locales, era una intromisión.

Esdras y los demás que regresaron enfrentaron mucha oposición, y podrían haberse acobardado ante las amenazas de ataque. En cambio, vencieron el temor, reconstruyeron el altar en el lugar del templo y reanudaron los sacrificios diarios. Vivían con la convicción de que Dios estaba de su lado, que las pruebas y los desafíos no significaban que hubieran perdido su favor y que con el tiempo lograrían restablecer el culto en Jerusalén. Para ellos su fe era más importante que su reputación personal, que las dificultades que enfrentaban e incluso que sus vidas. Siguieron adelante en tiempos inciertos y cumplieron con su llamado a pesar de la oposición.

Tenemos la misma tarea, incluso en circunstancias muy diferentes. La mayoría de los cristianos en muchas partes del mundo, aunque ciertamente no en todas, no sufre una persecución que amenace su vida. La peor resistencia que la mayoría de nosotros enfrentará es un poco de acoso y algunas actitudes negativas aquí y allá. Aún así, sentimos la presión de una cultura que históricamente puede haber surgido de un trasfondo cristiano pero que ahora expresa desprecio por algunos de los valores centrales del cristianismo. Sabemos que no siempre somos bien vistos.

Como los exiliados que regresaron a Judá, no dejes que las percepciones de los demás influyan en tu devoción. Continúa adorando como lo harías normalmente, a pesar de las actitudes negativas y la interferencia cultural. La fidelidad constante es una poderosa declaración para un mundo que ha perdido su sentido de lo absoluto. Tu perseverancia es un testimonio de la verdad, incluso cuando algunos la consideren una reliquia de una época de menos conocimientos. Tu perseverancia honra a Dios en una cultura que necesita verlo.

Señor, mi fe no depende de la opinión pública. Depende de tu verdad eterna. Afiánzame en las realidades de tu reino, incluso cuando mis creencias vayan a contracorriente en mi cultura. Déjame honrarte siempre. Amén.

El peso de una oración

Cuando oí esto, me senté a llorar. De hecho, durante varios días estuve de duelo, ayuné y oré al Dios del cielo. (Nehemías 1:4)

NEHEMÍAS ESCUCHÓ EN PERSIA las noticias sobre la situación de Jerusalén, y eso le oprimió el corazón. El mal estado de Jerusalén, que lamentablemente continuaba mucho después de su destrucción a manos de Babilonia, lo agobiaba profundamente. Así que se sentó a llorar, ayunó y oró a Dios. Poco después, Nehemías se convirtió en la respuesta a su propia oración, ya que Dios le dio la oportunidad de ir a Jerusalén y supervisar el proceso de reconstrucción. El peso de la pena hizo que Nehemías le suplicara a Dios, y eso dio lugar a que él interviniera, tal como lo había planeado.

Así es como a menudo funciona la oración. Dios escucha nuestra intercesión, y a veces provoca una tensión emocional en su pueblo para que pida cosas que él quiere hacer. La pena de Nehemías se ajustaba a los propósitos de Dios; su confesión en nombre de su pueblo y las peticiones para que Dios interviniera eran parte del plan y eran vitales en la restauración y el cumplimiento de las promesas de Dios. Nehemías se convirtió en un personaje vital en la historia de Israel porque las devastadoras noticias inspiraron su espíritu.

A menudo escuchamos noticias catastróficas y nos afligimos sin mucha esperanza de que se pueda hacer algo al respecto. Pero si aprendemos a leer en las noticias los movimientos de Dios, ya sea en los titulares del día o en los acontecimientos personales de nuestras vidas, empezamos a entender que las penas que sentimos no son solamente dolor. Son impulsos, incitaciones y catalizadores para el proceso de peticiones y respuestas que Dios estableció en los albores de la creación. Él interviene en este mundo a través de las acciones humanas, incluso cuando esas acciones no sean más que una petición. Nos insta constantemente a presentarle nuestras peticiones para poder hacer lo que ya se ha propuesto.

Que esta sea una de tus misiones en la vida: ser un agente humano que impulsa la intervención de Dios, un solicitante que lleva las necesidades del mundo y las peticiones del pueblo de Dios a su sala del trono. Pide con la expectativa de una respuesta, incluso de una que pueda incluirte. Debes saber que tus tensiones emocionales pueden ser el catalizador para una obra importante de Dios.

Señor, recuérdame a menudo convertir mis preocupaciones en oraciones, para verlas no como quejas pesimistas sino como el comienzo del cambio. Que mis penas den motivo a tus soluciones en este mundo. Amén.

Armados con el amor

Dios es amor, y todos los que viven en amor viven en Dios y Dios vive en ellos.
(1 Juan 4:16)

Durante la Reforma, muchos de los que se esforzaban por alcanzar una comprensión de la verdadera fe cristiana dedicaron bastante tiempo y esfuerzo a armarse con la verdad. Por lo general, eso es algo bueno. La Escritura nos enseña a estar cimentados en la verdad, a luchar por ella y a mantenernos firmes en ella, y a vivir la pureza y la simplicidad de la verdadera fe. Pero algo trágico sucedió en medio de la Reforma y las contrarreformas que le siguieron. Las personas se armaron con la verdad (según la veían), pero olvidaron armarse con el amor. Y como la verdad de la Palabra de Dios enfatiza la prioridad de su amor, eso es un problema.

Si fuiste hecho a imagen y semejanza de Dios, y si él es amor, entonces tu inevitable propósito es personificar el amor. Ningún otro objetivo puede superar a este. Todos los demás propósitos que hayas tenido y todas las demás oraciones que hayas orado se subordinan a este propósito general. Cuando caminas en el amor, te adentras en la vocación específica que se te ha dado. Cuando creces en el amor, creces en el poder y la sabiduría divina que se te ha prometido. Comprendes cosas que de otra manera no hubieras comprendido, experimentas milagros que de otra manera no hubieras experimentado y obtienes respuestas a oraciones que de otra manera no hubieras recibido. El amor es una llave esencial para abrir casi todos los tesoros del reino de Dios.

No puedes fabricar este amor; tiene que venir del Dios que se define por él. Pero una oración en la que pidas llenarte de su amor se ajusta a su voluntad y seguramente será contestada. Si eres como muchos cristianos, puede que esta petición no sea de las primeras en tu lista de oraciones, y puede que no seas tan diligente en cultivar el amor como lo eres para entrenarte en la verdad. Sin embargo, esta es la prioridad de Dios para nosotros: que personifiquemos su naturaleza, la cual él describe como amor por encima de todas las demás características. Eso es Dios, y estamos llamados a ser amor con todas las personas que conocemos.

Señor, ayúdame a tener las prioridades correctas: expresar tu corazón y personificar tu amor. Tu verdad siempre viene envuelta en compasión, afecto y preocupación. Que las palabras que diga siempre estén impregnadas de tu amor. Amén.

Más allá de las molestias

Jesús se compadeció de ellos y les tocó los ojos. ¡Al instante pudieron ver! Luego lo siguieron. (Mateo 20:34)

DOS CIEGOS LLAMARON a gritos a Jesús cuando salía de Jericó, y la multitud que lo rodeaba les dijo que se callaran. Los hombres estaban haciendo una escena delante del Maestro, y al parecer molestaban a quienes intentaban escuchar a Jesús o causarle una buena impresión. Eso es lo que sucede a menudo cuando personas que no captan las señales sociales (o que están demasiado desesperadas para atenderlas) violan el protocolo normal. Se les calla, se les margina, se les descarta como maleducados y se les deja que se las arreglen con su propia torpeza. Se levantan paredes de separación entre lo «normal» y lo «inapropiado».

Jesús a menudo caminaba a través de esas paredes. En el caso de estos hombres, se detuvo y les preguntó qué querían de él. No sabemos si sus gritos le molestaron tanto como a sus seguidores; solo sabemos que cualquier molestia pasó a un segundo plano debido a la compasión. Jesús «se compadeció de ellos». Comprendió la necesidad que provocó el irritante alboroto. Al parecer no le molestó la torpeza, ni la falta de dignidad ni la violación de la etiqueta. No insistió en que se lo pidieran amablemente. Aquellos hombres no podían ver, y él tenía el poder de devolverles la visión, así que actuó por compasión y les abrió los ojos.

Puede que mucha gente en este mundo te haga sentir incómodo. La reacción natural en tales casos es distanciarse. Pero no te dejes engañar. Detrás de la polémica, el estrés, los egos, el rechazo, la incivilidad, la ira y los insultos y cualquier otra señal de que el corazón humano se ha equivocado, hay una enorme necesidad de encontrar la bondad de Dios. Tienes tanto la vocación como la capacidad darles esa bondad. Siempre hay algo de su naturaleza para compartir con aquellos que anhelan su roce. Mira más allá de las molestias y verás la necesidad. Se te ha dado una comprensión de la naturaleza humana y conoces la necesidad que hay detrás de las máscaras que tantos de nosotros usamos. Cuando sea necesario, cruza los muros que limitan tu compasión y muéstrala a aquellos que la piden a gritos.

Señor, prepara mi corazón para reaccionar con compasión en vez de con molestia cuando las personas me irriten. Ayúdame a ver sus necesidades, y hazme hablar y actuar según tu compasión. Amén.

Nehemías 8:9-12

Un pueblo de celebración y alegría

Vayan y festejen con un banquete de deliciosos alimentos y bebidas dulces, y regalen porciones de comida a los que no tienen nada preparado. Este es un día sagrado delante de nuestro Señor. ¡No se desalienten ni entristezcan, porque el gozo del SEÑOR *es su fuerza!* (Nehemías 8:10)

MERECEDORES DE ELLA O NO, los puritanos tenían la reputación de ser personas adustas e incapaces de divertirse. Los luteranos eran vistos como un grupo beligerante, y los jesuitas tenían fama de ser ásperos y exigentes. En realidad, a través de los tiempos, los cristianos autoproclamados han tenido algún tipo de reputación, usualmente en forma de estereotipo que puede ser adecuado en algunos casos, pero ciertamente no en todos. Aún así, es muy significativo que un grupo de personas sea conocido por alguna característica específica. Cuando una característica particular se destaca, sabes que la has representado bien.

Los cristianos deben ser conocidos por muchas cosas positivas; por ser un pueblo de amor, humildad y bondad, por ejemplo. Analizaremos algunas de ellas en los próximos días, pero debemos admitir que a menudo no se nos conoce por tener los atributos de Jesús. Nos han encasillado justa e injustamente, y el resultado es una imagen que podríamos desear no tener. Cuando es así, solo hay una manera de cambiar esa percepción. Tenemos que mostrar la verdadera imagen, la imagen real que se nos dio hace mucho tiempo y que se nos está restituyendo incluso ahora. Debemos expresar la naturaleza de Dios en las situaciones y las relaciones reales de la vida diaria. Debemos ser conocidos como un pueblo de todas las cosas buenas.

Una de esas características es la alegría y la celebración. Nehemías y los levitas señalaron que lo «sagrado» y la tristeza no iban de la mano. En ninguna parte de la Escritura se nos dice que la solemnidad, la sobriedad y el celo ardiente sean nuestra fuerza. Pero la alegría sí lo es. Cuando vivimos con alegría, nuestras relaciones se estrechan más y las personas se sienten atraídas por la imagen de Dios. Aquellos que no lo conocen prueban su reino. Podemos traer la alegría del cielo a la tristeza de la tierra en casi cualquier situación. La vida no llega a ser más sagrada que eso.

Señor, vuelve mi corazón hacia la alegría de tu reino. Déjame ver más allá de mis propios objetivos, necesidades y dolores para celebrar la exuberancia de una eternidad llena de tu amor. Y que esa celebración traiga el cielo a la tierra cada día. Amén.

Un pueblo de bondad

Un siervo del Señor no debe andar peleando, sino que debe ser bondadoso con todos, capaz de enseñar y paciente con las personas difíciles. (2 Timoteo 2:24)

CUANDO LOS CRÍTICOS BUSCAN en la historia argumentos contra el cristianismo siempre señalan los casos extremos: las Cruzadas, la Inquisición, los juicios de brujas en Salem, y todo tipo de ejemplos de agresión y juicio. Se ignora que estos sucesos no reflejan realmente el verdadero cristianismo ni las enseñanzas de Jesús; son comportamientos «cristianos» porque personas que decían ser cristianas los llevaron a cabo. Y la característica común en estos diversos actos de violencia, agresión y odio es que *no* son expresiones de amor. Se presentan como prueba de que no somos un pueblo de bondad.

Pero lo somos. Tal vez no lo demostremos en todas las ocasiones, pero el verdadero cristianismo y la obra del Espíritu Santo en el corazón de una persona con el paso del tiempo generan bondad, que es uno de los frutos del Espíritu y una instrucción frecuente en su Palabra. Algunos cristianos olvidan eso, y reservan la bondad para aquellos que les agradan y son insensibles con aquellos que no, como tiende a hacer todo el mundo. Pero cuando el Espíritu realmente se apodera del corazón de una persona y hace una obra profunda en ella, la bondad crece. Esa persona comienza a ver a la gente con ojos de compasión y de gracia, y toma consciencia de que todos nos estamos recuperando del trauma de vivir en un mundo caído y de las heridas que hemos recibido aquí. La bondad, la paciencia y la gracia fluyen de los ojos que han aprendido a ver y del corazón que ha aprendido a amar.

Recuérdalo. Debemos ser conocidos como un pueblo de bondad, expresada tanto a nuestros hermanos de fe como a los no creyentes. Cuando nos tratamos así, los demás se sienten atraídos por la comunidad cristiana. Cuando lo hacemos con las personas de fuera, estas llegan a experimentar algo de la naturaleza de Dios. El pasaje anterior reconoce que hay personas difíciles, asume que nuestra bondad será puesta a prueba, y nos exhorta a la bondad de todos modos. Toma esto en serio. Ser amable es una forma de demostrar la bondad de Dios de manera que llegue a las personas dondequiera que estén. Es una forma sorprendentemente simple, y subvalorada, de transformar vidas.

Señor, al buscar los grandes frutos de tu Espíritu, a menudo he descuidado los más «fáciles». Conviérteme en una persona de bondad. Llena mi visión, mis pensamientos y mis palabras de gracia. Haz que mi amabilidad despierte los corazones a tu bondad. Amén.

8 DE DICIEMBRE

Efesios 4:1-4

Un pueblo de humildad

Sean siempre humildes y amables. Sean pacientes unos con otros y tolérense las faltas por amor. (Efesios 4:2)

En la Inglaterra de los siglos xvi y xvii, los asientos en las iglesias a menudo se asignaban a los asistentes según su rango, edad, propiedades y sexo. El lugar donde se sentaban dependía de quiénes eran. Las disputas por los bancos no solo eran un fenómeno social, también podían convertirse en un fenómeno legal, pues los feligreses a veces terminaban en los tribunales por violaciones de «su espacio» en el culto dominical. De alguna manera, el culto en la iglesia dejó de estar centrado en la adoración a Dios para enfocarse en la defensa del estatus personal. Para muchos, era mucho menos importante aprender y orar que ser visto y respetado.

En la actualidad, nuestro deseo de estatus puede manifestarse de maneras más sutiles, pero aún somos propensos a tenerlo, y todavía puede afectar nuestras relaciones con los demás. Muchos cristianos se ofenden con demasiada facilidad. La cuestión no es si hay motivo para ofenderse; hemos sido concebidos para estar llenos de gracia incluso (o especialmente) cuando la gracia, según su definición, nos es a todas luces inmerecida. Un cristiano ofendido no es una imagen bonita (lo hemos visto en nosotros mismos y en los demás) ni una descripción convincente de nuestra fe. Y cuando nos sentimos ofendidos casi siempre se debe a que nuestro orgullo ha sido lastimado.

En la Escritura se nos dice muy a menudo que seamos humildes. Dios se siente atraído por los humildes y los levanta (1 Pedro 5:5-6). Bendice a los pobres en espíritu y ofrece una enorme herencia a los humildes (Mateo 5:3,5). Nos insta a pensar en los demás antes que, en nosotros mismos, de la misma manera que Jesús se humilló a sí mismo al adoptar la posición de un esclavo y sufrir por nosotros (Filipenses 2:3-11). La humildad conduce a la mansedumbre, a la paciencia y a la tolerancia hacia las faltas de los demás, como sugiere Efesios 4:2. Es una de nuestras cualidades más atractivas.

Si la tenemos, mejor dicho, si no la tenemos, nos volvemos tan desagradables como aquellos que competían por los asientos en las viejas iglesias o que ignoraban los sentimientos y las necesidades de los demás para servirse a sí mismos. La humildad nos hace como Dios, y el orgullo… bueno, no. Elije por cuál característica serás conocido, y vívela plenamente.

Jesús, eres el ejemplo perfecto de la humildad humana y divina. Tu valía es infinita, pero siempre estás centrado en los demás. Haz que así sea mi corazón. Que me convierta en un reflejo fiel de tu desinterés. Amén.

9 DE DICIEMBRE

2 Corintios 9:6-15

Un pueblo generoso

Dios ama a la persona que da con alegría.
(2 Corintios 9:7)

JOHN WESLEY ERA CONOCIDO por instar a las personas a ganar todo el dinero que pudieran, ahorrar todo lo que pudieran y dar todo lo que pudieran. Su experiencia personal con unos ingresos cada vez mayores dio origen a esta filosofía. En lugar de limitarse a pagar el diezmo, finalmente donó la gran mayoría de su riqueza. Predicó a menudo sobre las bendiciones de la generosidad (cómo el que da es en realidad el que recibe) y se tomó muy en serio lo que decía Jesús: «Hay más bendición en dar que en recibir» (Hechos 20:35). Vivir con generosidad trae sus propias recompensas.

Por supuesto, la generosidad va más allá del dinero. Estamos llamados a vivir con espíritus generosos, lo que antes se conocía más comúnmente como magnanimidad: la grandeza de un corazón que está deseoso de compartir, de dar el beneficio de la duda y de ofrecer la gracia instintivamente. Es un corazón que no es propenso a condenar ni a competir, sino que se inclina hacia la bondad y el favor. Pasa por alto las ofensas y encuentra razones para apoyar y animar. Busca el bienestar de todos.

Si esa descripción te resulta familiar, es porque describe a Dios. Él ha sido generoso con nosotros, y como contrapartida tenemos el asombroso privilegio de ser generosos con los demás y con él. Las palabras de Pablo en 2 Corintios sobre el dar describen un ciclo de generosidad: Dios da generosamente a sus hijos, que a su vez dan generosamente a Dios y a los necesitados, y a su vez reciben más para poder compartir aún más. Muchos piensan que la acción de dar llevará a la carencia y al vacío, pero en cambio lleva a la plenitud. La vida magnánima desborda de cosas buenas.

Dar es parecerse al Padre. Nos hace manzanas caídas no muy lejos del árbol, la viva imagen de quien nos creó a su imagen, hijos generosos de un Dios generoso. Y cuando las personas ven la bondad de Dios en su pueblo, se sienten atraídas por él. Nuestra generosidad de espíritu, de recursos materiales, de palabras amables, y más, sirve como una invitación para que la gente experimente la generosidad de Dios.

Padre, has sido tan generoso conmigo, incluso en formas que apenas he notado. Hazme consciente de ello. Más que eso, haz que sean generosos mi corazón y mis manos. Que pueda dar a los demás como tú me has dado a mí. Amén.

Hechos 3:19-21

Un pueblo de restauración

Es necesario que él permanezca en el cielo hasta que llegue el tiempo de la restauración de todas las cosas, como Dios lo ha anunciado desde hace siglos por medio de sus santos profetas. (Hechos 3:21, NVI)

DIOS PROMETE LA RESTAURACIÓN. Podemos debatir sobre cuánto de ella se supone que debemos experimentar en esta era, pero no podemos contradecir la insistencia de la Escritura de que el propósito final de Dios es la restauración, la restitución y la renovación de todas las cosas. Los profetas hablaron de cielos nuevos y una tierra nueva (Isaías 65:17); Jesús afirmó que Elías vendría y restauraría «todas las cosas» (Mateo 17:11, NVI); Pedro mencionó la restauración en su sermón en Hechos 3; Pablo expresó que la creación sería liberada de la corrupción para así alcanzar la libertad (Romanos 8:21, NVI); y Apocalipsis 21:5 nos dice que Dios hará nuevas todas las cosas. Los milagros que vemos en los Evangelios y en Hechos, así como en gran parte de la historia de la iglesia, sugieren que las muestras del reino están disponibles ahora; sin embargo, sabemos que la plenitud del reino solo viene cuando el propio Rey regresa. En cualquier caso, como personas que han sido llamadas a ser embajadores de las realidades del reino, debemos vivir como imágenes de lo que está por venir. Debemos ser un pueblo de restauración.

¿Cómo se manifiesta eso en este mundo? Reconciliamos las relaciones entre las personas; exhortamos a la gente a orar por la curación, la liberación y la vida abundante; resaltamos la obra que Dios hace en los corazones, las sociedades y las culturas; e insistimos en que la historia se dirige en una dirección segura y hacia el retorno del Rey. Nos negamos a culpar, acusar, menospreciar o criticar porque recordamos nuestro pasado pecaminoso y la restauración que se nos dio libremente. En cambio, animamos, fortalecemos y edificamos a las personas. En la medida de lo posible, experimentamos el futuro que se nos ha prometido.

Recuerda tu papel como restaurador. Rehúsa mezclarte con ese mundo crítico, destructivo y deteriorado. Tus palabras, acciones y actitudes tienen el poder de reflejar la restauración que Dios ha prometido y darle a la gente una muestra de ella. Cuando se logra esto, el reino se hace más fuerte, y tú también. La restauración de todas las cosas, incluyéndote a ti, se promete para hoy y para los tiempos venideros.

Señor, perdóname por cualquier participación que haya tenido en destruir o derribar, ya sea con mis palabras, actitudes o acciones. Que pueda ser conocido como un edificador y un restaurador, un reflejo de la vida en tu reino. Sana, anima y fortalece a muchos a través de mí. Amén.

Un pueblo de amor

Lo más importante de todo es que sigan demostrando profundo amor unos a otros, porque el amor cubre gran cantidad de pecados. (1 Pedro 4:8)

JESÚS DEJÓ CLARO QUE sus seguidores serían conocidos por su amor (Juan 13:35). Desafortunadamente, cuando no lo mostramos, nos damos a conocer por nuestra falta de amor. Por eso es tan importante ver el amor como nuestra característica distintiva, nuestra identificación como discípulos, nuestra «marca» como creyentes. Todos los demás atributos divinos se derivan de este. La humildad viene de estimar a los demás; la bondad viene de la compasión hacia los demás; la generosidad y la restauración vienen de desear lo mejor para los demás; y así sucesivamente. Cuando amamos bien, tanto a Dios como a los demás, todas las demás características divinas se fortalecen. Cuando no lo hacemos, no se fortalecen. Realmente es así de simple.

Tanto Pedro como Santiago nos dicen que el amor cubre una gran cantidad de pecados (1 Pedro 4:8; Santiago 5:20, NVI). ¿Significa eso que cuando amamos, nuestros propios pecados quedan cubiertos? No, ya han sido cubiertos por la sangre de Jesús. Cuando amamos, cubrimos los pecados de los demás con el perdón, la tranquilidad y la gracia. Rehusamos sacar los pecados a la superficie porque ya no vivimos vidas basadas en la ley. Vivimos y respiramos una cultura de misericordia, siempre minimizamos las faltas de los demás y buscamos el valor y los dones que Dios ha puesto en ellos. Buscamos siempre levantar, nunca derribar. Atraemos a las personas al reino de Dios por la calidez y la bondad de su asombroso amor.

Como quiera que veas tu vocación como la sal y la luz de este mundo, tiene que incluir el amor. Pedro comenzó este versículo con una declaración de prioridad: «lo más importante de todo». Pablo hizo la misma declaración en su gran capítulo sobre el amor (1 Corintios 13), como la hizo Juan en su evangelio y en las epístolas. Hay una razón por la que Jesús y los escritores bíblicos se centraron en esta característica clave: el amor tipifica a Dios. Capta la atmosfera de su reino y explica por qué fuimos creados y cómo debemos vivir. Demuestra un amor profundo y genuino, y te acercarás más a Dios y a los demás. Cumplirás con tu llamado para representar a Jesús como realmente es.

Señor, si tú eres el amor y yo soy creado a tu imagen, mi propósito final es ser amor. Que pueda centrar mi vida en esta verdad fundamental. Tú eres amor, y nos hiciste para ser como tú. Que pueda personificar bien el amor. Amén.

Hechos 11:19-30

El nombre que llevas

Fue en Antioquía donde, por primera vez, a los creyentes los llamaron «cristianos». (Hechos 11:26)

El término «cristiano» que se aplicó a los primeros creyentes significaba «pequeños Cristos», y no era necesariamente un cumplido. Era un nombre apropiado que reflejaba lo centrados que estaban en su Salvador, así como su deseo mesiánico de salvar al mundo. Aún así, los cristianos llevaban el nombre de buena gana, y aceptaban la sugerencia de que se parecían a Jesús. Pedro instó a sus lectores a alabar a Dios por el privilegio de llevar ese nombre incluso en medio de sus sufrimientos (1 Pedro 4:16). Lo que era un término peyorativo para algunos se convirtió en una insignia de honor para otros.

También hoy, a menudo el nombre se usa con desprecio. Para muchas personas, la palabra «cristiano» tiene un matiz negativo que abarca toda una subcultura, una forma de pensar, una creencia política, la ingenuidad o incluso la ignorancia. Dentro de la iglesia, nos sentimos cómodos con este nombre. Fuera de la iglesia, somos mucho más vacilantes porque sabemos las reacciones que provoca.

En la actualidad, la mayoría de la gente no reacciona ante la fe y las enseñanzas cristianas solo por las verdades y las implicaciones que tienen. Ven las verdades y las implicaciones como parte de un paquete, y tú eres parte de él; lo bueno, lo malo, lo feo, y cualquier otra connotación o suposición que surja en la mente de las personas cuando escuchan las palabras «cristiano», «iglesia», «Jesús» etc. Sin embargo, tienes la oportunidad de luchar contra los estereotipos y cambiar las percepciones poco a poco, y es importante aprovechar esa oportunidad con seriedad. Gran parte del mundo piensa que tenemos un problema con nuestra marca de identidad. Y no están equivocados.

Por supuesto, el poder del cristianismo viene de algo mucho más grande que una marca de identidad. Nuestra influencia en el mundo no es simplemente una cuestión de relaciones públicas. Pero la reputación es de todas maneras importante, y todos contribuimos a establecer la nuestra. Vivir con amor, alegría, amabilidad, generosidad, humildad, integridad, y todo lo que es honorable en este mundo cambiará la forma en que muchas personas ven nuestra fe. Les recordará las verdades que enseñamos. Y demostrará algo sobre el reino y su Rey, como lo hicieron los cristianos que usaron ese nombre por primera vez hace mucho tiempo.

Jesús, es un honor que me asocien contigo, tanto los admiradores como los críticos. Una de mis metas más altas es cambiar la forma en que la gente te ve y traer honor a tu nombre. Que pueda hacerlo bien. Amén.

Revolución

Vístanse con la presencia del Señor Jesucristo.
(Romanos 13:14)

HAS VISTO PELÍCULAS, has leído libros y conoces bien el tema. Un pequeño pero valeroso grupo de luchadores se enfrenta a un enorme y monolítico régimen y de alguna forma encuentra la manera de poner fin a la opresión. En ocasiones la trama se inspira en hechos reales: una batalla legal, una banda de hermanos o un movimiento popular. A veces es ficticia: la destrucción de una Estrella de la Muerte o una hermandad de extrañas criaturas que se enfrenta a un mundo de maldad. En cualquier caso, se muestra la superación de obstáculos inimaginables para lograr lo que es bueno, correcto y hermoso. Lo imposible que parece poder alcanzar el objetivo es lo que hace que la historia sea tan atractiva. Nos encanta una buena revolución.

Esa es nuestra historia también. Somos parte de una revolución. Realmente hay un imperio del mal, aunque la humanidad se ha acostumbrado tanto a sus formas que su cultura parece normal. Pero cuando entraste en el reino de Dios, elegiste ir en contra de los caminos del mundo, tuvieras esa intención o no. Elegiste desafiar tu vieja naturaleza. Te uniste a una revuelta.

Tu revuelta no incluye espadas ni armas, al menos no en un sentido material ni convencional. Sin embargo, sí involucra armas del Espíritu y te vistes con una nueva cultura que entra en conflicto con la antigua. Se ajusta a nuestro propósito original, aunque ese propósito no parece ser más que un antiguo eco para muchos de nosotros. Estamos llamados a traer esa cultura del reino a este mundo, no para demoler lo que ha habido antes, sino para transformarlo. La transformación comienza en lo profundo de nuestro corazón y se extiende hacia afuera. Nuestra misión es ser agentes incansables de cambio.

Vive con ese sentido de misión e invita a otros a participar de él. No fuiste creado para adaptarte al mundo sino para seguir la imagen de Dios. Cúbrete con la presencia de Jesús y vive una vida maravillosamente subversiva. Ilumina tu mundo con la verdad y el amor, ese es el tipo de revolución que el mundo anhela.

Jesús, tus caminos son revolucionarios en este mundo, y los adopto plenamente. Dame el valor para representar la cultura del reino y enfrentarme a la del mundo. Que venga tu reino y que se haga tu voluntad en mí. Amén.

1 Juan 2:15-17

En este mundo

Este mundo se acaba junto con todo lo que la gente tanto desea. Pero el que hace lo que a Dios le agrada vivirá para siempre. (1 Juan 2:17)

UNO DE LOS TEMAS RECURRENTES a lo largo de la historia cristiana es un sentido de distanciamiento del mundo, lo que en la época medieval se llamó *contemptus mundi*, un rechazo de las cosas temporales unido a un énfasis en la gloria eterna. Por razones obvias, esta actitud ha sido mucho más fácil de adoptar en tiempos de agitación social, guerra, plaga y otras calamidades. La muerte y la destrucción hacen que el corazón humano sea más propenso a enfrentar este asunto. Pero la Escritura aboga por que siempre tengamos algo de esa actitud. Independientemente de lo bien que vaya la vida, las cosas temporales llegarán a su fin, pero el reino de Dios perdurará. Tenemos que decidir dónde invertimos nuestra vida, y dadas las opciones, la elección debería ser bastante obvia.

Esto es lo que Juan quiso decir cuando nos expresó que no amáramos al mundo. Estamos llamados a amar a las personas, a apreciar la creación de Dios, a disfrutar de sus buenos dones y a experimentar la vida abundante en el presente. Sí, nuestro corazón está centrado en la gloria de la eternidad, pero también tenemos dones y vocaciones que se necesitan en este momento. Cuando se nos recuerda la naturaleza perecedera de este mundo no es para que la rechacemos de plano sino para que tengamos claras nuestras prioridades. Todavía tenemos mucho que hacer en esta vida.

Asegúrate de equilibrar tu perspectiva. Deja que tu corazón y tu mente imaginen el cielo sin adoptar una actitud escapista. No descuides la vocación, los dones y las responsabilidades que Dios te ha dado para ser la sal y la luz en los sistemas e instituciones de este mundo. Tienes la misión de alumbrar los caminos del mundo con los valores y el poder del reino de Dios, para fortalecer los gobiernos, las escuelas, los negocios, las artes y las comunicaciones, las familias y más con el Espíritu que Dios ha puesto en ti. Mantén tus ojos en el cielo, pero tus manos y tus pies en la tierra. Tienes el tremendo privilegio de dar frutos eternos en un mundo que muere.

Espíritu Santo, nos fuiste dado para la vida en este mundo. Que nunca olvide eso, aunque mi corazón anhele el cielo. Dame oportunidades para iluminar este planeta con tu naturaleza. Dame un fruto duradero. Amén.

El significado de tu mirada

Esto lo hacemos al fijar la mirada en Jesús, el campeón que inicia y perfecciona nuestra fe. (Hebreos 12:2)

Los artistas de finales de la Edad Media y del Renacimiento con frecuencia insinuaban los temas de sus pinturas al enfocar estratégicamente las miradas de sus sujetos. Si seguimos los ojos de quienes aparecen en la escena, a menudo podemos conocer mucho sobre el mensaje que el artista deseaba transmitir. A veces las miradas se dirigían a un objeto sagrado o a un símbolo importante; otras veces apuntaban a una figura de fondo cuyo nombre o identidad representaba una verdad oculta. Rara vez los ojos se enfocaban al azar. Las miradas eran importantes. Daban forma al significado de la escena.

Tu mirada desempeña una función similar, no necesariamente en determinar cómo la gente te interpreta, sino en cómo defines el significado de tu vida. La fe tiene que ver con nuestra línea de mira: ya sea que invirtamos nuestra vida en el mundo visible que nos rodea o en los significados más profundos del mundo invisible. Como en las figuras principales de una pintura del Renacimiento, nuestras miradas pueden ir más allá de los temas obvios; podemos ver los importantes mensajes del reino de Dios que están escritos en las escenas de nuestra vida. La dirección de nuestra mirada determina lo que finalmente experimentaremos.

Es muy importante recordar eso en nuestra vida de fe. El evangelio no nos dice que nos enfoquemos en nuestro pecado, ni en nuestros problemas ni en nuestros obstáculos. No nos exhorta a resolverlo todo, ni a lamentar nuestros fracasos, ni a vivir en el arrepentimiento, ni a mirar las dificultades que tenemos por delante. Nos dice que mantengamos la mirada en Jesús. Aunque algunos oran mirando a las montañas, la fe centra nuestra atención en el Dios que puede moverlas. Nunca se nos dice que escapemos de nuestro pasado; se nos dice que crezcamos en nuestro futuro. En esto hay una enorme diferencia. Estar centrados en Jesús nos da una visión de en qué nos estamos convirtiendo. Nos da poder. Nos llena de verdad.

Al igual que con el significado de una obra maestra, tu vida siempre se desarrollará según la dirección de tu mirada. Cuida de tu visión con esmero, y con el tiempo te convertirás en ella. Incluso puedes inspirar las miradas de aquellos que te rodean.

Jesús, mis ojos están en ti. Nunca les dijiste a tus discípulos que lo resolvieran todo; les dijiste que te miraran y te siguieran. Que pueda yo crecer a tu imagen cada vez más, completa y hermosamente. Amén.

El poder de tu centro de atención

Bendice, alma mía, al S*EÑOR, y bendiga todo mi ser su santo nombre. Bendice, alma mía, al* S*EÑOR, y no olvides ninguno de sus beneficios.* (Salmos 103:1-2, LBLA)

LA DIRECCIÓN DE NUESTRA MIRADA es transformadora; Pablo lo asegura y promete que al mirar al Señor con rostros descubiertos nos haremos cada vez más parecidos a él (2 Corintios 3:18). Así como los jóvenes atletas imitan los gestos de sus jugadores preferidos y los jóvenes amantes de la música cantan las canciones de sus estrellas favoritas, creceremos en dirección a nuestros amores.

También creceremos en dirección a nuestras preocupaciones, y aquí es donde comienzan los problemas. Las dificultades y los desafíos alejan nuestra atención de Dios y sus respuestas. Nos centramos en lo negativo de nuestra vida: las oportunidades perdidas, los problemas que deben solucionarse, el comentario desalentador entre muchas voces alentadoras, la única calificación problemática en el excelente informe de notas de un niño, el único problema de salud o financiero que interrumpe nuestro bienestar general. Pero nadie soluciona las deudas al mirarlas fijamente, ni se recupera de una enfermedad al pensar con insistencia en ella, ni resuelve los problemas en sus relaciones al exagerarlos. Tampoco superamos el pecado al dirigir toda nuestra atención y esfuerzos contra él. No, superamos nuestros retos al centrarnos en las soluciones, al estar agradecidos por lo bueno, y, como David escribió una vez, al contemplar la hermosura del Señor y buscarlo en su templo (Salmos 27:4, NVI). Mirar hacia abajo solo nos aprisiona; es la mirada hacia arriba la que nos salva. Tenemos que elegir qué es lo que exaltamos en nuestra vida.

A pesar de todas nuestras críticas al pensamiento positivo, la Biblia nos anima a pensar positivamente al centrarnos en Dios y su bondad. (Por ejemplo, Filipenses es prácticamente un manual de instrucciones para el pensamiento positivo). ¿Por qué es así? Porque la esperanza es verdadera, y el desánimo no lo es. La fe es efectiva y la negatividad es inútil, y es un testimonio realmente malo. Nuestros ojos espirituales son poderosos. Cuando se fijan en Dios en su morada, nuestra vida cambia y también la de muchas otras personas.

Padre, he sido muy descuidado en cuanto a mantener un enfoque correcto de mi atención, y sin embargo es algo que puede transformar vidas, incluida la mía. Perdóname; enséñame; ayúdame a dirigir siempre mi atención hacia tu bondad y tus promesas. Amén.

Orar con visión

Hemos dejado de evaluar a otros desde el punto de vista humano. (2 Corintios 5:16)

LAS PRÁCTICAS DEVOCIONALES MEDIEVALES a menudo se centraban en imágenes en lugar de textos. Los monjes y los nobles podían leer, pero mucha gente común no. Así que, en lugar de meditar sobre palabras escritas en una página, la gente a menudo lo hacía sobre una imagen que representaba esas palabras. Las imágenes de Jesús y su sacrificio eran poderosas para provocar pensamientos transformadores. La gente entendía el poder de la visión.

La Escritura confirma este poder de la visión en nuestra relación con Dios (ver 2 Corintios 3:18 y Hebreos 12:2, por ejemplo), y también en la relación con otras personas. Cuando miramos a los demás con sospecha, como competidores en cuanto a estatus, amor o afirmación, en lugar de verlos como objeto del amor de Dios, cerramos nuestro corazón y limitamos la profundidad de nuestras relaciones personales. Cuando definimos a las personas por su pasado o su presente, pasamos por alto lo que Dios está haciendo en sus vidas. Cuando nos centramos en los defectos y los problemas de la gente, oramos por ellos sin poder ni esperanza. Comenzamos a definir el mundo que nos rodea a través de las heridas y debilidades de nuestro propio corazón.

¿Qué pensaríamos de un hombre de negocios que constantemente mira las pérdidas de su empresa, pero nunca la visión empresarial? ¿O de un líder de un ministerio que se obsesiona con la oposición y los obstáculos, pero nunca con la misión en sí? Tendríamos pocas esperanzas de crecimiento y avance en tales circunstancias porque sabemos instintivamente el poder que tiene enfocar nuestra atención en la dirección correcta; que, como los girasoles que miran al sol, nuestros corazones siempre se abren hacia su visión. Fuimos hechos para vivir con esperanza.

La próxima vez que ores por un hijo pródigo, aparta tus ojos de las malas decisiones, las influencias negativas y las situaciones peligrosas. Llena tu mente con la imagen de en quién puede convertirse (y se convertirá) ese niño en Cristo. La próxima vez que ores por un amigo o colega que necesite el amor de Cristo, rehúsa mirar cualquier dureza de corazón o errores del pasado. Observa en cambio el tesoro dentro de esa persona y la esperanza de su llamado. En otras palabras, ora positivamente, con esperanza, expectante, siempre con la mirada en el poder y la promesa de Dios. Cultiva tu visión, y deja que se convierta en una oración que cambie el mundo.

Señor, tu reino es como un tesoro escondido en un campo. Que siempre vea el tesoro y nunca la suciedad que lo rodea. Dame poder con visiones celestiales y oraciones transformadoras. Amén.

Eclesiastés 3:11-13

Vislumbres de la belleza

Dios lo hizo todo hermoso para el momento apropiado. Él sembró la eternidad en el corazón humano, pero aun así el ser humano no puede comprender todo el alcance de lo que Dios ha hecho desde el principio hasta el fin. (Eclesiastés 3:11)

Los teólogos de hoy son maestros de la minuciosidad innecesaria y el análisis sintáctico, y crean algo así como una teología detallada que por su especificidad podría rivalizar con el libro de cuentas de cualquier contador. Muchos ven la Escritura como una valla alrededor de una pequeña parcela de ortodoxia en lugar de una puerta de entrada a un amplio campo lleno de significado. Pero la Escritura muestra que Jesús no es tan preciso en sus declaraciones, que a menudo son intencionalmente ambiguas. Apuntan a cosas más grandes, ideas y creencias que son más grandes que la mente humana y que solo pueden ser evocadas, no explicadas. En otras palabras, son hermosas.

Ese es un aspecto del pensamiento cristiano que a menudo falta hoy en día. De la trilogía compuesta por la verdad, el amor y la belleza, con demasiada frecuencia hemos buscado la verdad por encima de todo, hemos alabado con palabras vanas el amor y hemos descuidado la belleza. Pero la teología y la historia se deben contar con cierto sentido artístico. Hay fealdad en la historia humana, por supuesto, pero también hay cosas llenas de significado. Debemos tener suficiente perspicacia para sacarlas a la luz, y hacerlo con belleza, como Dios hizo en la Escritura y al revelarse a los seres humanos a lo largo de la historia. Él está mucho más interesado en cautivar con sus obras el corazón de su pueblo que en definir la teología para ellos.

Nunca reduzcas tu fe a un conjunto de proposiciones. Es mucho más que eso. Es una fascinante y compleja red de significados que se ha tejido a lo largo de la historia humana. Es el arte de un Creador que es demasiado grande para mentes finitas. Es el eco de cosas eternas e infinitas que nunca comprenderás en su totalidad pero que sin embargo puedes representar fielmente. Tus creencias no definen la creación ni la salvación; solo ofrecen una imagen parcial de ambas. Exprésate con esa comprensión; vive con esa humildad; y siempre, siempre señala la majestad y el arte inabarcables de tu Dios.

Señor, cautívame con la belleza de tu obra. Apártame de las formas en que he tratado de definirte demasiado estrechamente. Expande mi visión para que pueda ver cuán pequeña es en realidad, y deja que mis palabras, mi corazón y mi vida reflejen tu arte. Amén.

Una vida de disfrute

Llegué a la conclusión de que no hay nada mejor que alegrarse y disfrutar de la vida mientras podamos. Además, la gente debería comer, beber y aprovechar el fruto de su trabajo, porque son regalos de Dios. (Eclesiastés 3:12-13)

UNO DE LOS DEFECTOS de algunos movimientos cristianos del pasado y del presente ha sido su tendencia a favorecer la austeridad y quitarle la belleza a la fe. Tal vez esta tendencia surge del miedo a las pasiones humanas, que pensaban que debían refrenarse, no desatarse. Históricamente, la iglesia ha tratado de contener el corazón mucho más a menudo de lo que ha tratado de liberarlo. Pero limitar la pasión humana tiene un precio. Al igual que los tratamientos que envenenan todo el cuerpo para tratar de eliminar un cáncer, los tratamientos espirituales apuntan al mismo tiempo a la capacidad de pecar apasionadamente y creer apasionadamente. Y a menudo apagan el espíritu.

Tales intentos casi siempre dan lugar a movimientos reaccionarios que se oponen a una expresión más libre. El corazón humano siempre luchará por la libertad, incluso si tiene que rebelarse. Pero no debería tener que hacerlo. El sacrificio de Jesús nos permite ser libres no solo del pecado sino también de las restricciones religiosas que tratan de contenerlo. Él quiere que no seamos esclavos del pecado ni del yo, ni esclavos de la ley ni de la voluntad humana. Quiere que adoptemos su naturaleza al simplemente mirarla y entrar en ella. Cuando lo hacemos, experimentamos los frutos de su Espíritu y de nuestro propio trabajo. Vivimos en la alegría y la satisfacción.

Muchos maestros argumentarán que el propósito de Dios es que seamos santos, no felices, como si ambas cosas fueran mutuamente excluyentes. Pero Dios deja claro que nos ha hecho para que alcancemos la realización. Jesús habló mucho sobre la alegría y la vida abundante. Eclesiastés, a pesar de todas sus declaraciones negativas, nos insta a disfrutar de la vida. No hacerlo es deshonrar los dones que Dios nos ha dado para que los disfrutemos (1 Timoteo 6:17; Santiago 1:17). Es ignorar nuestra capacidad de experimentar sentimientos profundos y una pasión divina. Es desconfiar de su imagen dentro de nosotros. Hónralo al buscar la alegría y celebrar sus dones en toda su plenitud.

Señor, que nunca busque mi propia felicidad de forma egoísta. Y aún así, que pueda encontrarla completamente. Que descubra mi verdadera y más profunda alegría en ti y en todos tus dones. Amén.

Juan 1:40-42

Agentes de la nueva creación

Jesús miró fijamente a Simón y le dijo: «Tu nombre es Simón hijo de Juan, pero te llamarás Cefas» (que significa «Pedro»). (Juan 1:42)

Es fácil tener pensamientos duros e incluso palabras poco amables hacia las personas que no están a la altura de nuestras expectativas. Hacemos todo tipo de juicios sobre el comportamiento y las actitudes de la gente que nos rodea. Algunos de ellos ciertos, otros no, y la mayoría va más allá de nuestras habilidades y nuestro llamado. A pesar de ser un pueblo de gracia, podemos ser terriblemente descorteses. Nos lamentamos de un mundo que ha ido mal y nos convertimos en sus acusadores. Vemos a las personas por lo que hacen en lugar de por lo que realmente son.

En 2 Corintios 5:16 se nos recuerda que estamos llamados a ver a las personas según el Espíritu, no según un punto de vista humano. Puede ser difícil para una persona no tener un punto de vista humano, pero se nos ha dado una visión más profunda. Se nos ha dado la tarea de ver como Jesús, que vio más allá de la impulsividad de Simón y lo llamó Pedro, que significa «roca». Se espera que seamos como nuestro Padre, que en lugar de ver en Saúl solo a un terrorista vio a un apóstol que tomaría un nombre gentil y llegaría al corazón de los paganos. Como personas con un nuevo nombre (Apocalipsis 2:17), debemos ver a los demás con su nuevo «nombre» también, es decir, por su verdadera identidad, por su potencial entre los que son redimidos. Debemos dejar atrás los juicios mezquinos de este mundo y hablar de la vida, la esperanza y la verdad a las almas que necesitan la nueva vida que Dios nos da. Somos agentes de la nueva creación.

Cuando tratamos a las personas según su potencial y no según su pasado, nos convertimos en catalizadores de la obra de Dios en sus vidas. Algo sucede en el reino espiritual cuando un creyente elige ver lo invisible y caminar por la fe. El pasado se deshace y emerge una nueva identidad. Puede llevar tiempo, pero el proceso comienza. La vida interior de una persona de fe transforma el mundo exterior mucho más eficazmente de lo que pensamos. La gente espera que alguien vea lo positivo dentro de ellos. Elije esa visión, exprésate según ella, y ve a Dios obrar para cambiar tu mundo.

Señor, entrena mis ojos para ver el tesoro que hay en las personas que me rodean, incluso cuando el tesoro esté escondido. Que mi visión y mis palabras atraigan a las personas a su verdadera identidad para tu gloria. Amén.

Colosenses 3:1-4

Un modelo de valores

Piensen en las cosas del cielo, no en las de la tierra.
(*Colosenses* 3:2)

Tu vida pone de manifiesto tus valores. Las cosas en las que eliges invertir tu tiempo y dinero, la forma en que manejas tus relaciones, las decisiones que tomas sobre tu estilo de vida y tu carrera son un reflejo de aquello que es más importante para ti. Independientemente de cómo expreses tus valores verbalmente, las decisiones que tomas en la vida diaria demuestran tus verdaderas prioridades. Constantemente expresas tus más profundas y verdaderas lealtades.

Esta idea puede ser aterradora o aleccionadora, o tal vez provocadora o alentadora. Jesús llamó a sus seguidores a buscar su reino por encima de todo lo demás (Mateo 6:33), y es probable que sientas que, en cierto modo, has tomado en serio ese llamamiento y que en otros aspectos te estás quedando corto. Él tiene mucha gracia para ti a medida que creces, pero puede que la gente que te rodea no. Pueden ver cuáles son tus verdaderas pasiones, pero necesitan saber más: ¿Es el reino invisible real para ti? ¿Inviertes algo más que tus palabras en el reino de Dios? A pesar de tus imperfecciones, ¿creces en la dirección correcta?

Las palabras de Pablo en Colosenses 3:2 no son un llamamiento a una vida de escapismo, en la que ignoras las necesidades del mundo y solo tienes pensamientos espirituales. Son más bien una invitación a alinear tus pensamientos con los de Dios, para ver como él ve, valorar lo que él valora y priorizar lo que él prioriza. Ofrecen la oportunidad de demostrar la realidad del reino de Dios en todo lo que haces, incluso en las tareas mundanas de la vida diaria. Más aún, te instan a expresar su corazón a los que te rodean.

Toma esta invitación en serio. Identifica lo que es más importante y decide invertir tu vida en esas cosas al máximo. Conviértete en una señal que indique hacia las realidades eternas, no solo del evangelio de la salvación, sino también de la bondad de Dios en cada área de la vida. Conviértase en una imagen viva de los valores del reino de Dios.

Señor, déjame ver como tú ves, pensar como tú piensas y decir y hacer lo que tú dices y haces. Mis pensamientos naturales no se alinean con los tuyos, pero tu Espíritu lo cambia todo y me proporciona la mente de Cristo. Que pueda demostrarlo en todo lo que hago. Amén.

Colosenses 3:1-4

Un modelo de redención

Pues ustedes han muerto a esta vida, y su verdadera vida está escondida con Cristo en Dios. (Colosenses 3:3)

Puede que pienses que tus éxitos son el mejor escenario para mostrar tus valores. Tu dependencia de Dios, tu vida de oración, tus relaciones amorosas y tu compromiso con la verdad son todos testimonios de tu ciudadanía en el reino de Dios. Pero hay otro escenario que es igual de poderoso, o más: tus pérdidas. La forma en que respondes a la decepción, al fracaso y a los obstáculos insuperables dice mucho de tus prioridades y de cuan sólida es tu posición en el reino invisible. Tu alegría en Cristo a pesar de tus tropiezos y derrotas es un importante testimonio de la realidad de tu fe.

Muchos cristianos no lo entienden. Cuando su propia conciencia u otras personas sacan a relucir su pasado, se sienten derrotados y abrumados por el arrepentimiento. No se dan cuenta de que incluso un pasado lleno de cicatrices sirve como testimonio de lo que Dios ha hecho en su vida. Ven sus defectos como manchas y no como ejemplos de lo que la salvación puede vencer. Olvidan que Jesús no vino para los justos sino para los pecadores, y que su imperfección es lo único que los califica para su gracia.

Sigue adelante, acepta tu historia imperfecta, no importa lo horrible que sea. De acuerdo con la Palabra de Dios, has muerto a ese pasado. Ya no tiene ninguna influencia sobre ti. Puedes confiar en que Dios ocultará toda evidencia de tus pecados (ver Sal. 31:20; 32:1) o la usará para su gloria. Tu verdadera vida está arraigada en el reino de Dios y solo puede dar frutos eternos. Los que fingen rectitud para dar una buena impresión a los demás son más transparentes de lo que creen, pero los que abandonan la pose y solo afirman bañarse en el amor de Dios dan fe de una realidad mucho más profunda. En ellos, la rectitud crece naturalmente. Vive con esa libertad, abraza la plenitud de ese amor y confía en que Dios enterrará tu vieja vida y revelará la nueva oportunamente.

Padre, mi vida en Cristo es como una semilla escondida en la tierra, pero sé que tienes planes para un nuevo crecimiento. Déjame florecer, develar mi verdadero yo, y permite que lo nuevo en mí supere todo indicio de mis viejos caminos. Amén.

Un modelo de destino

Cuando Cristo —quien es la vida de ustedes —sea revelado a todo el mundo, ustedes participarán de toda su gloria. (Colosenses 3:4)

FUISTE CREADO PARA LA GLORIA. En algún lugar profundo de tu alma lo sabes, aunque, como la mayoría de la gente, hayas enterrado ese impulso bajo capas de decepciones y arrepentimientos. Aún así, tu diseño original está ahí, y a veces se manifiesta en el deseo de hacer algo grande y dejar tu huella en este mundo. Imaginar un futuro glorioso no es arrogancia ni presunción; es la verdad. Fuiste hecho a imagen y semejanza de tu Creador, que es absolutamente asombroso. La imagen de la gloria dentro de ti está destinada a ser revelada con la suya.

Tu vida será moldeada en gran medida por el destino que imaginas. Si no tienes una visión de la gloria en tu mente, tu vida tenderá a parecer sin forma y vacía, como ocurría con la creación antes de que el Creador le diera luz y propósito. Pero si sabes hacia dónde te diriges, tenderás a adentrarte en esa visión. Vivirás como una criatura gloriosa unida a un Cristo glorioso. Crecerás en la verdad de su propósito final para ti.

Eso no solo tiene una profunda influencia en cómo vives, sino también en cómo tratas a los demás. Ellos también tienen el asombroso potencial de compartir la gloria de Cristo. Ese es un mensaje transformador de la vida para un mundo que ha adoptado el sin sentido y una existencia inútil. Para las personas que no tienen ni idea de qué hacer con sus impulsos de gloria, te conviertes en un testimonio de propósito. Tienes el poder de brindarles un propósito a las vidas carentes de forma que te rodean. Te conviertes en un mensajero de esperanza y significado.

Este es un ministerio vital, para tus familiares y amigos, para los compañeros de la iglesia y el trabajo y para todos los que te rodean. A veces puede ser sutil; a veces puede ser abierto y directo. En cualquier caso, da vida a las partes muertas de los corazones dormidos, donde el impulso de la gloria aún reside. Debes vivir como una revelación del destino humano y hablar de ello a menudo.

Espíritu de Dios, que no viva yo según mi pasado destrozado, ni según las percepciones de los demás ni los planes imprudentes para el futuro, sino según el verdadero destino que me has dado. Llena mi visión con la esperanza de la gloria, y ayúdame a llenar la visión de los demás también. Amén.

Romanos 8:1-4

Todo sobre el corazón

Dios hizo lo que la ley no podía hacer. Él envió a su propio Hijo en un cuerpo como el que tenemos nosotros, pecadores. Y, en ese cuerpo, Dios declaró el fin del dominio que el pecado tenía sobre nosotros mediante la entrega de su Hijo como sacrificio por nuestros pecados. (Romanos 8:3)

La historia está llena de cristianos que se enfrentaron a las leyes, a las estructuras sociales y a los patrones sistémicos prevalecientes para cambiar la forma en que funciona el mundo. Esto es importante; la cultura no está definida por sus leyes, pero a menudo se encuentra inhibida o restringida por ellas. Cuando cambiamos el marco de la sociedad para que concuerde con los caminos de Dios, hacemos algo bueno. Pero si pensamos que aquí es donde está la verdadera batalla, nos pasaremos la vida centrándonos en las cosas equivocadas. Seremos como pintores que transforman el aspecto externo de un edificio sin afectar lo que pasa dentro de él. Y participaremos en muchas batallas innecesarias.

Muchos cristianos luchan en los frentes políticos y legales para hacer que la sociedad se parezca un poco más al reino de Dios, y no hay nada inherentemente malo en ello. Pero la verdadera batalla es por el corazón de los seres humanos. Si el corazón humano cambia, las leyes se vuelven innecesarias; si no lo hace, las leyes siempre serán insuficientes. Muchas de las tendencias sociales que queremos revertir se enfrentan mejor mediante conversaciones atractivas, actitudes ejemplares y llamados a los sentimientos de las personas que a través de posturas políticas inflexibles y amenazas legislativas. El reino de Dios nunca se ha logrado exteriormente, ni a través de la ley de Moisés ni mediante nuestra autodisciplina. Siempre ha sido una transformación de la naturaleza interna que luego se abre camino hacia el exterior. Si queremos cambiar la sociedad, debemos ayudar a que las vidas individuales cambien. Cuando lo hagan, la sociedad cambiará también.

Nunca conviertas tu misión como la sal y la luz de este mundo en un programa conductista. Gánate los corazones, uno por uno, conversación por conversación, con gracia y más gracia. El reino se construye sobre esas cosas, y específicamente sobre el fundamento de un Mesías que nunca anuló una ley pero que ha ganado corazones por millones. Su misión y sus caminos son los tuyos.

Jesús, a pesar de ser un pueblo que dice querer ser como tú, mostramos una fuerte tendencia a recurrir a medios que tú nunca usaste. Haz que nuestro corazón se enfoque en la esencia de nuestra misión. Prepáranos para ganar corazones con la sabiduría, el poder y el amor de tu reino. Amén.

25 DE DICIEMBRE

2 Corintios 12:5-10

La fuerza en la debilidad

Mi gracia es todo lo que necesitas; mi poder actúa mejor en la debilidad.
(2 Corintios 12:9)

El mundo anhela una revelación de los hijos de Dios (Romanos 8:19), y a veces pensamos que la mejor manera de ser esa revelación es mediante nuestra vida ordenada, obras impresionantes, o una actitud incesantemente alegre. Un estilo de vida ejemplar, el poder del Espíritu y la alegría son ciertamente importantes; nuestra vida debe mostrar estas características de manera consistente. Pero la mayor revelación no viene a través de ninguna inmunidad a las debilidades de nuestra naturaleza caída, sino a través del poder de Dios en medio de ellas. Como un frágil bebé nacido en Belén, somos vasijas de barro que contienen el Espíritu divino (2 Corintios 4:7), intersecciones entre los reinos visible e invisible, representaciones de la imagen de Dios. La debilidad se convierte en fuerza, los defectos se cubren con la misericordia, el orgullo se inclina ante la humildad, la decadencia de la muerte da paso a la vida, y los cuerpos temporales se visten finalmente de lo eterno. Nuestra fragilidad nos convierte en un maravilloso escaparate de Dios.

Pablo subrayó este punto cuando sus oraciones para la liberación de un problema (no sabemos si era físico, relacional o de otro tipo) recibieron respuesta debido a la gran verdad de que el poder de Dios trabaja mejor en nuestra debilidad. Pablo comenzó a presumir de sus debilidades, en lugar de tratar de restablecer su antigua fuerza, porque se dio cuenta de que en sus debilidades era donde Dios se revelaba. Esta poderosa luz divina dentro de nosotros puede oscurecerse a veces, pero gran parte de la vida cristiana implica descubrirla. El Espíritu que hay en ti puede permanecer oculto por un tiempo, pero está ahí para ser revelado. Ese es tu papel en este mundo.

Apóyate en Dios con todas tus debilidades, faltas, fragilidades, caídas y quebrantamientos. No necesitas hacer grandes esfuerzos para ocultarlos; son plataformas para la gloria de Dios, son un escenario para la revelación de su naturaleza. Nadie se conmueve cuando Dios hace fuerte a una persona fuerte. Pero cuando hace fuerte a una persona débil… esa es otra historia. En realidad, es tu historia, que vale la pena ser contada una y otra vez. No tengas miedo de vivirla para que otros la vean. Su gracia es lo único que tú y ellos necesitarán.

Espíritu Santo, permite que esta vasija de barro se desborde con el poder de la luz interior. Sana mi quebrantamiento con tu restauración, mis heridas con tu curación y mi debilidad con tu poder. Déjame ser una revelación de gloria. Amén.

Tu legado

Lo único que le pido al Señor *—lo que más anhelo —es vivir en la casa del* Señor *todos los días de mi vida, deleitándome en la perfección del* Señor *y meditando dentro de su templo.* (Salmos 27:4)

El anhelo más profundo de David, según el salmo 27:4, era pasar tiempo en el templo de Dios y meditar sobre la perfección del Señor. Es un hermoso pensamiento, y podemos imaginar que aprovechaba cada oportunidad de visitar el templo para adorar. El único problema es que cuando David escribió esto, el templo no existía aún, y no existiría durante su generación. Dios había dicho que sí a su petición de un templo, pero no a la posibilidad de que David lo construyera él mismo. Fue un sueño aplazado, y eso debe haber entristecido el corazón de David.

Aún así, David hizo todo lo que pudo para preparar a la siguiente generación para este proyecto. Elaboró planos, donó grandes cantidades de oro y materiales de construcción, escribió un salmo para la dedicación del templo (Salmos 30), y animó a otros a dar, planear y preparar (1 Crónicas 28–29). Comprendió que sus contribuciones en este mundo eran parte de un plan más amplio, y preparó a la siguiente generación para continuarlo.

Tus contribuciones en este mundo también son parte de un plan mayor. Los planes de Dios comenzaron en el Génesis, y en realidad incluso antes de la creación del mundo. Puedes ser la sal y la luz ahora mismo, pero también siembras semillas que no serán cosechadas en esta generación. Mientras que los gobiernos a menudo cargan a la siguiente generación con enormes deudas y problemas, los ciudadanos del reino debemos legarles nuestras contribuciones al proyecto de construcción del reino a los que vendrán después. Siempre debemos tener presente el plan eterno.

Una de las mayores inversiones que puedes hacer en el reino de Dios es preparar a la próxima generación para llevarlo adelante, para que desarrollen su papel como la sal y la luz, tal como tú lo has hecho. Aprovecha esa oportunidad seriamente, ora por formas de expandir tu influencia más allá de tu vida terrenal y conoce que tu fecundidad en este mundo continuará mucho tiempo después de que te hayas ido.

Señor, muéstrame maneras de extender mi influencia en el tiempo y no solo en las circunstancias y relaciones actuales. Dame una influencia duradera. Siembra mi vida como una semilla que dará fruto para las generaciones venideras. Amén.

Siempre nuevos

Nadie pone vino nuevo en cueros viejos. Pues el vino reventaría los cueros, y tanto el vino como los cueros se echarían a perder. El vino nuevo necesita cueros nuevos. (Marcos 2:22)

UNO DE LOS CICLOS más comunes y predecibles de la historia cristiana es que los movimientos dinámicos inspirados por el Espíritu se vuelven rígidos y anquilosados con el tiempo. Una de las razones de ese fenómeno es nuestro deseo de preservar todo lo que Dios esté haciendo. Queremos crear instituciones, codificar reglas y estructuras, analizar minuciosamente el proceso y asegurarnos de aprovechar al máximo la oportunidad que Dios nos ha dado. Pero nuestros esfuerzos son como verter hormigón en el río de la vida. Interrumpimos la corriente. Muchas órdenes y denominaciones religiosas que comenzaron como poderosos movimientos de renovación se han convertido en instituciones poco amistosas e inflexibles que han perdido su antigua gloria. Nos quedamos tan absortos en lo que Dios ha hecho que pasamos por alto lo que está haciendo ahora.

Los cristianos tienen una notable habilidad para obsesionarse con lo último que Dios les ha enseñado, la revelación que parecía tan transformadora en ese momento. Es por eso que algunas personas todavía viven en el momento justo después de su conversión, y se sienten complacidos con la luz de una comprensión que ya no brilla. Viven en días pasados, y pasan por alto las formas en que Dios ha tratado de guiarlos desde entonces.

¿Cuál es la solución? En todo momento de nuestra vida, necesitamos mirar al pasado para administrar lo que Dios ha hecho sin tratar de preservarlo como era. También tenemos que mirar al futuro con la expectativa de que todo lo que haya hecho Dios en nuestra vida fue perfecto para ese momento específico, pero seguramente crecerá y tomará una nueva forma con el tiempo, tal vez de manera inesperada. En otras palabras, necesitamos vivir como odres nuevos, siempre preparados para llevar la frescura del Espíritu a las nuevas situaciones del futuro. El Espíritu de Dios se mueve como el viento (Juan 3:8); la sal y la luz son expresiones dinámicas de su poder; y aunque su carácter nunca cambia, su obra es siempre nueva.

Espíritu Santo, me has invitado a entrar en la corriente de tu obra. Que siempre fluya contigo, y que pueda mantener el flujo en mi rincón del mundo para la próxima generación. Que tu reino continúe viniendo de nuevas maneras. Amén.

Juan 17:13-26

Un ministerio de presencia

No te pido que los quites del mundo, sino que los protejas del maligno. Al igual que yo, ellos no pertenecen a este mundo. (Juan 17:15-16)

PROBABLEMENTE HACE TIEMPO te diste cuenta de que vives en un territorio hostil. Como un desertor de un país comunista, dejaste la cultura de este mundo y adoptaste la cultura del reino de Dios como propia, cambiaste tu patria natural por una espiritual. Perteneces al mundo que Dios creó, fuiste parte de su diseño original, pero ya no perteneces al mundo caído en el que se ha convertido. Tienes una ciudadanía en el cielo, incluso mientras vives tus días en este reino material.

Cuando Jesús ascendió al cielo, no se llevó a sus seguidores con él. El momento aún no había llegado. Había trabajo que hacer, y los envió en una misión, el mismo tipo de misión que él había emprendido cuando el Padre lo envió (Juan 17:18; 20:21). Ya les había dicho a sus discípulos que no podían ir con él al cielo (Juan 13:36), pero también les había dicho que iba a prepararles un lugar para ellos (Juan 14:2). Los dejó, pero les aseguró que no estarían solos. En realidad, manifestó que era mejor que se fuera para que su Espíritu pudiera venir a morar en ellos (Juan 16:5-15). Su oración la noche anterior a su crucifixión fue que se quedaran justo donde estaban, en medio de un mundo de caos y maldad, pero protegidos del maligno.

Aquí es donde todavía vivimos. Estamos en medio de un mundo de problemas, pero confiamos en que Jesús lo ha vencido, tal como él lo expresó (Juan 16:33). Él sigue estando presente en este mundo a través de su pueblo. Por eso una de las mayores cosas que podemos hacer por las personas necesitadas de Dios es estar aquí, estar presentes, en el contexto de los problemas y el dolor, y llevar el consejo y la compañía de Dios dondequiera que podamos. Mientras estemos vivos, ese es nuestro ministerio, tal como Jesús lo quiso.

Jesús, me encomendaste una misión, y quiero cumplirla bien, completarla con fidelidad y excelencia. Manifiesta tu sabiduría, poder y amor dentro de mí, dondequiera que el mundo te necesite. Guíame en un ministerio de presencia. Amén.

29 DE DICIEMBRE

Juan 17:13-26

Uno con él

Te pido que todos sean uno, así como tú y yo somos uno, es decir, como tú estás en mí, Padre, y yo estoy en ti. Y que ellos estén en nosotros, para que el mundo crea que tú me enviaste. (Juan 17:21)

«El Padre y yo somos uno», declaró Jesús una vez ante una multitud hostil (Juan 10:30). No explicó exactamente cómo son uno, si en cuanto a propósito, personalidad o esencia. Pero a lo largo del resto del Evangelio de Juan tenemos la sensación de que él y el Padre son uno en todos los sentidos posibles. No hay falta de unidad, no existe la más mínima diferencia entre la naturaleza del Padre y la del Hijo. De modo que cuando Jesús oró para que sus seguidores fueran uno *de la misma manera que él y el Padre son uno*, difícilmente se nos puede criticar por quedar boquiabiertos. Veía a sus seguidores completamente unidos con él y entre sí, del mismo modo que están unidos los miembros de la Trinidad.

Este es un pensamiento asombroso, y nos preguntamos si podría ser cierto. ¿Somos realmente uno con Jesús de la misma manera que él y el Padre son uno? ¿Y estamos realmente unidos a otros creyentes con ese grado de unidad? En términos espirituales, la respuesta a ambas preguntas es sí. Si Dios nos ha unido a sí mismo como el cuerpo de Cristo, sabemos que estamos realmente unidos. Pero en términos prácticos, tenemos todas las razones para estar decepcionados por nuestra experiencia real. No *sentimos* que somos uno con Jesús, al menos no todo el tiempo. Y vemos a nuestra iglesia fracturada que apenas sabe cómo llevarse bien y que nunca ha manejado muy bien su diversidad. Nuestra experiencia no está a la altura de la verdad que se nos ha dado.

Aún así, Jesús incluyó esta unidad en la conversión del mundo. Cuando nos adentramos en nuestra unidad con Jesús, y cuando los diversos cristianos son capaces de vivir en unidad, las personas lo notan. Esto constituye una declaración poderosa. Demostramos el amor unificador de la Divinidad cuando adoptamos el amor unificador del Hijo y sus seguidores, y el mundo comienza a ver.

Jesús, quiero experimentar la promesa de tu oración en toda su plenitud: la unidad completa contigo y tu pueblo, ser uno en espíritu, para que todo el mundo lo vea. Úneme a ti y haz que tu gloria se vea en mí. Amén.

Creados para la gloria

Les he dado la gloria que tú me diste, para que sean uno, como nosotros somos uno. (Juan 17:22)

Las palabras de Isaías fueron categóricas: Dios no comparte su gloria con otros (Isaías 42:8; 48:11). El contexto era la idolatría, y podemos entender los celos de Dios por los corazones de su pueblo. Ninguna relación de amor florece entre corazones divididos, y los corazones del pueblo de Dios estaban divididos entre él y los falsos dioses. Evidentemente él no quería y no debía compartir su gloria con tales rivales.

Pero Jesús expresó que les había dado a sus seguidores la gloria que el Padre le había dado a él para que pudieran experimentar la unidad de la comunión divina. La única manera de conciliar las declaraciones de Isaías con las palabras de Jesús es asumir que ya no somos «otros», que estamos íntimamente ligados al amor y la unidad de la Trinidad y que podemos compartir la gloria del Padre, el Hijo y el Espíritu. En primer lugar, fuimos creados para esa gloria; fuimos hechos a la imagen de Dios, y es imposible tener su imagen sin su gloria, pues ambas son sin duda inseparables. Pero destrozamos esa imagen en la caída, perdimos nuestra capacidad de reflejar la gloria de Dios, empezamos a buscar nuestra propia gloria y nos convertimos en sus rivales. Jesús vino en esa imagen para restaurarnos y dotarnos de gloria una vez más. Hemos sido redimidos, estamos siendo restaurados, y somos capaces de reflejar la gloria que una vez se nos dio.

¿Qué significado tiene esto para la vida cotidiana? Significa que parte de nuestro propósito en este mundo es simplemente ser la imagen de Dios: reflejar su naturaleza, permitirle demostrar su fuerza en nosotros, ser receptores de su provisión y poder y ser portadores de su sabiduría y amor. Significa que nuestra vida siempre debe ir en busca de su semejanza. Significa que las sorprendentes palabras de su oración no son demasiado buenas para ser verdad.

Acéptalas. Créelas con todo tu corazón. Empápate de ellas diariamente y aplícalas bien. El mundo necesita que experimentes lo que Jesús ha prometido y que lo difundas por todas partes.

Señor, me hiciste para la gloria. Siento que es así. Incluso he tratado de alcanzarla de maneras equivocadas. Devuélveme a tu verdadera imagen y permíteme reflejar bien tu gloria. Déjame ser quien anhelas que sea. Amén.

A los rincones más lejanos

Yo te he hecho luz para los gentiles, a fin de llevar salvación a los rincones más lejanos de la tierra. (Hechos 13:47)

A PRINCIPIOS DEL SIGLO XX, se encontraron partes de las Escrituras hebreas en las cuevas de Dunhuang, China. Pertenecían a una enorme biblioteca de documentos antiguos. Los textos bíblicos datan del primer milenio cristiano, quizás tan temprano como el siglo V. Proporcionan una sólida evidencia de que el Dios de Israel y su plan de salvación se dieron a conocer en Oriente mucho antes de lo que los misioneros modernos pensaban.

Una de las motivaciones del movimiento misionero moderno que comenzó entre los protestantes a finales del siglo XVIII y que cobró impulso a lo largo del siglo XIX fue lo mucho que lamentablemente demoraron las generaciones anteriores de cristianos en difundir el mensaje. William Carey se lamentó por las masas no alcanzadas de la India; Hudson Taylor lloró por «los millones de China»; y muchos otros expresaron el mismo pesar de que el Salvador del mundo fuera todavía desconocido para tantas personas en todo el mundo. Pero en muchos de esos lugares ya había habido antes conocimiento del evangelio: el apóstol Tomás fue a la India; los nestorianos se aventuraron en China; muchos realizaron viajes no documentados a las civilizaciones de África y las estepas de Asia, donde alguna vez hubo vibrantes iglesias. El mensaje de Jesús siempre ha encontrado resistencia, pero también ha sido llevado por mensajeros incansables. A lo largo del tiempo (al parecer este es el método preferido de Dios) la Palabra se ha extendido por diversas culturas y grupos lingüísticos.

Ese proceso aún continúa. La Gran Comisión de Jesús no se ha terminado, aunque las metodologías han cambiado a lo largo de los siglos. En la actualidad, casi una de cada tres personas en el mundo se identifica como cristiana, una cifra asombrosa comparada con la de hace un par de siglos, pero aún así no es suficiente. Gran parte de los logros del cristianismo se han obtenido gracias a esfuerzos no cristianos (conquista, conversión forzada, violencia y manipulación), pero los que llevan su verdadero espíritu han seguido siendo fructíferos. De una forma u otra, eres parte de esa misión, dondequiera que estés, en cualquier trabajo que hagas y en cualquier forma que apoyes la causa global. Estás llamado tanto a ser sal y luz como a sostener la sal y luz a tu alrededor. Siempre y para siempre eres portador de buenas noticias.

Señor, gracias por el privilegio de ser parte de tu misión; ser un receptor de su gracia y también un portador de ella. Que se haga tu voluntad en mi vida, en la vida de tu pueblo y en este mundo ahora y siempre. Amén.

Notas

1. Frederick Buechner, *Wishful Thinking: A Theological ABC* (Nueva York: Harper & Row, 1973).
2. El sociólogo Rodney Stark ha utilizado estos términos de forma extensa en algunos de sus libros, entre ellos: *God's Battalions: The Case for the Crusades* (Nueva York: HarperCollins 2009); y The Triumph of Christianity: How the Jesus Movement Became the World's Largest Religion (Nueva York: HarperCollins, 2011).
3. Aunque fueron pronunciadas en arameo y se escribieron en griego, a nosotros nos llegan desde un contexto hebreo.
4. Anthony B. Bradley, «You Are the Manure of the Earth», *Christianity Today*, 23 septiembre 2016, https://www.christianitytoday.com/ct/2016/october/you-are-manure-of-earth.html.
5. La historia y el tema se tomaron de un artículo de Andrea Palpant Dilley, «The Surprising Discovery about Those Colonialist, Proselytizing Missionaries», *Christianity Today*, 8 de enero 2014, https://www.christianitytoday.com/ct/2014/january-february/world-missionaries-made.html.
6. Norman Grubb, *Rees Howells, Intercessor* (Fort Washington, PA: Christian Literature Crusade, 1987), 231.
7. John Howie, *Heroes for the Faith: Lives of the Scottish Worthies* (Londrres: Ward, Lock and Co., 1827), 443–445.
8. Watchman Nee, *Sit, Walk, Stand* (Carol Stream, IL: Tyndale House Publishers, 1977), 32–33.
9. Bartolomé de las Casas, *The Devastation of the Indies: A Brief Account* (1542), trad. Briffault (Baltimore: Johns Hopkins University Press, 1992), 29.
10. *Ibid.*
11. Una descripción de Carver citado en Andy Andrews, *The Lost Choice: A Legend of Personal Discovery* (Nashville: Thomas Nelson, 2004), 97.

12. Peter Brown, *The Ransom of the Soul: Afterlife and Wealth in Early Western Christianity* (Cambridge, MA: Harvard University Press, 2015), 90–91.
13. Bartolomé de las Casas, *Devastation of the Indies*, 45.
14. *Sayings of the Desert Fathers: The Alphabetical Collection*, trad. Benedicta Ward, SLG (Kalamazoo, MI: Cistercian Publications, 1975 [1984]), 138–39.
15. Este concepto se desarrolla a plenitud en Jonathan T. Pennington, *The Sermon on the Mount and Human Flourishing: A Theological Commentary* (Grand Rapids, MI: Baker Academic, 2017).
16. Robert Frost, «The Road Not Taken», 1916.

{ Índice de pasajes bíblicos }

{ Sobre el autor }

CHRIS TIEGREEN, con su perspicacia que invita a la reflexión, ha inspirado a miles de personas a través de sus populares devocionales para un año, entre ellos: *Devocional de un año: Camina con Dios*, *The One Year At His Feet Devotional* [Devocional de un año: A sus pies], *The One Year Hearing His Voice Devotional* [Devocional de un año: Escuchar Su voz] y *The One Year Experiencing God's Presence Devotional* [Devocional de un año: Experimentar la presencia de Dios]. También es autor de los devocionales *The Wonder of Advent* [La maravilla del Adviento] y *The Promise of Lent* [La promesa de la Cuaresma], así como de *Unburdened* [Libres de carga] y otros numerosos libros que han sido traducidos a más de treinta idiomas. Las experiencias de Tiegreen en el ministerio, el periodismo y la educación superior aportan una perspectiva única a sus escritos.